2026학년도 수능 대비

수능 기출의 미래

한국사영역 한국사

KB219072

 정답과 해설은 EBS*i* 사이트(www.ebsi.co.kr)에서 내려받으실 수 있습니다.

| 교재 내용 문의 | 교재 및 강의 내용 문의는 EBS*i* 사이트 (www.ebsi.co.kr)의 학습 Q&A 서비스를 이용하시기 바랍니다. | 교재 정오표 공지 | 발행 이후 발견된 정오 사항을 EBS*i* 사이트 정오표 코너에서 알려 드립니다. 교재 ▶ 교재 자료실 ▶ 교재 정오표 | 교재 정정 신청 | 공지된 정오 내용 외에 발견된 정오 사항이 있다면 EBS*i* 사이트를 통해 알려 주세요. 교재 ▶ 교재 정정 신청 |

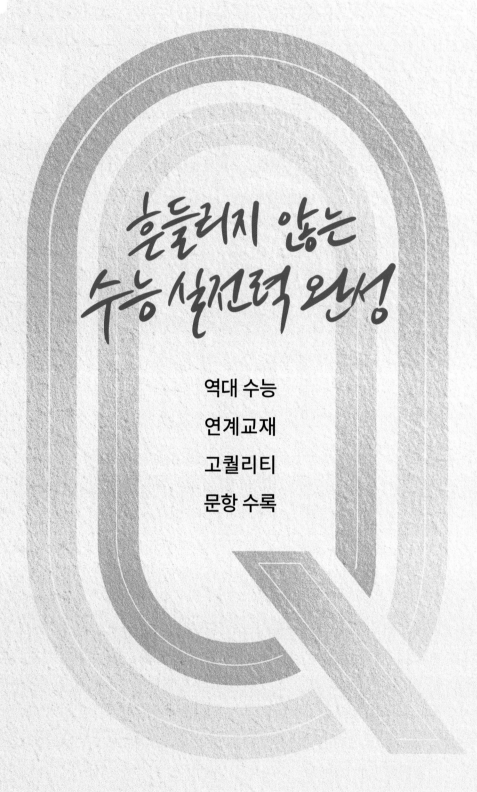

EBS

흔들리지 않는
수능 실전력 완성

역대 수능

연계교재

고퀄리티

문항 수록

14회분
수록

미니모의고사로 만나는 수능연계 우수 문항집

수능특강Q
미니모의고사

국 어	Start / Jump / Hyper
수 학	수학 I / 수학 II / 확률과 통계 / 미적분
영 어	Start / Jump / Hyper
사회탐구	사회·문화
과학탐구	생명과학 I / 지구과학 I

2026학년도 수능 대비

수능 기출의 미래

한국사영역 한국사

All New

수능 기출의 미래
한국사영역 〔한국사〕

기출 풀어 유형 잡고,
수능 기출의 미래로 2026 수능 가자!!

매해 반복 출제되는 개념과 번갈아 출제되는 개념들을 익히기 위해서는 다년간의 기출문제를 꼼꼼히 풀어 봐야 합니다.
다년간 수능 및 모의고사에 출제된 기출문제를 풀다 보면 스스로 과목별, 영역별 유형을 익힐 수 있기 때문입니다.

최근 5개년의 수능, 모의평가, 학력평가 기출문제를 엄선하여 실은
EBS **수능 기출의 미래로 2026학년도 수능을 준비**하세요.

수능 준비의 시작과 마무리! **수능 기출의 미래**가 책임집니다.

기출문제로 유형 확인하기

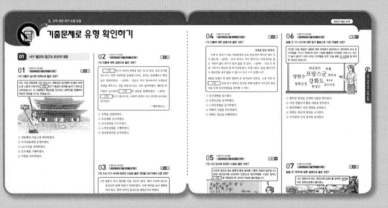

최근 5개년간 출제된 기출문제 중 2015 개정 한국사 교육과정에 맞춘 문제만 수록하여 수능을 준비할 수 있도록 구성하였습니다. 기출문제를 통해 매해 출제되는 유형과 개념을 심화 학습할 수 있습니다.

개념 & 플러스

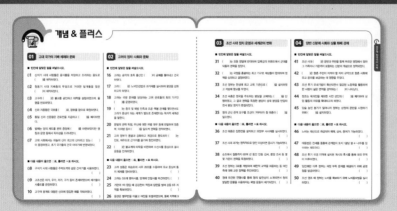

대단원이 끝날 때마다 학습 내용 확인을 위한 빈칸 개념 넣기와 ○× 문항으로 구성된 코너를 두어 완전 학습이 되도록 하였습니다.

정답과 해설

두껍고 무거운 해설이 아닌 핵심만 깔끔하게 정리된 슬림한 해설을 제공합니다.

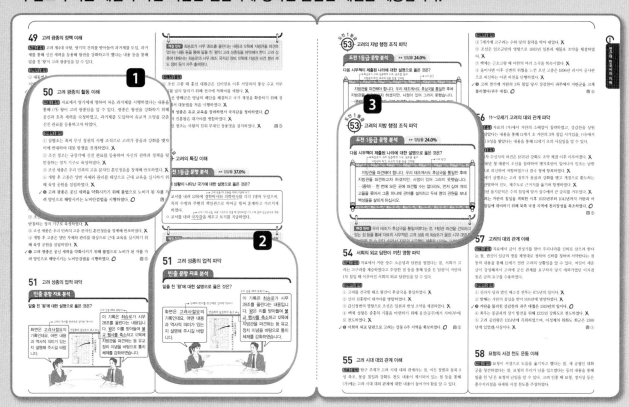

❶ 자세하고 명쾌한 해설!
기출문제의 자료 분석을 통해 문제 해결 능력을 기르고, 정답인 이유와 오답인 이유를 상세히 설명하여 학생 스스로 핵심을 제대로 파악할 수 있도록 하였습니다.

❷ 빈출 문항 분석으로 중요 개념 다지기!
자주 출제되는 개념은 또 출제될 수 있는 만큼 첨삭 해설을 통해 핵심을 파악하고, 실전에 대비할 수 있도록 해결 전략을 제공하였습니다.

❸ 도전 1등급 문항 분석으로 실력 업그레이드!
정답률이 낮았던 어려운 문항을 상세히 분석하여 실력을 한 단계 업그레이드시킬 수 있도록 하였습니다.

차례

수능 기출의 미래
한국사영역 한국사

별책 정답과 해설

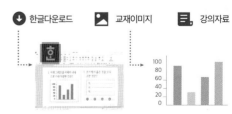

I

전근대 한국사의
이해

기출문제 분석 팁

- 구석기 시대, 신석기 시대, 청동기 시대의 대표적인 유물과 생활 모습을 각 시대별로 알아 두어야 한다.
- 삼국의 발전 과정은 어느 국가에 대한 것인지 주요 국왕의 활동을 중심으로 정리하고, 삼국 통일 과정에서 일어난 주요 사건을 순서대로 정리해 두어야 한다.
- 통일 신라의 통치 체제 정비를 신문왕을 중심으로 정리해 두어야 한다.
- 발해의 중앙 정치 조직과 지방 행정 구역을 정리해 두어야 하며, 발해가 해동성국이라 불렸던 사실도 기억해 두는 것이 좋다.
- 고려에서 자주 출제되는 태조, 광종, 성종, 공민왕의 활동을 알아 두어야 한다.
- 고려의 중앙 정치 제도와 지방 행정 조직을 잘 정리해 두어야 한다.
- 고려의 대외 관계를 거란, 여진, 몽골 등과 관련된 사건을 중심으로 알아 두어야 한다.
- 고려 문벌 사회의 동요와 관련된 이자겸의 난과 묘청의 서경 천도 운동을 정리하고, 무신 정변의 배경과 무신 정권 시기의 주요 사실들을 알아 두어야 한다.
- 조선에서 자주 출제되는 세종, 성종, 정조의 주요 정책과 시기별 편찬서를 알아 두어야 한다.
- 임진왜란과 병자호란의 배경, 전개 과정과 주요 인물, 결과를 정리해 두어야 한다.
- 조선 후기 수취 체제의 변화를 대동법, 균역법 등을 중심으로 정리해 두어야 한다.
- 조선 후기 신분제가 동요하는 양상을 정리하고, 홍경래의 난과 임술 농민 봉기가 발생한 배경과 결과를 알아 두어야 한다.

한눈에 보는 출제 빈도

내용 / 시험		01 고대 국가의 지배 체제와 문화 • 구석기·신석기·청동기 시대의 사회 모습 • 삼국의 성립과 발전 • 신라의 삼국 통일 과정 • 통일 신라와 발해의 발전 • 고대 사회의 사상과 종교	02 고려의 정치·사회와 문화 • 고려 태조, 광종, 성종의 정책 • 고려의 중앙 정치 제도, 지방 행정 조직 • 고려의 대외 관계 • 문벌 사회의 동요와 무신 정권 • 원 간섭기 사회 모습 • 공민왕의 반원 자주 정책 • 고려의 종교와 사상	03 조선 시대 정치 운영과 세계관의 변화 • 조선 세종, 성종의 정책 • 임진왜란과 병자호란 • 조선 정조의 정책	04 양반 신분제 사회와 상품 화폐 경제 • 대동법의 실시 배경과 영향 • 상품 화폐 경제의 발달 • 조선 후기 신분제의 동요와 농민 봉기의 발생 • 북학 사상의 전개
2025 학년도	수능	2	3	1	
	9월 모의평가	2	3		1
	6월 모의평가	3	1	1	
2024 학년도	수능	2	2	2	
	9월 모의평가	2	3		1
	6월 모의평가	2	2	1	1
2023 학년도	수능	2	2	1	1
	9월 모의평가	2	2	1	
	6월 모의평가	2	2	1	
2022 학년도	수능	1		1	
	9월 모의평가	1	1	1	
	6월 모의평가	1	2	2	
2021 학년도	수능		1		1
	9월 모의평가	1	1		1
	6월 모의평가	2	1	1	1

기출문제로 유형 확인하기

01 고대 국가의 지배 체제와 문화

01
▶25111-0001
2025학년도 수능 1번
상중**하**

(가) 시대의 사회 모습으로 옳은 것은?

(가) 시대 생활 체험 축제

주먹도끼, 슴베찌르개 등 뗀석기를 사용하던 (가) 시대의 모습을 다양한 프로그램을 통해 체험해 보세요.

○ 기간: 2024년 ○○월 ○○일~○○일
○ 장소: □□ 박물관
○ 프로그램 구성

장소	수집 자료	분석 결과
전시관	학예사와 함께 하는 유물 관람	■ 주먹도끼, 슴베찌르개 등의 제작 방법과 용도 해설
영상관	유적지 VR 체험	■ 가상 공간에서 공주 석장리 유적 둘러보기
야외 체험관	생활 체험	■ 마찰열을 이용하여 불 피우기 ■ 나뭇가지, 가죽 등을 활용하여 막집 만들기

---

① 율령을 반포하였다.
② 철제 농기구를 보급하였다.
③ 비파형 동검을 제작하였다.
④ 고추, 인삼 등 상품 작물을 재배하였다.
⑤ 사냥과 채집을 하며 이동 생활을 하였다.

02
▶25111-0002
2025학년도 6월 모의평가 1번
상중**하**

(가) 시대의 사회 모습으로 가장 적절한 것은?

체험 학습 프로그램 안내

■ 일 시: 2024년 ○월 ○일 ○시 ~ ○시
■ 장 소: 연천 전곡리 유적 체험 학습장
■ 일 시: 주로 동굴과 막집 등에 머물며 주먹도끼, 찍개 등 뗀석기를 사용했던 (가) 시대의 대표적 유적인 연천 전곡리 유적을 찾아가 당시 사람들의 생활 도구를 직접 제작해 본다.

[야외 전시장]

[주먹도끼]

---

① 불교 행사로 팔관회와 연등회를 열었다.
② 지배층의 무덤으로 고인돌을 축조하였다.
③ 사냥과 채집을 하면서 이동 생활을 하였다.
④ 모내기법을 활용하여 이모작을 실시하였다.
⑤ 나라별로 독자적인 제천 행사를 거행하였다.

03 ▶25111-0003
2023학년도 3월 학력평가 1번   상중**하**

(가) 시대의 생활 모습으로 옳은 것은?

선생님, 연천 전곡리 유적 일대에서 축제를 한대요. 이곳에서 발견된 유물은 무엇인가요?

△△ 고등학교 게시판

○○○ 축제
2023.○○.○○. ~○○.○○.

(가) 시대의 대표적 유물인 주먹 도끼가 발견되었지. 포스터의 조형물은 주먹도끼를 형상화 한 거야.

① 상평통보를 주조하였다.
② 팔만대장경을 조판하였다.
③ 비파형 동검을 제작하였다.
④ 철제 농기구를 사용하였다.
⑤ 무리를 지어 이동 생활을 하였다.

04 ▶25111-0004
2025학년도 9월 모의평가 1번   상중**하**

(가) 시대의 생활 모습으로 옳은 것은?

이 유물들은 농경이 시작된 (가) 시대에 만들어진 것입니다. 당시 사람들이 토기에 식량을 저장하고, 가락바퀴로 실을 뽑아 옷을 만들어 입었음을 알 수 있습니다.

빗살무늬 토기   가락바퀴

① 간석기를 만들었다.
② 사신도 벽화를 그렸다.
③ 상평통보를 사용하였다.
④ 비파형 동검을 제작하였다.
⑤ 철제 농기구로 농사를 지었다.

05 ▶25111-0005
2024학년도 3월 학력평가 1번   상중**하**

(가) 시대에 볼 수 있는 모습으로 가장 적절한 것은?

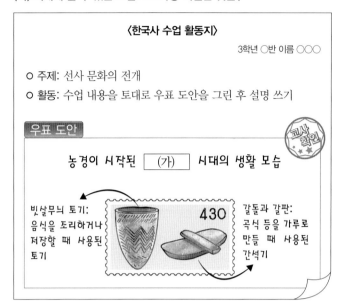

〈한국사 수업 활동지〉
3학년 ○반 이름 ○○○

○ 주제: 선사 문화의 전개
○ 활동: 수업 내용을 토대로 우표 도안을 그린 후 설명 쓰기

우표 도안

농경이 시작된 (가) 시대의 생활 모습

빗살무늬 토기: 음식을 조리하거나 저장할 때 사용된 토기

430

갈돌과 갈판: 곡식 등을 가루로 만들 때 사용된 간석기

① 모내기하는 농부
② 움집을 짓는 가족
③ 천리장성을 지키는 병사
④ 비파형 동검을 만드는 장인
⑤ 팔관회에 참여한 외국 상인

06 ▶25111-0006
2024학년도 9월 모의평가 1번   상중**하**

(가)에 들어갈 유물로 가장 적절한 것은?

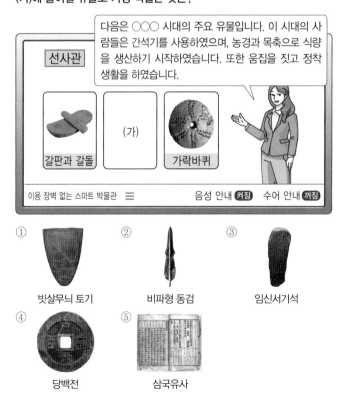

다음은 ○○○ 시대의 주요 유물입니다. 이 시대의 사람들은 간석기를 사용하였으며, 농경과 목축으로 식량을 생산하기 시작하였습니다. 또한 움집을 짓고 정착 생활을 하였습니다.

선사관

갈판과 갈돌   (가)   가락바퀴

이용 장벽 없는 스마트 박물관   음성 안내 **켜짐**   수어 안내 **꺼짐**

① 빗살무늬 토기
② 비파형 동검
③ 임신서기석
④ 당백전
⑤ 삼국유사

07
▶25111-0007
2023학년도 수능 1번
상중**하**

(가) 시대에 대한 설명으로 옳은 것은?

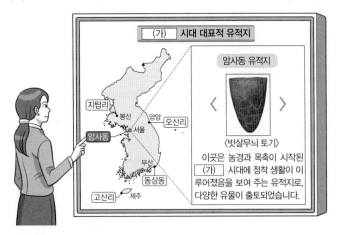

① 간석기가 사용되었다.
② 백동화가 발행되었다.
③ 철제 무기가 보급되었다.
④ 비파형 동검이 제작되었다.
⑤ 석굴암 본존 불상이 만들어졌다.

08
▶25111-0008
2023학년도 10월 학력평가 1번
상중**하**

(가)에 들어갈 내용으로 가장 적절한 것은?

〈 수행 평가 보고서 〉

농경과 목축이 시작된 ○○○ 시대의 가상 일지 작성하기

3학년 △반 이름 : △△△

먹쇠의 하루 살이

해 뜰 녘	– 빗살무늬 토기에 담긴 열매 먹기 – 텃밭을 간석기로 일구고 씨앗 뿌리기 – (가)
해 질 녘	– 강 건너 마을에 사는 갑분이에게 조개로 만든 치레걸이 주고 오기

① 화백 회의에 참가하기
② 바람에 부서진 움집 수리하기
③ 시장에서 상평통보로 물건 구입하기
④ 부족 전쟁에 사용할 철제 무기 손보기
⑤ 마을 사람들과 함께 고인돌의 덮개돌 옮기기

09
▶25111-0009
2024학년도 10월 학력평가 1번
상중**하**

(가) 시대의 사회 모습으로 옳은 것은?

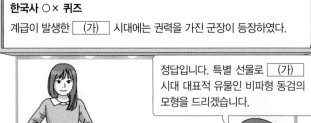

① 고인돌을 축조하였다.
② 22담로를 설치하였다.
③ 상평통보를 주조하였다.
④ 상감 청자를 제작하였다.
⑤ 동맹이라는 제천 행사를 열었다.

10
▶25111-0010
2024학년도 수능 1번
상중**하**

밑줄 친 '이 시대'에 대한 설명으로 옳은 것은?

이 시대의 대표적인 무덤은 고인돌이었습니다. 고인돌을 만드는 데는 많은 노동력이 필요했습니다. 이 시대에는 농업 생산량이 늘어났고 계급이 발생했으며, 군장이 나타났습니다.

① 상평통보가 전국적으로 유통되었다.
② 석굴암 본존 불상이 만들어졌다.
③ 팔관회와 연등회가 개최되었다.
④ 지방에 서원이 설립되었다.
⑤ 비파형 동검이 제작되었다.

11
▶25111-0011
2024학년도 6월 모의평가 1번
상 중 **하**

(가) 시대의 사회 모습으로 옳은 것은?

○○ 박물관

[(가)] 시대 체험 프로그램

- 일정: 2023년 ○○월 ○○일~○○월 ○○일

- 내용: 계급이 발생한 [(가)] 시대의 대표적인 유물인 비파형 동검의 제작 과정을 영상으로 시청할 수 있으며, 상설 전시실 앞에서는 다양한 체험 활동을 할 수 있습니다.

*참가자에게 반달 돌칼 또는 비파형 동검 미니어처를 드립니다.

① 서원이 건립되었다.
② 고인돌이 축조되었다.
③ 상평통보가 사용되었다.
④ 향·부곡·소가 설치되었다.
⑤ 팔관회와 연등회가 개최되었다.

12
▶25111-0012
2023학년도 9월 모의평가 1번
상 중 **하**

(가)에서 볼 수 있는 모습으로 가장 적절한 것은?

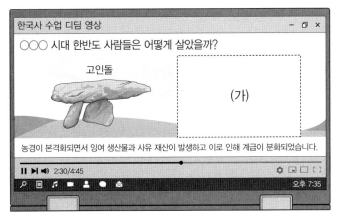

한국사 수업 디딤 영상

○○○ 시대 한반도 사람들은 어떻게 살았을까?

고인돌

(가)

농경이 본격화되면서 잉여 생산물과 사유 재산이 발생하고 이로 인해 계급이 분화되었습니다.

2:30/4:45

오후 7:35

① 비변사에서 회의하는 관리
② 상평통보로 물건을 사는 상인
③ 비파형 동검을 들고 있는 군장
④ 석굴암 본존불상에 절하는 승려
⑤ 국채 보상 운동에 동참하는 학생

13
▶25111-0013
2022학년도 3월 학력평가 1번
상 중 **하**

밑줄 친 '이 시대'의 사회 모습으로 가장 적절한 것은?

사진은 비파형 동검과 함께 이 시대를 대표하는 문화유산입니다. 그 규모를 통해 당시 지배자의 권력과 경제력을 짐작할 수 있습니다.

참가자 채팅 화면공유 나가기

① 국가가 성립되었다.
② 골품제가 운영되었다.
③ 풍수지리설이 유행하였다.
④ 주먹도끼가 처음 만들어졌다.
⑤ 인삼 등의 상품 작물이 재배되었다.

14
▶25111-0014
2025학년도 6월 모의평가 2번
상 중 **하**

(가) 나라에 대한 설명으로 옳은 것은?

제△△호 **한국사 신문** 2023년 9월 ○○일

[(가)] 고분군, 유네스코 세계 유산으로 등재

지난 9월 17일 경남 김해 대성동 고분군과 경북 고령 지산동 고분군을 포함한 7개 고분군이 '[(가)] 고분군'이라는 이름으로 유네스코 세계 유산에 등재되었다. 이에 대해 세계 유산 위원회는 "동아시아 고대 문명의 다양성을 보여 주는 중요한 증거로서 '탁월한 보편적 가치'가 인정된다."라고 선정 이유를 밝혔다.

▲ 김해 대성동 고분군

[(가)]은/는 낙동강 중·하류 지역을 중심으로 한반도 동남부에서 성립하였다. 질 좋은 철과 우수한 철기 제작 기술을 바탕으로 발전해 갔으나, 6세기에 들어 이웃 나라인 백제와 신라의 세력 확장에 밀리면서 점차 쇠퇴하여 소멸하고 말았다.

▲ 고령 지산동 고분군

① 전국을 8도로 나누었다.
② 대조영에 의해 건국되었다.
③ 인재 양성 기관으로 국학을 두었다.
④ 3차에 걸친 거란의 침략을 물리쳤다.
⑤ 금관가야 등 여러 소국이 연맹을 형성하였다.

15 ▶25111-0015
2024학년도 3월 학력평가 2번

상**중**하

(가) 국가에 대한 설명으로 옳은 것은?

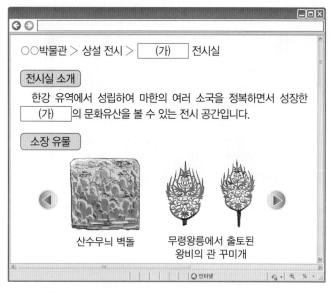

○○박물관 > 상설 전시 > [(가)] 전시실

전시실 소개
한강 유역에서 성립하여 마한의 여러 소국을 정복하면서 성장한 [(가)] 의 문화유산을 볼 수 있는 전시 공간입니다.

소장 유물

산수무늬 벽돌

무령왕릉에서 출토된 왕비의 관 꾸미개

① 골품제를 운영하였다.
② 주자감을 설립하였다.
③ 경국대전을 편찬하였다.
④ 웅진에서 사비로 천도하였다.
⑤ 전국을 9주 5소경으로 편성하였다.

16 ▶25111-0016
2024학년도 6월 모의평가 2번

상**중**하

(가) 국가의 문화유산으로 옳은 것은?

○ 16년 봄, [(가)] 의 왕이 도읍을 사비로 옮기고 국호를 남부여로 개칭하였다.

○ 32년 가을, [(가)] 의 왕이 적을 습격하기 위해 구천에 이르렀는데 숨어 있던 적군과 맞서 싸우다가 전사하였다. 시호를 성(聖)이라 하였다.

①

경주 석굴암 석굴

②

강서대묘 사신도(현무)

③

백제 금동 대향로

④

삼국유사

⑤

수원 화성

17 ▶25111-0017
2023학년도 6월 모의평가 1번

상**중**하

(가) 국가에 대한 설명으로 옳은 것은?

이것은 오랜 세월 땅속에 묻혀 있다가 1993년에 부여 능산리에서 발굴되어, 고대 국가인 [(가)] 을/를 대표하는 유물이 되었습니다. 불로장생을 염원하는 신선 사상과 연꽃으로 상징되는 불교적 세계관이 조화롭게 표현되어 있습니다.

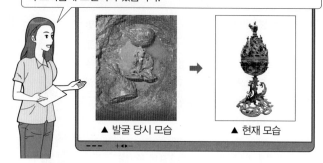

▲ 발굴 당시 모습   ▲ 현재 모습

① 왕건이 건국하였다.
② 상평통보를 발행하였다.
③ 홍범 14조를 반포하였다.
④ 웅진에서 사비로 천도하였다.
⑤ 제가들이 사출도를 다스렸다.

18 ▶25111-0018
2025학년도 수능 3번

상**중**하

(가) 국가에 대한 설명으로 옳은 것은?

개로왕이 북위에 사신을 보내 표(表)를 올렸다. "우리와 [(가)] 은/는 모두 부여에서 나왔으므로 서로 옛정을 굳건히 존중하였는데, 그들의 선조인 쇠(釗, 고국원왕)가 이웃과의 우호를 깨버리고 우리의 국경을 짓밟았습니다. 이에 우리의 선조께서 평양성을 공격하여 쇠를 죽였습니다. … (중략) … 지금 [(가)] 의 연(璉, 장수왕)이 죄가 있어 나라는 엉망이 되었고, 백성들은 이리저리 흩어지고 있습니다. 이는 멸망시킬 기회이며 폐하의 도움을 받아야 할 때입니다."

① 조사 시찰단을 파견하였다.
② 도병마사를 설치하였다.
③ 수의 침략을 막아 냈다.
④ 전국을 8도로 나누었다.
⑤ 대가야를 정복하였다.

19
▶25111-0019
2024학년도 9월 모의평가 3번
(상)(중)하

(가) 국가에 대한 설명으로 옳은 것은?

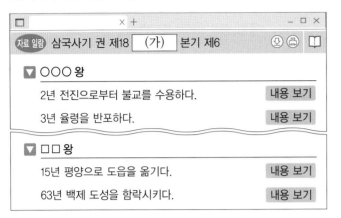

자료 일람 삼국사기 권 제18 (가) 본기 제6
▼ ○○○ 왕
2년 전진으로부터 불교를 수용하다.   내용 보기
3년 율령을 반포하다.   내용 보기
▼ □□ 왕
15년 평양으로 도읍을 옮기다.   내용 보기
63년 백제 도성을 함락시키다.   내용 보기

① 왕건이 건국하였다.
② 태학을 설립하였다.
③ 골품제를 시행하였다.
④ 간도 협약을 체결하였다.
⑤ 군국기무처를 설치하였다.

20
▶25111-0020
2023학년도 6월 모의평가 2번
(상)(중)하

(가)에 들어갈 내용으로 가장 적절한 것은?

지역사를 통한 한국사 이해

학습 주제: '○○ 지역' 역사 탐구

몽골의 침략에 맞선 하층민의 항쟁도 있었지.

5소경 중 하나인 중원경이 있었어.

(가)

신립이 이끄는 조선군이 일본군과 격전을 벌였어.

① 수원 화성이 건설되었어.
② 경인선 철도가 부설되었어.
③ 충주 고구려비가 건립되었어.
④ 제주 4·3 사건이 발생하였어.
⑤ 신흥 무관 학교가 설립되었어.

21
▶25111-0021
2022학년도 10월 학력평가 2번
(상)(중)하

밑줄 친 '왕'에 대한 설명으로 옳은 것은?

○ 왕의 이름은 담덕이고 고국양왕의 아들이다. …(중략)… 백제를 공격하여 한강 이북의 여러 군을 빼앗고 또 군사를 보내 거란을 쳐서 이겼다.
○ 신라가 사신을 보내 "왜인이 국경에 가득 차 성을 부수었으니, 노객은 백성된 자로서 왕에게 귀의하여 분부를 청합니다."라고 하였다. …(중략)… 왕이 보병과 기병 5만을 보내 신라를 구원하게 하였다.

① 별무반을 편성하였다.
② 금관가야를 병합하였다.
③ 만주 지역에서 영토를 넓혔다.
④ 나당 연합군과 전쟁을 하였다.
⑤ 대마도(쓰시마섬)를 정벌하였다.

22
▶25111-0022
2021학년도 6월 모의평가 3번
(상)(중)하

(가), (나) 시기 사이에 있었던 사실로 옳은 것은?

(가) 광개토 대왕이 보병과 기병 5만을 보내 신라를 구원하게 하였다. 고구려군이 신라의 왕성에 이르니 가득하였던 왜적이 퇴각하였다.
(나) 신라군이 당군과 연합하여 고구려의 왕성을 에워쌌다. 그러자 고구려왕이 연남산 등을 당의 영공에게 보내 항복을 청하였다.

① 장수왕이 평양으로 천도하였다.
② 이성계가 위화도에서 회군하였다.
③ 이순신이 한산도 해전에서 승리하였다.
④ 윤봉길이 훙커우 공원에서 의거를 일으켰다.
⑤ 서희가 외교 담판으로 강동 6주를 획득하였다.

23 ▶25111-0023
2024학년도 10월 학력평가 2번 상 중 하

(가) 국가에 대한 설명으로 옳은 것은?

오늘은 북한산 비봉에 다녀왔다. 비봉에 오르면 순수비를 복제한 비가 있다. 이것은 6세기 (가) 이/가 한강 유역을 차지한 후 북한산에 세운 순수비를 본떠 만든 것이다. 내일은 실제 비석을 전시하고 있는 국립 중앙 박물관에 가 봐야겠다.

① 해동성국으로 불렸다.
② 골품제를 운영하였다.
③ 무령왕릉을 조성하였다.
④ 경국대전을 편찬하였다.
⑤ 팔만대장경을 조판하였다.

24 ▶25111-0024
2022학년도 9월 모의평가 2번 상 중 하

(가) 왕의 업적으로 옳은 것은?

이 지도는 (가) 이/가 세운 비석의 위치를 표시한 것입니다. 이를 통해 당시 정복 활동이 활발하게 이루어졌음을 알 수 있습니다.

① 낙랑군을 몰아냈다.
② 우산국을 정복하였다.
③ 대가야를 병합하였다.
④ 기벌포 전투에서 승리하였다.
⑤ 수의 대군을 살수에서 물리쳤다.

25 ▶25111-0025
2021학년도 10월 학력평가 3번 상 중 하

(가) 왕에 대한 설명으로 옳은 것은?

주제: 한강 유역을 둘러싼 삼국 간의 경쟁

고구려의 장수왕이 백제의 수도 한성을 함락하고 삼국 항쟁의 주도권을 장악하였어.

그 후 백제는 6세기 (가) 때 신라와 협력하여 한강 유역 일부를 일시 수복하였지.

하지만 신라 진흥왕에게 한강 하류 유역을 빼앗겼고, (가) 은/는 관산성 전투에서 전사하였지.

① 사비로 천도하였다.
② 과거제를 실시하였다.
③ 호패법을 시행하였다.
④ 경국대전을 반포하였다.
⑤ 9주 5소경 체제를 완비하였다.

26 ▶25111-0026
2022학년도 3월 학력평가 4번 상 중 하

(가), (나) 시기 사이에 있었던 사실로 옳은 것은?

(가) 백제 성왕이 가야와 함께 신라의 관산성을 향하여 공격해 왔다. …(중략)… 김무력이 병사를 이끌고 와서 싸웠으며, 비장 도도가 공격하여 백제 성왕을 죽였다.

(나) 당의 장수 이근행이 군사를 이끌고 매소성에 진을 쳤다. 신라 군사가 공격하니, 성을 버리고 달아났다. 신라는 당의 군대가 두고 간 말과 병장기를 획득하였다.

① 왕건이 후삼국을 통일하였다.
② 장보고가 청해진을 설치하였다.
③ 나당 연합군이 고구려를 멸망시켰다.
④ 영국이 거문도를 불법으로 점령하였다.
⑤ 강감찬이 귀주에서 거란군을 격퇴하였다.

27
▶25111-0027
2022학년도 10월 학력평가 1번
상**중**하

(가) 국가에 대한 설명으로 옳은 것은?

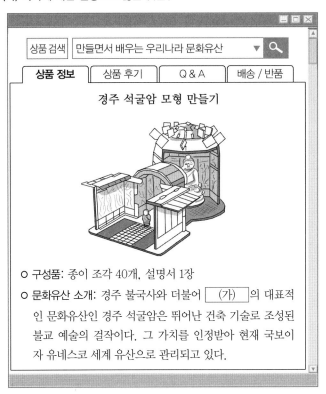

상품 검색 | 만들면서 배우는 우리나라 문화유산

상품 정보 | 상품 후기 | Q & A | 배송 / 반품

경주 석굴암 모형 만들기

○ 구성품: 종이 조각 40개, 설명서 1장
○ 문화유산 소개: 경주 불국사와 더불어 (가) 의 대표적인 문화유산인 경주 석굴암은 뛰어난 건축 기술로 조성된 불교 예술의 걸작이다. 그 가치를 인정받아 현재 국보이자 유네스코 세계 유산으로 관리되고 있다.

① 22담로를 설치하였다.
② 거란에 의해 멸망하였다.
③ 9주 5소경 체제를 정비하였다.
④ 동맹이라는 제천 행사를 열었다.
⑤ 제가들이 사출도를 나누어 다스렸다.

28
▶25111-0028
2022학년도 수능 3번
상중**하**

(가)에 들어갈 내용으로 가장 적절한 것은?

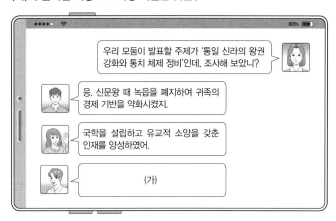

우리 모둠이 발표할 주제가 '통일 신라의 왕권 강화와 통치 체제 정비'인데, 조사해 보았니?

응. 신문왕 때 녹읍을 폐지하여 귀족의 경제 기반을 약화시켰지.

국학을 설립하고 유교적 소양을 갖춘 인재를 양성하였어.

(가)

① 훈민정음을 반포하였어.
② 평양으로 수도를 옮겼어.
③ 수원 화성을 건설하였어.
④ 군국기무처를 설치하였어.
⑤ 전국을 9주 5소경 체제로 편성하였어.

29
▶25111-0029
2025학년도 6월 모의평가 3번
상중**하**

밑줄 친 '나라'에 대한 설명으로 옳은 것은?

이 자료는 1933년 일본 도다이사 쇼소인에서 발견된 문서의 일부입니다. 문서에는 서원경 부근의 촌을 비롯한 4개 촌의 경제 상황이 나타나 있습니다. 조세 수취와 노동력 동원의 기초 자료를 얻기 위해 작성한 문서로 파악되는데, 이 문서를 작성한 <u>나라</u>는 골품제라는 신분 제도를 운용한 것으로도 널리 알려져 있습니다.

사해점촌은 둘레가 5,725보이다. 호수는 11호이다. … (중략) … 3년 전부터 살아온 사람과 지난 3년 사이에 태어난 사람을 합하면 145명이다. … (중략) … 논은 모두 102결 2부 4속이고 … (중략) … 밭은 62결 10부 ○속이다. 뽕나무는 1,004그루이고 … (중략) … 잣나무는 120그루, 가래나무는 112그루이다.

① 지방을 9주 5소경 체제로 정비하였다.
② 관리 선발 제도로 과거제를 도입하였다.
③ 사회 질서 유지를 위해 8조법을 시행하였다.
④ 국가 운영의 기본 법전인 경국대전을 편찬하였다.
⑤ 근대 문물을 살피기 위해 일본에 조사 시찰단을 파견하였다.

30
상 중 **하**

밑줄 친 '이 나라'에 대한 설명으로 옳은 것은?

이 나라를 세운 대조영이 죽자 시호를 고왕이라고 하였다. 아들 무예가 왕위에 올라 영토를 크게 넓히니 동북의 여러 오랑캐가 두려워하며 신하가 되었다. … (중략) … 선조성에는 좌상 등을, 중대성에는 우상 등을 두었다. 정당성에는 대내상 1명이 좌상·우상의 위에 있다. 충부·인부·의부는 좌육사에 속하고 좌사정의 아래에 있다. 우육사에는 지부·예부·신부가 있다.

① 제가 회의가 있었다.
② 골품제를 운영하였다.
③ 식목도감을 설치하였다.
④ 가야 연맹을 주도하였다.
⑤ 5경 15부 62주를 두었다.

32
상 중 **하**

(가) 국가에 대한 설명으로 옳은 것은?

____(가)____ 에서는 왕을 '가독부', '성왕' 또는 '기하'라고도 부른다. 왕의 명령은 '교'라고 한다. 주요 관청으로는 선조성, 정당성 등이 있다. … (중략) … ____(가)____ 의 땅에는 5경 15부 62주가 있다.

① 골품제를 운영하였다.
② 주자감을 설립하였다.
③ 수원 화성을 건설하였다.
④ 대한국 국제를 제정하였다.
⑤ 향·부곡·소를 설치하였다.

31
상 **중** 하

(가) 왕에 대한 설명으로 옳은 것은?

발해가 거란에 의해 멸망하자 발해의 왕자 대광현 등이 밤낮으로 길을 재촉하여 우리나라에 달려왔습니다. ____(가)____ 께서는 그들에게 성과 이름을 하사하셨고, 조상의 제사를 받들게 하셨습니다. … (중략) … 견훤이 반역자에게 유폐되었다가 우리나라로 도망해 오자 ____(가)____ 께서는 후한 예로 맞아들였고, 그가 죽자 부의도 넉넉히 내리셨습니다.

① 우산국을 정복하였다.
② 장용영을 설치하였다.
③ 후삼국을 통일하였다.
④ 쌍성총관부를 공격하였다.
⑤ 6조 직계제를 시행하였다.

33
상 **중** 하

(가) 나라에 대한 설명으로 옳은 것은?

고구려 유민들이 중심이 되어 동모산 아래에서 나라를 세우고, 그 이름을 진국이라 하였다. 이후 나라 이름을 ____(가)____ (으)로 바꾸었다. 제2대 무왕이 군사를 보내 등주를 습격하였다. 이에 화가 난 당 현종이 군사를 동원하여 바다를 건너 공격하도록 하고, 신라의 성덕왕에게는 관작을 더해 주며 ____(가)____ 의 남쪽 방면을 치게 하였다.

① 지계를 발급하였다.
② 골품제를 운영하였다.
③ 육영 공원을 설립하였다.
④ 5경 15부 62주를 두었다.
⑤ 군국기무처를 설치하였다.

34 ▶ 25111-0034
2023학년도 10월 학력평가 2번
상 중 하

(가) 국가에 대한 설명으로 옳은 것은?

[문화유산 카드]

영광탑

___(가)___ 의 5층 벽돌탑으로 중국 지린성에 있다. 평면이 사각형이고, 전체 높이는 약 13m에 달하며 탑의 내부는 상하로 통하게 되어 있다. 탑 아래 무덤이 있다는 점에서 ___(가)___ 의 제3대 국왕인 문왕 때 축조된 정효 공주 무덤탑과 유사하다.

① 8조법을 마련하였다.
② 훈민정음을 반포하였다.
③ 팔만대장경을 조판하였다.
④ 담로에 왕족을 파견하였다.
⑤ 대조영에 의해 건국되었다.

35 ▶ 25111-0035
2021학년도 10월 학력평가 2번
상 중 하

(가) 국가에 대한 설명으로 옳은 것은?

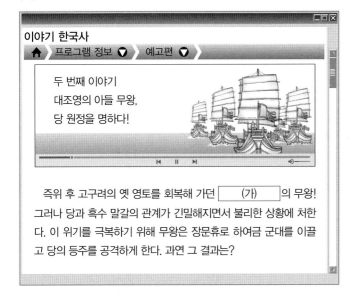

이야기 한국사

프로그램 정보 ▼ 예고편 ▼

두 번째 이야기
대조영의 아들 무왕,
당 원정을 명하다!

즉위 후 고구려의 옛 영토를 회복해 가던 ___(가)___ 의 무왕! 그러나 당과 흑수 말갈의 관계가 긴밀해지면서 불리한 상황에 처한다. 이 위기를 극복하기 위해 무왕은 장문휴로 하여금 군대를 이끌고 당의 등주를 공격하게 한다. 과연 그 결과는?

① 지계를 발급하였다.
② 백두산정계비를 건립하였다.
③ 주변국으로부터 해동성국이라 불렸다.
④ 화랑도를 국가적 조직으로 정비하였다.
⑤ 8조법에 따라 사회 질서를 유지하였다.

36 ▶ 25111-0036
2022학년도 3월 학력평가 3번
상 중 하

(가) 국가의 문화에 대한 설명으로 옳은 것은?

〈한국사 발표 수업〉

학습 주제: 인물로 보는 ___(가)___ 의 불교

○ 모둠별 발표 주제
1모둠: 원효−아미타 신앙을 알리다.
2모둠: 의상−화엄 사상을 전파하다.
3모둠: 혜초−『왕오천축국전』을 저술하다.

① 불국사가 건립되었다.
② 주자감이 설립되었다.
③ 경국대전이 편찬되었다.
④ 팔만대장경이 조판되었다.
⑤ 교육입국 조서가 반포되었다.

37 ▶ 25111-0037
2022학년도 6월 모의평가 4번
상 중 하

(가)에 들어갈 내용으로 가장 적절한 것은?

한국사 수행 평가 안내

○주제: 인물로 본 신라 불교
○모둠별 발표 주제
1모둠: 자장과 호국 불교
2모둠: 원효와 아미타 신앙
3모둠: ___(가)___

① 의상과 화엄 사상
② 지눌과 수선사 결사
③ 의천과 해동 천태종
④ 신돈과 전민변정도감
⑤ 묘청과 서경 천도 운동

38 ▶25111-0038
2023학년도 3월 학력평가 2번   상 중 **하**

(가)에 들어갈 내용으로 가장 적절한 것은?

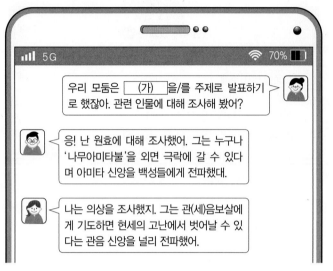

① 고대의 천신 신앙
② 신라의 불교 대중화
③ 고구려의 도교 장려책
④ 고려 말 성리학의 수용
⑤ 조선 후기 문화의 새 경향

39 ▶25111-0039
2021학년도 9월 모의평가 4번   상 중 **하**

(가) 신분에 대한 설명으로 옳은 것은?

○삼국 통일 과정에서 왕권이 강화됨에 따라 진골 귀족 세력은 약화되고, 강수·설총 등과 같은 ___(가)___ 이/가 왕의 정치적 조언자로 활동하면서 두각을 나타내었다.
○통일 신라 말에는 최치원과 같이 당에서 유학을 배우고 돌아온 ___(가)___ 계통의 학자들이 많았다. 이들 중 최언위는 후삼국 통일 과정에서 왕건의 정치적 자문 역할을 하였다.

① 원의 세력을 배경으로 성장하였다.
② 성리학을 토대로 사회 개혁을 추진하였다.
③ 비변사를 장악하여 주요 정책을 결정하였다.
④ 서원과 향약을 토대로 향촌 사회를 장악하였다.
⑤ 골품제의 제약으로 최고 관등에 오르지 못하였다.

40 ▶25111-0040
2023학년도 9월 모의평가 4번   상 중 **하**

(가) 국가에 대한 설명으로 옳은 것은?

① 국학을 두었다.
② 신흥 강습소를 세웠다.
③ 원산 학사를 건립하였다.
④ 육영 공원을 운영하였다.
⑤ 한성 사범 학교를 설립하였다.

41 ▶25111-0041
2020학년도 수능 3번   **상** 중 하

밑줄 친 '이 나라'에 대한 설명으로 옳은 것은?

이 나라에서는 신분제와 관등제가 밀접하게 연관되어 운영되었다. 최고위 관등까지 오를 수 있었던 진골은 중앙 관청과 지방의 장관직을 차지하며 권력을 독점하였다. 관등 승진에 한계가 있었던 6두품은 학문적 능력을 바탕으로 행정 실무를 담당하고 왕에게 정치적 조언을 하기도 하였다.

① 지방에 사립 교육 기관으로 서원이 설립되었다.
② 주자감을 설치하고 당에 유학생을 파견하였다.
③ 국학을 운영하고 독서삼품과를 실시하였다.
④ 사학 12도가 융성하여 관학이 위축되었다.
⑤ 최고 교육 기관으로 성균관을 두었다.

02 고려의 정치·사회와 문화

42 ▶25111-0042
2024학년도 수능 4번 상**중**하

밑줄 친 '이 왕'에 대한 설명으로 옳은 것은?

사진은 고려를 건국한 이 왕의 무덤입니다. 무덤의 명칭은 현릉으로 현재 개성에 있습니다. 이 왕은 후삼국을 통일하고, 지방 호족들을 포용하는 정책을 펼쳤습니다. 또한 고구려 계승 의식을 내세우며 북진 정책을 추진하였습니다.

① 훈요 10조를 남겼다.
② 과거제를 시행하였다.
③ 평양으로 천도하였다.
④ 4군 6진을 개척하였다.
⑤ 홍범 14조를 반포하였다.

43 ▶25111-0043
2021학년도 3월 학력평가 2번 상**중**하

밑줄 친 '이 지역'을 지도에서 옳게 고른 것은?

고구려는 장수왕 때 국내성에서 이 지역으로 도읍을 옮겼다. 이후 당은 신라와 협공하여 고구려를 무너뜨리고, 이곳에 안동 도호부를 두었다. …(중략)… 고려는 태조 때 이 지역을 서경으로 삼았고, 인종 때 묘청 등이 이곳에서 반란을 일으켰다.

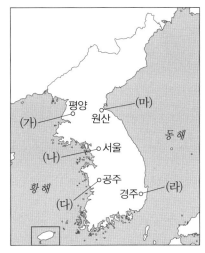

① (가) ② (나) ③ (다) ④ (라) ⑤ (마)

44 ▶25111-0044
2024학년도 6월 모의평가 3번 상**중**하

(가) 왕에 대한 설명으로 옳은 것은?

고려의 역대 국왕			
(가)	혜종	정종	광종

◎ 재위 기간: 918~943년
◎ 주요 업적
  - 고구려 계승을 표방하여 국호를 고려라 함.
  - 송악(개경)으로 수도를 옮김.
  - 혼인 정책으로 호족을 포섭함.
  - 발해 유민을 포용함.

① 교육입국 조서를 반포하였다.
② 전국에 척화비를 건립하였다.
③ 치안 유지법을 제정하였다.
④ 경국대전을 편찬하였다.
⑤ 후삼국을 통일하였다.

45 ▶25111-0045
2020학년도 수능 4번 상중**하**

(가)에 들어갈 내용으로 가장 적절한 것은?

탐구 활동 보고서

3학년 ○반 ○○번 이름 ○○○

1. 주제: 태조의 통치 체제 정비를 위한 노력
2. 활동: 자료를 수집하고 분석하여 통치 체제 정비를 위한 태조의 정책을 정리하였다.
3. 정리

수집 자료	분석 결과
백성들에게 3년간 조세와 부역을 면제해 주었다.	민생 안정 정책
향리의 자제를 개경에 살게 하고 이를 기인이라 하였다.	(가)
광해주 사람 박유가 귀순해 오자 왕씨 성을 하사하였다.	
서경의 보수를 마치고 백성을 옮겨 살게 하였다.	북진 정책

① 친명 배금 정책 ② 호족 통합 정책
③ 통상 개화 정책 ④ 반원 자주 정책
⑤ 민족 말살 정책

46
▶25111-0046
2024학년도 9월 모의평가 4번
상 중 하

(가)에 들어갈 내용으로 가장 적절한 것은?

모둠 활동: 고려 제4대 국왕의 정책을 조사하고 메모지에 작성하여 붙여 봅시다.

- 과거제 도입
- 공신과 호족 세력 숙청
- 공복 제정
- 광덕, 준풍 등 연호 사용
- (가)

① 회사령 제정
② 4군 6진 개척
③ 노비안검법 시행
④ 5경 15부 62주 설치
⑤ 한성 사범 학교 설립

47
▶25111-0047
2023학년도 수능 4번
상 중 하

밑줄 친 '왕'의 재위 기간에 있었던 사실로 옳은 것은?

후주 사람인 쌍기는 사신 설문우를 따라 고려에 왔다가 병이 들어 돌아가지 못하고 남았다. 왕이 그의 재능을 아껴 후주에 알린 다음 관료로 발탁하였으며, 얼마 뒤 원보 한림학사로 승진시켰다. 쌍기는 왕에게 건의하여 과거제를 신설하게 하고, 과거 시험을 담당하였다. 이 뒤에도 과거 시험을 맡아 후학들에게 학업을 권장하니, 학문을 중시하는 기풍이 일어났다.

① 독립문이 건립되었다.
② 별기군이 편성되었다.
③ 경국대전이 반포되었다.
④ 노비안검법이 실시되었다.
⑤ 수선사 결사가 조직되었다.

48
▶25111-0048
2023학년도 6월 모의평가 3번
상 중 하

(가) 왕이 시행한 정책으로 옳은 것은?

우리 태조 대왕께서 천명을 받아 즉위하시어서 태평성대를 이루고 문화를 발전시키셨습니다. 그 뒤 우리 ___(가)___ 께서 널리 어질고 능력 있는 사람을 불러들이셨습니다. 때마침 후주에서 보내온 사신 일행 중에 쌍기라는 자가 어질다는 말을 듣고 ___(가)___ 께서 그에게 예빈성사의 벼슬을 주고, 그의 건의에 따라 과거제를 처음으로 시행하였습니다. 그리하여 무오년과 경신년의 과거에서 각각 최섬과 최광범을 장원으로 선발하였습니다.

① 대가야를 병합하였다.
② 탕평책을 추진하였다.
③ 경국대전을 반포하였다.
④ 노비안검법을 실시하였다.
⑤ 국내성에서 평양으로 천도하였다.

49
▶25111-0049
2022학년도 3월 학력평가 2번
상 중 하

밑줄 친 '왕'에 대한 설명으로 옳은 것은?

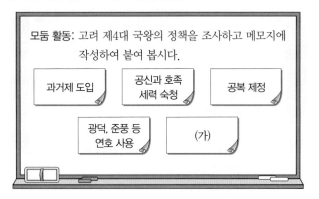

쌍기의 건의를 받아들여 과거제를 도입한 왕이네.

맞아. 그는 과거제를 통해 신진 세력을 등용하여 왕권을 강화하고자 했어.

고려의 개혁 군주
- 제4대 국왕

① 대동법을 실시하였다.
② 노비안검법을 시행하였다.
③ 6조 직계제를 마련하였다.
④ 전민변정도감을 설치하였다.
⑤ 9주 5소경 체제를 완비하였다.

50
▶ 25111-0050
2022학년도 6월 모의평가 2번
상 중 하

(가) 왕에 대한 설명으로 옳은 것은?

이 사료는 고려사의 일부네요. 이 기록에서 어떤 사실과 역사적 의미를 알 수 있을까요?

(가) 이/가 쌍기에게 명하여 처음으로 과거제를 시행하도록 한 내용입니다. 이를 통해 유교적 소양을 갖춘 관리를 등용하고자 했음을 알 수 있습니다.

① 삼별초를 조직하였다.
② 규장각을 운영하였다.
③ 훈민정음을 창제하였다.
④ 육영 공원을 설립하였다.
⑤ 노비안검법을 실시하였다.

51
▶ 25111-0051
2022학년도 수능 6번
상 중 하

밑줄 친 '왕'에 대한 설명으로 옳은 것은?

화면은 고려사절요의 기록인데요, 어떤 내용과 역사적 의미가 있는지 설명해 주시길 바랍니다.

이 기록은 최승로가 시무 28조를 올린다는 내용입니다. 왕은 이를 받아들여 불교 행사를 축소하고 12목에 지방관을 파견하는 등 유교 정치 이념을 바탕으로 통치 체제를 강화하였습니다.

① 척화비를 세웠다.
② 대동법을 시행하였다.
③ 국자감을 정비하였다.
④ 대가야를 병합하였다.
⑤ 장용영을 설치하였다.

52
▶ 25111-0052
2024학년도 10월 학력평가 3번
상 중 하

자료의 상황이 나타난 국가에 대한 설명으로 옳은 것은?

○ 교서를 내려 12목에 경학박사와 의학박사를 각각 1명씩 두었으며, 목의 수령과 주현의 책임관으로 하여금 힘써 훈계하고 가르치게 하였다.
○ 교서를 내려 국자감을 세우고 토지를 지급하였다.

① 홍문관을 운영하였다.
② 제가 회의를 개최하였다.
③ 통리기무아문을 설치하였다.
④ 9주 5소경 체제를 정비하였다.
⑤ 도병마사와 식목도감을 두었다.

53
▶ 25111-0053
2023학년도 9월 모의평가 2번
상 중 하

다음 시무책이 제출된 나라에 대한 설명으로 옳은 것은?

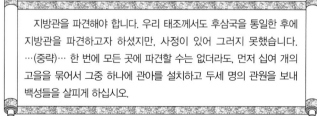

지방관을 파견해야 합니다. 우리 태조께서도 후삼국을 통일한 후에 지방관을 파견하고자 하셨지만, 사정이 있어 그러지 못했습니다. …(중략)… 한 번에 모든 곳에 파견할 수는 없더라도, 먼저 십여 개의 고을을 묶어서 그중 하나에 관아를 설치하고 두세 명의 관원을 보내 백성들을 살피게 하십시오.

① 9주 5소경을 두었다.
② 주현과 속현이 있었다.
③ 전국을 8도로 나누었다.
④ 면 협의회를 운영하였다.
⑤ 5경 15부 62주를 설치하였다.

54
▶25111-0054
2024학년도 9월 모의평가 2번
상 중 **하**

다음 가상 대화에서 밑줄 친 '담판'이 끼친 영향으로 가장 적절한 것은?

거란 장수 소손녕과의 담판에서 어떤 말씀을 하셨습니까?

우리나라는 고구려를 이어받았기에 나라 이름이 고려라고 하였지요. 또한 여진을 몰아내고 우리의 옛 땅을 찾는다면 거란과 국교를 맺을 것이라고 설득하였습니다.

① 후삼국이 통일되었다.
② 대가야가 병합되었다.
③ 한성 조약이 체결되었다.
④ 사비 천도가 단행되었다.
⑤ 강동 6주 지역이 확보되었다.

55
▶25111-0055
2025학년도 9월 모의평가 4번
상 중 **하**

(가)에 들어갈 내용으로 가장 적절한 것은?

탐구 주제: 고려 시대 대외 관계

(가)

여진을 정벌하고 동북 9성을 쌓았습니다.

몽골의 침입에 대항하여 강화도로 천도하였습니다.

① 수와 당의 침공을 막아냈습니다.
② 일본과 제물포 조약을 맺었습니다.
③ 마한의 여러 소국을 복속시켰습니다.
④ 국왕이 러시아 공사관으로 피신하였습니다.
⑤ 강감찬이 귀주에서 거란군을 물리쳤습니다.

56
▶25111-0056
2023학년도 10월 학력평가 3번
상 중 **하**

(가), (나) 시기 사이에 있었던 사실로 옳은 것은?

(가) 거란의 소배압이 대규모 군대를 이끌고 침략해 오자 왕이 강감찬을 상원수로, 강민첨을 부원수로 삼아 병사를 거느리고 영주에 주둔하게 하였다.
(나) 윤관 등이 여진을 격파하고 9성을 쌓았다. 그러자 근거지를 잃어버린 여진과 빈번하게 다툼이 벌어지니, 우리 병사들이 피해를 입는 일이 많았다.

① 제1차 수신사가 파견되었다.
② 인조가 남한산성으로 피란하였다.
③ 삼별초가 제주도로 근거지를 옮겼다.
④ 을지문덕이 살수에서 대승을 거두었다.
⑤ 북쪽 국경 지역에 천리장성이 축조되었다.

57
▶25111-0057
2023학년도 3월 학력평가 3번
상 중 **하**

자료의 상황이 전개된 시기를 연표에서 옳게 고른 것은?

바야흐로 금이 전성기를 맞아 우리나라를 신하로 삼으려 하였다. 여러 사람이 어지럽게 논의하였는데, 공(公)이 홀로 따지며 아뢰었다. … (중략) … 이때에 권신(權臣)이 임금의 명을 제멋대로 정하여 신하를 칭하면서 서약하는 글을 올렸다.
– 「윤언이 묘지명」 –

	(가)	(나)	(다)	(라)	(마)	
매소성 전투		발해 멸망	귀주 대첩	강화 천도	공민왕 즉위	위화도 회군

① (가) ② (나) ③ (다) ④ (라) ⑤ (마)

58 ▶25111-0058
2024학년도 3월 학력평가 4번   상**中**하

밑줄 친 '난'에 대한 설명으로 옳은 것은?

> 짐이 진실로 현명하지 못하여 서경으로 도읍을 옮기자는 묘청의 말에 현혹되었다. 마침내 서경에 새 궁궐인 대화궁을 창건하여 나라의 중흥을 기대하였다. 이에 여러 차례 서경에 행차하였으나 재앙과 이변이 점점 많아지고 사람들의 비방만 초래할 뿐이었다. 짐이 바야흐로 묘청의 말을 듣고 따랐던 것을 경계하자 그의 무리가 원망을 품더니 난을 일으켰다.

① 정중부 등이 가담하였다.
② 호족 세력의 등장에 영향을 주었다.
③ 삼정이정청이 설치되는 계기가 되었다.
④ 김부식이 이끄는 관군에 의해 진압되었다.
⑤ 구식 군인에 대한 차별에 반발하여 일어났다.

59 ▶25111-0059
2024학년도 6월 모의평가 5번   상**中**하

(가)에 들어갈 내용으로 가장 적절한 것은?

탐구 활동 보고서

3학년 ○반 이름: ○○○

탐구 주제: ____(가)____

탐구 내용:
- 이자겸과 척준경이 군사를 동원하여 궁궐을 불태웠다. 이자겸 일파가 왕을 위협하여 처소를 남쪽으로 옮기고, 왕의 측근들을 죽였다.
- 묘청 등이 서경을 근거지로 삼아서 반란을 일으켰다. 이에 김부식이 이끄는 관군이 이들을 토벌하였다.

① 신라 말 호족 세력의 성장
② 고려 문벌 사회의 동요
③ 조선 전기 훈구와 사림의 대립
④ 조선 후기 탕평 정치의 추진
⑤ 일제 강점기 민족 유일당 운동의 전개

60 ▶25111-0060
2023학년도 6월 모의평가 5번   상**中**하

(가) 인물에 대한 설명으로 옳은 것은?

> ○ 묘청이 난을 일으켜 나라 이름을 대위, 연호를 천개, 군대를 천견충의군이라 하였다. 왕이 ___(가)___ 을/를 원수로 삼아 관군을 이끌고 가 난을 평정하도록 하였다.
> ○ 서경 전투는 국풍파 대 한학파의 싸움이며, 독립당 대 사대당의 싸움이며, 진취 사상 대 보수 사상의 싸움이었다. 묘청은 전자의 대표요, ___(가)___ 은/는 후자의 대표였다. 이 싸움에서 묘청 등이 패하고 ___(가)___ 이/가 승리함으로써 우리의 역사는 사대적·보수적 사상인 유교 사상에 굴복되고 말았다.

① 수선사 결사 운동을 주도하였다.
② 조선 혁명 선언을 작성하였다.
③ 한인 애국단을 이끌었다.
④ 삼국사기를 편찬하였다.
⑤ 척화비를 건립하였다.

61 ▶25111-0061
2021학년도 9월 모의평가 2번   상**中**하

(가) 인물에 대한 설명으로 옳은 것은?

한국사 활동지

주제: 역사의 라이벌

3학년 ○○반 ○○번 이름: ○○○

활동 1. 김부식과 (가)에 관련된 역사적 사실을 조사·비교한다.

김부식	(가)
○ 금 정벌·칭제건원을 반대	○ 정지상과 함께 칭제건원을 주장
○『삼국사기』 편찬을 주관한 유학자	○ 풍수지리설을 정치적으로 이용한 승려

활동 2. 두 인물에 대하여 조사·비교한 내용을 발표한다.

① 정방을 설치하였다.
② 9재 학당을 설립하였다.
③ 왜양일체론을 내세웠다.
④ 서경 천도를 주장하였다.
⑤ 수선사 결사를 제창하였다.

62 ▶25111-0062 2025학년도 수능 4번 상 중 하

밑줄 친 '이 시기'에 있었던 사실로 옳은 것은?

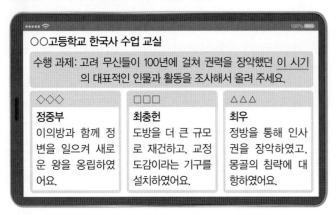

○○고등학교 한국사 수업 교실

수행 과제: 고려 무신들이 100년에 걸쳐 권력을 장악했던 <u>이 시기</u>의 대표적인 인물과 활동을 조사해서 올려 주세요.

◇◇◇
정중부
이의방과 함께 정변을 일으켜 새로운 왕을 옹립하였어요.

□□□
최충헌
도방을 더 큰 규모로 재건하고, 교정도감이라는 기구를 설치하였어요.

△△△
최우
정방을 통해 인사권을 장악하였고, 몽골의 침략에 대항하였어요.

① 골품제가 운영되었다.
② 한인 애국단이 조직되었다.
③ 수도가 강화도로 옮겨졌다.
④ 백두산정계비가 건립되었다.
⑤ 이른바 남한 대토벌 작전이 전개되었다.

63 ▶25111-0063 2022학년도 수능 4번 상 중 하

다음 자료를 활용한 학습 주제로 가장 적절한 것은?

의종이 궁 밖에서 또다시 가까운 문신들과 술을 마시고 시를 읊다가 되돌아가는 것을 잊으니, 호위 장사(將士)들의 배고픔이 심하였다. 정중부가 잠시 나왔는데, 이의방 등이 따라와 "문신들은 배불리 먹고 마시는데, 우리들은 모두 굶주리고 피곤합니다. 이를 참아야만 합니까?"라고 하였다. 정중부는 예전에 문신 김돈중이 자신의 수염을 태운 것에 악감정도 남아 있어 "그렇지 않다."라고 답하였다. 이들은 마침내 거사를 계획하였다.

① 개화 정책에 대한 반발
② 강화도 조약의 체결
③ 훈구와 사림의 대립
④ 무신 정변의 발생
⑤ 예송의 전개

64 ▶25111-0064 2020학년도 수능 5번 상 중 하

다음 사건이 발생한 시기를 연표에서 옳게 고른 것은?

왕이 탄 가마가 보현원 근처에 이르렀을 때 이고와 이의방이 앞질러 가서 왕의 명령을 거짓으로 꾸며 순검군을 모았다. 왕이 보현원 문으로 들어서고 여러 신하들은 물러나려는데 이고 등이 임종식·이복기·한뢰를 죽였다. 왕을 모시던 문신과 환관들도 모두 제거하였다. 또 개경에 있던 문신 50여 명도 살해하였다. 정중부 등이 왕을 모시고 궁으로 돌아왔다.

	(가)	(나)	(다)	(라)	(마)	
귀주대첩		이자겸의 난 발발		묘청의 난 발발		강화도 천도

(표 계속)

강화도 천도		개경 천도		위화도 회군

① (가) ② (나) ③ (다) ④ (라) ⑤ (마)

65 ▶25111-0065 2021학년도 3월 학력평가 5번 상 중 하

다음 상황이 나타난 국가에서 볼 수 있는 모습으로 가장 적절한 것은?

○ 명학소 사람 망이, 망소이 등이 무리를 불러 모아 공주를 공격하여 함락하였다. … (중략) … 이에 망이의 고향인 명학소를 승격하여 충순현으로 삼았다.
○ 유청신은 장흥부 고이 부곡 사람이다. 몽골어를 익혀 여러 차례 사신을 따라 원에 가서 잘 응대하였다. … (중략) … 충렬왕의 총애를 받아 낭장에 임명되었다. 이후 고이 부곡이 고흥현으로 승격되었다.

① 형평 운동에 참여하는 백정
② 당으로 유학을 떠나는 6두품
③ 속현에서 공물을 징수하는 향리
④ 상평통보로 물건을 구매하는 상인
⑤ 홍경래의 난에 가담하는 광산 노동자

66 ▶25111-0066
2023학년도 9월 모의평가 3번 상**중**하

밑줄 친 '전쟁' 중에 있었던 사실로 옳은 것은?

○ 을유년 1월 계미일에 몽골 사신이 압록강을 건너 돌아가다가 도적에게 죽임을 당하였다. 신묘년 8월 임오일에 몽골이 이를 구실로 전쟁을 시작하였다.
○ 신해년 9월 임오일에 새로 만든 팔만대장경판에 분향하였다. 몽골과의 전쟁이 이어지던 중 임진년에 초조대장경판이 불타 없어져 새로운 대장경판을 만들고자 하였는데, 16년 만에 완성한 것이다.

① 대가야가 멸망하였다.
② 수도가 강화도로 옮겨졌다.
③ 미쓰야 협정이 체결되었다.
④ 인천 상륙 작전이 전개되었다.
⑤ 황국 중앙 총상회가 조직되었다.

67 ▶25111-0067
2022학년도 6월 모의평가 5번 상**중**하

다음 자료의 상황이 나타난 시기의 모습으로 옳은 것은?

추밀원부사를 지냈던 홍문계는 딸이 공녀로 선발되자, 권세가에게 부탁하여 공녀가 되는 것을 면하고자 하였으나 성사되지 못하였다. 결국 그는 딸이 공녀가 되는 것을 막기 위해 딸의 머리를 깎았다. 원(元) 공주는 이 소식을 듣고 크게 노하여, 홍문계를 가두고 가혹한 형벌을 가했으며 그의 재산을 몰수하였다.

① 골품제가 실시되었다.
② 집강소가 설치되었다.
③ 수원 화성이 건설되었다.
④ 권문세족이 농장을 확대하였다.
⑤ 향약이 전국적으로 보급되었다.

68 ▶25111-0068
2025학년도 9월 모의평가 6번 상**중**하

밑줄 친 '왕'에 대한 설명으로 옳은 것은?

• 쌍성의 천호인 이자춘이 와서 알현하니 왕이 그를 맞이 하였다. … (중략) … 이자춘이 왕의 명령을 듣고 조용히 유인우와 합세한 후 쌍성총관부를 공격하였다.
• 신돈이 왕에게 전민변정도감의 설치를 청하였다. 그리고 말하기를 "도감을 설치하여 폐단을 바로잡고자 하니 개경은 15일, 각 도는 40일 내로 신고하여야 한다. … (중략) … 기한이 지난 후 발각되는 자는 조사하여 죄를 다스릴 것이다."라고 하였다.

① 후대 왕에게 훈요 10조를 남겼다.
② 정동행성 이문소를 폐지하였다.
③ 군국기무처를 설치하였다.
④ 사비로 수도를 옮겼다.
⑤ 균역법을 시행하였다.

69 ▶25111-0069
2024학년도 10월 학력평가 4번 상**중**하

(가) 국왕에 대한 설명으로 옳은 것은?

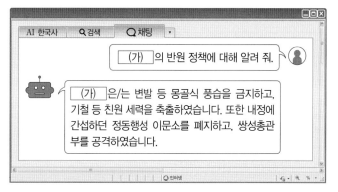

(가) 의 반원 정책에 대해 알려 줘.

(가) 은/는 변발 등 몽골식 풍습을 금지하고, 기철 등 친원 세력을 축출하였습니다. 또한 내정에 간섭하던 정동행성 이문소를 폐지하고, 쌍성총관부를 공격하였습니다.

① 훈요 10조를 남겼다.
② 훈민정음을 창제하였다.
③ 수원 화성을 건설하였다.
④ 평양 천도를 단행하였다.
⑤ 전민변정도감을 설치하였다.

70
▶25111-0070
2022학년도 10월 학력평가 3번
상 **중** 하

밑줄 친 '전하'의 재위 시기에 볼 수 있는 모습으로 가장 적절한 것은?

전하, 전민변정도감 판사 신돈은 겉으로는 공의를 빙자하고 있으나 실상은 사람들에게 환심을 사고자 할 뿐입니다.

그렇지 않소. 그 덕분에 권세가에게 빼앗긴 토지를 돌려받거나 노비에서 신분을 회복한 백성이 많으니 이것이 공의가 아니고 무엇이겠소.

① 지계를 발급하는 관리
② 경국대전을 편찬하는 학자
③ 주자감에서 공부하는 학생
④ 쌍성총관부를 공격하는 군사
⑤ 팔만대장경을 조판하는 장인

72
▶25111-0072
2021학년도 10월 학력평가 6번
상 **중** 하

(가)에 들어갈 내용으로 가장 적절한 것은?

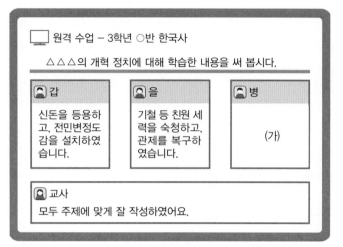

□ 원격 수업 – 3학년 ○반 한국사

△△△의 개혁 정치에 대해 학습한 내용을 써 봅시다.

갑	을	병
신돈을 등용하고, 전민변정도감을 설치하였습니다.	기철 등 친원 세력을 숙청하고, 관제를 복구하였습니다.	(가)

교사
모두 주제에 맞게 잘 작성하였어요.

① 22담로에 왕족을 파견하였습니다.
② 관료전을 지급하고 녹읍을 폐지하였습니다.
③ 청을 정벌하자는 북벌 운동을 추진하였습니다.
④ 쌍성총관부를 공격하여 영토를 회복하였습니다.
⑤ 관리 등용을 위해 독서삼품과를 마련하였습니다.

71
▶25111-0071
2022학년도 9월 모의평가 6번
상 **중** 하

밑줄 친 '왕'에 대한 설명으로 옳은 것은?

○ 기철이 원 황실과 연결되어 권세를 부리면서 토지와 노비를 빼앗는 등 불법을 저질렀다. 또한 반역을 도모할 목적으로 사사로이 무기를 제조하였다. 이에 왕은 기철을 비롯한 역적들을 모조리 죽이고 다시 사직을 안정시켰다.
○ 왕이 도감을 설치하고 신돈을 판사로 삼으니, 신돈은 억울하게 노비가 된 사람들을 양인으로 만들었다. 이에 신돈을 성인이라고 칭송하는 사람들이 있었다.

① 과전법을 실시하였다.
② 의정부를 설치하였다.
③ 규장각을 운영하였다.
④ 쌍성총관부를 공격하였다.
⑤ 최승로의 시무 28조를 채택하였다.

73
▶25111-0073
2021학년도 수능 6번
상 **중** 하

밑줄 친 '왕'의 재위 기간에 있었던 사실로 옳은 것은?

몽골이 침입하여 화주에 쌍성총관부를 설치하고, 조휘를 총관으로 삼아 다스리게 하였다. … (중략) … 왕이 유인우를 보내 쌍성총관부를 공격하고, 화주·정주 등 여러 지역을 수복하여 다시 본국에 속하게 하였다.

① 교육입국 조서가 반포되었다.
② 전민변정도감이 설치되었다.
③ 북한산 순수비가 세워졌다.
④ 이자겸의 난이 일어났다.
⑤ 회사령이 제정되었다.

74 ▶25111-0074
2021학년도 6월 모의평가 7번   상 중 하

(가) 왕이 실시한 정책으로 옳은 것은?

모둠별 토의 질문 평가지

대상 학급: 3학년 ○반

담당 교사: ○○○

• 과제: 고려 시대 [(가)] 의 정책에 대한 모둠별 토의 질문 만들기

• 질문 평가

모둠	제출한 질문	평가
1모둠	기철 등 친원 세력을 숙청한 이유는 무엇일까?	적합
2모둠	정동행성 이문소를 폐지한 목적은 무엇일까?	적합
3모둠	쌍성총관부 공격이 가지는 의의는 무엇일까?	적합

① 우산국을 정복하였다.
② 광무개혁을 추진하였다.
③ 경국대전을 반포하였다.
④ 수원 화성을 건설하였다.
⑤ 전민변정도감을 설치하였다.

75 ▶25111-0075
2025학년도 9월 모의평가 2번   상 중 하

(가), (나) 시기 사이에 있었던 사실로 옳은 것은?

(가) 이성계가 여러 장수에게 "내가 글을 올려 위화도에서 회군하기를 청하였으나, 왕이 살펴보지 않고 최영도 듣지 않는다."라고 하였다. … (중략) … 여러 장수가 모두 말하기를 "우리나라의 안위가 공의 한 몸에 달려 있으니, 감히 명령대로 따르지 않겠습니까."라고 하였다. 이에 군사를 돌려 압록강을 건넜다.

(나) 국왕이 승정원에 전교하기를 "『경국대전』을 교정한 후에는 『대명률』의 예에 따라 가볍게 고치지 못하도록 하고, 만약 고치기를 청하는 자가 있으면 죄를 논하는 것이 어떠한가?"라고 하였다. … (중략) … 국왕이 예조에 전지하기를 "『경국대전』을 다가오는 을사년 1월 1일에 반포하여 시행하라."라고 하였다.

① 조선이 건국되었다.
② 대한국 국제가 제정되었다.
③ 신라가 삼국을 통일하였다.
④ 4·13 호헌 조치가 발표되었다.
⑤ 제너럴셔먼호 사건이 발생하였다.

76 ▶25111-0076
2024학년도 수능 3번   상 중 하

(가), (나) 시기 사이에 있었던 사실로 옳은 것은?

(가) 이의방과 이고가 몰래 정중부에게 말하기를, "문신은 우대받아 배부르나, 무신은 모두 굶주리고 피곤하니, 이것을 어찌 참겠습니까?"라고 하였다. … (중략) … 정중부가 마침내 의종과 태자를 쫓아내고 어린 태손을 죽였다.

(나) 군사가 위화도에 머물면서 좌·우군도통사가 글을 올려 회군을 요청하니 최영이 말하기를, "두 도통사가 있으니 스스로 와서 아뢰는 것이 옳다. 군사를 물리자는 말을 감히 내 입으로 하지 못하겠다."라고 하였다.

① 조선책략이 소개되었다.
② 한성 조약이 체결되었다.
③ 홍경래의 난이 일어났다.
④ 사비 천도가 이루어졌다.
⑤ 전민변정도감이 설치되었다.

77 ▶25111-0077
2025학년도 수능 6번   상 중 하

(가) 인물의 활동으로 옳은 것은?

이 비각에는 국가유산으로 지정된 건원릉 신도비가 있습니다. 건원릉은 조선을 건국한 [(가)]의 능으로, 이 비석에는 그가 홍건적과 왜구를 격퇴한 사실, 배극렴·조준 등의 추대를 받아 왕위에 오른 사실 등이 기록되어 있습니다.

① 녹읍을 폐지하였다.
② 별무반을 편성하였다.
③ 대동법을 시행하였다.
④ 위화도 회군을 단행하였다.
⑤ 통리기무아문을 설치하였다.

78 ▶25111-0078
상**중**하

밑줄 친 '그'에 대한 설명으로 옳은 것은?

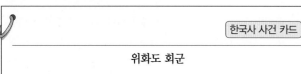

한국사 사건 카드

위화도 회군

■ 사건 연도: 1388년

■ 사건 내용: 고려는 명이 철령 이북의 영토를 빼앗으려 하자 요동 정벌을 시도하였다. 그러나 4불가론을 내세우며 요동 정벌에 반대하던 그는 위화도에서 회군을 단행하였다. 그는 개경으로 돌아와 최영을 체포하고 우왕을 퇴위시키는 등 권력을 장악하였다.

① 조선을 건국하였다.
② 녹읍을 폐지하였다.
③ 마한을 복속하였다.
④ 치안 유지법을 시행하였다.
⑤ 통리기무아문을 설치하였다.

79 ▶25111-0079
상중**하**

(가)에 들어갈 내용으로 가장 적절한 것은?

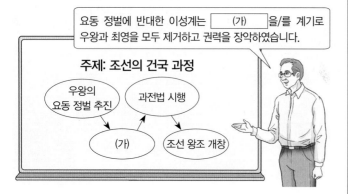

요동 정벌에 반대한 이성계는 (가) 을/를 계기로 우왕과 최영을 모두 제거하고 권력을 장악하였습니다.

주제: 조선의 건국 과정

우왕의 요동 정벌 추진 → (가) → 조선 왕조 개창
과전법 시행 →

① 균역법 실시
② 위화도 회군
③ 대가야 정복
④ 병인양요 발발
⑤ 한인 애국단 결성

80 ▶25111-0080
상중**하**

(가) 국가의 문화에 대한 설명으로 옳은 것은?

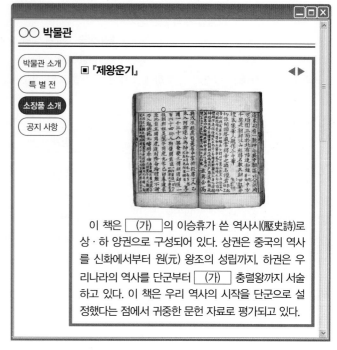

○○ 박물관

| 박물관 소개 |
| 특 별 전 |
| 소장품 소개 |
| 공지 사항 |

■ 『제왕운기』

이 책은 (가) 의 이승휴가 쓴 역사시(歷史詩)로 상·하 양권으로 구성되어 있다. 상권은 중국의 역사를 신화에서부터 원(元) 왕조의 성립까지, 하권은 우리나라의 역사를 단군부터 (가) 충렬왕까지 서술하고 있다. 이 책은 우리 역사의 시작을 단군으로 설정했다는 점에서 귀중한 문헌 자료로 평가되고 있다.

① 국자감이 설립되었다.
② 북학론이 제기되었다.
③ 육영 공원이 설치되었다.
④ 조선어 학회가 결성되었다.
⑤ 한국독립운동지혈사가 편찬되었다.

81 ▶25111-0081
상**중**하

밑줄 친 '이 왕조'의 문화에 대한 설명으로 옳은 것은?

이곳은 가상 박물관입니다. 전시된 문화유산을 누르면 이 왕조의 역사와 문화에 대한 정보를 얻을 수 있습니다.

이 왕조를 건국하고 후삼국을 통일한 태조 왕건의 동상입니다. 황제가 쓰는 통천관을 쓰고 있습니다.

수준 높은 목판 인쇄술을 보여 주는 팔만대장경판은 이 왕조가 강화도로 수도를 옮기고 몽골에 항전했던 시기에 제작되었습니다.

① 동학이 창시되었다.
② 삼국사기가 편찬되었다.
③ 수원 화성이 건설되었다.
④ 조선어 학회가 조직되었다.
⑤ 석굴암 본존 불상이 조성되었다.

82 ▶25111-0082
2023학년도 10월 학력평가 9번   상 중 하

(가) 인물에 대한 설명으로 옳은 것은?

> (가) 이/가 결사 운동을 시작한 거조사에 이어 알아볼 곳은 송광사입니다. 이곳은 그가 수선사 결사를 이끌며 입적할 때까지 활동한 사찰입니다.

(가) 의 행적을 찾아서
거조사
송광사

① 삼국사기를 편찬하였다.
② 서경 천도를 건의하였다.
③ 청 문물 수용을 주장하였다.
④ 왕오천축국전을 저술하였다.
⑤ 선종과 교종의 조화를 추구하였다.

83 ▶25111-0083
2022학년도 10월 학력평가 4번   상 중 하

(가) 국가의 문화에 대한 설명으로 옳은 것은?

> 화면 속 유적은 (가) 의 궁궐터인 만월대입니다. 원래 이곳에는 태조가 창건한 궁궐이 있었습니다. 그러나 거란의 침입, 이자겸의 난 등으로 궁궐이 여러 번 훼손되고 중건되었다가 홍건적의 침입으로 소실되었습니다. 한편 남북 공동 발굴 조사 결과 만월대에서 금속 활자와 청자 등 다양한 유물이 출토되었습니다.

① 대종교가 창시되었다.
② 삼국유사가 편찬되었다.
③ 진단 학보가 발행되었다.
④ 육영 공원이 설립되었다.
⑤ 수원 화성이 축조되었다.

03 조선 시대 정치 운영과 세계관의 변화

84 ▶25111-0084
2024학년도 수능 5번   상 중 하

(가)에 들어갈 내용으로 가장 적절한 것은?

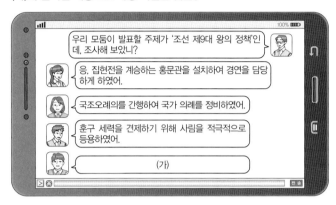

> 우리 모둠이 발표할 주제가 '조선 제9대 왕의 정책'인데, 조사해 보았니?
> 응. 집현전을 계승하는 홍문관을 설치하여 경연을 담당하게 하였어.
> 국조오례의를 간행하여 국가 의례를 정비하였어.
> 훈구 세력을 견제하기 위해 사림을 적극적으로 등용하였어.
> (가)

① 대가야를 정복하였어.
② 경국대전을 반포하였어.
③ 노비안검법을 실시하였어.
④ 전국에 척화비를 건립하였어.
⑤ 한성 사범 학교를 설립하였어.

85 ▶25111-0085
2023학년도 9월 모의평가 5번   상 중 하

밑줄 친 '국왕'에 대한 설명으로 옳은 것은?

> 조선 왕릉 이야기
> 광릉 | 경릉 | 창릉 | 선릉
>
> □ 선릉 이야기
> 제9대 국왕과 왕비의 능이다. 그는 학문을 장려했던 군주로 집현전을 계승한 홍문관을 설치하였고, 3사 언관직 중심으로 사림을 등용하였다. 선릉은 임진왜란 때 일본군에 의해 파헤쳐졌으며, 인조 때 정자각과 능침에 불이 나는 등 수난을 겪었다.

① 홍범 14조를 반포하였다.
② 통리기무아문을 두었다.
③ 경국대전을 완성하였다.
④ 집사부를 설치하였다.
⑤ 훈요 10조를 남겼다.

86

▶ 25111-0086
2022학년도 수능 8번

상 중 하

(가) 왕에 대한 설명으로 옳은 것은?

> 세종이 집현전을 설치하고 그곳에 소속된 학사들에게 문필에 관한 일을 맡기니, 훌륭한 문사들이 많이 배출되었다. 세조는 집현전을 폐지하였음에도, 문신 수십 명을 뽑아 겸예문으로 삼고 이들과 토론했다.   (가) 은/는 즉위 후 집현전을 계승한 홍문관을 설치하고 홍문관원이 경연관을 겸하도록 했다. 왕은 한강가에 독서당을 지어 관원들이 독서하게 하는 등 지극한 총애를 보였지만, 글로 이름을 떨친 사람이 세종 때만큼 배출되지는 못했다.

① 교육입국 조서를 발표하였다.
② 매소성 전투에서 승리하였다.
③ 경국대전을 반포하였다.
④ 우산국을 정복하였다.
⑤ 훈요 10조를 남겼다.

87

▶ 25111-0087
2023학년도 수능 5번

상 중 하

(가), (나) 시기 사이에 있었던 사실로 옳은 것은?

> (가) 심의겸과 김효원의 대립이 더욱 심해져서 심의겸을 지지하는 무리는 서인이 되고 김효원을 지지하는 무리는 동인이 되었다. 이로써 조정 신하 가운데 주관이 뚜렷하여 독자적으로 행동하는 사람이 아니면 모두 동인이나 서인으로 나눠지게 되었다.
>
> (나) 임금께서 탕평책을 실시하여, "두루 화합하고 편당을 짓지 않는 것은 군자의 공정한 마음이요, 편당만 짓고 두루 화합하지 않는 것은 소인의 사사로운 뜻이다."라는 글을 써서 내리고 이를 새긴 탕평비를 향석교에 세우도록 하였다.

① 환국이 일어났다.
② 무신 정권이 성립되었다.
③ 위화도 회군이 단행되었다.
④ 성왕이 사비로 천도하였다.
⑤ 제너럴 셔먼호 사건이 발생하였다.

88

▶ 25111-0088
2022학년도 10월 학력평가 5번

상 중 하

(가), (나) 시기 사이에 있었던 사실로 옳은 것은?

> (가) 조선이 경성과 경원에 무역소를 두었지만 여진의 약탈은 계속되었다. 국왕은 최윤덕과 김종서 등을 보내 압록강과 두만강 일대의 여진을 몰아내었다. 이로써 4군 6진 지역이 개척되었다.
>
> (나) 요동에서 후금과 대립하던 명은 조선에 지원군을 요청하였다. 명과 후금 사이에서 고심하던 국왕은 강홍립을 도원수로 삼아 군대를 파병하였다. 그러면서도 상황에 따라 대처하도록 지시하였다.

① 임진왜란이 일어났다.
② 정묘호란이 발발하였다.
③ 위화도 회군이 단행되었다.
④ 프랑스가 강화도를 공격하였다.
⑤ 강감찬이 귀주에서 대승을 거두었다.

89

▶ 25111-0089
2025학년도 6월 모의평가 5번

상 중 하

(가)에 들어갈 내용으로 가장 적절한 것은?

학습 주제: 조선 전기의 대외 관계

이 시기에는 명과 조공·책봉 관계를 맺고 경제·문화적 실리를 추구하였어.

압록강과 두만강 일대의 여진을 몰아내고 4군과 6진을 개척하였지.

(가)

① 우산국을 정벌하여 복속시켰어.
② 수·당의 거듭된 침공을 막아 냈어.
③ 3포를 개방하여 일본과 교역하였어.
④ 쌍성총관부를 공격하여 영토를 회복하였어.
⑤ 미국과 한·미 상호 방위 조약을 체결하였어.

90 ▶25111-0090
2024학년도 3월 학력평가 5번 상 중 **하**

밑줄 친 '전쟁' 기간에 있었던 사실로 옳은 것은?

독서 기록장

3학년 ○반 이름 ○○○

도서명	『쇄미록』	저자	오희문
책 소개	쇄미록은 '보잘것없이 떠도는 자의 기록'이라는 의미이다. 양반 오희문이 9년 3개월 동안 쓴 일기로 일본군이 침입하여 일어난 <u>전쟁</u> 중 보고 들은 내용이 대부분을 차지하고 있다.		
인상 깊은 내용	– 한양을 떠나 파천한 왕을 안타까워하는 내용 – 굶주림과 질병, 일본군의 약탈로 인한 참상 – 이순신의 전사 소식을 듣고 애석해하는 부분		

---

① 곽재우 등 의병이 활약하였다.

② 강감찬이 귀주에서 승리하였다.

③ 윤관이 여진 정벌을 건의하였다.

④ 어재연이 광성보에서 항전하였다.

⑤ 을지문덕이 살수에서 적군을 격파하였다.

91 ▶25111-0091
2023학년도 10월 학력평가 4번 상 **중** 하

자료에 나타난 전쟁 중에 있었던 사실로 옳은 것은?

○ 왜적의 배 3척이 상류에서 내려오다가 2척은 침몰하고 1척은 떠내려갔는데, 의병장 곽재우가 배를 고스란히 포획하고 왜적 수십 명을 처단하였다.

○ 원균이 왜적의 배를 만나 대패하였다. …(중략)… 이순신 등이 군사를 이끌고 구원하기 위해 와서 세 차례나 수전(水戰)을 벌여 모두 대승을 거두었다.

– 『난적휘찬』 –

---

① 위화도 회군이 단행되었다.

② 정족산성 전투가 벌어졌다.

③ 조명 연합군이 평양성을 탈환하였다.

④ 무신 집권자가 강화도로 천도를 결정하였다.

⑤ 13도 창의군이 서울 진공 작전을 전개하였다.

92 ▶25111-0092
2023학년도 3월 학력평가 4번 **상** 중 하

(가)에 들어갈 장면으로 가장 적절한 것은?

한국사 UCC 제작 기획안

○제목: 7년간의 전쟁, ○○○○

○제작 방법: ○○○○의 주요 장면을 학생들이 재현하여 영상으로 제작한다.

○주요 장면

#1. 의병을 일으키는 곽재우 ····················· 모둠 1

#2. [　　　(가)　　　] ·············· 모둠 2

#3. 진주성을 사수하는 김시민 ····················· 모둠 3

---

① 삼전도에서 항복하는 인조

② 수의 대군을 물리치는 을지문덕

③ 적장과 외교 담판을 벌이는 서희

④ 한산도 해전에서 승리하는 이순신

⑤ 처인성에서 적장을 사살하는 김윤후

93 ▶25111-0093
2023학년도 6월 모의평가 4번 상 중 **하**

다음 일기에 나타난 전쟁 중에 있었던 사실로 옳은 것은?

(선조 25년) 4월 16일
왜선 수백 척이 부산에 나타났다는 소문이 돌더니, 저녁나절에는 부산과 동래가 함락되었다는 말이 들려와 경악을 금치 못했다.

(선조 25년) 날짜 미상
전라 좌수사가 적선 42척을 불태우니 적들이 너나 할 것 없이 물속으로 뛰어들었다고 한다.

(선조 26년) 4월 8일
내가 병에 걸려 몹시 고생할 때 들었는데, 지난 1월에 명나라 장수 이여송이 평양의 왜군을 공격해 섬멸했다고 한다.

(선조 26년) 7월 8일
전라도에 온 명나라 군사들이 민가에서 끝도 없이 재물을 약탈하여 마치 왜적에게 봉변을 당한 것 같다고 한다. 전주에 사는 송영구의 집에도 명나라 군사들이 난입해 재산을 빼앗았다고 한다.

---

① 별무반이 편성되었다.

② 김원봉이 의열단을 조직하였다.

③ 곽재우, 조헌 등의 의병이 활약하였다.

④ 강감찬이 귀주에서 적군을 대파하였다.

⑤ 삼별초가 근거지를 옮겨 가며 항쟁하였다.

▶25111-0094
2022학년도 9월 모의평가 9번 상 **중** 하

밑줄 친 '전쟁' 중에 볼 수 있는 모습으로 가장 적절한 것은?

○ 전쟁이 일어나 여러 성들이 함락되고 왕성마저 지키지 못하게 되자, 곽재우는 "나라가 망하게 되었으니 적을 쳐서 원수를 갚는다면 죽어도 여한이 없다."라고 하며, 수백 명의 장정들을 모아 적을 습격하여 여러 번 승리하였다.
○ 고려 때에는 왜구가 여러 차례 우리 서해를 침범했지만, 7년 간 지속된 이 전쟁에서는 이순신에 의해서 적이 울돌목을 넘지 못했다. 만약 그때 적이 이곳을 넘었더라면 나주(羅州)의 열두 섬이 가장 먼저 적의 먹이가 되었을 것이다.

① 지눌이 주도하는 수선사 결사에 참여하는 승려
② 남한산성으로 피난하는 국왕을 호위하는 장군
③ 행주산성 전투에서 권율의 지휘를 받는 병사
④ 황룡사 9층 목탑을 건립하는 장인
⑤ 단발령에 항거하여 봉기하는 의병

95 ▶25111-0095
2022학년도 수능 9번 상 **중** 하

(가) 전쟁 중에 있었던 사실로 옳은 것은?

그림으로 보는 인물사
의병장 조헌

상소를 올리는 모습
왜군을 물리치는 모습
왜군과의 싸움 끝에 전사하는 모습

자료는 『동국신속삼강행실도』에 수록된 그림으로 (가) 당시 의병장으로 활약한 조헌의 행적을 표현한 것이다. 명 정벌에 필요한 길을 내어달라는 도요토미 히데요시의 요구를 담은 문서와 왜의 사신이 도착하자, 조헌은 상소를 올려 그 사신을 죽이자고 주장하였다. 이듬해 (가) 이/가 일어나자 그는 의병을 일으켜 왜군이 장악한 청주성을 수복하였으나, 이후 금산 전투에서 전사하였다.

① 어재연이 광성보에서 항전하였다.
② 이순신이 한산도 해전에서 승리하였다.
③ 을지문덕이 살수에서 적군을 격파하였다.
④ 김좌진이 청산리 전투를 승리로 이끌었다.
⑤ 서희가 외교 담판으로 강동 6주 지역을 확보하였다.

96 ▶25111-0096
2021학년도 10월 학력평가 8번 상 **중** 하

(가) 전쟁 중에 볼 수 있는 모습으로 가장 적절한 것은?

국립 해양 문화재 연구소는 전남 진도군 명량대첩로 해역에서 안전을 기원하는 행사를 치르고 오는 10월까지 발굴 조사를 진행한다고 발표하였다. 이전에 수차례에 걸쳐 진행된 발굴 조사에서는 승자총통, 석환 등 많은 유물이 출토된 바 있다. 한편 명량대첩로 해역은 예로부터 많은 선박이 왕래한 곳이지만, 조류가 빠르게 흘러 배가 지나가기 힘든 항로였다. 이곳의 울돌목은 7년간 전개된 (가) 당시 충무공 이순신의 명량 대첩이 있었던 역사의 현장이다.

① 의병을 이끄는 곽재우
② 귀주 대첩을 보고하는 강감찬
③ 위화도 회군을 단행하는 이성계
④ 적장과 외교 담판을 벌이는 서희
⑤ 평안도 지역에서 난을 일으키는 홍경래

97 ▶25111-0097
2020학년도 수능 7번 상 **중** 하

(가)~(라) 지역에 대한 설명으로 옳은 것만을 〈보기〉에서 고른 것은?

─── 보기 ───
ㄱ. (가) – 여진을 몰아내고 개척한 6진 중 한 곳이다.
ㄴ. (나) – 대조영이 고구려 유민을 이끌고 발해를 세웠다.
ㄷ. (다) – 이순신이 이끄는 수군이 적군을 크게 무찔렀다.
ㄹ. (라) – 장보고의 건의로 청해진이 설치되었다.

① ㄱ, ㄴ   ② ㄱ, ㄷ   ③ ㄴ, ㄷ
④ ㄴ, ㄹ   ⑤ ㄷ, ㄹ

98 ▶25111-0098
2022학년도 3월 학력평가 5번 　　상(중)하

다음 교서가 반포된 시기를 연표에서 옳게 고른 것은?

> 우리나라가 중국 조정을 섬겨온 것이 2백여 년이라. 의리로는 곧 군신이고 은혜로는 부자와 같다. 또한 임진년에 나라를 지켜준 은혜는 영원히 잊을 수 없는 것이다. …(중략)… 광해는 배은망덕하여 천명을 두려워하지 않고 속으로 다른 뜻을 품고 오랑캐에게 호의를 베풀었으며, …(중략)… 황제가 칙서를 내려도 구원병을 파견할 생각을 하지 않아 우리나라를 오랑캐와 금수가 되게 하였다. …(중략)… 이에 광해를 폐위한다.

(가)	(나)	(다)	(라)	(마)
조선 건국	훈민정음 반포	한산도 대첩	병자호란 발발	고종 즉위	러일 전쟁 발발

① (가)　　② (나)　　③ (다)　　④ (라)　　⑤ (마)

99 ▶25111-0099
2024학년도 10월 학력평가 5번 　　상(중)하

밑줄 친 '전쟁'의 영향으로 가장 적절한 것은?

고전 소설 속 한국사
『박씨전』

청의 장수들이 무기를 버리고 박씨 부인 앞에 꿇고 애걸하기를 "이미 화친하였으니 살려 주십시오."라고 하였다. 이에 박씨 부인이 꾸짖기를 "이번만은 살려 보내니, 우리 세자와 대군을 태평히 모셔 가라. 그렇지 않으면 내가 오랑캐를 모조리 없애리라."라고 하였다.

이 소설에는 삼전도에서 조선의 항복을 받고 돌아가는 청군을 비범한 능력의 소유자인 박씨 부인이 꾸짖는 장면이 나타나 있습니다. 이를 통해 전쟁에서 패배한 현실의 굴욕감을 문학적 상상력으로 극복하고자 했던 것으로 보입니다.

① 별무반이 편성되었다.
② 북벌론이 대두되었다.
③ 금관가야가 멸망하였다.
④ 삼별초가 항전을 전개하였다.
⑤ 광해군이 중립적 외교를 추진하였다.

100 ▶25111-0100
2024학년도 6월 모의평가 4번 　　상(중)하

다음 자료에 나타난 전쟁의 영향으로 가장 적절한 것은?

> (인조 14년) 12월 1일
> 청이 조선 침략을 위해 12만여 명의 대군을 선양(심양)에 집결하게 하였다.
>
> (인조 14년) 12월 14일
> 임금이 강화도로 가려고 하였으나, 청군이 길을 차단하였다고 하자 남한산성으로 들어갔다.
>
> (인조 15년) 1월 22일
> 청군이 강화도를 함락하였고 봉림대군 등이 사로잡혔다.
>
> (인조 15년) 1월 30일
> 임금이 삼전도에서 세 번 절하고 아홉 번 머리를 조아리는 예를 행하였다.

① 대가야가 멸망하였다.
② 별무반이 편성되었다.
③ 북벌론이 대두하였다.
④ 삼국 간섭이 발생하였다.
⑤ 쌍성총관부가 설치되었다.

101 ▶25111-0101
2022학년도 6월 모의평가 9번 　　상(중)하

(가) 전쟁 중에 있었던 사실로 옳은 것은?

(가)에 대해 말해 볼까?

조선이 청의 군신 관계 요구를 거부하자, 이를 빌미로 청이 조선을 침략한 전쟁이야.

결국 조선은 굴욕적인 항복을 하였고, 세자와 일부 신하들이 청에 인질로 끌려갔어.

① 이성계가 위화도에서 회군하였다.
② 인조가 남한산성에서 항전하였다.
③ 이순신이 한산도에서 대승을 거두었다.
④ 을지문덕이 살수에서 적군을 격파하였다.
⑤ 김좌진이 청산리 전투를 승리로 이끌었다.

102 ▶25111-0102
2021학년도 6월 모의평가 8번
상 **중** 하

(가) 전쟁이 끼친 영향으로 가장 적절한 것은?

한국사 퀴즈 대회 대본

다음 문제입니다.

이 전쟁은 청의 침략으로 시작되었습니다. 인조는 신하들과 함께 남한산성에 들어가 항전하였지만 결국 삼전도에서 항복하였고, 조선은 청과 군신 관계를 맺었습니다.

이 전쟁의 명칭은 무엇일까요?

정답은 [(가)]입니다.

① 별무반이 조직되었다.
② 삼국 간섭이 일어났다.
③ 북벌 운동이 추진되었다.
④ 간도 참변이 발생하였다.
⑤ 제물포 조약이 체결되었다.

103 ▶25111-0103
2019학년도 10월 학력평가 9번
상 **중** 하

(가)에 들어갈 내용으로 가장 적절한 것은?

조선 시대 국왕 알아맞히기 퀴즈입니다. 4단계까지 아무도 정답을 맞히지 못했습니다. 이제 마지막 힌트입니다.

단계	힌트
5단계 힌트	(가)
4단계 힌트	조선의 제21대 국왕
3단계 힌트	속대전 편찬
2단계 힌트	서원 정리
1단계 힌트	탕평책 시행

① 정방 폐지
② 당백전 발행
③ 장용영 설치
④ 균역법 실시
⑤ 독서삼품과 마련

104 ▶25111-0104
2024학년도 수능 6번
상 **중** 하

밑줄 친 '이 왕'에 대한 설명으로 옳은 것은?

자료는 <u>이 왕</u>의 명령으로 펴낸 『무예도보통지』의 일부이다. 이 책은 당시의 무예와 병기에 대해 종합적으로 알 수 있는 귀중한 자료이다. 편찬에 참여한 이덕무와 박제가는 규장각, 백동수는 장용영의 인재들로서, 두 기관은 <u>이 왕</u>이 설치하였다. 이를 통해 『무예도보통지』가 문관과 무관의 공동 작업으로 만든 책이라는 것을 알 수 있다.

① 녹읍을 폐지하였다.
② 탕평책을 추진하였다.
③ 군국기무처를 설치하였다.
④ 삼청 교육대를 운영하였다.
⑤ 교육입국 조서를 반포하였다.

105 ▶25111-0105
2023학년도 3월 학력평가 6번
상 **중** 하

(가) 왕에 대한 설명으로 옳은 것은?

확장 현실(XR) 버스를 탑승하신 승객 여러분 환영합니다. 지금 창문 스크린으로 보고 계신 것은 [(가)]이/가 자신의 아버지인 사도세자의 무덤으로 행차하는 모습입니다. 조선 22대 왕인 [(가)]은/는 수원 화성을 건설하였고, 장용영 설치, 규장각 육성 등의 업적을 남겼습니다.

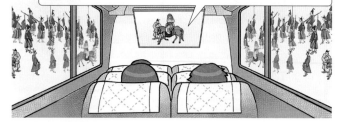

① 과거제를 도입하였다.
② 화랑도를 개편하였다.
③ 훈민정음을 반포하였다.
④ 탕평 정치를 추진하였다.
⑤ 노비안검법을 시행하였다.

106 ▶25111-0106
2022학년도 3월 학력평가 6번   상 중 하

(가) 왕에 대한 설명으로 옳은 것은?

| | (가) 이/가 즉위한 직후 궁궐에 건립한 규장각 전경을 그린 그림이다. 중앙에 규장각을 강조하여 그리고 사방에 부속 건물과 주변 경치를 에워싸듯 묘사하였다. (가) 은/는 규장각에서 재능 있는 젊은 문신들이 연구에 전념할 수 있게 하였고, 이곳을 자신의 정책을 뒷받침할 기구로 삼았다. |

▲ 규장각도

① 훈요 10조를 남겼다.
② 평양 천도를 단행하였다.
③ 탕평 정치를 실시하였다.
④ 쌍성총관부를 공격하였다.
⑤ 4군 6진 지역을 개척하였다.

---

04 양반 신분제 사회와 상품 화폐 경제

107 ▶25111-0107
2025학년도 9월 모의평가 5번   상 중 하

(가)에 대한 설명으로 옳은 것은?

> 지난 무신년 문충공 이원익이 경기도에 처음 (가) 을/를 시행하였다. … (중략) … 그 후 김육이 충청도 관찰사로 부임하여 (가) 을/를 충청도에 시행할 계획을 밤낮으로 궁리하였다. … (중략) … 토산물 대신 토지 결수에 따라 쌀을 걷었으며, 깊은 산이나 먼바다에 있는 고을은 쌀에 준하여 옷감을 징수하였다. 이로써 조정은 종묘와 사직의 제사에 쓰이는 물품부터 여물이나 땔감 같은 세세한 것까지 직접 마련하게 되었다.

① 공인이 성장하는 계기가 되었다.
② 삼백 산업 발달에 영향을 주었다.
③ 녹읍이 폐지되는 결과를 가져왔다.
④ 거중 조정에 관한 규정을 포함하였다.
⑤ 회사 설립 시 조선 총독의 허가를 받도록 하였다.

108 ▶25111-0108
2024학년도 6월 모의평가 6번   상 중 하

(가) 제도에 대한 설명으로 옳은 것은?

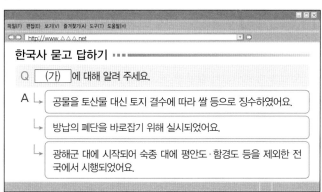

한국사 묻고 답하기

Q (가) 에 대해 알려 주세요.

A ↳ 공물을 토산물 대신 토지 결수에 따라 쌀 등으로 징수하였어요.

↳ 방납의 폐단을 바로잡기 위해 실시되었어요.

↳ 광해군 대에 시작되어 숙종 대에 평안도·함경도 등을 제외한 전국에서 시행되었어요.

① 공인이 성장하는 계기가 되었다.
② 삼백 산업 발달에 영향을 주었다.
③ 물산 장려 운동의 배경이 되었다.
④ 기기창이 설치되는 결과를 가져왔다.
⑤ 권문세족의 경제적 기반을 약화시켰다.

109 ▶25111-0109
상 중 하

자료에 나타난 시기의 상황으로 옳은 것은?

> ○ 부농층은 경작할 토지가 넓어서 빈민을 고용하여 일을 시킨다.
> … (중략) … 아무 일도 하지 않고 부유함을 즐긴다. 가난한 사
> 람은 송곳 꽂을 땅도 없다.
> ○ 사신이 책문을 출입할 때 만상과 송상 등이 인부 사이에 몰래
> 섞여 들어간다. 그리고 가져간 은과 인삼을 팔아 이익을 꾀
> 한다.

① 녹읍이 폐지되었다.
② 대동법이 시행되었다.
③ 농지 개혁법이 제정되었다.
④ 전민변정도감이 설치되었다.
⑤ 남면북양 정책이 실시되었다.

110 ▶25111-0110
상 중 하

다음 자료를 활용한 탐구 주제로 가장 적절한 것은?

> ○영의정 이원익이 아뢰기를, "각 고을에서 진상하는 공물이 방납
> 인에게 막혀 물건의 값이 몇 배, 몇 십 배가 되니 그 폐해가 오
> 래 되었습니다. 담당 관청을 두어 백성들에게 쌀로 거두게 하십
> 시오."라고 하였다.
> ○왕이 명하기를, "양민은 오래도록 고된 역에 시달려 왔다. … (중
> 략) … 이제 군포를 1필로 줄일 것이니, 경들은 세입 감소분을
> 보충할 방법을 강구하라."라고 하였다.

① 삼국 시대 유학 교육의 발달
② 고려 시대 신분 제도의 운영
③ 조선 전기 과거 제도의 정비
④ 조선 후기 수취 체제의 개편
⑤ 일제 강점기 노동 운동의 전개

111 ▶25111-0111
상 중 하

(가)에 들어갈 내용으로 가장 적절한 것은?

> 〈수행 평가 보고서〉
>
> 3학년 ○반 이름: ○○○
>
> • 조사 주제: ____(가)____
> • 조사 내용
> – 모내기법이 확산되고, 인삼 등 상품 작물의 재배가 확대됨.
> – 경강상인, 송상, 만상, 내상 등 사상이 성장함.
> – 민영 수공업이 발달하고, 선대제 수공업이 나타남.
> – 상평통보가 전국적으로 유통됨.

① 신라 말 호족 세력의 성장
② 원 간섭기 권문세족의 등장
③ 조선 후기 상품 화폐 경제의 발달
④ 개항 이후 열강의 이권 침탈
⑤ 일제의 식민 통치와 경제 수탈

112 ▶25111-0112
상 중 하

다음 자료에 나타난 시기의 상황으로 가장 적절한 것은?

> ○ 한양 안팎과 번화한 큰 도시의 파밭, 마늘밭, 배추밭, 오이밭
> 등은 10무(畝)의 땅에서 얻은 이익이 수백 냥을 헤아린다. 서도
> 의 담배밭, 북도의 삼밭, 한산의 모시밭, 전주의 생강밭, 강진
> 의 고구마밭, 황주의 지황밭에서 나오는 수확은 가장 좋은 논
> 과 비교해도 그 이익이 열 갑절이나 된다.
> ○ 돈은 천하에 유통되는 재화이므로 허적과 권대운 등의 대신이
> 돈을 만들자고 하였다. 이에 임금께서 호조 등의 관청으로 하
> 여금 상평통보를 주조하여 돈 4백문을 은 1냥의 가치로 정해
> 시중에 유통시키도록 하였다.

① 회사령이 폐지되었다.
② 대동법이 운용되었다.
③ 삼백 산업이 발달하였다.
④ 전민변정도감이 설치되었다.
⑤ 산미 증식 계획이 실시되었다.

113 ▶25111-0113

2025학년도 6월 모의평가 6번

상 **중** 하

다음 자료에 나타난 시기의 경제 상황으로 옳은 것은?

- 전황(錢荒)의 폐단이 요즘 더욱 심해진다. … (중략) … 구리를 사는 일과 동전을 주조하는 일에 대해 일전에 대신들에게 의견을 들어 보았다. 이제 상평청으로 하여금 빨리 구리를 사게 하고, 그 구리로 동전을 만들어 민간에 유통시키면, 전황의 폐해를 바로잡는 데 도움이 될 것이다.
- 우리나라에 상평통보가 통용된 지 이제 140여 년이 된다. … (중략) … 당연히 백성들의 생업이 풍부해지고 국가의 살림이 넉넉해져야 하는데, 어찌하여 1백 년 이래 관청과 민간의 창고가 모두 고갈되고 남북의 재화가 유통되지 않는가? … (중략) … 진실로 그 까닭을 따져 보면 동전에 허물이 있는 것이다.

① 금융 실명제가 실시되었다.
② 물산 장려 운동이 전개되었다.
③ 철제 농기구가 사용되기 시작하였다.
④ 인삼, 담배 등이 상품 작물로 재배되었다.
⑤ 녹읍이 폐지되어 귀족의 경제 기반이 약화되었다.

114 ▶25111-0114

2024학년도 3월 학력평가 6번

상 중 하

자료에 나타난 조치가 끼친 영향으로 가장 적절한 것은?

30년 이내에 새로 개설된 시전을 모두 혁파하도록 하십시오. 그리고 육의전 이외의 시전은 난전을 한 자들을 붙잡아 처벌하지 못하도록 하십시오.

그렇게 하시오.

① 녹읍이 폐지되었다.
② 지계가 발급되었다.
③ 사상의 활동이 자유로워졌다.
④ 황국 중앙 총상회가 조직되었다.
⑤ 청해진이 해상 무역의 중심지가 되었다.

115 ▶25111-0115

2023학년도 6월 모의평가 6번

상 **중** 하

다음 자료에 나타난 시기의 모습으로 가장 적절한 것은?

○ 엄 행수는 종본탑(宗本塔) 동쪽에 살았는데, 마을 안의 똥 치는 일이 생업이었다. … (중략) … 한양 도성 주변 왕십리의 무와 살곶이의 순무, 연희궁의 고추·마늘·부추·파, 청파의 미나리, 이태인의 토란 등의 채소는 가장 좋은 땅에 심는데, 모두 엄 행수의 똥을 가져다 써야 많은 수확을 올릴 수 있었다.

○ 남쪽 지방이나 북쪽 지방이나 벼농사 짓는 방법이 똑같아 언덕과 습지를 구별하지 않고 모내기만을 위주로 하고 볍씨를 논에 뿌려 농사짓는 자가 드물었다. … (중략) … 하지만 모내기를 할 때 비가 오지 않아 피해를 입는 농민이 많았으므로 의정부에서 그 대책을 논의하였다.

① 삼백 산업이 발달하였다.
② 새마을 운동이 추진되었다.
③ 전민변정도감이 설치되었다.
④ 관리들에게 녹읍이 지급되었다.
⑤ 담배를 비롯한 상품 작물이 재배되었다.

116 ▶25111-0116

2022학년도 10월 학력평가 6번

상 **중** 하

다음 자료를 모두 활용한 탐구 주제로 가장 적절한 것은?

○ 부자는 땅이 넓어서 농사를 짓지 않고서도 향락을 누릴 수 있으나, 빈민은 송곳 세울 만한 땅도 없으므로 부자의 김매기 등에 고용되어 날품팔이나 할 뿐이다. 그마저도 안되면 농촌을 떠나 떠돌며 구걸하거나 도둑이 된다.

○ 우리나라에서 상평통보를 사용한 지 벌써 오래되니 온갖 폐단이 아울러 일어나고 있다. … (중략) … 근년에 이르러서는 동전이 매우 귀하면서 물건이 흔하니 농민과 상인이 함께 곤란해져서 사람이 능히 견디지 못한다.

① 신라 말 농민 봉기의 확산
② 고려 무신 집권기 하층민의 저항
③ 조선 전기 수취 체제의 정비
④ 조선 후기 사회 경제적 변동
⑤ 일제 강점기 형평 운동의 전개

117 ▶25111-0117
2023학년도 9월 모의평가 6번
상 중 **하**

(가)에 들어갈 내용으로 가장 적절한 것은?

학습 주제: (가)

몰락한 양반은 농업, 수공업 등에 종사하며 상민과 비슷한 처지가 되었어.

서얼들은 차별 철폐 운동을 꾸준히 전개하였지.

일부 상민들은 다양한 방법으로 양반 신분을 획득하려고 하였어.

① 신라 골품제의 모순
② 고려 전기 문벌 사회의 특징
③ 고려 무신 정권 시기 하층민의 봉기
④ 조선 후기 신분 질서의 동요
⑤ 일제 강점기 형평 운동의 의의

118 ▶25111-0118
2021학년도 7월 학력평가 4번
상 **중** 하

(가)에 들어갈 내용으로 가장 적절한 것은?

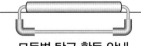

모둠별 탐구 활동 안내

◈ 탐구 주제: (가)
◈ 모둠별 탐구 활동
 – 1모둠: 공명첩 발급의 영향을 파악한다.
 – 2모둠: 노비종모법 실시와 공노비 해방의 결과를 분석한다.
 – 3모둠: 광작의 확산 등으로 인한 농민층의 분화를 알아본다.

① 신라 말기 호족 세력의 성장
② 고려 전기 문벌 귀족 사회의 성립
③ 고려 무신 집권기 하층민의 봉기
④ 조선 후기 신분 질서의 동요
⑤ 일제 강점기 형평 운동의 전개

119 ▶25111-0119
2021학년도 9월 모의평가 10번
상 중 **하**

(가)에 들어갈 내용으로 가장 적절한 것은?

〈수행 평가 보고서〉
3학년 ○○반 ○○번 이름: ○○○

• 조사 주제: (가)
• 조사 내용: 납속책과 공명첩, 서얼의 집단 상소 운동
• 조사 자료

사례 1
경상도 단성현의 16△△년 호적 대장에 등장하는 수봉은 본래 사노비였다. 39년 뒤에 만들어진 호적 대장에는 수봉이 납속으로 정3품에 해당하는 명예 관직을 얻은 것으로 나오고, 그의 아들은 어영청에 군포를 바치는 양인으로 기록되었다.

① 신라 말 농민 봉기의 배경
② 고려 전기 문벌 귀족 사회의 형성
③ 고려 무신 집권기 하층민의 저항
④ 조선 전기 수취 체제의 변화
⑤ 조선 후기 신분 질서의 동요

120 ▶25111-0120
2024학년도 10월 학력평가 6번
상 **중** 하

대화가 이루어진 시기를 연표에서 옳게 고른 것은?

조정에서 삼정 이정청을 설치했다고 하네.

단성과 진주에서 봉기가 일어난 이후 전국적으로 봉기가 확산되면서 조정이 대책을 마련했나 보군.

삼정의 문란이 이제 해결되면 좋을 텐데.

	(가)	(나)	(다)	(라)	(마)	
고려 건국		무신 정변	위화도 회군	인조반정	강화도 조약 체결	국권 피탈

① (가) ② (나) ③ (다) ④ (라) ⑤ (마)

121
▶25111-0121
2021학년도 수능 9번
상중**하**

다음 자료를 활용한 탐구 주제로 가장 적절한 것은?

○ 진주민 수만 명이 무리를 지어 서리들의 가옥을 불사르고 부수자 경상우병사 백낙신이 이들을 해산시키려 하였다. 이때 백성이 그를 둘러싸고 삼정의 문란에 대해 항의하였다.
○ 임술년에 경상도 단성, 함양, 개령, 인동 등 여러 고을에서 백성이 소동을 일으켰다. 이들은 수령을 포위하고 조세를 줄여 줄 것을 요구하거나 향리들을 쫓아내고 환곡 장부를 **빼앗았다.**

① 신라 말 지방 호족의 성장
② 고려 전기 문벌 귀족 사회의 동요
③ 고려 후기 삼별초의 항쟁
④ 조선 전기 훈구와 사림의 대립
⑤ 조선 후기 농민 봉기의 발생

123
▶25111-0123
2022학년도 수능 10번
상중**하**

다음 자료를 활용한 탐구 주제로 가장 적절한 것은?

우리나라 선비들은 "지금 중국 땅의 주인은 오랑캐인 청이다."라고 하면서 중국으로부터 배우기를 부끄러워한다. 저 오랑캐들이 살고 있는 중국 땅에는 중화의 전통이 지속되고 있으며, 청은 중화의 문물이 이로운 것임을 알아 이를 활용하고 있다. 그러나 정작 우리는 "지금의 중국은 예전의 중국이 아니다."라고 하면서, 청에 계승된 훌륭한 법과 제도마저 배척하고 있다. 청으로부터 배우지 않는다면 장차 어디에서 본받아 행하겠는가? 이러한 생각을 하며 연경에서 돌아왔을 때, 마침 박제가 자신이 지은 책을 보여 주었다. 이 책의 주장은 나의 『열하일기』와 조금도 어긋남이 없었다.

① 불교 개혁과 수선사 결사
② 실학의 대두와 북학 사상
③ 단군 신앙과 대종교 창시
④ 선종의 유행과 9산의 성립
⑤ 풍수지리설과 묘청의 서경 천도 운동

122
▶25111-0122
2021학년도 3월 학력평가 10번
상**중**하

(가)에 들어갈 내용으로 적절한 것은?

한국사 형성 평가

3학년 ○반 ○○번 이름 ○○○

◎ 학습 단원: 사회 변동과 문화의 새 경향
◎ 수업 주제: (가)

※ 괄호 안에 알맞은 내용을 쓰시오.
① (유형원)은/는 『반계수록』에서 균전론을 주장하였다.
② 『목민심서』를 저술한 (정약용)은/는 여전론을 제시하였다.
③ 박제가는 청에 다녀온 후 (『북학의』)을/를 저술하여 청과의 통상을 확대하자고 주장하였다.

① 도교의 전래
② 실학의 발달
③ 성리학의 수용
④ 위정척사 사상의 영향
⑤ 불교 통합 운동의 전개

개념 & 플러스

01 고대 국가의 지배 체제와 문화

■ 빈칸에 알맞은 말을 써넣으시오.

01 신석기 시대 사람들은 음식물을 저장하고 조리하는 용도로 (　　　)를 제작하였다.

02 청동기 시대 지배층의 무덤으로 거대한 덮개돌을 얹은 (　　　)이 제작되었다.

03 고구려 (　　　)은 불교를 공인하고 태학을 설립하였으며, 율령을 반포하였다.

04 신라 지증왕은 국호를 (　　　)로, 왕호를 왕으로 확정하였다.

05 통일 신라 신문왕은 관료전을 지급하고 (　　　)을 폐지하였다.

06 발해는 당의 제도를 본떠 중앙에 (　　　)를 마련하였지만 명칭과 운영 등에서 독자성을 드러내었다.

07 고대 사회에서는 하늘의 신이 최고의 신이라고 믿는 (　　　)이 등장하였고, 초기 국가들의 건국 이야기에 반영되었다.

■ 다음 내용이 옳으면 ○표, 틀리면 ×표 하시오.

08 구석기 시대 사람들은 주먹도끼와 같은 간석기를 사용하였다. (　　　)

09 고조선은 마가, 우가, 저가, 구가 등이 존재하였으며 제가들이 사출도를 관장하였다. (　　　)

10 고구려 광개토 대왕은 신라에 침입한 왜를 격퇴하였다. (　　　)

11 백제 성왕은 사비로 수도를 옮기고 국호도 남부여로 바꾸었다. (　　　)

12 나당 연합군은 백제와 고구려를 멸망시켰다. (　　　)

13 통일 신라는 지방 통치 조직으로 5도 양계를 운영하였다. (　　　)

14 원효는 화엄 사상을 전파하여 민간에까지 불교가 확대되는 데 기여하였다. (　　　)

15 발해는 중앙에 유학 교육 기관으로 주자감을 설치하였다. (　　　)

02 고려의 정치·사회와 문화

■ 빈칸에 알맞은 말을 써넣으시오.

16 고려는 송악의 호족 출신인 (　　　)이 궁예를 몰아내고 건국하였다.

17 고려 (　　　)은 노비안검법과 과거제를 실시하여 왕권을 강화하고자 하였다.

18 고려는 국방 문제를 담당하는 고위 관료들의 회의 기구인 (　　　)를 운영하였다.

19 (　　　)는 중국 및 북방 민족과 조공·책봉 관계를 맺으면서도 고려가 중심이 되는 세계가 별도로 존재한다는 독자적 세계관을 말한다.

20 문벌의 권력 독점, 무신에 대한 차별 대우 등에 반발하여 정중부, 이의방 등이 (　　　)을 일으켜 권력을 장악하였다.

21 고려 정부가 몽골과 강화하고 개경으로 환도하자 (　　　)는 진도, 제주도로 근거지를 옮기며 항전하였다.

22 (　　　)은 불교계의 타락을 비판하며 수선사를 중심으로 결사 운동을 전개하였다.

■ 다음 내용이 옳으면 ○표, 틀리면 ×표 하시오.

23 고려 성종은 최승로의 시무 28조를 수용하여 유교 중심의 통치 체제를 정비하였다. (　　　)

24 고려는 5도에 병마사를, 양계에 안찰사를 파견하였다. (　　　)

25 거란의 1차 침입 때 강감찬이 적장과 담판을 벌여 강동 6주 지역을 확보하였다. (　　　)

26 윤관은 별무반을 이끌고 여진을 토벌하였으며, 동북 지역에 9성을 축조하였다. (　　　)

27 서경 천도를 둘러싸고 김부식 등 서경 세력과 묘청, 정지상 등 개경 세력이 대립하였다. (　　　)

28 고려 공민왕은 친원 세력을 축출하고 정동행성 이문소를 폐지하는 등 반원 자주 정책을 추진하였다. (　　　)

29 신진 사대부는 성리학을 토대로 불교의 폐단과 권문세족의 비리를 비판하였다. (　　　)

30 백정은 국가로부터 직역을 받아 일하는 대가로 토지를 받아 생활한 계층을 일컫는 말이고, 정호는 직역이 없는 일반 농민을 일컫는 말이다. (　　　)

03 조선 시대 정치 운영과 세계관의 변화

■ 빈칸에 알맞은 말을 써넣으시오.

31 (   )는 요동 정벌에 반대하며 압록강의 위화도에서 군대를 되돌려 권력을 잡았다.

32 (   )는 국정을 총괄하는 최고 기구로 재상들이 합의하여 정책을 심의하고 결정하였다.

33 조선 정부는 한성에 최고 교육 기관으로 (   )을 설치하였고 지방에 향교를 두었다.

34 조선 숙종은 정국을 주도하는 붕당을 교체하는 (   )을 단행하였고, 그 결과 권력을 독점한 붕당이 상대 붕당을 탄압하면서 붕당 정치가 변질되었다.

35 청의 군신 관계 요구를 조선이 거부하자 청 태종이 (   )을 일으켰다.

■ 다음 내용이 옳으면 ○표, 틀리면 ×표 하시오.

36 조선 태종은 집현전을 설치하고 의정부 서사제를 실시하였다.
(   )

37 조선 시대 과거는 원칙적으로 양인 이상이면 응시가 가능하였다.
(   )

38 순조에서 철종까지 60여 년 동안 안동 김씨, 풍양 조씨 등 몇몇 가문이 권력을 독점하였다.   (   )

39 조선 정부는 3포를 개방하여 제한적 교역을 허용하는 등 여진족에 대해 교린 정책을 추진하였다.   (   )

40 청에 파견된 연행사를 통해 청의 발전상이 소개되면서 청의 발달한 문물을 수용하자는 북벌 운동이 제기되었다.   (   )

04 양반 신분제 사회와 상품 화폐 경제

■ 빈칸에 알맞은 말을 써넣으시오.

41 조선 시대 (   )은 문반과 무반을 함께 부르던 명칭에서 점차 그 가족이나 가문까지 포함하는 신분의 개념으로 정착되었다.

42 (   )은 향촌 주민이 지켜야 할 자치 규약으로 향촌 사회에 유교 윤리를 보급하는 데 영향을 주었다.

43 조선 후기 모내기법이 확산되면서 절감된 노동력을 활용하여 한 사람이 넓은 면적을 경작하는 (   )이 나타났다.

44 정조는 육의전을 제외한 시전 상인의 (   )을 폐지하여 상업 활동의 자유를 확대하고자 하였다.

45 임술 농민 봉기가 일어나자 정부는 삼정의 문란을 시정하기 위해 (   )을 설치하였다.

■ 다음 내용이 옳으면 ○표, 틀리면 ×표 하시오.

46 노비는 재산으로 취급되어 매매, 상속, 증여가 가능하였다.
(   )

47 대동법은 전세를 풍흉에 관계없이 토지 1결당 쌀 4~6두를 징수하는 제도이다.   (   )

48 조선 후기 국경 지역에 설치된 개시와 후시를 통해 대외 무역이 이루어졌다.   (   )

49 임진왜란 이후 정부는 재정 부족 문제를 해결하기 위해 공명첩을 발급하였다.   (   )

50 조선 영조 때 정부는 노비를 확보하기 위해 노비종모법을 실시하였다.   (   )

정답
01 토기   **02** 고인돌   **03** 소수림왕   **04** 신라   **05** 녹읍   **06** 3성 6부   **07** 천신 신앙   **08** ×   **09** ×   **10** ○
11 ○   **12** ○   **13** ×   **14** ×   **15** ○   **16** 왕건   **17** 광종   **18** 도병마사   **19** 해동 천하   **20** 무신 정변   **21** 삼별초
22 지눌   **23** ○   **24** ×   **25** ×   **26** ○   **27** ×   **28** ○   **29** ○   **30** ×   **31** 이성계   **32** 의정부   **33** 성균관
34 환국   **35** 병자호란   **36** ×   **37** ○   **38** ○   **39** ×   **40** ×   **41** 양반   **42** 향약   **43** 광작   **44** 금난전권
45 삼정이정청   **46** ○   **47** ×   **48** ○   **49** ○   **50** ×

함정 탈출 TIP 체크

08 구석기 시대에는 뗀석기가 사용되었다.   **09** 부여에서 제가들이 사출도를 관장하였다.   **13** 통일 신라는 지방 통치 조직으로 9주 5소경을 운영하였다.
14 원효는 아미타 신앙을 전파하며 불교 대중화에 기여하였다.   **24** 고려는 5도에 안찰사, 양계에 병마사를 파견하였다.   **25** 서희가 외교 담판으로 강동 6주를 확보하였다.   **27** 김부식 등이 개경 세력이고, 묘청 등이 서경 세력이다.   **30** 직역을 받은 자가 정호, 직역이 없는 자가 백정이다.   **36** 조선 세종은 집현전을 설치하고 의정부 서사제를 시행하였다.   **39** 조선은 국경 지역에 무역소를 설치하여 여진과의 교역을 허용하였다.   **40** 청 문물 수용은 북학론의 주장이다.   **47** 대동법은 공납을 쌀, 동전 등으로 징수한 제도이다.   **50** 노비종모법은 양인을 확보하기 위한 정책이다.

Ⅱ

근대 국민 국가
수립 운동

기출문제 분석 팁

- 흥선 대원군이 시행했던 대내외 정책의 주요 내용을 알아 두어야 한다.
- 병인양요와 신미양요의 배경과 전개 과정을 정리해 두어야 한다.
- 강화도 조약과 조미 수호 통상 조약의 체결 배경과 주요 내용을 정리해 두어야 한다.
- 임오군란과 갑신정변의 배경, 전개 과정, 결과를 각각 구분하여 정리해 두어야 한다.
- 동학 농민 운동의 전개 과정을 단계별로 특징을 파악하여 정리해 두어야 한다.
- 1, 2차 갑오개혁과 을미개혁의 주요 내용을 알아 두어야 한다.
- 독립 협회가 전개한 주요 활동과 대한 제국의 광무개혁을 정리해 두어야 한다.
- 일본의 국권 침탈 과정과 주요 조약의 내용을 정리해 두어야 한다.
- 을사늑약 체결에 대한 저항 활동을 정리하고, 헤이그 특사 파견이 끼친 영향을 알아 두어야 한다.
- 항일 의병 운동과 애국 계몽 운동을 정리하고, 특히 신민회의 주요 인물과 활동을 알아 두어야 한다.
- 조청 상민 수륙 무역 장정의 체결 배경과 결과를 정리해 두어야 한다.
- 국채 보상 운동의 배경과 일어난 시기, 전개 과정과 결과를 알아 두어야 한다.
- 근대 문물의 수용과 관련하여 교통 시설, 근대 교육, 신문 등을 정리해 두어야 한다.

한눈에 보는 출제 빈도

내용 / 시험	01 서구 열강의 접근과 조선의 대응 · 흥선 대원군의 왕권 강화 정책 · 흥선 대원군의 대외 정책 · 병인양요와 신미양요의 배경과 결과	02 동아시아의 변화와 근대적 개혁의 추진 · 강화도 조약 · 조미 수호 통상 조약 · 위정척사 운동의 전개 · 임오군란의 원인과 결과 · 갑신정변의 전개 과정과 특징	03 근대 국민 국가 수립을 위한 노력 · 동학 농민 운동의 전개 과정 · 갑오개혁, 을미개혁의 내용 · 아관 파천과 독립 협회의 활동 · 대한 제국의 광무개혁	04 일본의 침략 확대와 국권 수호 운동 · 을사늑약의 체결과 저항 · 헤이그 특사 파견의 배경과 결과 · 신민회의 활동	05 개항 이후 경제와 사회·문화의 변화 · 조청 상민 수륙 무역 장정의 체결 · 조일 통상 장정의 체결 · 화폐 정리 사업의 전개 · 국채 보상 운동의 전개 · 대한매일신보의 특징
2025 학년도 수능	1	1	1	1	1
9월 모의평가	1	1		1	1
6월 모의평가	1	2	1		1
2024 학년도 수능	1	1	1	1	1
9월 모의평가		2	1	1	
6월 모의평가	1		2	1	
2023 학년도 수능		2		1	1
9월 모의평가	1	1	2		2
6월 모의평가		1	2	1	1
2022 학년도 수능		1	1	1	
9월 모의평가		1	2		
6월 모의평가				1	
2021 학년도 수능			1	1	1
9월 모의평가		1	1		
6월 모의평가			1	1	1

기출문제로 유형 확인하기

01 서구 열강의 접근과 조선의 대응

01 ▶25111-0124
2024학년도 6월 모의평가 7번 　상**중**하

(가) 인물이 실시한 정책으로 옳은 것은?

> 저는 지금 경복궁에 나와 있습니다. 경복궁은 임진왜란 때 불타 버렸는데 고종의 아버지인 (가) 이/가 왕실의 권위를 높이기 위해 중건하였습니다. 이 과정에서 원납전을 징수하고 당백전을 발행하여 백성의 원망을 사기도 하였습니다.

① 정동행성 이문소를 폐지하였다.
② 독서삼품과를 운영하였다.
③ 4군 6진을 개척하였다.
④ 호포제를 시행하였다.
⑤ 마한을 복속하였다.

02 ▶25111-0125
2023학년도 10월 학력평가 7번 　상**중**하

(가) 인물에 대한 설명으로 옳은 것은?

> (가) 이/가 나라의 권력을 잡은 십 년 동안, 토목 공사를 일으키고 친한 사람만을 등용함으로써, 정치는 문란해지고 백성들은 원망하였다. …(중략)… 임금도 역시 친아버지가 오랫동안 정권을 휘두르는 것을 마음속으로는 자못 싫어하였다. 때마침 최익현이 상소하여 (가) 의 잘못을 탄핵하였다. …(중략)… (가) 이/가 물러나자, 나라의 권력이 모두 민씨의 손아귀로 들어갔다.
>
> — 『대한계년사』 —

① 국학을 설립하였다.
② 호포제를 실시하였다.
③ 갑신정변을 주도하였다.
④ 노비안검법을 시행하였다.
⑤ 쌍성총관부를 공격하였다.

03 ▶25111-0126
2023학년도 9월 모의평가 7번 　상**중**하

(가), (나) 시기 사이에 있었던 사실로 옳은 것만을 〈보기〉에서 고른 것은?

> (가) 철종이 죽고 왕위를 이을 자손이 없자, 대비 조씨의 명으로 흥선군의 둘째 아들이 즉위하였다. 이에 대비를 높여 대왕대비라 하고, 왕의 아버지 흥선군을 대원군이라 하였다.
>
> (나) 호조참판 최익현이 왕에게 친정(親政)*을 권하면서 직함도 없는 종친의 정치 참여를 비판하였다. 이를 두고 조정이 시끄러워지자 마침내 대원군이 권력을 놓고 일선에서 물러나게 되었다.
>
> *친정: 직접 정치를 주관함.

━━━━ 보기 ━━━━
ㄱ. 척화비가 건립되었다.
ㄴ. 호포제가 실시되었다.
ㄷ. 한일 신협약이 체결되었다.
ㄹ. 홍경래의 난이 발생하였다.

① ㄱ, ㄴ　② ㄱ, ㄷ　③ ㄴ, ㄷ　④ ㄴ, ㄹ　⑤ ㄷ, ㄹ

04
▶25111-0127
2021학년도 3월 학력평가 12번
상 중 하

(가) 인물에 대한 설명으로 옳은 것은?

사료로 읽는 한국사

어제 또 관리가 마을 사람들에게 걷을 원납전의 액수를 재차 적어 왔는데 …(중략)… 보리 양식도 이미 떨어지고 아침저녁을 굶는 사람이 많아 내기가 쉽지 않을 것 같다. …(중략)… 지금 돈 한 푼 구하기가 하늘의 별 따기인데 몹시 걱정스럽다. 솥을 팔아서라도 원납전을 내지 않을 수 없으니 무슨 수가 있겠느냐?

[해설] 19세기 한 몰락 양반이 쓴 편지글의 일부로, 고종 즉위 후 　(가)　 집권 당시 경복궁 중건을 위해 일종의 기부금인 원납전을 강제 징수하였음을 짐작할 수 있다.

① 갑신정변을 일으켰다.
② 교정도감을 설치하였다.
③ 노비안검법을 실시하였다.
④ 척화비 건립을 주도하였다.
⑤ 위화도 회군을 단행하였다.

05
▶25111-0128
2025학년도 9월 모의평가 7번
상 중 하

(가) 사건 당시에 있었던 사실로 옳은 것은?

이것은 영조와 정순 왕후의 혼례 절차를 기록한 의궤의 일부입니다. 본래 외규장각에 보관되어 있었는데 병인박해를 구실로 일어난 　(가)　 때 약탈당한 후, 2011년 국내로 돌아왔습니다.

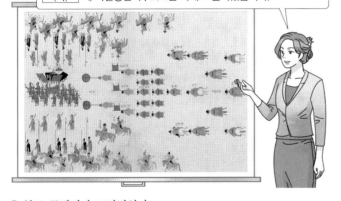

① 북로 군정서가 조직되었다.
② 나당 연합군이 결성되었다.
③ 프랑스군이 강화도를 침략하였다.
④ 한미 상호 방위 조약이 체결되었다.
⑤ 이순신이 이끄는 수군이 활약하였다.

06
▶25111-0129
2025학년도 6월 모의평가 7번
상 중 하

밑줄 친 '이 사건'에 대한 탐구 활동으로 가장 적절한 것은?

이것은 오늘 학습한 내용에 대해 여러분이 중요하다고 생각하여 보내 준 단어들을 가지고 빅데이터 분석 기법을 활용해 시각화한 것입니다. 빈도가 높아 글자가 크게 나타난 단어들을 보면, 오늘 배운 이 사건을 잘 파악한 것으로 보입니다.

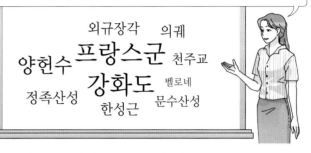

외규장각　의궤
양헌수 프랑스군 천주교
강화도　벨로네
정족산성　문수산성
한성근

① 별무반 편성을 건의한 인물을 찾아본다.
② 나당 연합군의 활동 내용을 알아본다.
③ 병인박해가 끼친 영향을 살펴본다.
④ 위화도 회군의 배경을 조사한다.
⑤ 이자겸의 난의 결과를 분석한다.

07
▶25111-0130
2023학년도 3월 학력평가 8번
상 중 하

밑줄 친 '외적'에 대한 설명으로 옳은 것은?

나는 양헌수라 하오. 병인년에 강화도를 침략한 외적을 이곳 정족산성에서 물리쳤소.

① 거문도를 점령하였다.
② 운요호 사건을 일으켰다.
③ 절영도 조차를 요구하였다.
④ 외규장각 도서를 약탈하였다.
⑤ 운산 금광 채굴권을 차지하였다.

Ⅱ 근대 국민 국가 수립 운동

08
▶25111-0131
2020학년도 7월 학력평가 9번
상**중**하

(가) 사건의 결과로 옳은 것은?

 이 비석은 강화도 덕진진에 있는 경고비이다. 프랑스는 병인박해를 구실로 함대를 보내 통상을 요구하며 ⟨ (가) ⟩을/를 일으켰다. 조선은 한성근, 양헌수 등의 활약으로 프랑스군을 물리쳤다. 이후 흥선 대원군은 통상 수교 거부의 의지를 담아 '바다의 관문을 지키고 있으니 외국 배는 함부로 지나가지 말라.'라는 내용의 비를 세웠다.

① 외규장각 도서가 약탈되었다.
② 러시아의 주도로 삼국 간섭이 일어났다.
③ 영국이 거문도를 불법적으로 점령하였다.
④ 조청 상민 수륙 무역 장정이 체결되었다.
⑤ 파리 강화 회의에 김규식이 대표로 파견되었다.

09
▶25111-0132
2025학년도 6월 모의평가 8번
상중**하**

밑줄 친 '이 조약'에 대한 설명으로 옳은 것은?

이 자료는 1876년에 조선이 일본과 맺은 최초의 근대적 조약 내용을 수록한 문서의 첫 부분입니다. 수호 조규라는 이름이 붙은 이 조약에는 조선이 자주국으로 명시되었지만, 일본에게 해안 측량권을 부여하고 영사 재판권을 인정하는 등 조선에 불리한 내용이 포함되어 있습니다.

① 집강소 설치를 규정하였다.
② 척화비 건립의 배경이 되었다.
③ 임술 농민 봉기의 원인이 되었다.
④ 운요호 사건을 계기로 체결되었다.
⑤ 북벌론이 대두하는 데 영향을 끼쳤다.

10
▶25111-0133
2024학년도 수능 7번
상**중**하

(가)에 들어갈 내용으로 가장 적절한 것은?

외세의 침략적 접근과 대응

운요호 사건

▲ 현재의 초지진

일본 군함 운요호가 허락 없이 강화도에 접근하자, 조선군이 경고 사격을 하였고, 일본군은 함포 사격으로 초지진을 파괴했습니다. 이어 일본군은 영종도에 상륙하여 살인과 약탈을 저질렀습니다. 이를 운요호 사건이라고 합니다. 이 사건의 영향으로 ⟨ (가) ⟩

① 제너럴 셔먼호 사건이 발생하였습니다.
② 정동행성 이문소가 폐지되었습니다.
③ 조일 수호 조규가 체결되었습니다.
④ 병인양요가 발발하였습니다.
⑤ 인조반정이 일어났습니다.

11
▶25111-0134
2020학년도 4월 학력평가 11번
상중**하**

밑줄 친 '이 사건'의 배경으로 가장 적절한 것은?

화면에 보이는 강화도 광성보는 미군이 침입한 이 사건 당시 어재연이 이끄는 조선의 수비대가 용맹하게 싸웠던 격전지입니다.

① 단발령이 시행되었다.
② 인조반정이 일어났다.
③ 정동행성이 설치되었다.
④ 강화도 조약이 체결되었다.
⑤ 제너럴 셔먼호 사건이 발생하였다.

02 동아시아의 변화와 근대적 개혁의 추진

12
▶25111-0135
2025학년도 9월 모의평가 8번
상 **중** 하

다음 대화의 배경으로 가장 적절한 것은?

자네 소식 들었는가? 영남 유생들이 이만손을 중심으로 개화 정책에 반대하는 만인소를 올렸다는군.

들었네. 미국과도 조약을 체결하게 되면 다른 열강들의 문호 개방 요구를 거절할 명분이 없어질 것이라 우려하고 있다더군.

① 조선책략이 유포되었다.
② 홍범 14조가 반포되었다.
③ 치안 유지법이 시행되었다.
④ 삼별초의 항쟁이 발생하였다.
⑤ 좌우 합작 위원회가 구성되었다.

13
▶25111-0136
2024학년도 3월 학력평가 9번
상 **중** 하

밑줄 친 '수교'의 배경으로 가장 적절한 것은?

사진으로 보는 한국사

사진 속 인물은 보빙사의 전권대신인 민영익이다. 그는 조선이 미국과 수교한 이후 미국 공사가 부임한 것에 대한 답례로 미국에 파견되어 머물던 중 이 사진을 찍었다. 조선 전통 복장을 하고 있지만, 서양식 자세를 취한 점이 흥미롭다.

① 정묘호란이 발발하였다.
② 조선책략이 유포되었다.
③ 군국기무처가 설치되었다.
④ 자유시 참변이 발생하였다.
⑤ 브나로드 운동이 전개되었다.

14
▶25111-0137
2025학년도 수능 14번
상 중 **하**

밑줄 친 '이 사건'에 대한 탐구 활동으로 가장 적절한 것은?

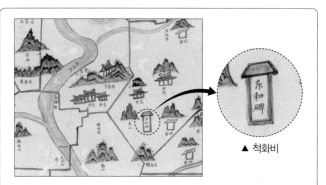
▲ 척화비

이 지도는 1872년 제작된 경상도 산청현 지도의 일부이다. 여기에는 당시 사회적 상황을 알 수 있는 다양한 정보들이 나타나 있는데, 그중 하나가 관아 부근에 건립된 척화비이다. 척화비는 미국의 군대가 강화도를 침입한 이 사건 이후 전국 각지에 건립된 것으로, 당시 조선 정부의 통상 수교 거부 의지를 확인할 수 있다.

① 정동행성이 설치된 원인을 조사한다.
② 원산 총파업의 전개 과정을 살펴본다.
③ 제너럴셔먼호 사건의 영향을 알아본다.
④ 민립 대학 설립 운동의 배경을 분석한다.
⑤ 3·1 민주 구국 선언의 내용을 찾아본다.

15
▶25111-0138
2023학년도 6월 모의평가 7번
상 **중** 하

(가), (나) 사진이 촬영된 시기 사이에 있었던 사실로 옳은 것은?

(가)
미국 군함 위의 조선인들 신미양요 당시 미국 군함 콜로라도호에 있는 조선인들의 모습이다.

(나)
미국에 파견된 조선 사절단 민영익을 대표로 미국에 처음 파견된 조선 사절단의 모습이다.

① 김홍집이 조선책략을 들여왔다.
② 일본군이 간도 참변을 일으켰다.
③ 프랑스군이 외규장각 도서를 약탈하였다.
④ 러시아가 절영도 조차 요구를 철회하였다.
⑤ 오페르트가 남연군 묘의 도굴을 시도하였다.

16
▶25111-0139
상**중**하

밑줄 친 '이 조약' 체결의 배경으로 가장 적절한 것은?

한국사 신문

보빙 사절단, 미국 대통령을 만나다

 미국을 방문한 조선의 보빙 사절단이 미국 대통령을 만나 큰절로 예를 표하였다. 이 조약 체결 후, 미국의 공사가 부임해 온 것에 대한 답례로 파견된 사절단은 이 자리에서 고종의 국서를 전달하였다. 거중 조정, 관세 부과, 영사 재판권 등에 관한 조항이 포함된 이 조약은 조선이 서양과 처음으로 체결한 조약이었다.

① 임진왜란이 발발하였다.
② 조선책략이 소개되었다.
③ 자유시 참변이 발생하였다.
④ 브나로드 운동이 전개되었다.
⑤ 정동행성 이문소가 폐지되었다.

17
▶25111-0140
상**중**하

밑줄 친 '이 조약'에 대한 설명으로 옳은 것은?

청의 알선으로 서양 국가와 최초로 체결한 이 조약에 대해 말해 볼까?

수신사 김홍집이 일본에서 가져온 조선책략이 조약 체결에 영향을 주었지.

이 조약으로 미국 공사가 파견되자 조선에서는 답례로 사절단을 보냈어.

① 최혜국 대우 조항을 포함하였다.
② 베트남 전쟁 파병의 배경이 되었다.
③ 통감부가 설치되는 계기가 되었다.
④ 러일 전쟁 중에 강제로 체결되었다.
⑤ 대한 제국 군대의 해산을 규정하였다.

18
▶25111-0141
상**중**하

(가)에 들어갈 내용으로 적절한 것은?

역사 인물 카드

○○○의 주요 활동

– 진주 농민 봉기 때 안핵사로 파견되어 진상을 조사함.
– 평안도 관찰사로 제너럴 셔먼호 사건을 처리함.
– (가)
– 김옥균, 박영효의 개화사상에 영향을 줌.

① 조선책략을 소개함.
② 을미의병을 주도함.
③ 한인 애국단을 조직함.
④ 대한 자강회를 설립함.
⑤ 통상 개화론을 내세움.

19
▶25111-0142
상**중**하

(가), (나) 사절단이 파견된 배경으로 옳은 것은?

〈개항기 청, 일본에 파견된 사절단〉

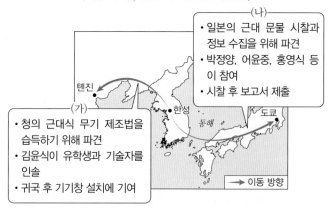

(나)
• 일본의 근대 문물 시찰과 정보 수집을 위해 파견
• 박정양, 어윤중, 홍영식 등이 참여
• 시찰 후 보고서 제출

(가)
• 청의 근대식 무기 제조법을 습득하기 위해 파견
• 김윤식이 유학생과 기술자를 인솔
• 귀국 후 기기창 설치에 기여

텐진 / 한성 / 동해 / 도쿄 → 이동 방향

① 광무개혁이 실시되었다.
② 조선 형평사가 창립되었다.
③ 브나로드 운동이 전개되었다.
④ 교육입국 조서가 반포되었다.
⑤ 통리기무아문을 통해 개화 정책이 추진되었다.

20 ▶25111-0143
2023학년도 수능 8번 상 중 하

(가)에 들어갈 내용으로 가장 적절한 것은?

학습 주제: [(가)]

이항로 등은 열강의 통상 요구를 거부하고 침략에 맞서 싸우자고 주장했어.

최익현은 왜양일체론을 내세우며 개항에 반대했어.

이만손 등 영남의 유생들은 만인소를 올려 서양 열강과의 수교를 반대했지.

① 새마을 운동의 목적
② 위정척사 운동의 전개
③ 물산 장려 운동의 영향
④ 6·10 만세 운동의 결과
⑤ 애국 계몽 운동의 내용

21 ▶25111-0144
2025학년도 수능 7번 상 중 하

밑줄 친 '변란'의 영향으로 가장 적절한 것은?

한성에서 밀린 급료를 받는 과정에서 화가 난 군인들이 큰 변란을 일으켰다지? 이 때문에 임금께서 나랏일을 흥선 대원군에게 물어 결정하라 명하셨다고 들었네. 어찌된 일인가?

말도 말게. 변란을 일으킨 군인들이 별기군 군인의 집과 일본 공사관을 부수었네. 심지어 궁궐에 들어가 민겸호 등 정부 고관을 살해하였다네. 이 와중에 우리 집도 부서져 도망쳐 나왔네.

① 6·3 시위가 전개되었다.
② 수선사 결사가 제창되었다.
③ 물산 장려 운동이 일어났다.
④ 국민 대표 회의가 개최되었다.
⑤ 조청 상민 수륙 무역 장정이 체결되었다.

22 ▶25111-0145
2024학년도 수능 8번 상 중 하

다음 자료를 활용한 탐구 주제로 가장 적절한 것은?

어윤중이 청의 마건충과 필담을 나누며 이르기를, "우리나라는 근래에 재정이 고갈되어 구식 군인들에게 몇 달째 급료도 지불하지 못하였습니다. 월초에 급료를 줄 때에 창고지기가 썩은 것을 나누어 주었고 또 용량도 지키지 않아서, 군인들이 창고지기와 크게 다투었습니다. 창고의 책임자가 군인들을 잡아 법으로 다스리려 하자 군인들이 궁궐에 들어가 고관들을 살해하였습니다."라고 하였다.

① 임오군란의 전개
② 북벌 운동의 배경
③ 조선 혁명군의 활동
④ 브나로드 운동의 결과
⑤ 물산 장려 운동의 영향

23 ▶25111-0146
2023학년도 9월 모의평가 12번 상 중 하

밑줄 친 '이 사건'에 대한 설명으로 옳은 것은?

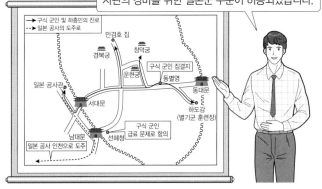

지도는 이 사건의 전개 과정을 보여 주고 있습니다. 이 사건으로 인해 제물포 조약이 체결되어 일본 공사관의 경비를 위한 일본군 주둔이 허용되었습니다.

→ 구식 군인 및 하층민의 진로
--▶ 일본 공사의 도주로

민겸호 집
경복궁
창덕궁
문현궁
구식 군인 집결지
일본 공사관
서대문
동별영
동대문
하도감 (별기군 훈련장)
구식 군인 급료 문제로 항의
남대문
선혜청
일본 공사 인천으로 도주

① 청군이 개입하여 진압되었다.
② 동학 교조의 신원을 요구하였다.
③ 단발령 시행에 대한 불만으로 일어났다.
④ 고종이 강제 퇴위당하는 빌미가 되었다.
⑤ 국가 재건 최고 회의를 설치하는 계기가 되었다.

24

▶25111-0147
2022학년도 10월 학력평가 7번
상 **중** 하

밑줄 친 '변란'에 대한 탐구 활동으로 가장 적절한 것은?

> 한성 곳곳에 "황제께서 변란의 진상을 알아보기 위해 흥선 대원군을 톈진으로 불러들였다. 이는 과거 원에서 고려의 충선왕 등을 불러들인 것과는 다른 조치다."라는 내용의 방이 붙었다. 이를 본 백성들이 놀라움을 금치 못하였다.

① 삼별초의 이동 경로를 살펴본다.
② 삼정이정청의 설치 배경을 파악한다.
③ 구식 군인들의 봉기 원인을 분석한다.
④ 헤이그 특사의 파견 목적을 알아본다.
⑤ 우금치 전투 이후 전봉준의 행적을 찾아본다.

25

▶25111-0148
2022학년도 3월 학력평가 13번
상 **중** 하

다음 사건의 결과로 옳은 것은?

> 구식 군인들이 봉기를 일으켜 민씨 일족들의 집을 습격하고 왕궁 및 일본 공사관 등을 공격하였다. 이 와중에 별기군을 가르치던 호리모토가 죽임을 당하였다. 공사를 비롯한 공사관의 인원들은 봉기를 피해 인천으로 퇴각한 후 나가사키로 귀환하였다.

① 만주 사변이 발발하였다.
② 홍경래의 난이 일어났다.
③ 삼정이정청이 설치되었다.
④ 제물포 조약이 체결되었다.
⑤ 헌병 경찰 제도가 실시되었다.

26

▶25111-0149
2025학년도 6월 모의평가 9번
상 **중** 하

(가) 사건의 영향으로 가장 적절한 것은?

> **사료로 읽는 한국사**
>
> – 흥선 대원군을 가까운 시일 내에 돌아오게 하고, 청에 대한 조공의 허례를 폐지할 것.
> – 문벌을 폐지하여 인민 평등의 권리를 제정하고, 사람으로써 벼슬을 택하되 벼슬로써 사람을 택하지 말 것.
> – 모든 국가 재정은 호조가 관할하게 하며 그 밖의 재무 관청은 폐지할 것.
>
> [해설] 위 자료는   (가) 을/를 일으킨 김옥균, 박영효 등 급진 개화파가 구상한 개혁 정강의 일부이다. 이들은 청의 간섭 배제, 국가 체제의 개편 등을 목표로 과감한 변혁을 시도했으나, 청군의 개입으로 인해 3일 만에 실패하였다.

① 삼별초가 봉기하였다.
② 규장각이 설치되었다.
③ 임오군란이 발발하였다.
④ 한성 조약이 체결되었다.
⑤ 백두산정계비가 건립되었다.

27

▶25111-0150
2024학년도 10월 학력평가 7번
상 **중** 하

밑줄 친 '정변'의 결과로 옳은 것은?

> **한국사 신문**
>
> ### 개화당의 정변, 3일 만에 막을 내려
>
> 개혁 정강을 발표했던 개화당이 몰락하였다. 오늘 오후 청군이 공격해 오자 지원을 약속한 일본군은 제대로 싸우지도 않고 철병을 시작하였다. 국왕을 호위했던 홍영식 등은 죽임을 당하였고 김옥균, 박영효, 서재필 등은 일본 공사관으로 피신하였다. 근대적 개혁을 시도하였던 이들의 정변은 결국 이렇게 실패하고 말았다.

① 녹읍이 폐지되었다.
② 장용영이 설치되었다.
③ 한성 조약이 체결되었다.
④ 아관 파천이 단행되었다.
⑤ 유신 헌법이 제정되었다.

28 ▶25111-0151
2024학년도 3월 학력평가 8번 　상중**하**

밑줄 친 '변란'에 대한 설명으로 옳은 것은?

우정총국 개국을 축하하는 만찬이 총판 홍영식과 몇몇 조선 관리들, 서울 주재 외교관들이 참석한 가운데 열렸다. 만찬 중에 화재가 일어나자, 왕실 경호의 책임을 맡은 자가 밖으로 나갔다. 잠시 후 그는 얼굴과 옷에 피를 뒤집어쓰고 돌아왔다. … (중략) … 청군의 궁궐 진입으로 음모자들의 계획은 실패로 돌아갔으며 변란의 주동자인 김옥균 등은 일본으로 피신하였다.

① 비변사 설치에 영향을 주었다.
② 급진 개화파의 주도로 전개되었다.
③ 신군부 세력이 집권하는 결과를 가져왔다.
④ 평안도 지방에 대한 차별에 반발하여 일어났다.
⑤ 광주 학생 항일 운동이 일어나는 배경이 되었다.

29 ▶25111-0152
2024학년도 9월 모의평가 9번 　상**중**하

밑줄 친 '사건'에 대한 설명으로 옳은 것은?

교외 체험 학습 결과 보고서

3학년 ○반 이름: ○○○

1. 체험 학습 1일차 (2023. □. □.)
　가. 방문 장소: 우정총국

사진	방문 경로
	3호선 안국역 하차 후 도보로 이동

내용

사진 속 건물은 복원된 것으로 서울특별시 종로구에 위치해 있다. 우정총국은 근대 우편 업무를 위해 설치되었다. 그러나 김옥균 등 급진 개화파가 우정총국 개국 축하연에서 반대파 인사들을 제거하고 정권을 장악하는 사건이 벌어졌고, 이를 계기로 우정총국은 폐쇄되었다. 나는 이곳에서 급진 개화파가 꿈꾸었던 새로운 사회가 무엇이었는지 생각해 보게 되었다.

① 청군의 개입으로 실패하였다.
② 공인이 성장하는 배경이 되었다.
③ 수선사 결사가 제창되는 원인이 되었다.
④ 5·10 총선거가 실시되는 결과를 가져왔다.
⑤ 국가 재건 최고 회의가 설치되는 계기가 되었다.

30 ▶25111-0153
2023학년도 3월 학력평가 5번 　상중**하**

밑줄 친 '정변'에 대한 설명으로 옳은 것은?

 이 우표의 인물은 우편 업무를 담당한 우정총국의 총판이었던 홍영식이다. 그는 1884년 우정총국 개국 축하연에서 김옥균 등과 함께 정변을 일으켰다.

① 비변사가 설치되는 계기가 되었다.
② 급진 개화파의 주도로 전개되었다.
③ 김부식이 이끄는 관군에 의해 진압되었다.
④ 평안도 지방에 대한 차별에 반발하여 일어났다.
⑤ 훈구 세력과 사림 세력의 대립으로 발생하였다.

31 ▶25111-0154
2023학년도 수능 9번 　상**중**하

밑줄 친 '변란'의 영향으로 가장 적절한 것은?

우정총국 개국 축하연에서 변란이 일어나자 김옥균과 박영효 두 사람은 왕궁으로 달려갔다. 그리고 침전에 있던 왕에게 난이 일어났으니 거처를 옮기자고 건의하였다. …(중략)… 왕은 경우궁으로 피신하면서 김옥균의 의견에 따라 일본 공사관에 사람을 보냈다. 경우궁에 도착하였을 때 다케조에 공사가 일본군을 거느리고 왔다.

① 삼청 교육대가 운영되었다.
② 자유시 참변이 발생하였다.
③ 한성 조약이 체결되었다.
④ 삼별초가 조직되었다.
⑤ 녹읍이 폐지되었다.

32 ▶25111-0155
2022학년도 10월 학력평가 11번 　상**중**하

밑줄 친 '반란'이 끼친 영향으로 가장 적절한 것은?

죄인 이○○은 천한 군졸의 신분으로 김옥균, 박영효를 따라 반란을 일으킬 계획에 골몰하여 사전 회의에 동참하였다. 우정총국에서 반란을 일으킨 날에는 칼을 차고 가짜 통행증으로 궁궐에 들어가 김옥균 무리의 명령만을 받들었다.

① 녹읍이 폐지되었다.
② 서인이 집권하였다.
③ 교정도감이 설치되었다.
④ 톈진 조약이 체결되었다.
⑤ 치안 유지법이 제정되었다.

33 ▶25111-0156
2022학년도 9월 모의평가 11번
상**중**하

밑줄 친 '변란' 중에 볼 수 있는 모습으로 가장 적절한 것은?

> 그는 임오군란이 일어나자 청군과 함께 귀국하였다. 청군은 난을 일으킨 군인들을 진압하였고, 이후 청은 조선에 대한 내정 간섭을 강화하였다. 이에 청과의 사대 관계 청산을 주장하는 김옥균 일파가 우정총국 개설 축하연을 계기로 변란을 일으켰다. 당시 한성에 주둔하고 있던 청군이 개입하였고, 김옥균 일파의 계획은 실패로 돌아갔다. 그는 궁궐 안에 머무르며 사후 문제를 수습하였다.

① 군국기무처에서 일하는 관리
② 원산 총파업에 참여하는 노동자
③ 황국 신민 서사를 암송하는 학생
④ 민립 대학 설립 모금 운동에 동참하는 상인
⑤ 인민 평등권의 제정을 주장하는 개화당 인사

34 ▶25111-0157
2021학년도 9월 모의평가 11번
상중하

밑줄 친 '우리 당'에 대한 설명으로 옳은 것은?

> ○○월 ○○일
> 우정총국 연회가 밤에 있으므로 박영효 등 우리 당 동지들은 각각 밀령을 받고, 모두 마음을 경계하며 신중한 태도를 취하였다. …(중략)… 주상께서는 내 목소리를 알아들으시고 급히 침실에서 나를 부르시며, "무슨 사고가 있느냐?"하셨다. 나는 즉시 박영효 등과 함께 주상의 침실로 들어가 우정총국의 변을 아뢰었다.

① 예송을 주도하였다.
② 남북 협상을 추진하였다.
③ 삼정이정청 설치를 건의하였다.
④ 인민 평등권의 제정을 주장하였다.
⑤ 교정도감을 통해 세력을 강화하였다.

03 근대 국민 국가 수립을 위한 노력

35 ▶25111-0158
2024학년도 수능 9번
상**중**하

(가) 운동에 대한 설명으로 옳은 것은?

> ### ○○신문
> 2023년 △월 △△일
>
> [(가)] 기록물, 세계 기록 유산 등재 확정
>
> 프랑스 파리에서 열린 제216차 유네스코 집행 이사회는 [(가)] 기록물의 세계 기록 유산 등재를 최종 결정하였다. 총 185점으로 이뤄진 이 기록물은 1894~1895년 당시 농민군의 각종 문서와 개인 기록, 지도자 전봉준에 대한 심문 기록 등을 아우른다. 이 기록물은 조선 백성이 주체가 되어 자유·평등·인권의 보편적 가치를 지향했던 내용을 담고 있다는 점에서 세계사적 중요성을 인정받았다.
>
>
> ▲ 대접주 임명장   ▲ 농민군의 편지

① YH 무역 사건이 계기가 되었다.
② 집강소를 통해 개혁을 추진하였다.
③ 원산 총파업이 일어나는 원인이 되었다.
④ 신간회가 조사단을 파견하여 지원하였다.
⑤ 2·8 독립 선언에 영향을 받아 발생하였다.

36 ▶25111-0159
2023학년도 10월 학력평가 8번
상**중**하

자료에 나타난 운동을 알아보기 위한 탐구 활동으로 가장 적절한 것은?

> 북접의 군대가 장내리에 도착하여 며칠 동안 진을 치고 머물렀다. 교주 최시형이 군사 지휘부를 정할 때 손병희에게 지휘관 깃발을 받게 하였다. 손병희가 전규석 등을 이끌고 논산으로 내려가 전봉준과 군대를 합하였다. 남접과 북접의 군대가 드디어 진용을 합하게 되었다.

① 조선책략의 내용을 분석한다.
② 조선 형평사의 설립 시기를 알아본다.
③ 헤이그 특사 파견의 목적을 살펴본다.
④ 우금치 전투의 전개 과정을 조사한다.
⑤ 삼정이정청이 설치된 계기를 파악한다.

37
▶25111-0160
2023학년도 3월 학력평가 7번
(상)**중**(하)

(가) 운동에 대한 설명으로 옳은 것은?

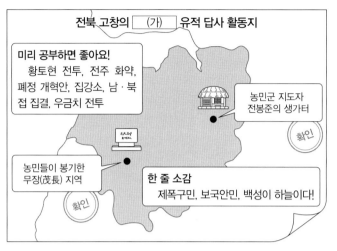

전북 고창의 [(가)] 유적 답사 활동지

미리 공부하면 좋아요!
황토현 전투, 전주 화약, 폐정 개혁안, 집강소, 남·북접 집결, 우금치 전투

농민군 지도자 전봉준의 생가터

농민들이 봉기한 무장(茂長) 지역

한 줄 소감
제폭구민, 보국안민, 백성이 하늘이다!

① 갑오개혁에 영향을 끼쳤다.
② 대한매일신보의 지원을 받았다.
③ 치안 유지법에 의해 탄압받았다.
④ 을미사변과 단발령에 반발하였다.
⑤ 조선 형평사를 중심으로 전개되었다.

38
▶25111-0161
2023학년도 6월 모의평가 8번
(상)**중**(하)

(가) 운동에 대한 설명으로 옳은 것은?

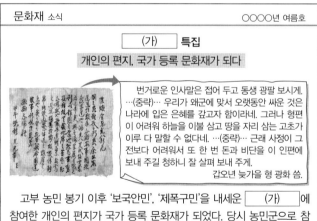

문화재 소식 　　　　　　　○○○○년 여름호

[(가)] 특집

개인의 편지, 국가 등록 문화재가 되다

번거로운 인사말은 접어 두고 동생 광팔 보시게. …(중략)… 우리가 왜군에 맞서 오랫동안 싸운 것은 나라에 입은 은혜를 갚고자 함이라네. 그러나 형편이 어려워 하늘을 이불 삼고 땅을 자리 삼는 고초가 이루 다 말할 수 없다네. …(중략)… 근래 사정이 그전보다 어려워서 또 한 번 돈과 비단을 이 인편에 보내 주길 청하니 잘 살펴 보내 주게.
　　　　　　　　　　갑오년 늦가을 형 광화 씀.

고부 농민 봉기 이후 '보국안민', '제폭구민'을 내세운 [(가)]에 참여한 개인의 편지가 국가 등록 문화재가 되었다. 당시 농민군으로 참여한 인물이 작성한 몇 안 되는 기록 중 하나라는 점에서 귀중한 가치를 지니고 있다. 이 편지는 [(가)]의 전개 과정 중 일본군의 경복궁 침범과 내정 간섭에 맞서 농민군이 싸우던 시기에 작성된 것으로, 당시 그들이 처한 상황과 군자금 조달 방법 등의 내용을 담고 있다.

① 보안회를 중심으로 전개되었다.
② 순종의 장례일을 기해 일어났다.
③ 집강소를 통해 개혁을 추진하였다.
④ 조사 시찰단을 파견하는 계기가 되었다.
⑤ 원산 총파업이 일어나는 원인이 되었다.

39
▶25111-0162
2022학년도 3월 학력평가 9번
(상)**중**(하)

다음 문서를 활용한 탐구 주제로 가장 적절한 것은?

발신: 대조선독판교섭통상사무 조병직

우리는 인천을 경유해 한성에 들어온 귀국 군대의 철수를 요청했는데, 아직 답이 없어 다시 요청합니다. 이미 우리는 전주성을 차지한 전라도의 동학교도들과 화약을 맺고 사태를 해결했습니다. 하지만 귀국의 군대는 여전히 돌아갈 기미가 없어 모두 이를 경계하고 있습니다. 부디 귀 공사는 군대를 속히 철수하기 바랍니다.

수신: 대일본특명전권공사 오토리

① 청일 전쟁의 배경
② 치안 유지법의 영향
③ 척화비의 건립 계기
④ 별무반의 편성 목적
⑤ 교정도감의 주요 기능

40
▶25111-0163
2022학년도 수능 12번
(상)중**하**

다음 자료를 활용한 탐구 활동으로 가장 적절한 것은?

○난리의 빌미는 고부였으니, 온갖 방법으로 백성을 수탈한 자가 조병갑이 아닙니까? 권세를 이용해 재물을 빼앗아 그 난리가 나게 한 자는 안핵사 이용태가 아닙니까? 이를 초래한 것은 올바른 도가 실현되지 않아서입니다.
○청에 도움을 구한 것은 좋은 계책이 아니었습니다. 수령과 감사가 제대로 제압하지 못해 전봉준 등이 이끄는 농민의 무리가 전주성을 차지하고 순변사까지 출정하게 된 것은 이웃 나라의 귀에 들어가도록 해서는 안 되는 것이었습니다.

① 삼별초의 활동 시기를 알아본다.
② 정동행성의 설치 목적을 파악한다.
③ 동학 농민 운동의 전개 과정을 살펴본다.
④ 백두산정계비의 건립 계기를 분석한다.
⑤ 병자호란 당시 활약한 인물을 조사한다.

41

▶25111-0164
2021학년도 수능 11번

상**중**하

밑줄 친 '창의군'에 대한 설명으로 옳은 것은?

> <u>창의군</u>의 영수 전봉준이 충청 감사에게 글을 올립니다.
>
> 일본 도적놈이 전쟁을 일으키고 군사를 움직여 우리 임금을 핍박하고 우리 백성을 어지럽히고 있는데, 차마 무슨 말을 할 수 있겠습니까? …(중략)… 일편단심 죽음을 무릅쓰고 조선 왕조 오백 년 동안 길러 주신 은혜에 보답하겠습니다. 삼가 바라건대 충청 감사께서도 <u>창의군</u>과 의(義)로써 함께한다면 매우 다행이겠습니다.
>
> 갑오(甲午)년 논산에서 삼가 드립니다.

① 베트남 전쟁에 파병되었다.
② 안시성 전투에서 승리하였다.
③ 한산도에서 대승을 거두었다.
④ 인천 상륙 작전을 수행하였다.
⑤ 우금치에서 일본군과 전투를 벌였다.

42

▶25111-0165
2021학년도 6월 모의평가 12번

상중**하**

밑줄 친 '이 운동'이 전개된 시기에 있었던 사실로 옳은 것은?

> △△ 역사 동아리 답사 계획서
>
> ○답사 일자: 2020년 ○○월 ○○일
> ○답사 목적: 농민층이 중심이 되어 사회를 개혁하고 외세로부터 나라를 지키려 했던 <u>이 운동</u>의 역사적 의미를 되새긴다.
> ○답사 코스: 장성 황룡촌 전적지 → 정읍 황토현 전적지 → 정읍 전봉준 고택 → 전주 풍남문 → 공주 우금치 전적지

① 망이·망소이가 봉기하였다.
② 9서당 10정이 편성되었다.
③ 군국기무처가 설치되었다.
④ 사비 천도가 단행되었다.
⑤ 이자겸의 난이 일어났다.

43

▶25111-0166
2025학년도 9월 모의평가 12번

상**중**하

밑줄 친 '개혁'의 내용으로 옳은 것은?

> ### 한국사 신문
>
> **조선도 태양력을 사용한다**
>
> 다가오는 11월 16일이 올해의 마지막 날이 된다. 을미사변 이후 김홍집, 유길준 등으로 새롭게 구성된 내각이 주도한 <u>개혁</u>의 일환으로 음력을 대신하여 태양력을 채택함에 따라 나타나는 모습이다. 새해부터 건양 연호를 사용하기로 결정되어 11월 16일의 다음날은 11월 17일이 아닌 건양 원년 1월 1일이 된다.

① 태학이 설립되었다.
② 과거제가 실시되었다.
③ 단발령이 시행되었다.
④ 당백전이 발행되었다.
⑤ 원수부가 설치되었다.

44

▶25111-0167
2022학년도 6월 모의평가 11번

상**중**하

(가)에 들어갈 내용으로 가장 적절한 것은?

① 장용영을 창설하였습니다.
② 영정법을 시행하였습니다.
③ 금융 실명제를 도입하였습니다.
④ 과부의 재가를 허용하였습니다.
⑤ 사사오입 개헌안을 통과시켰습니다.

45

▶25111-0168
2023학년도 9월 모의평가 9번
[상][중][하]

(가)에 들어갈 내용으로 가장 적절한 것은?

풍자화로 보는 한국 근대사

일본   러시아

독일   프랑스

전쟁의 전리품

이 그림은 일본이 청일 전쟁의 전리품으로 랴오둥반도를 차지하려 하자 러시아가 독일, 프랑스와 함께 일본을 압박한 사건을 풍자한 것이다. 이 사건으로 인해 일본은 랴오둥반도의 영유권을 포기해야 하였고, 이를 본 조선 정부는 러시아를 끌어들여 일본을 견제하려 하였다. 이에 러시아의 위세에 눌려 조선 내 영향력이 줄어든 일본은 불만을 품고 ⎡⎯⎯⎯⎯⎯⎯⎯⎯(가)⎯⎯⎯⎯⎯⎯⎯⎯⎤

① 외규장각 도서를 약탈하였다.
② 치안 유지법을 제정하였다.
③ 간도 협약을 체결하였다.
④ 을미사변을 일으켰다.
⑤ 거문도를 점령하였다.

46

▶25111-0169
2025학년도 수능 11번
[상][중][하]

(가), (나) 시기 사이에 있었던 사실로 옳은 것은?

(가) 왕이 종묘에 나아가 다음과 같이 고하였다. "… (중략) … 짐은 홍범 14조를 하늘에 계신 선대 왕들의 신령께 고하면서 그들이 남기신 업적을 우러러 능히 공적을 이룩하고 감히 어기지 않을 것이니, 밝은 신령께서는 굽어 살피시기 바랍니다."

(나) 왕이 의심과 두려움을 이기지 못하고 새벽에 궁녀가 타는 가마를 이용하여 몰래 건춘문을 나와 러시아 공사관으로 거처를 옮겼다. … (중략) … 궁궐 내에서는 알아차리지 못했고, 내각 또한 알지 못했다. 왕이 러시아 공사관에 도착한 때는 대략 오전 7시 20분쯤이었다.

① 영국이 거문도를 불법 점령하였다.
② 대한국 국제가 제정되었다.
③ 정묘호란이 발생하였다.
④ 삼별초가 봉기하였다.
⑤ 을미사변이 일어났다.

47

▶25111-0170
2024학년도 9월 모의평가 8번
[상][중][하]

(가), (나) 사이에 들어갈 내용으로 가장 적절한 것은?

(가)

일본이 경복궁을 침범하자 전봉준은 반침략의 기치 아래 다시 봉기하였습니다. 그러나 우금치 전투에서 패배하였고, 이후 체포되어 화면에서 보듯이 재판을 받기 위해 압송되었습니다.

시간순으로 공부하는 한국사

▶ ◀ 🔊 5:00 / 20:00

(나)

경운궁으로 돌아온 후 고종은 국가의 위상을 강화하고자 하였습니다. 이에 연호를 광무로 정하였으며, 화면에 제시된 환구단에서 황제 즉위식을 거행하였습니다.

시간순으로 공부하는 한국사

▶ ◀ 🔊 10:00 / 20:00

① 아관 파천이 단행되었다.
② 쌍성총관부가 설치되었다.
③ 강화도 조약이 체결되었다.
④ 홍경래의 난이 발발하였다.
⑤ 암태도 소작 쟁의가 발생하였다.

48

▶25111-0171
2024학년도 6월 모의평가 8번
[상][중][하]

(가), (나) 시기 사이에 있었던 사실로 옳은 것은?

(가) 임금께서 말씀하시기를, "군국기무처 회의 총재는 영의정 김홍집이 맡고, … (중략) … 날마다 와서 모여 크고 작은 사무를 협의하여 아뢰고 난 후 거행하도록 하라."라고 하였다.

(나) 임금이 모든 관원을 이끌고 엄숙한 차림새를 갖추고 환구단에 이르러 친히 하늘과 땅에 제사를 지낸 후 황제에 즉위하였다. … (중략) … 국호를 대한으로 정하고, 올해를 광무 원년으로 하였다.

① 아관 파천이 단행되었다.
② 무신 정변이 발발하였다.
③ 홍경래의 난이 발생하였다.
④ 조선 형평사가 조직되었다.
⑤ 인천 상륙 작전이 전개되었다.

49 ▶25111-0172
2021학년도 3월 학력평가 11번 상**중**하

다음 상황이 나타난 시기를 연표에서 옳게 고른 것은?

> 우리 집은 러시아 공사관과 아주 가까이에서 마주 보고 있기 때문에 뭔가 심상찮은 일이 벌어졌다는 것을 금세 알았다. 길거리는 눈길이 닿는 곳마다 밀려드는 사람들로 꽉 차있었다. …(중략)… 나는 남편의 조수들을 그곳에 보냈다. 그들이 돌아와 말하기를, 임금이 러시아 공사관에 머무르고 있으며 관리들이 임금의 주위에 몰려들고 있다고 하였다.
> – L. H. 언더우드 –

(가)	(나)	(다)	(라)	(마)
병인 양요	강화도 조약 체결	을미 사변	대한 제국 수립	국권 피탈	3·1 운동

① (가) ② (나) ③ (다) ④ (라) ⑤ (마)

50 ▶25111-0173
2020학년도 수능 13번 상**중**하

다음 사건의 배경으로 가장 적절한 것은?

> 왕은 일본에 의해 볼모가 되어 갇혀 있었다. …(중략)… 물밑에선 은밀한 계획이 진행되고 있었는데, 충직한 신하들이 왕을 구출하기로 결심한 것이다. …(중략)… 이에 왕과 세자는 궁을 벗어날 수 있었고, 한 시간 뒤 전 세계는 아래와 같은 전보를 접하게 되었다.
>
> "조선 왕이 궁궐에서 탈출하여
> 러시아 공사관에 머무르고 있다."
>
> – 제임스 게일, 『조선, 그 마지막 10년의 기록』 –

① 을미사변이 발생하였다.
② 자유시 참변이 일어났다.
③ 대한국 국제가 반포되었다.
④ 만민 공동회가 개최되었다.
⑤ 헤이그 특사가 파견되었다.

51 ▶25111-0174
2024학년도 10월 학력평가 8번 상**중**하

(가) 단체에 대한 설명으로 옳은 것은?

> 러시아가 우리 절영도를 빌려서 석탄 저장소로 만들고 자국 함대에 연료를 공급하려 하였다. 외부(外部)가 이를 허가하려 하자 ____(가)____ 이/가 항의 서한을 보내고, 궁궐 밖에서 만민 공동회를 열어 강하게 반대하였다. 이에 러시아는 결국 그 요구를 철회하였다.

① 의회 설립을 추진하였다.
② 신흥 강습소를 설립하였다.
③ 교조 신원 운동을 전개하였다.
④ 광주 학생 항일 운동을 지원하였다.
⑤ 우리말(조선말) 큰사전 편찬을 주도하였다.

52 ▶25111-0175
2024학년도 6월 모의평가 11번 상**중**하

(가)에 들어갈 내용으로 가장 적절한 것은?

학습 주제: ○○○○의 활동

- 모금 운동을 벌여 독립문을 건립하였어.
- (가)
- 러시아의 이권 침탈을 규탄하였어.

① 광주 학생 항일 운동을 지원하였어.
② 한글 맞춤법 통일안을 마련하였어.
③ 서울 진공 작전을 추진하였어.
④ 만민 공동회를 개최하였어.
⑤ 어린이날을 제정하였어.

53
▶ 25111-0176
2023학년도 9월 모의평가 10번
상 중 하

밑줄 친 '집회'에 대한 설명으로 옳은 것은?

한국사 신문

대신들, 백성의 목소리를 듣다!

지난 29일 독립 협회가 주최한 대규모 집회가 열렸다. 독립 협회는 현재의 국가적 위기 상황으로부터 벗어날 방법을 논의하기 위해 집회를 계획하고 각계각층에 150통 이상의 초청장을 발송한 바 있다. 이 자리에 의정부 참정 박정양을 비롯한 여러 전현임 대신들도 황제 폐하의 명령에 따라 참석하여 백성의 목소리를 들었다.
---

① 헌의 6조를 채택하였다.
② 서경 천도를 주장하였다.
③ 신군부의 퇴진을 요구하였다.
④ 민립 대학 설립을 추진하였다.
⑤ 창조파와 개조파가 대립하였다.

55
▶ 25111-0178
2022학년도 3월 학력평가 10번
상 중 하

(가) 단체에 대한 설명으로 옳은 것은?

　(가)　은/는 자주독립의 마음을 갖게 하고자 독립문을 세우고 월보를 발행하였습니다. 독립문 주춧돌을 놓는 날　(가)　은/는 세계 각국 사람들을 연회에 초청하였고, 그 자리에서 조선 관원들이 연설을 하였습니다. 이 연설은 조선 사람들도 자유와 독립의 권리를 높이 생각하는 뜻이 있음을 내외 국민에게 널리 알린 것입니다.

– 독립신문 –
---

① 어린이날을 제정하였다.
② 만민 공동회를 개최하였다.
③ 신흥 강습소를 설립하였다.
④ 브나로드 운동을 주도하였다.
⑤ 한글 맞춤법 통일안을 제정하였다.

56
▶ 25111-0179
2022학년도 9월 모의평가 12번
상 중 하

(가) 단체에 대한 설명으로 옳은 것만을 〈보기〉에서 고른 것은?

다큐멘터리 제작 기획안

■ 제목: 근대적 정치·사회 단체, 　(가)　

■ 기획 의도: 자주 국권 · 자유 민권 · 자강 개혁을 추구한 　(가)　 의 활동을 재조명한다.

■ 주요 내용

#1 독립문을 건립하다.	#2 만민 공동회를 개최하다.	#3 중추원 관제 개편을 추진하다.

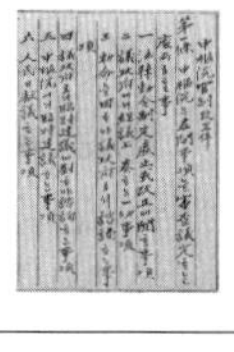

54
▶ 25111-0177
2022학년도 10월 학력평가 8번
상 중 하

(가) 단체에 대한 설명으로 옳은 것은?

〈 　(가)　 특별전 기념품 판매 〉

　(가)　 의 활동을 담은 여러 기념품을 준비했습니다.

독립문 모양의 배지 ──────── 2,000원
관민 공동회 기록화가 그려진 부채 ──── 3,000원
독립관에서 열린 토론회의 주제가 인쇄된 공책 ── 4,000원
---

① 105인 사건으로 와해되었다.
② 한러 은행 폐쇄를 요구하였다.
③ 김원봉을 중심으로 결성되었다.
④ 우리말 큰사전 편찬을 시도하였다.
⑤ 광주 학생 항일 운동을 지원하였다.

보기

ㄱ. 의회 설립 운동을 주도하였다.
ㄴ. 한글 맞춤법 통일안을 제정하였다.
ㄷ. 러시아의 절영도 조차 요구를 저지하였다.
ㄹ. 고종의 강제 퇴위에 반대하는 운동을 전개하였다.
---

① ㄱ, ㄴ　　　② ㄱ, ㄷ　　　③ ㄴ, ㄷ
④ ㄴ, ㄹ　　　⑤ ㄷ, ㄹ

57
▶25111-0180
2021학년도 9월 모의평가 12번
상 중 하

(가) 단체에 대한 설명으로 옳은 것은?

> _____(가)_____ 은/는 1898년 3월 10일 종로에서 만민 공동회라는 민중 대회를 개최하여 러시아의 침략 정책을 규탄하였다. 이 대회에 참가한 사람들은 러시아의 군사 교관과 재정 고문을 철수시키자고 결의하였다. 이는 국권을 지키기 위한 운동이었다.

① 일제의 황무지 개간권 요구를 철회시켰다.
② 고종 강제 퇴위 반대 운동을 전개하였다.
③ 근대식 의회 설립 운동을 주도하였다.
④ 한글 맞춤법 통일안을 제정하였다.
⑤ 브나로드 운동을 추진하였다.

58
▶25111-0181
2025학년도 6월 모의평가 11번
상 중 하

(가)에 들어갈 내용으로 가장 적절한 것은?

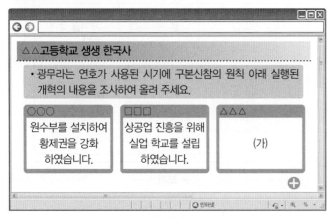

△△고등학교 생생 한국사
• 광무라는 연호가 사용된 시기에 구본신참의 원칙 아래 실행된 개혁의 내용을 조사하여 올려 주세요.

| 원수부를 설치하여 황제권을 강화하였습니다. | 상공업 진흥을 위해 실업 학교를 설립하였습니다. | (가) |

① 노비안검법을 시행하였습니다.
② 새마을 운동을 전개하였습니다.
③ 전민변정도감을 설치하였습니다.
④ 산미 증식 계획을 추진하였습니다.
⑤ 양전을 실시하고 지계를 발급하였습니다.

59
▶25111-0182
2023학년도 10월 학력평가 6번
상 중 하

(가) 정부의 활동으로 옳은 것은?

한국사 신문
제△△호

덕수궁 돈덕전 재건

▲ 재건된 돈덕전

문화재청은 _____(가)_____ 의 외교 공간으로 쓰이다가 일제 강점기에 철거되었던 덕수궁 돈덕전을 재건하였다고 밝혔다. 돈덕전은 서양 열강과 대등한 근대 국가로서의 면모와 주권 수호 의지를 세계에 보여주기 위해 건립된 서양식 영빈관으로, _____(가)_____ 의 제2대 황제 순종의 즉위식이 열린 장소이기도 하다.

① 주자감을 설립하였다.
② 광무개혁을 추진하였다.
③ 통리기무아문을 설치하였다.
④ 연통제와 교통국을 운영하였다.
⑤ 경제 개발 5개년 계획을 실시하였다.

60
▶25111-0183
2023학년도 3월 학력평가 9번
상 중 하

자료의 상황이 전개된 시기에 볼 수 있는 모습으로 가장 적절한 것은?

> 짐은 여러 차례 사양하였으나 끝내 거절할 수 없어서 금년 10월 12일에 환구단에서 하늘과 땅에 제사를 지내고 황제의 자리에 올랐다. 천하의 칭호를 정하여 대한(大韓)이라 하고, 이 해를 광무(光武) 원년으로 삼는다.

① 독립신문을 읽는 지식인
② 원산 총파업에 참여하는 노동자
③ 화백 회의에 참여하는 진골 귀족
④ 집현전에서 경전을 연구하는 관리
⑤ 별기군 교관을 공격하는 구식 군인

61
▶25111-0184
2023학년도 6월 모의평가 11번
상 중 하

밑줄 친 '황제국'에 대한 설명으로 옳은 것은?

> 광무 원년 10월 12일은 우리 역사에서 제일 빛나고 영화로운 날이 되었다. 폐하께서 조선 역사상 처음으로 황제의 자리에 오르시어 조선이 자주독립한 황제국이 되었으니 백성으로서 어찌 감격한 생각이 아니 나겠는가. …(중략)… 이날 오전 환구단에 가서 하늘에 제사하고 황제의 자리에 올랐음을 고하였다. 정오에 만조백관이 예복을 갖추고 경운궁에 나아가 황제 폐하께 크게 하례를 올렸다.

① 지계를 발급하였다.
② 골품제를 운영하였다.
③ 개경을 수도로 삼았다.
④ 인조반정으로 성립되었다.
⑤ 국민 대표 회의를 소집하였다.

62
▶25111-0185
2021학년도 7월 학력평가 11번
상 중 하

(가) 정부에 대한 설명으로 옳은 것은?

> ### 한국사 신문
> 20△△년 ○월 ○일
>
> #### 고종 황제 즉위식 재현
> 고종의 황제 즉위식이 덕수궁 일대에서 재현된다. 120여 년 전 고종은 환구단에 나아가 하늘에 제사를 지내고 황제에 등극하였으며, ___(가)___ 의 성립을 대내외에 선포하였다. 행사 관계자는 고종의 황제 즉위가 가지는 의미를 되새길 수 있는 기회가 될 것이라고 설명하였다.

① 마한을 병합하였다.
② 별무반을 편성하였다.
③ 광무개혁을 추진하였다.
④ 개성 공단을 조성하였다.
⑤ 전민변정도감을 설치하였다.

04 일본의 침략 확대와 국권 수호 운동

63
▶25111-0186
2025학년도 수능 8번
상 중 하

(가)에 대한 설명으로 옳은 것은?

> 일본이 제1차 한일 협약을 체결하여 고문 정치의 서막을 열고 재정 · 외교를 감시하더니, 이후에 ___(가)___ 을/를 체결해서 외교를 주관하게 되었다. 이에 조선의 우국지사가 시국이 날로 그릇되는 것을 목도하고 비분강개하는 사이에 민영환을 비롯한 강직한 신하가 자결하고, 최익현과 같은 절의를 지닌 사람이 거병(擧兵)하여 천하가 떠들썩한 중에 일대 큰일이 돌연히 일어나니, 즉 이상설 등의 특사 사건이다.

① 베트남 파병의 배경이 되었다.
② 통감부가 설치되는 근거가 되었다.
③ 강동 6주를 확보하는 계기가 되었다.
④ 최혜국 대우를 처음으로 규정하였다.
⑤ 북벌론이 대두하는 데 영향을 끼쳤다.

64
▶25111-0187
2025학년도 9월 모의평가 10번
상 중 하

(가) 조약에 대한 설명으로 옳은 것은?

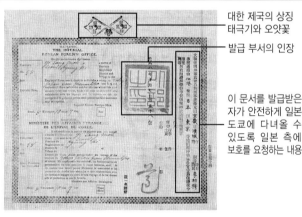

대한 제국의 상징 태극기와 오얏꽃
발급 부서의 인장
이 문서를 발급받은 자가 안전하게 일본 도쿄에 다녀올 수 있도록 일본 측에 보호를 요청하는 내용

> 이 문서는 오늘날의 여권 역할을 하던 것으로 한문, 영어, 프랑스어로 작성되었다. 대한 제국 정부는 외국에 나가는 자국민에게 이러한 증명서를 발급하여 소지하도록 하였다. 그러나 일본이 ___(가)___ 의 체결을 강요하여 외교권을 빼앗은 후 통감부령으로 '한국인 외국 여권 규칙'을 공포하면서 이를 더 이상 발급할 수 없게 되었다.

① 삼국 간섭을 초래하였다.
② 북벌론이 대두하는 배경이 되었다.
③ 헤이그에 특사가 파견되는 원인이 되었다.
④ 동학 농민 운동 전개 과정 중에 체결되었다.
⑤ 청 · 일 양국 군대가 조선에서 철수하기로 약속하였다.

65 ▶25111-0188
2024학년도 10월 학력평가 9번
상 **중** 하

(가)의 결과로 옳은 것은?

이상설 등은 만국 평화 회의 의장인 러시아 대표를 찾아가 회의 참가를 요청하였으나 참가 여부는 의장의 권한이 아니라는 답변을 들었다. 그들은 다시 영국, 미국, 프랑스 등 각국 대표를 방문하여 회의 참가를 요청하였고, 한국 황제가 (가) 을/를 비준하지 않았으므로 일본이 한국의 외교권을 탈취할 근거가 없다고 설명하였다. 각국 기자단이 모인 자리에서 이위종이 단상에 올라 일본의 강압과 박해 상황을 오랫동안 연설하니 청중들이 비통하게 여겼다.

① 예송이 전개되었다.
② 통감부가 설치되었다.
③ 임오군란이 발생하였다.
④ 개성 공단이 조성되었다.
⑤ 부산 등 3개 항구가 개항되었다.

66 ▶25111-0189
2024학년도 3월 학력평가 11번
상 **중** 하

(가)에 대한 저항의 사례로 옳은 것은?

대한 제국 외교 고문의 지위에 관한 건

지금까지 스티븐스가 대한 제국 외교 고문으로 초빙되어 외교에 관한 중요한 사무는 모두 그의 의견을 물어서 시행하였지만, (가) 에 따라 외부(外部)가 폐지되고 외교 고문이 필요 없게 되었음. … (중략) … 이후 그를 통감부 소속으로 바꾸어 1년 정도 더 근무시키는 방법이 외교 사무를 처리하는 데 편리할 것으로 생각됨.

– 주한 일본 공사관 기록 –

① 전봉준이 농민군을 조직하였다.
② 배중손 등이 삼별초를 이끌었다.
③ 나철 등이 5적 암살을 시도하였다.
④ 양헌수가 정족산성에서 항전하였다.
⑤ 이만손 등 유생들이 만인소를 작성하였다.

67 ▶25111-0190
2024학년도 수능 14번
상 중 **하**

(가)에 대한 설명으로 옳은 것은?

1914년 11월, 미국에서 발행된 『포퓰러 매거진』에는 대한 제국을 배경으로 한 소설 「황제의 옥새(원제: THE GREAT CARDINAL SEAL)」가 실렸다. 미국의 한 언론인이 쓴 이 작품의 주인공은 우리에게 대한매일신보 창간으로 익숙한 영국 출신 언론인 베델로, 그는 대한 제국의 주권이 위협받는 상황에서 한국인들을 위해 기꺼이 모험에 나서는 인물로 묘사되었다. 이 작품은 일본 정부가 대한 제국의 외교권을 박탈하는 (가) 의 체결을 강요하는 등 긴박하게 전개되었던 당시 한반도 상황을 역동적으로 보여준다.

① 독립문 건립에 영향을 주었다.
② 삼별초가 항쟁하는 배경이 되었다.
③ 비변사가 설치되는 결과를 가져왔다.
④ 헤이그 특사가 파견되는 원인이 되었다.
⑤ 임술 농민 봉기가 일어나는 계기가 되었다.

68 ▶25111-0191
2024학년도 6월 모의평가 10번
상 **중** 하

밑줄 친 '이 조약'의 결과로 옳은 것만을 <보기>에서 고른 것은?

이것은 민영환이 자신의 명함에 남긴 유서의 일부이다. 그는 강제로 체결된 이 조약을 파기할 것과 체결에 앞장선 오적을 처단하라는 상소를 올렸다가 감옥에 갇히기도 하였다. 감옥에서 풀려난 그는 유서에 2천만 동포 형제에게 사죄한다는 말을 남기고 이 조약에 대한 항의의 표시로 자결하였다.

─ 보기 ─
ㄱ. 통감부가 설치되었다.
ㄴ. 부산, 원산, 인천이 개항되었다.
ㄷ. 대한 제국의 외교권이 박탈되었다.
ㄹ. 청과 일본의 군대가 동시에 철수하였다.

① ㄱ, ㄴ ② ㄱ, ㄷ ③ ㄴ, ㄷ ④ ㄴ, ㄹ ⑤ ㄷ, ㄹ

69
▶25111-0192
2023학년도 수능 12번
상 중 하

밑줄 친 '조약'에 대한 설명으로 옳은 것은?

> 민영환이 조약 체결에 항거하여 자결하였으니, 신들은 매우 놀랍고 슬펐습니다. 이는 그 사람을 위해서라기보다는 실로 나라와 천하를 위해 애통해 하는 것입니다. …(중략)… 삼가 바라건대 폐하께서는 속히 칙명을 내려 박제순·이지용·이완용·이근택·권중현 오적을 모두 처단하소서. 그리고 사리에 근거해 담판하여, 강제로 체결된 이 조약을 철회하소서.

① 조선책략의 영향으로 미국과 체결되었다.
② 미군의 대한민국 주둔을 허용하였다.
③ 헤이그 특사 파견의 계기가 되었다.
④ 집강소가 설치되는 배경이 되었다.
⑤ 간도를 청의 영토로 인정하였다.

70
▶25111-0193
2023학년도 10월 학력평가 10번
상 중 하

밑줄 친 '조약'의 결과로 옳은 것은?

> 하야시 공사에게
>
> 우리나라와 귀국은 일찍부터 이웃끼리의 정의(情誼)를 돈독히 하고 우호 관계를 맺어 날로 친밀해졌다. 그런데 바로 이달 17일에 귀국은 병력을 이끌고 대궐을 포위한 후, 대신들을 협박하여 법식도 갖추지 않은 조약에 강제로 조인토록 하여 억지로 우리의 외교권을 빼앗았다. 이는 국제법을 어긴 것이며, 우리의 독립을 보장한 이전의 약속을 어기고 뒤집는 행동이 아니겠는가. 바라건대, 하야시 공사는 확실히 잘못을 깨달아 귀국 정부에 보고하여 조약을 취소하기를 지극히 요망한다.
>
> 조병세 씀

① 통감부가 설치되었다.
② 삼국 간섭이 일어났다.
③ 미국에 보빙사가 파견되었다.
④ 부산 등 3개 항구가 개항되었다.
⑤ 메가타가 재정 고문으로 임명되었다.

71
▶25111-0194
2023학년도 6월 모의평가 9번
상 중 하

(가)에 들어갈 내용으로 가장 적절한 것은?

> **한국사 수행 평가**
>
> 3학년 ○반 이름: ○○○
>
> ■ 과제: 20세기 초 한반도를 둘러싼 상황을 표현한 그림을 찾아 그려 보고, 그림이 표현하는 역사적 상황을 설명하기
>
> ■ 그림   ■ 설명
>
>
>
> 이 그림은 미국의 한 잡지에 실린 삽화를 토대로 그린 것으로, 중앙의 미국 대통령 루스벨트가 러시아와 일본의 강화를 주선하는 모습을 표현하고 있다. 당시 러시아와 일본은 한반도를 둘러싸고 전쟁을 벌였는데, 미국의 중재를 계기로 강화를 맺고 전쟁을 종결하였다. 그 결과 일본은 한반도에 대한 독점적 지배권을 확보하였고, 곧이어 ___(가)___

① 청과 일본 양국 군대가 한반도에서 철수하였다.
② 대한 제국은 을사늑약으로 외교권을 빼앗겼다.
③ 모스크바 3국 외상 회의가 개최되었다.
④ 영국이 거문도를 불법 점령하였다.
⑤ 제너럴 셔먼호 사건이 발생하였다.

72
▶25111-0195
2021학년도 수능 13번
상 중 하

밑줄 친 '조약'이 강제로 체결된 시기를 연표에서 옳게 고른 것은?

> 일본 전권 대사와 공사가 조약서를 들고 궁궐에 들어와 조약에 서명할 것을 강요하였는데, 그 내용을 보면 일본인 통감을 우리나라에 두고 우리의 외교권을 일본이 박탈한다는 것이다. …(중략)… 일본 전권 대사가 협박을 가하였고, 병사들을 동원하여 공포 분위기를 만들어 가부를 결정하라고 위협하는 가운데, 처음부터 일정한 절차도 없이 외부(外部)의 도장을 강제로 빼앗아 날인하고 이를 조약이라고 하고 있다.

	(가)	(나)	(다)	(라)	(마)	
신미양요 발발		강화도 조약 체결		제1차 갑오개혁 시작	대한 제국 수립	고종의 강제 퇴위	국권 피탈

① (가)   ② (나)   ③ (다)   ④ (라)   ⑤ (마)

73

▶25111-0196
2021학년도 6월 모의평가 14번

상 **중** 하

밑줄 친 '이 조약'의 결과로 옳은 것은?

내가 이토 히로부미를 저격한 이유는 그가 이 조약을 강요하여 대한 제국의 외교권을 박탈하는 데 앞장서는 등 동양의 평화를 철저히 파괴하였기 때문이오.

① 통감부가 설치되었다.
② 동북 9성이 축조되었다.
③ 개성 공단이 조성되었다.
④ 아관 파천이 단행되었다.
⑤ 미소 공동 위원회가 개최되었다.

74

▶25111-0197
2022학년도 6월 모의평가 12번

상 **중** 하

밑줄 친 '특사'가 파견된 시기를 연표에서 옳게 고른 것은?

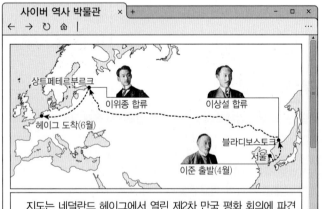

사이버 역사 박물관

상트페테르부르크
이위종 합류
이상설 합류
헤이그 도착(6월)
블라디보스토크
서울
이준 출발(4월)

지도는 네덜란드 헤이그에서 열린 제2차 만국 평화 회의에 파견된 특사의 여정을 나타낸 것이다. 이들은 을사늑약의 불법성을 알리려고 하였으나, 일본 등의 방해로 소기의 목적을 달성하지 못하였다. 일본은 이를 빌미로 고종을 강제로 퇴위시켰다.

(가)	(나)	(다)	(라)	(마)
신미양요 발발	임오군란 발생	대한 제국 수립	국권 피탈	6·10 만세 운동 발생	만주 사변 발발

① (가)　② (나)　③ (다)　④ (라)　⑤ (마)

75

▶25111-0198
2021학년도 3월 학력평가 13번

상 **중** 하

밑줄 친 ㉠에 따라 나타난 사실로 옳은 것은?

이위종: 대한 제국이 왜 이곳 헤이그에서 열리는 만국 평화 회의의 참가국에서 제외되었다고 생각하십니까?
영국 기자: 그것은 귀국과 일본 사이에 체결된 조약으로 대한 제국이 외교권을 일본에 위탁했기 때문이지 않습니까?
이위종: 방금 조약이라고 하셨나요? 뭔가 잘못 알고 계십니다. ㉠ 우리 황제 폐하의 재가도 없이 일본의 강압에 의해 불법적으로 맺어진 것이므로 국제법적 효력이 없습니다.

① 통감부가 설치되었다.
② 독립문이 건립되었다.
③ 치안 유지법이 제정되었다.
④ 동학 농민 운동이 일어났다.
⑤ 부산 외 2개 항구가 개항되었다.

76

▶25111-0199
2021학년도 10월 학력평가 13번

상 **중** 하

다음 상황이 나타난 시기를 연표에서 옳게 고른 것은?

일본의 강요로 한성에 있는 각 부대가 해산된 후 지방의 8개 진위대도 해산되었다. 이에 원주 진위대는 황제 폐위와 군대 해산에 격분하여 일제히 궐기하였다. …(중략)… 강화 진위대는 해산 명령에 반발하여 민간인 수백여 명과 연합해 일본 주재소를 습격하였다.
– 박은식, 『한국통사』 –

	(가)	(나)	(다)	(라)	(마)	
강화도 조약 체결		갑신정변 발생		제1차 갑오개혁 시작		대한 제국 수립

강화도 조약 체결	갑신정변 발생	제1차 갑오개혁 시작	대한 제국 수립	국권 피탈	6·10 만세 운동 발생

① (가)　② (나)　③ (다)　④ (라)　⑤ (마)

77 ▶25111-0200
2024학년도 3월 학력평가 7번

밑줄 친 '명령'이 끼친 영향으로 가장 적절한 것은?

> 지난주 조선의 국왕이 모든 남자에게 머리카락을 자르고, 망건을 쓰지 말라는 명령을 내렸습니다. … (중략) … 일본인들이 이러한 명령을 내리도록 압박하였으며, 조선 국왕도 본인의 의사와 관계없이 머리카락을 자를 수밖에 없었다고 합니다. 또한 현 내각의 각료 중 미국에서 교육받은 한 사람이 조선의 낡은 관습을 타파해야 한다는 생각을 갖고 이를 주도했다고도 합니다.

① 을미의병이 확산되었다.
② 노비안검법이 시행되었다.
③ 통리기무아문이 설치되었다.
④ 사사오입 개헌이 단행되었다.
⑤ 6·10 만세 운동이 전개되었다.

78 ▶25111-0201
2022학년도 10월 학력평가 18번

다음 격문이 작성된 배경으로 가장 적절한 것은?

> 지금 이토 히로부미가 군대를 거느리고 서울에 들어와 자칭 통감이라 하니 누구를 어떻게 통치하고 감독한다는 말인가. 우리 3천 리 강토와 2천만 동포를 적의 신하 이토에게 빼앗긴 신세란 말인가.

① 을사늑약이 체결되었다.
② 자유시 참변이 일어났다.
③ 중앙정보부가 설치되었다.
④ 정우회 선언이 발표되었다.
⑤ 조선 태형령이 시행되었다.

79 ▶25111-0202
2024학년도 10월 학력평가 10번

자료를 활용한 탐구 활동으로 가장 적절한 것은?

> 이완용, 이병무 등이 군대 해산 조칙에 따라 무기와 탄환을 전부 반납하도록 하였다. … (중략) … 박승환의 자결 소식을 들은 시위대의 일부 장교와 군사들은 격분하여 탄약고를 부수고 탄환을 꺼내어 "한번 싸우고 죽자."라고 하였고, 다른 부대도 이에 호응하였다. 이들이 궐기하자 즉각 일본군이 공격해 왔다. 시위대는 병영 안에서 총을 쏘아 일본군을 사살하였다. 상인, 노동자와 여자들까지 해산 군인들을 도왔다.

① 정미의병의 배경을 조사한다.
② 한산도 대첩의 의의를 알아본다.
③ 애치슨 선언의 내용을 정리한다.
④ 병인양요의 전개 과정을 분석한다.
⑤ 치안 유지법이 적용된 사례를 찾아본다.

80 ▶25111-0203
2024학년도 9월 모의평가 11번

(가) 단체에 대한 탐구 활동으로 가장 적절한 것은?

수업 활동지

– 스피드 퀴즈 완성하기 –

■ 방법
 – 러일 전쟁 이후 국권 수호 운동을 벌인 단체 중 퀴즈로 낼 대상을 정한다.
 – 해당 단체에 대한 힌트를 적어 교사의 확인을 받는다.

3학년 ○반 이름: ○○○

[퀴즈로 낼 단체]: (가)

구분	내용	교사 확인
힌트 1	안창호, 양기탁 등이 창립하였습니다.	적합
힌트 2	공화정 수립을 지향한 비밀 결사였습니다.	적합
힌트 3	태극 서관과 자기 회사를 운영하였습니다.	적합

① 도병마사의 기능을 찾아본다.
② 제가 회의의 구성원을 분석한다.
③ 대성 학교의 설립 목적을 조사한다.
④ 탕평 정치의 추진 배경을 살펴본다.
⑤ 조사 시찰단의 파견 이유를 알아본다.

81

▶ 25111-0204

2022학년도 수능 13번

상 중 **하**

밑줄 친 '이 단체'에 대한 설명으로 옳은 것은?

> 문: 피고인은 <u>이 단체</u>가 삼원보에 신흥 강습소를 세우고, 기회를 타서 독립 전쟁을 일으키고자 하는 것을 알고 있었는가?
>
> 답: 몇 년 전 한국인들이 교육과 산업 증진을 목적으로 조직했다고 들었을 뿐이다.
>
> 문: 다른 이들의 진술에 따르면, 피고인이 자주 평양에 가서 <u>이 단체</u>가 설립한 태극 서관의 모임에 참석하였다고 한다. 또한 데라우치 총독을 암살하려고 사람들을 이끌고 선천에 갔다고 들었다.
>
> 답: 그러한 진술은 견딜 수 없는 고문 아래 강요된 것임이 이 공개 법정에서 드러나지 않았는가?

① 대성 학교와 오산 학교를 설립하였다.
② 단발령의 철회를 요구하였다.
③ 원산 총파업에 참여하였다.
④ 새마을 운동을 전개하였다.
⑤ 어린이날을 제정하였다.

82

▶ 25111-0205

2021학년도 7월 학력평가 14번

상 **중** 하

(가) 단체에 대한 설명으로 옳은 것은?

> **신문 조서**
>
> 문: 너는 ___(가)___ 에 어떻게 가입했는가?
>
> 답: 사촌 옥관빈의 권유로 입회했다.
>
> 문: ___(가)___ 의 목적은 무엇인가?
>
> 답: 민중 계몽과 국권 회복에 있다.
>
> 문: 어떤 방법으로 목적을 달성하려 하는가?
>
> 답: 서간도에 무관 학교를 설립하여 청년들을 양성하며, 공화 정체의 근대 국가를 건설하려 한다.
>
> 문: 공공연한 조직인가?
>
> 답: 비밀 조직이다. 표면상으로 대성 학교에서는 청년학우회, 일신 학교에서는 면학회, 숭실 중학에서는 동제회라고 부른다.

① 독립신문을 창간하였다.
② 105인 사건으로 와해되었다.
③ 브나로드 운동을 전개하였다.
④ 연통제와 교통국을 조직하였다.
⑤ 전라도 각지에 집강소를 설치하였다.

05 개항 이후 경제와 사회·문화의 변화

83

▶ 25111-0206

2020학년도 수능 11번

상 중 **하**

다음 가상 대화가 나타나게 된 배경으로 가장 적절한 것은?

> 여보게. 청나라 상인이 한성과 양화진에 영업소를 개설할 수 있게 되었다네.
>
> 정부의 허가를 받으면 청나라 상인이 내륙에서도 활동할 수 있게 되었으니 우리 조선 상인들에게 피해가 있을까 봐 걱정이야.

① 광무개혁이 추진되었다.
② 국채 보상 운동이 전개되었다.
③ 러시아가 절영도 조차를 시도하였다.
④ 일본이 황무지 개간권을 요구하였다.
⑤ 조청 상민 수륙 무역 장정이 체결되었다.

84

▶ 25111-0207

2025학년도 9월 모의평가 11번

상 **중** 하

밑줄 친 '이 장정'에 대한 설명으로 옳은 것은?

> 자료는 조선과 일본이 체결한 <u>이 장정</u>의 일부로, 곡물 수출 금지에 관한 규정을 담고 있습니다. 그러나 이 규정에 근거하여 방곡령을 선포하더라도 일본의 항의로 철회되는 일이 많았으며, 심지어 일본에 배상금을 지불하는 경우도 있었습니다.

> 제37관 조선국에서 가뭄과 홍수, 전쟁 등의 일로 인하여 국내의 식량이 부족할 것을 우려하여 일시적으로 곡물 수출을 금지하려고 할 때에는 반드시 1개월 전에 지방관이 일본 영사관에 통지하여 미리 그 기간을 항구에 있는 일본 상인들에게 전달하여 일률적으로 준수하는 데 편리하게 한다.

① 러일 전쟁 중에 체결되었다.
② 베트남 파병의 배경이 되었다.
③ 간도를 청의 영토로 인정하였다.
④ 최혜국 대우 규정을 포함하였다.
⑤ 부산과 원산, 인천을 개항하는 근거가 되었다.

85

▶ 25111-0208
2023학년도 9월 모의평가 8번

상 중 하

밑줄 친 '장정'에 대한 설명으로 옳은 것은?

3단계 힌트까지 나왔습니다. 이 장정은 무엇일까요?

퀴즈! 한국사

1단계 조선과 일본 사이에 체결
2단계 일본에 최혜국 대우를 인정
3단계 관세 조항을 포함한 장정

① 집강소 설치의 근거가 되었다.
② 원산 총파업의 원인이 되었다.
③ 거중 조정의 내용을 담고 있다.
④ 통감이 부임하는 계기가 되었다.
⑤ 방곡령 시행을 미리 통지할 것이 규정되었다.

86

▶ 25111-0209
2023학년도 3월 학력평가 10번

상 중 하

선생님의 질문에 대한 학생의 답변으로 가장 적절한 것은?

구 백동화 무효에 관한 고시

구 백동화는 …(중략)… 내년 1월 1일부터 통용함을 금지할 것이니 …(중략)… 기한 내로 교환을 청구하여 손해를 당하지 않도록 조심하기 바람.

이 고시가 발표된 배경을 말해 볼까요?

① 암태도 소작 쟁의가 일어났어요.
② 신군부 세력이 권력을 장악하였어요.
③ 경제 개발 5개년 계획이 마련되었어요.
④ 미국의 원조로 삼백 산업이 발달하였어요.
⑤ 메가타에 의해 화폐 정리 사업이 시작되었어요.

87

▶ 25111-0210
2023학년도 9월 모의평가 13번

상 중 하

(가)에 대한 설명으로 옳은 것은?

대한 제국 시기 일본의 경제 침탈

1. 차관 제공: 개혁과 시설 개선을 명목으로 제공 → 대한 제국 재정이 일본에 예속
2. (가) : 백동화를 포함한 구화폐를 일본 제일 은행권으로 교환 → 한국인 상공업자에게 타격
3. 토지 약탈: 철도 부지와 군용지 확보를 구실로 대규모 토지 차지

① 녹읍 폐지의 배경이 되었다.
② 전민변정도감이 담당하였다.
③ 재정 고문 메가타가 주도하였다.
④ YH 무역 사건의 계기가 되었다.
⑤ 임술 농민 봉기의 원인이 되었다.

88

▶ 25111-0211
2024학년도 수능 11번

상 중 하

다음 대화의 배경으로 가장 적절한 것은?

이보게. 종로에서 거의 날마다 보안회가 주관하는 대중 집회가 열리고 있다고 하네. 수천 명이 모여 한 뼘의 국토도 외국인에게 내줄 수 없다는 주장을 펼친다더군.

지방에서는 이러한 주장에 호응하여 이곳저곳에서 보안회에 의연금을 보낸다고 합니다. 서울의 상인들도 가게 문을 닫고 이들의 투쟁을 지원한다더군요.

① 산미 증식 계획이 시행되었다.
② 암태도 소작 쟁의가 발생하였다.
③ 일본이 한국에 황무지 개간권을 요구하였다.
④ 조선 총독부가 토지 조사 사업을 실시하였다.
⑤ 회사 설립을 허가제로 하는 회사령이 제정되었다.

(가)에 들어갈 내용으로 가장 적절한 것은?

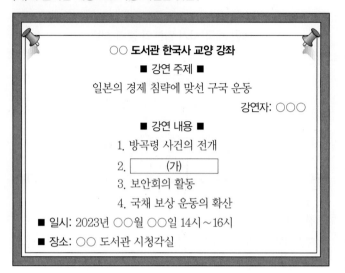

○○ 도서관 한국사 교양 강좌
■ 강연 주제 ■
일본의 경제 침략에 맞선 구국 운동
강연자: ○○○
■ 강연 내용 ■
1. 방곡령 사건의 전개
2. (가)
3. 보안회의 활동
4. 국채 보상 운동의 확산
■ 일시: 2023년 ○○월 ○○일 14시~16시
■ 장소: ○○ 도서관 시청각실

① 녹읍의 폐지
② 균역법의 시행
③ 새마을 운동의 추진
④ 전민변정도감의 설치
⑤ 황국 중앙 총상회의 조직

(가)에 들어갈 내용으로 가장 적절한 것은?

한국사 수행 평가 과제

• 주제: (가)
• 모둠별 조사 내용
1모둠: 독립 협회의 러시아 절영도 조차 요구 저지
2모둠: 황국 중앙 총상회의 상권 수호 운동
3모둠: 보안회의 황무지 개간권 요구 반대 운동

① 일제 강점기 노동 쟁의
② 광복 직후 좌우 합작 운동
③ 세도 정치 시기 농민 봉기
④ 개항 이후 경제적 구국 운동
⑤ 무신 정권 시기 하층민의 저항 운동

(가) 운동에 대한 설명으로 옳은 것은?

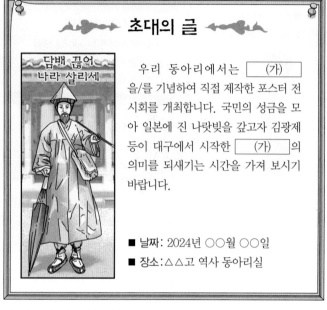

초대의 글

우리 동아리에서는 (가) 을/를 기념하여 직접 제작한 포스터 전시회를 개최합니다. 국민의 성금을 모아 일본에 진 나랏빚을 갚고자 김광제 등이 대구에서 시작한 (가) 의 의미를 되새기는 시간을 가져 보시기 바랍니다.

■ 날짜: 2024년 ○○월 ○○일
■ 장소: △△고 역사 동아리실

① 서경 천도를 주장하였다.
② 단발령 시행에 저항하였다.
③ 조선책략 유포에 반발하였다.
④ 구본신참을 기본 방향으로 하였다.
⑤ 대한매일신보 등 언론의 지원을 받았다.

(가) 운동에 대한 설명으로 옳은 것은?

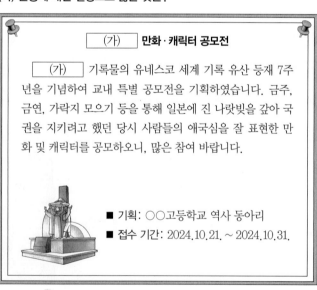

(가) 만화·캐릭터 공모전

(가) 기록물의 유네스코 세계 기록 유산 등재 7주년을 기념하여 교내 특별 공모전을 기획하였습니다. 금주, 금연, 가락지 모으기 등을 통해 일본에 진 나랏빚을 갚아 국권을 지키려고 했던 당시 사람들의 애국심을 잘 표현한 만화 및 캐릭터를 공모하오니, 많은 참여 바랍니다.

■ 기획: ○○고등학교 역사 동아리
■ 접수 기간: 2024.10.21. ~ 2024.10.31.

① 독립 협회가 주도하였다.
② 순종의 서거를 계기로 전개되었다.
③ 구본신참의 원칙에 따라 추진되었다.
④ 대한매일신보 등 언론의 지원을 받았다.
⑤ 일본의 황무지 개간권 요구를 철회시켰다.

93
▶25111-0216
2024학년도 9월 모의평가 10번
[상][중]**하**

(가) 운동에 대한 설명으로 옳은 것은?

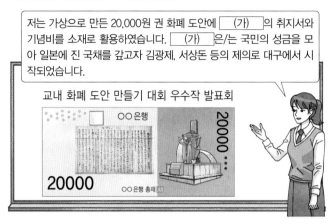

> 저는 가상으로 만든 20,000원 권 화폐 도안에 (가) 의 취지서와 기념비를 소재로 활용하였습니다. (가) 은/는 국민의 성금을 모아 일본에 진 국채를 갚고자 김광제, 서상돈 등의 제의로 대구에서 시작되었습니다.

교내 화폐 도안 만들기 대회 우수작 발표회

① 집강소를 설치하였다.
② 서경 천도를 주장하였다.
③ YH 무역 사건의 계기가 되었다.
④ 대한매일신보 등 언론의 지원을 받았다.
⑤ 미소 공동 위원회가 개최되는 결과를 가져왔다.

94
▶25111-0217
2023학년도 수능 10번
[상][중]**하**

밑줄 친 '운동'에 대한 설명으로 옳은 것은?

> **국채 보상 기성회에 관한 보고**
>
> 수신: 통감
> 발신: 통감부 경무총장
>
> 요즘 서울에는 국채 보상 기성회를 발기한 자들이 있다. 그 뒤에는 청년회·자강회 등의 단체가 있고, 대한 제국 황실에서도 암암리에 지지를 보내는 것 같다. …(중략)… 이들의 목적은 나라가 지고 있는 빚 1,300만 원을 보상하는 것이라고 하지만 실질적인 내용은 국권 회복을 의도하는 반일 운동임은 말할 나위도 없다. 그리고 이보다 앞서 대구에서 유지들이 금연회를 만들어 회원 1인이 1원씩을 내어 2천만 동포가 참여하면 1,300만 원의 국채를 보상할 수 있다고 한 것이 이 운동의 시작이었다.

① 호헌 철폐를 주장하였다.
② 서경 천도를 추진하였다.
③ 동학 교조의 신원을 요구하였다.
④ 대한매일신보 등 언론의 지원을 받았다.
⑤ 일본의 황무지 개간권 요구를 철회시켰다.

95
▶25111-0218
2023학년도 6월 모의평가 10번
[상][중]**하**

(가) 운동에 대한 설명으로 옳은 것은?

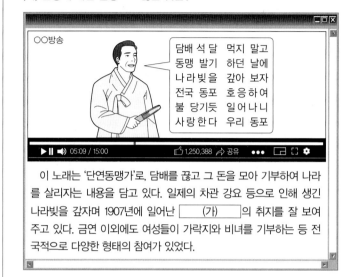

○○방송

> 담배 석 달 먹지 말고
> 동맹 발기 하던 날에
> 나라빚을 갚아 보자
> 전국 동포 호응하여
> 불 당기듯 일어나니
> 사랑한다 우리 동포

05:09 / 15:00   1,250,388   공유

> 이 노래는 '단연동맹가'로, 담배를 끊고 그 돈을 모아 기부하여 나라를 살리자는 내용을 담고 있다. 일제의 차관 강요 등으로 인해 생긴 나라빚을 갚자며 1907년에 일어난 (가) 의 취지를 잘 보여 주고 있다. 금연 이외에도 여성들이 가락지와 비녀를 기부하는 등 전국적으로 다양한 형태의 참여가 있었다.

① 한일 학생 간의 충돌로 발생하였다.
② 전태일의 분신을 계기로 확산되었다.
③ 황국 중앙 총상회의 결성으로 이어졌다.
④ 대한매일신보 등 언론의 지원을 받았다.
⑤ 구식 군인에 대한 차별에 반기를 들었다.

96
▶25111-0219
2022학년도 10월 학력평가 9번
[상]**중**[하]

밑줄 친 '이 운동'에 대한 설명으로 옳은 것은?

> 수년 전, 러일 전쟁 당시에 군비가 모자라자 일본 인민들이 헌금을 낸 적이 있다. 그런데 최근 일본의 어떤 신문은 우리의 이 운동에 대해 "어리석은 백성들이 어찌 나랏빛을 다 갚겠느냐."라고 하였다. 그러나 일의 성패와는 상관없이 만백성이 함께 힘쓰는 것을 어찌 어리석다 하겠는가.

① 대한매일신보 등의 지원을 받았다.
② 긴급 조치 제9호에 의해 탄압받았다.
③ 내 살림 내 것으로 등의 구호를 내세웠다.
④ 조선 건국 준비 위원회의 주도로 전개되었다.
⑤ 일제가 이른바 문화 통치를 표방하는 계기가 되었다.

97 ▶25111-0220
2022학년도 3월 학력평가 11번
상중하

대화의 소재가 된 운동에 대한 설명으로 옳은 것은?

기사를 보니 서상돈 등이 일으킨 운동이 전국적으로 호응을 얻고 있다고 합니다.

우리도 금연하여 이 운동에 동참하는 것이 어떻겠습니까?

그럽시다. 우리 상인회의 회원들도 함께하여 국채 1,300만 원을 갚는 데 도움을 줍시다.

① 보안회의 주도로 추진되었다.
② 대한매일신보의 지원을 받았다.
③ 순종의 서거를 계기로 일어났다.
④ 구본신참을 기본 방향으로 삼았다.
⑤ 새마을 운동 추진에 영향을 주었다.

98 ▶25111-0221
2021학년도 수능 12번
상중하

(가) 운동에 대한 설명으로 옳은 것은?

한국사 신문 ○○○○년 ○○월 ○○일

가락지를 빼서 　(가)　 운동에 앞장서자

나랏빚 1,300만 원을 갚을 수 있는지에 따라 국권이 달려있다는 소식을 들었다. 각지에서 　(가)　 운동에 호응하여 남자들은 담배를 끊어 저축한 돈을 모금하고 있으며 황제께서도 담배를 끊을 뜻을 밝혔다. 이에 우리 여자들도 각각의 가락지를 빼서 나랏빚을 갚는 데 앞장선다면 국권이 회복될 것이고, 여자의 힘이 세상에 전파되어 남녀평등권을 찾을 수 있을 것이다.

① 청군의 개입으로 실패하였다.
② 치안 유지법에 의해 탄압받았다.
③ 조선 건국 준비 위원회가 주도하였다.
④ 대한매일신보 등 언론 기관의 지원을 받았다.
⑤ 이만손 등이 영남 만인소를 올리는 계기가 되었다.

99 ▶25111-0222
2021학년도 6월 모의평가 16번
상중하

(가) 운동에 대한 설명으로 옳은 것은?

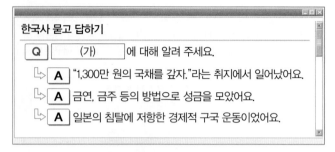

한국사 묻고 답하기

Q 　(가)　 에 대해 알려 주세요.

↳ A "1,300만 원의 국채를 갚자."라는 취지에서 일어났어요.

↳ A 금연, 금주 등의 방법으로 성금을 모았어요.

↳ A 일본의 침탈에 저항한 경제적 구국 운동이었어요.

① 3·15 부정 선거에 항의하였다.
② 조선책략의 유포에 반발하였다.
③ 6·29 민주화 선언을 이끌어냈다.
④ 삼정이정청이 설치되는 계기가 되었다.
⑤ 대한매일신보 등 언론 기관의 지원을 받았다.

100 ▶25111-0223
2025학년도 6월 모의평가 10번
상중하

밑줄 친 '이 시기'에 볼 수 있는 모습으로 가장 적절한 것은?

탐구 활동 보고서

3학년 ○반 이름 △△△

주제: 개항 이후 정부가 추진한 개화 정책

1. 조사 내용

개항 이후 정부의 개화 정책이 추진됨에 따라 서구 문물의 영향을 받은 근대 시설이 갖추어지기 시작하였다. 갑오개혁에 앞선 이 시기에는 화폐 발행을 담당한 전환국, 최초의 신문을 발간한 박문국 등이 설치되었고, 서양식 의료 기관인 광혜원(제중원)이 세워져 운영되었다.

2. 관련 사진

[박문국에서 발간한 한성순보]　　　[한성에 설립된 광혜원(제중원)]

① 황국 신민 서사를 암송하는 아동
② 6·10 만세 운동에 동참하는 학생
③ 5·10 총선거에 참여하여 투표하는 농민
④ 육영 공원에서 영어를 가르치는 외국인 교사
⑤ 경부 고속 국도(도로) 개통식에 참석하는 정부 관료

101 ▶25111-0224
2025학년도 수능 12번 상 중 하

(가) 신문에 대한 설명으로 옳은 것은?

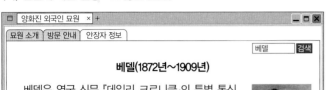

□ 양화진 외국인 묘원 × + _ □ X
묘원 소개 | 방문 안내 | 안장자 정보
베델 검색

베델(1872년~1909년)

베델은 영국 신문 『데일리 크로니클』의 특별 통신원으로 러일 전쟁을 취재하기 위해 한국에 온 이후 양기탁과 함께 　(가)　을/를 창간하였다. 영국인인 그가 발행인으로 참여하였기 때문에 　(가)　은/는 상대적으로 일제의 검열에서 자유로워 의병 운동을 보도하고 일제의 국권 침탈을 비판하는 기사를 많이 실을 수 있었다. 하지만 그는 일제의 집요한 계략 속에 재판에 회부되는 등 고초를 겪다가 1909년 숨을 거두었다.

① 박문국에서 발간되었다.
② 브나로드 운동을 주도하였다.
③ YH 무역 사건을 보도하였다.
④ 국채 보상 운동을 지원하였다.
⑤ 독립문 건립에 영향을 주었다.

102 ▶25111-0225
2023학년도 10월 학력평가 11번 상 중 하

(가) 신문에 대한 설명으로 옳은 것은?

[문학으로 만나는 한국사]

대영국인 배설 씨는 대한국을 위하여서
자기 재산 있는 대로 신문사를 창설하고
죽게 되는 대한인종 아무쪼록 살리려고
흉악한 놈 공격하고 착한 사람 칭찬하니
…(중략)…
못 잊겠네 못 잊겠네 공의 공로 못 잊겠네

[해설] 　(가)　의 발행인 베델(한국명 배설)을 기리는 추모 시가의 일부이다. 양기탁과 함께 　(가)　을/를 창간하여 일제의 국권 침탈에 대항했던 베델을 기리는 마음이 잘 드러나 있다.

① 박문국에서 발간되었다.
② 최초의 순 한글 신문이었다.
③ 브나로드 운동을 주도하였다.
④ 이승만 정부의 탄압을 받았다.
⑤ 국채 보상 운동의 확산에 기여하였다.

103 ▶25111-0226
2019학년도 6월 모의평가 13번 상 중 하

(가)에 들어갈 내용으로 가장 적절한 것은?

한국사 수행 평가 과제

○주제: 　(가)　
○모둠별 발표 주제
　1모둠: 「독립신문」에 실린 경인선 개통 상황
　2모둠: 『알렌의 일기』에 기록된 제중원의 의료 활동
　3모둠: 「헐버트 서신」에 나타난 육영 공원의 교육 내용

① 경제적 구국 운동
② 중앙아시아 한인의 삶
③ 무장 독립 전쟁의 전개
④ 근대 문물의 수용과 변화
⑤ 신탁 통치를 둘러싼 갈등

104 ▶25111-0227
2020학년도 10월 학력평가 14번 상 중 하

(가)에 들어갈 내용으로 적절한 것은?

학습 주제: 근대 언론의 발달

양기탁과 영국인 베델 등에 의해 발행된 신문에 대해 이야기해 보자.

항일 의병 운동에 호의적인 기사를 게재하였어.

(가)

① 국채 보상 운동을 지원하였어.
② 대한민국 임시 정부의 기관지였어.
③ 민립 대학 설립 운동을 홍보하였어.
④ 우리나라 최초의 근대적 신문이었어.
⑤ 사사오입 개헌을 비판하는 기사를 실었어.

개념 & 플러스

01 서구 열강의 접근과 조선의 대응

■ 빈칸에 알맞은 말을 써넣으시오.

01 흥선 대원군은 경복궁 중건 비용을 마련하기 위해 명목 가치가 상평통보 1문(文)의 100배에 달하는 고액 화폐인 (   )을 발행하였다.

02 프랑스는 (   )를 빌미로 군대를 파견하여 강화도를 공격하였다.

03 신미양요 이후 흥선 대원군은 전국 각지에 (   )를 건립하여 서양과의 통상 수교 거부 의지를 널리 알렸다.

04 운요호 사건 등을 배경으로 1876년 조선과 일본 사이에 (   ) 조약이 체결되었다.

05 조선 정부는 서양 국가로는 최초로 (   )과 통상 조약을 체결하였다.

■ 다음 내용이 옳으면 ○표, 틀리면 ×표 하시오.

06 흥선 대원군은 『경국대전』을 편찬하여 통치 체제를 정비하였다. (   )

07 흥선 대원군은 경복궁 중건 비용을 마련하기 위해 기부금인 원납전을 강제로 징수하였다. (   )

08 병인양요 당시 한성근 부대가 정족산성에서 프랑스군을 물리쳤다. (   )

09 미군이 광성보를 공격하자 어재연 부대가 항전하였다. (   )

10 조일 수호 조규 부록은 개항장에서의 일본 화폐 사용과 일본인 거류지 설정 등을 규정하였다. (   )

02 동아시아의 변화와 근대적 개혁의 추진

■ 빈칸에 알맞은 말을 써넣으시오.

11 개항 이후 조선 정부는 개화 정책을 총괄하는 (   )을 설치하였다.

12 최익현은 (   )론을 주장하며 개항 반대 운동을 전개하였다.

13 임오군란의 결과 마건상과 (   )가 조선에 고문으로 파견되었다.

14 김옥균 등 (   )는 우정총국 개국 축하연을 이용하여 정부 고관들을 살해하고 정권을 장악하였다.

15 영국은 러시아의 남하를 견제한다는 구실로 (   )를 불법 점령하였다.

■ 다음 내용이 옳으면 ○표, 틀리면 ×표 하시오.

16 조사 시찰단은 귀국 후 기기창 설치를 주도하였다. (   )

17 『조선책략』이 유포되자 위정척사 세력은 영남 만인소를 올리는 등 강하게 반발하였다. (   )

18 임오군란의 결과 체결된 제물포 조약에 따라 일본 공사관에 경비병 주둔이 허용되었다. (   )

19 온건 개화파는 메이지 유신을 모델로 점진적인 개혁을 추진하였다. (   )

20 갑신정변 이후 청과 일본은 톈진 조약을 체결하여 조선에서 양국 군대를 철수시켰다. (   )

03 근대 국민 국가 수립을 위한 노력

■ 빈칸에 알맞은 말을 써넣으시오.

21 고부 군수 (   )의 학정에 대항하여 전봉준 등이 봉기를 일으켜 고부 관아를 점령하였다.

22 제1차 갑오개혁에서 왕실 사무를 담당하는 (   )를 신설하였다.

23 을미사변 이후 신변의 불안을 느낀 고종은 러시아 공사관으로 처소를 옮기는 (   )을 단행하였다.

24 독립 협회는 (   )를 개최하여 헌의 6조를 결의하였다.

25 대한 제국 정부는 양전 사업을 실시하고 토지 소유자에게 (   )를 발급하였다.

■ 다음 내용이 옳으면 ○표, 틀리면 ×표 하시오.

26 동학 농민 운동의 제2차 봉기 과정에서 황토현과 황룡촌에서 농민군이 승리를 거두었다. (   )

27 제2차 갑오개혁에서 6조를 8아문으로, 지방 8도를 23부로 개편하였다. (　　)

28 독립 협회는 독립문 건립, 강연회와 토론회 등을 통한 민중 계몽 활동을 전개하였다. (　　)

29 고종이 경운궁으로 환궁하고 환구단에서 황제로 즉위하였다. (　　)

30 대한 제국 정부는 구본신참의 원칙에 따라 급진적인 개혁을 추진하였다. (　　)

04 일본의 침략 확대와 국권 수호 운동

■ 빈칸에 알맞은 말을 써넣으시오.

31 러일 전쟁이 발발하자 일제는 (　　　)를 체결하여 대한 제국 영토 내에서 군사적 요충지 사용권을 확보하였다.

32 고종을 강제 퇴위시킨 일제는 행정 각부에 일본인 차관 임명을 주요 내용으로 하는 (　　　)을 체결하였다.

33 이인영 등이 (　　　)을 결성하고 서울 진공 작전을 추진하였다.

34 신민회는 오산 학교와 (　　　) 학교를 설립하여 민족 교육을 실시하였다.

35 대한 제국은 대한 제국 칙령 제41호를 반포하여 (　　　)가 우리 영토임을 선포하였다.

■ 다음 내용이 옳으면 ○표, 틀리면 ×표 하시오.

36 을사늑약에 따라 메가타가 재정 고문으로 파견되었다. (　　)

37 안중근은 하얼빈역에서 을사늑약을 주도한 이토 히로부미를 저격하였다. (　　)

38 일제의 '남한 대토벌' 작전으로 의병 활동이 위축되었다. (　　)

39 보안회는 일제의 황무지 개간권 요구에 대한 반대 운동을 전개하였다. (　　)

40 대한 제국 정부는 홍범도를 간도 관리사로 임명하였다. (　　)

05 개항 이후 경제와 사회·문화의 변화

■ 빈칸에 알맞은 말을 써넣으시오.

41 일본 상인의 활동 범위가 개항장 주변 (　　　) 이내로 제한되자 조선 상인이 중개 무역을 활발히 전개하였다.

42 (　　　)에 따라 백동화 등 구화폐가 일본 제일 은행권으로 교환되었다.

43 시전 상인들은 1898년 (　　　)를 결성하여 상권 수호 운동을 전개하였다.

44 갑신정변 당시 중상을 입은 민영익을 선교사 알렌이 치료한 것을 계기로 최초의 서양식 병원인 (　　　)이 설립되었다.

45 (　　　)는 우리나라 최초의 신문으로 박문국에서 발행하였다.

■ 다음 내용이 옳으면 ○표, 틀리면 ×표 하시오.

46 조청 상민 수륙 무역 장정의 체결로 청 상인은 양화진과 한성에 상점을 개설할 수 있었다. (　　)

47 외국 상인에 대항하여 대동 상회, 장통 상회 등 상회사가 설립되었다. (　　)

48 국채 보상 운동은 독립 협회 등의 호응을 받아 전국적으로 확산되었다. (　　)

49 우리나라 최초의 전차는 서울과 인천 사이에 부설되었다. (　　)

50 손병희가 단군 신앙을 바탕으로 대종교를 창시하였다. (　　)

정답

01 당백전　02 병인박해　03 척화비　04 강화도　05 미국　06 ×　07 ○　08 ×　09 ○　10 ○　11 통리기무아문　12 왜양일체　13 묄렌도르프　14 급진 개화파　15 거문도　16 ×　17 ○　18 ○　19 ×　20 ○
21 조병갑　22 궁내부　23 아관 파천　24 관민 공동회　25 지계　26 ×　27 ×　28 ○　29 ○　30 ×　31 한일 의정서
32 한일 신협약　33 13도 창의군　34 대성　35 독도　36 ×　37 ○　38 ○　39 ○　40 ×　41 10리
42 화폐 정리 사업　43 황국 중앙 총상회　44 광혜원(제중원)　45 한성순보　46 ○　47 ○　48 ×　49 ×　50 ×

함정 탈출 TIP 체크

06 흥선 대원군은 『대전회통』을 편찬하였다.　08 한성근 부대는 문수산성에서 전투를 벌였다.　16 영선사는 귀국 후 기기창 설치를 주도하였다. 19 온건 개화파는 중국의 양무운동을 모델로 개혁을 추진하였다.　26 황토현·황룡촌 전투는 동학 농민 운동의 제1차 봉기 과정에서 일어났다.　27 제2차 갑오개혁에서는 8아문을 7부로 개편하였다.　30 대한 제국 정부는 구본신참의 원칙에 따라 점진적인 개혁을 추진하였다.　36 메가타는 제1차 한일 협약에 따라 파견되었다.　40 대한 제국 정부는 이범윤을 간도 관리사로 임명하였다.　48 국채 보상 운동은 대한매일신보 등 언론 기관의 호응을 받아 전국으로 확산되었다.　49 우리나라 최초의 전차는 서대문과 청량리 사이에 부설되었다.　50 나철이 대종교를 창시하였다.

일제 식민지 지배와 민족 운동의 전개

기출문제 분석 팁

- 1910년대와 1920년대 일제 식민 통치의 특징을 비교하고, 각 시기별 정책을 정리해 두어야 한다.
- 3·1 운동의 배경, 전개 과정, 국내외에 끼친 영향, 일제의 대응을 알아 두어야 한다.
- 대한민국 임시 정부의 초기 활동 사례와 국민 대표 회의 개최의 배경과 전개를 파악해 두어야 한다.
- 1920년대 초반 전개된 국외 무장 투쟁을 봉오동 전투와 청산리 대첩을 중심으로 알아 두어야 한다.
- 의열단과 한인 애국단의 설립 배경과 단원들의 주요 활동 사례를 구분해서 알아 두어야 한다.
- 국내에서 전개된 물산 장려 운동, 민립 대학 설립 운동, 문맹 퇴치 운동 등 각 실력 양성 운동의 특징과 한계를 파악해 두어야 한다.
- 6·10 만세 운동, 신간회의 창립, 광주 학생 항일 운동의 연관성을 흐름에 따라 정리해 두어야 한다. 특히 신간회가 광주 학생 항일 운동을 지원하였다는 사실을 반드시 기억해야 한다.
- 소년 운동과 형평 운동의 배경과 전개, 박은식과 신채호의 민족주의 사학, 백남운의 사회 경제 사학 등을 알아 두어야 한다.
- 침략 전쟁을 확대하면서 일제가 추진한 민족 말살 통치의 주요 내용과 국가 총동원법의 영향을 파악해 두어야 한다.
- 만주 사변에 맞서 전개된 한중 연합 작전과 중일 전쟁 발발 이후 중국 관내에서 전개된 한국광복군의 활동을 알아 두어야 한다.

한눈에 보는 출제 빈도

시험	내용	01 1910년대~1920년대 일제의 식민지 지배 정책 · 1910년대 무단 통치 · 토지 조사 사업의 영향 · 회사령의 목적 · 1920년대 문화 통치 · 산미 증식 계획의 배경과 영향	02 3·1 운동과 대한민국 임시 정부 · 1910년대 독립운동 · 3·1 운동의 전개와 영향 · 대한민국 임시 정부의 활동 · 국민 대표 회의 개최	03 다양한 민족 운동의 전개 · 봉오동 전투와 청산리 대첩 · 의열단과 한인 애국단의 활동 · 국내 실력 양성 운동의 전개 · 6·10 만세 운동과 광주 학생 항일 운동 · 신간회의 결성과 활동	04 사회·문화의 변화와 사회 운동 · 사회 모습의 변화 · 농민 운동과 노동 운동 · 소년 운동과 형평 운동 · 박은식과 신채호의 역사 연구 · 조선어 학회의 활동	05 전시 동원 체제와 광복을 위한 노력 · 일제의 민족 말살 통치와 국가 총동원법의 제정 · 1930년대 국외 민족 운동 · 대한민국 임시 정부의 건국 강령 발표 · 한국광복군의 활동
2025 학년도	수능	1	1	1		2
	9월 모의평가		1	1	1	2
	6월 모의평가	1	1	2	1	
2024 학년도	수능		2		1	2
	9월 모의평가		1	2	1	1
	6월 모의평가		1	2	1	1
2023 학년도	수능	1	1	1	1	
	9월 모의평가	1				2
	6월 모의평가		1	2	1	
2022 학년도	수능	1	1	1		
	9월 모의평가		1	1	1	1
	6월 모의평가	1	1		2	
2021 학년도	수능		1	2		1
	9월 모의평가	1		3		1
	6월 모의평가		1	1	1	1

기출문제로 유형 확인하기

01 1910년대~1920년대 일제의 식민지 지배 정책

01
▶25111-0228
2025학년도 수능 10번
상 중 하

(가) 시기에 있었던 사실로 옳은 것은?

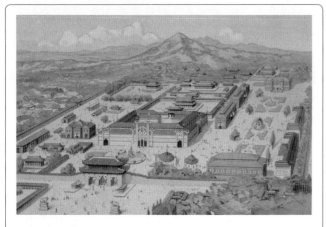

　　자료는 경복궁에서 열린 '시정(始政) 5년 기념 조선 물산 공진회' 홍보지의 삽화이다. 일제는 한국인을 무력으로 굴복시키고자 헌병 경찰제를 시행하던 　(가)　 시기에 이러한 행사를 열어 식민 통치를 미화하려 하였다. 삽화에서 볼 수 있듯이 일제는 궁궐 내 수많은 전각들을 파괴하고 그 자리에 행사장을 조성함으로써 조선 왕조를 상징하는 공간을 의도적으로 훼손하였다.

① 삼청 교육대가 운영되었다.
② 전민변정도감이 설치되었다.
③ 토지 조사 사업이 실시되었다.
④ 임술 농민 봉기가 발생하였다.
⑤ 지계아문에서 지계가 발급되었다.

02
▶25111-0229
2025학년도 6월 모의평가 12번
상 중 하

다음 상황이 나타난 시기에 있었던 사실로 옳은 것은?

오늘 신문을 보니 두 한국인이 서로 싸웠다는 이유로 순사에게 볼기를 맞았다는군. 우리 한국인에게만 차별적으로 태형을 집행하다니 너무하지 않나.

말도 말게. 회사령에 따라 회사 설립 허가를 받으러 총독부에 갔던 한국인도 결국 허가를 받지 못했다고 하네.

① 균역법이 제정되었다.
② 도병마사가 설치되었다.
③ 홍범 14조가 반포되었다.
④ 헌병 경찰제가 실시되었다.
⑤ 삼청 교육대가 운영되었다.

03
▶25111-0230
2024학년도 10월 학력평가 12번
상 중 하

(가)에 들어갈 내용으로 가장 적절한 것은?

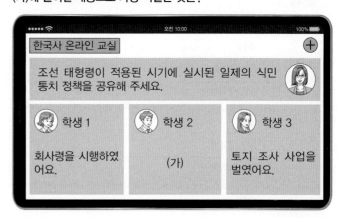

① 균역법을 시행하였어요.
② 다루가치를 파견하였어요.
③ 헌병 경찰 제도를 실시하였어요.
④ 전국 각지에 척화비를 건립하였어요.
⑤ 황국 신민 서사 암송을 강요하였어요.

04
▶25111-0231
2022학년도 수능 16번
상 중 **하**

밑줄 친 '이 법령'이 시행된 시기에 볼 수 있는 모습으로 가장 적절한 것은?

> 조선에서 회사를 세우고자 하는 자는 반드시 이 법령에 따라 총독의 허가를 받아야 한다. 즉 회사 설립 신청서가 총독부에 접수되면, 관헌들이 기업가의 성품과 행실, 과거 경력, 자본 규모 등을 철저히 조사한 후, 최종적으로 총독이 회사 설립의 허가 여부를 결정한다. 이 과정에서 재산이나 품행 등을 조회하는 헌병이 온갖 비상식적인 방법을 동원하여 보고서를 작성하는 것은 널리 알려진 바이다.

① 제복을 입고 칼을 찬 교원
② 만적과 봉기를 모의하는 노비
③ 통리기무아문에서 근무하는 관리
④ 쌍성총관부 공격에 동원되는 병사
⑤ 5·10 총선거에서 투표권을 행사하는 여성

05
▶25111-0232
2022학년도 6월 모의평가 14번
상 **중** 하

다음 법령이 시행된 시기에 있었던 사실로 옳은 것은?

> 제1조 조선 주둔 헌병은 치안 유지에 관한 경찰과 군사 경찰을 관장한다.
> (중략)
> 제3조 헌병 장교, 준사관, 하사, 상등병에게는 조선 총독이 정하는 바에 의하여 재직하면서 경찰관의 직무를 집행하게 한다.
> 제4조 경찰관의 직무를 집행하는 자가 그 경찰 사무에 관해 직권을 가진 상관의 명령을 받은 때에는 즉시 이를 복종하여 실행해야 한다.
> － 『조선 총독부 관보』－

① 식목도감이 설치되었다.
② 홍경래의 난이 일어났다.
③ 토지 조사 사업이 실시되었다.
④ 신탁 통치 반대 시위가 발생하였다.
⑤ 독립 협회가 만민 공동회를 개최하였다.

06
▶25111-0233
2021학년도 3월 학력평가 14번
상 중 **하**

(가)에 들어갈 내용으로 가장 적절한 것은?

> 이것은 여러분이 미리 공부해 온 학습 주제에 대해 모둠별로 만든 토의 질문입니다. 주제에 맞게 잘 만들었네요.

질문 있는 수업

학습 주제: 일제의 ○○ 통치와 경제 수탈

모둠별 토의 질문
1모둠: 헌병 경찰의 권한은 어디까지일까?
2모둠: 토지 조사 사업의 실시 의도는 무엇일까?
3모둠: ____(가)____

① 헌의 6조 채택의 의미는 무엇일까?
② 장용영을 설치한 목적은 무엇일까?
③ 대한국 국제를 반포한 배경은 무엇일까?
④ 조선 태형령을 제정한 의도는 무엇일까?
⑤ 유신 헌법의 제정이 끼친 영향은 무엇일까?

07
▶25111-0234
2023학년도 수능 11번
상 중 **하**

(가) 통치 시기에 있었던 사실로 옳은 것은?

> ○○○○○ 신문 편집장에게
>
> 일본 수상은 한국에서의 무단 통치를 폐지하고 ____(가)____ 을/를 시행하겠다는 내용을 발표하였습니다. …(중략)… 한국인들에게는 무단 통치를 시행하든 ____(가)____ 을/를 시행하든 별반 다르지 않습니다. 그 정부가 일본인들의 정부인 한, 한국인들은 복종하지 않을 것입니다. 일본은 헌병 경찰제를 폐지하고 대신 보통 경찰제를 시행하겠다고 합니다. 하지만 여전히 한국인들은 자신이 한국인임을 드러낼 때마다 총을 맞고 고문을 당하겠지요. 만약 일본이 진정으로 이 복잡한 문제를 해결하려 했다면 원래 한국인들의 것이었던 완전한 독립을 즉시 돌려주었어야 했던 것입니다.
>
> 필라델피아에서, 서재필

① 홍경래의 난이 일어났다.
② 독서삼품과가 실시되었다.
③ 치안 유지법이 제정되었다.
④ YH 무역 사건이 발생하였다.
⑤ 국가 재건 최고 회의가 설치되었다.

Ⅲ 일제 식민지 지배와 민족 운동의 전개

(가) 법이 적용된 시기에 볼 수 있는 모습으로 가장 적절한 것은?

〈탐구 활동 보고서〉

3학년 ○○반 ○○모둠

1. 주제: 일제의 독립운동 탄압
2. 활동: '일제 주요 감시 대상 인물 카드'를 통해 사상범으로 투옥된 인물들의 죄명을 분석한다.
3. 자료 정리

죄명	건수
(가) 위반	2,808
보안법 위반	1,260
소요	130
출판법 위반	229
계	4,427

4. 자료 분석
- (가) 은/는 일제가 1925년에 사회주의 운동을 탄압하기 위해 만든 법이다. 일제가 이 법을 적용한 사례가 가장 많은 이유는 농민·노동 운동 및 독립운동 등을 억압하는 데도 이용했기 때문이다.

① 발해관에서 교역하는 상인
② 집현전에서 연구하는 관리
③ 신사 참배를 거부하는 학생
④ 안시성 전투에 참여하는 병사
⑤ 5·10 총선거에서 투표하는 청년

(가)에 들어갈 내용으로 가장 적절한 것은?

이 비석은 저수지 축조 직후 ○○ 수리 조합의 연혁과 관계자 명단 등을 기록한 것입니다. 토지 조사 사업을 마친 조선 총독부는 일본의 식량 부족 문제를 해결할 목적으로 (가) 이를 위해 수리 조합 설립을 확대하여 농업 용수를 공급하도록 했는데, 지주가 부담해야 할 수리 조합 운영비가 소작 농민에게 떠넘겨지는 문제점이 발생하였습니다.

① 지계를 발급하였습니다.
② 당백전을 발행하였습니다.
③ 균역법을 제정하였습니다.
④ 새마을 운동을 시작하였습니다.
⑤ 산미 증식 계획을 시행하였습니다.

02 3·1 운동과 대한민국 임시 정부

10 ▶25111-0237
2025학년도 수능 13번 상中**하**

(가) 지역에서 있었던 사실로 옳은 것은?

지도에 표시된 [(가)] 지역은 19세기 후반부터 많은 한인이 이주한 곳입니다. 이 지역에 신한촌이 건설되었고 이동휘 등이 중심이 되어 대한 광복군 정부를 수립하였습니다. 그러나 1937년 소련은 이 지역의 수많은 한인을 중앙아시아로 강제 이주시켰습니다.

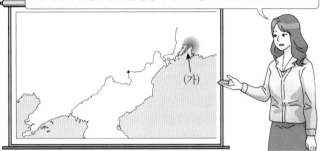

① 권업회가 조직되었다.
② 조선 형평사가 결성되었다.
③ 신흥 강습소가 설립되었다.
④ 청산리 전투가 전개되었다.
⑤ 윤봉길의 홍커우 공원 의거가 일어났다.

11 ▶25111-0238
2024학년도 수능 13번 상中**하**

(가)에 들어갈 내용으로 가장 적절한 것은?

학습 주제: [(가)]

장인환과 전명운의 의거를 계기로 미주 지역에 한인 단체 통합의 목소리가 커지면서 결성되었어.

미주 지역 한인의 권익 보호에 힘썼고, 만주와 연해주에 지회를 설치하여 독립운동을 지원하였어.

파리 강화 회의에서 한국 독립 문제를 검토해 달라고 미국 정부에 요청하기도 하였지.

① 대한인 국민회의 민족 운동
② 대한 자강회의 국권 수호 운동
③ 대한 광복회의 군자금 모금 운동
④ 조선어 학회의 민족 문화 수호 운동
⑤ 조선 민립 대학 기성회의 실력 양성 운동

12 ▶25111-0239
2023학년도 9월 모의평가 11번 상中**하**

(가) 단체에 대한 설명으로 옳은 것은?

□□ 박물관 광복절 특별전 도록

박상진의 옥중 편지

작성 연도	1918년
크기	32.8×14cm
재질	종이

상세 정보

박상진은 국권 회복을 목표로 군자금 모금, 무관 학교 설립 등을 추진한 비밀 결사 [(가)]의 총사령관이었다. 이 편지는 그가 공주 감옥 수감 중에 가족들에게 보낸 것으로, 친일 부호 처단 사건으로 재판을 받게 되자 변호사를 선임해 달라는 내용을 담고 있다.
－○○－

① 105인 사건으로 탄압받았다.
② 공화정의 수립을 지향하였다.
③ 광주 학생 항일 운동을 지원하였다.
④ 상하이 홍커우 공원에서 의거를 일으켰다.
⑤ 일본의 황무지 개간권 요구를 좌절시켰다.

13 ▶25111-0240
2020학년도 9월 모의평가 15번 상中**하**

밑줄 친 '이 지역'을 지도에서 옳게 고른 것은?

이회영을 비롯한 신민회 회원 등은 이 지역으로 집단 이주하여 자치 기관인 경학사를 조직하였다. 또 신흥 강습소(이후 신흥 무관 학교)를 설립하여 독립군 간부를 양성하였고, 독립 전쟁을 일으켜 국권을 회복하고자 하였다.

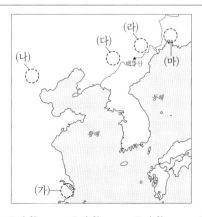

① (가)   ② (나)   ③ (다)   ④ (라)   ⑤ (마)

14
▶25111-0241
2024학년도 9월 모의평가 14번

상 중 **하**

밑줄 친 '이 운동'에 대한 설명으로 옳은 것은?

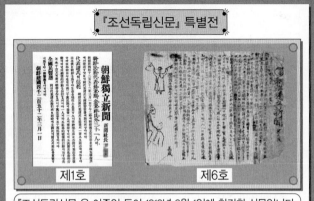

『조선독립신문』 특별전

제1호 　　　　　 제6호

『조선독립신문』은 이종일 등이 1919년 3월 1일에 창간한 신문입니다. 제1호는 민족 대표들이 태화관에서 독립 선언서를 발표하고 체포되었다는 내용을 싣는 등 일제 강점기 최대 규모의 민족 운동인 이 운동을 보도하고 있습니다. 신문은 이종일이 체포된 이후에도 일제의 눈을 피해 계속 발행되었는데, 같은 해 3월 15일에 발간된 제6호에는 태극기를 들고 만세를 부르는 사람들의 모습이 그려져 있습니다.

① 서경 천도를 주장하였다.
② 메가타의 주도로 추진되었다.
③ 대통령 직선제 개헌의 결과를 가져왔다.
④ 대한민국 임시 정부 수립에 영향을 주었다.
⑤ 전국 각지에 척화비가 건립되는 계기가 되었다.

15
▶25111-0242
2024학년도 3월 학력평가 16번

상 **중** 하

자료에 나타난 민족 운동에 대한 설명으로 옳은 것은?

수신: 도쿄 주재 러시아 대사 크루펜스키

　데라우치 총독과 하세가와 총독의 억압 통치 아래 죽어가던 식민지 한국인들의 민족적 열망이 선명한 불꽃으로 타올랐습니다. 현재 전 세계에 퍼져 있는 민족 자결 추세의 영향을 받아 이 고요한 아침의 나라에서 일제의 압제에 대항하는 대중 시위가 전국 방방곡곡으로 퍼져 나갔습니다. … (중략) … 고종의 죽음에 동요한 수많은 애국지사가 고인의 영전에 절을 올리기 위해 매일 궁궐로 모여들고 있습니다.

발신: 경성 주재 러시아 총영사 류트쉬

① 청 정벌을 주장하였다.
② 신간회의 지원을 받았다.
③ 문맹 퇴치와 농촌 계몽을 도모하였다.
④ 러시아의 절영도 조차 요구를 저지하였다.
⑤ 대한민국 임시 정부 수립에 영향을 주었다.

16
▶25111-0243
2024학년도 수능 15번

상 중 **하**

밑줄 친 '이 운동'에 대한 설명으로 옳은 것은?

사료로 읽는 한국사

19△△년 △월 △△일
저녁 8시 45분, '대한 독립 만세!' 거리의 군중들의 용감한 외침이 우리 집 창문을 통해 들려온다. 외침은 거의 30분이나 계속됐다. 여기저기의 침묵은 경찰, 헌병 그리고 일본 민간인들이 그들을 잡으러 나왔다는 뜻이다. 지도자가 총대에 맞거나 총검에 베어 쓰러진다. 날마다 이런 일이 생기고, 병원들은 시위에서 부상 당한 환자들로 완전히 엉망이 되고 있다.

[해설] 사료는 선교사의 부인인 매티 윌콕스 노블이 작성한 일지의 일부로, 이 운동에 관한 서술이다. 노블 부인은 일제의 강압적 통치에 대한 반발, 고종의 서거, 민족 자결주의 대두를 배경으로 일어난 이 운동에 대하여 자신이 보고 들은 것을 상세히 기록하였다.

① 이른바 문화 통치 실시의 계기가 되었다.
② 만민 공동회가 개최되는 배경이 되었다.
③ 치안 유지법에 의해 탄압을 받았다.
④ 좌우 합작 위원회가 주도하였다.
⑤ 한일 협정에 반대하였다.

17
▶25111-0244
2024학년도 6월 모의평가 12번

상 중 **하**

밑줄 친 '이 운동'의 영향으로 가장 적절한 것은?

한국사 신문　　　　　1920년 3월 ○○일

"학생들이 다시 만세를 외치다"

　1920년 3월 1일 새벽, 이 운동의 발발 1주년을 기념하여 배화여학교의 학생 수십여 명은 학교 뒷산에 올라가 "대한 독립 만세"를 외쳤다. 그러나 이들의 시위 소식을 들은 경찰들이 달려와 학생들을 줄줄이 잡아갔다. 한편 다음 날 경찰은 배재고등보통학교에서도 만세를 불렀다는 혐의로 학생들을 연행하였다. 현재 해당 학교의 교사와 학생 15명이 경무총감부에 갇혀 있는 중이다.

① 집강소가 운영되었다.
② 을미의병이 일어났다.
③ 내각 책임제 개헌이 이루어졌다.
④ 남북한이 유엔에 동시 가입하였다.
⑤ 일제가 이른바 문화 통치를 실시하였다.

18
▶25111-0245
2023학년도 수능 14번
상**중**하

다음 회고에 나타난 민족 운동에 대한 설명으로 옳은 것은?

탑골 공원 뒷문에서 만세 군중이 나왔어요. 청년들이 손을 깨물어 피를 내서 손수건에다가 태극 형상을 그리고 '대한 독립 만세'라고 써서 만세를 불렀어요. 대한문 앞으로 오니까 시골에서 온 어른들이 있었어요. 고종 황제가 돌아가셨으니까 그 앞에 모인 거예요. 대열 중 한 편은 남대문쪽으로 가고, 내가 간 곳은 일본인 상점들이 쭉 있는 진고개인데, 그곳에서 일본 순사와 헌병들이 사람들을 체포하기 시작했어요.

① 신간회의 주도로 전개되었다.
② 갑오개혁이 추진되는 배경이 되었다.
③ 을미사변과 단발령을 계기로 일어났다.
④ 10·26 사태가 일어나는 원인이 되었다.
⑤ 대한민국 임시 정부 수립에 영향을 주었다.

19
▶25111-0246
2023학년도 10월 학력평가 5번
상**중**하

(가) 운동의 영향으로 가장 적절한 것은?

（가）에 대한 외신 보도

○ 최근 귀국한 선교사는 한국에서 벌어지고 있는 독립운동을 역사상 가장 놀라운 비폭력 저항 운동이라고 말하였다.
　　　　　　　　　　　　－ 『The Watchman and Southron』 －
○ 도쿄에서 전해진 소식에 따르면 한국에서 전개되고 있는 독립운동과 관련하여 서울로부터 약 40마일 떨어진 제암리에서 수십 명의 한국인이 일본인의 총과 칼에 의해 피살당하였다고 한다.
　　　　　　　　　　　　－ 『New Britain Herald』 －

① 105인 사건이 일어났다.
② 독립 협회가 만들어졌다.
③ 고종이 강제로 퇴위당하였다.
④ 대한민국 임시 정부가 수립되었다.
⑤ 국가 재건 최고 회의가 설치되었다.

20
▶25111-0247
2023학년도 6월 모의평가 12번
상**중**하

자료에 나타난 민족 운동에 대한 설명으로 옳은 것은?

고종이 돌아가시매 많은 소문이 전국에 퍼졌다. 상황은 급박하게 돌아가, 3월 1일에 서울을 중심으로 만세 시위가 시작되었다. 경찰이 많은 사람을 검거했지만 시위에 참여한 군중은 폭력을 행사하지 않았다. 학교는 폐쇄되었다. 3월 5일에는 대규모 시위가 학생들을 중심으로 남대문 부근에서 일어났으며, 이후 전국 각지에서 격렬한 운동으로 이어졌다.

① 만민 공동회를 개최하였다.
② 좌우 합작 위원회가 주도하였다.
③ 갑오개혁이 추진되는 배경이 되었다.
④ 을미사변과 단발령에 반발하여 일어났다.
⑤ 대한민국 임시 정부 수립에 영향을 주었다.

21
▶25111-0248
2022학년도 3월 학력평가 14번
상**중**하

(가) 민족 운동의 영향으로 옳은 것은?

한국사 정리 노트
（가）
• 배경: 민족 자결주의, 도쿄 유학생의 2·8 독립 선언
• 전개: 학생과 시민들이 탑골 공원에서 독립 선언서 낭독, 주요 도시의 만세 시위가 전국으로 확산
• 의의: 다양한 계층이 참여한 일제 강점기 최대 규모의 민족 운동

① 회사령이 제정되었다.
② 광무개혁이 추진되었다.
③ 강화도 조약이 체결되었다.
④ YH 무역 사건이 발생하였다.
⑤ 대한민국 임시 정부가 수립되었다.

22
▶ 25111-0249
2022학년도 9월 모의평가 14번
상중**하**

다음 가상 편지에 나타난 민족 운동이 끼친 영향으로 가장 적절한 것은?

> ○○○에게
>
> 잘 지내고 있는가?
> 오늘은 정말 감격스러운 하루였네. 고종의 장례식에 참여하기 위해 경성에 올라온 수많은 사람들과 함께 만세를 불렀지. 독립 만세의 함성이 세상을 흔드는 것 같았어. 민족 대표들이 독립 선언서를 낭독하고 연행되었다는 소식도 들리더군. 나는 며칠 후 다시 고향으로 돌아가서, 마을 사람들과 함께 만세 운동을 벌이려고 하네. 우리가 이렇게 곳곳에서 만세를 부르면 일본인도 물러가지 않을 수 없을 것이라 믿네.

① 집강소가 설치되었다.
② 병인박해가 발생하였다.
③ 간도 협약이 체결되었다.
④ 조선 태형령이 제정되었다.
⑤ 일제가 이른바 문화 통치를 표방하였다.

23
▶ 25111-0250
2021학년도 10월 학력평가 17번
상중**하**

(가) 운동에 대한 설명으로 옳은 것은?

한국사 원격 수업

고종의 장례일 즈음에 시작되어 전국 각지로 확산된 ___(가)___ 의 사례를 소개해 볼까요?

교사

갑   을

병   정

〈고종의 장례 행렬 모습〉

- 갑: 평양에서 종교계 인사들이 시가행진을 전개했어요.
- 을: 순천에서 천도교 인사들이 독립 선언서를 배포했어요.
- 병: 부산에서 일신 여학교 학생들이 만세 시위를 벌였어요.
- 정: 천안에서 유관순을 비롯한 학생과 시민들이 만세 시위를 벌였어요.

① 유신 체제에 저항하였다.
② 신분제 폐지를 요구하였다.
③ 집강소 설치에 영향을 끼쳤다.
④ 대한매일신보 등 언론의 지원을 받았다.
⑤ 일제 강점기 최대 규모의 민족 운동이었다.

24
▶ 25111-0251
2021학년도 4월 학력평가 15번
상중**하**

자료에 나타난 민족 운동의 영향으로 옳은 것은?

> 민족 대표들이 모여 독립 선언식을 거행한 후 연행되었다. 자동차에 태워져 압송되는 민족 대표들을 향해 군중들이 '독립 만세'를 외쳤다. 한편 수많은 학생들은 탑골 공원에 모여 독립 선언서를 낭독하고 여러 거리에서 만세 시위를 전개하였다.

① 수신사가 파견되었다.
② 신민회가 결성되었다.
③ 홍범 14조가 반포되었다.
④ 강화도 조약이 체결되었다.
⑤ 일제가 이른바 문화 통치를 실시하였다.

25
▶ 25111-0252
2021학년도 수능 14번
상중**하**

다음 자료에 나타난 민족 운동에 대한 설명으로 옳은 것은?

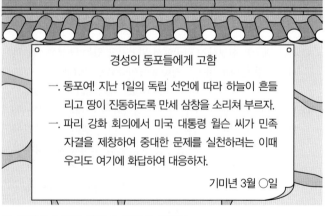

경성의 동포들에게 고함

一. 동포여! 지난 1일의 독립 선언에 따라 하늘이 흔들리고 땅이 진동하도록 만세 삼창을 소리쳐 부르자.
一. 파리 강화 회의에서 미국 대통령 윌슨 씨가 민족 자결을 제창하여 중대한 문제를 실천하려는 이때 우리도 여기에 화답하여 대응하자.

기미년 3월 ○일

① 통리기무아문 설치에 영향을 끼쳤다.
② 4·13 호헌 조치의 철폐를 촉구하였다.
③ 3·15 부정 선거에 항의하여 발생하였다.
④ 러시아가 요구한 절영도 조차를 반대하였다.
⑤ 일제가 이른바 문화 통치를 표방하는 계기가 되었다.

26
▶25111-0253
2025학년도 6월 모의평가 14번
상 **중** 하

(가)의 활동으로 옳은 것은?

이달의 독립운동가

권기옥

조국의 독립을 위해 날아오른 비행사

평양에서 태어난 권기옥은 숭의여학교를 다니다가 3·1 운동에 적극 참여하였다. 또한 3·1 운동의 영향으로 상하이에 수립된 (가) 이/가 독립운동 자금 마련을 위해 독립 공채를 발행하자 이를 판매하는 데 앞장섰다. 이후 중국으로 건너간 그는 독립 전쟁을 계획하던 (가) 의 국무위원인 이시영의 추천으로 윈난 항공 학교에 입학하고, 졸업 후 비행사가 되었다. 그리고 한국 최초의 여성 비행사로서 일제에 맞서 활발한 투쟁을 전개하였다.

① 교육입국 조서를 발표하였다.
② 구미 위원부를 설치하였다.
③ 연행사를 파견하였다.
④ 별기군을 창설하였다.
⑤ 방곡령을 선포하였다.

27
▶25111-0254
2022학년도 10월 학력평가 12번
상 **중** 하

(가)에 대한 설명으로 옳은 것은?

상하이에서 개최된 국민 대표 회의에서 (가) 의 헌법과 제도를 고쳐 가며 일을 진행하자는 사람들과 새로이 정부를 조직하자는 사람들이 두 파로 나뉘어 서로 격론 중이다. …(중략)… 이동녕, 김구 등 10여 인은 이때를 당하여 그대로 있을 수 없다 하여 노선을 통일할 계획을 의논 중이라 한다.

– 동아일보 –

① 원수부를 설치하였다.
② 오산 학교를 설립하였다.
③ 홍범 14조를 반포하였다.
④ 새마을 운동을 시작하였다.
⑤ 연통제와 교통국을 조직하였다.

28
▶25111-0255
2021학년도 6월 모의평가 10번
상 **중** 하

다음 회의가 개최된 시기를 연표에서 옳게 고른 것은?

대한민국 임시 정부의 활동이 침체에 빠지자 독립운동의 새로운 방향과 활로를 모색하기 위한 회의가 열렸다. 몇 개월 동안 진행된 이 회의에서는 임시 정부를 개편하자는 개조파와 새 정부를 조직하자는 창조파가 대립하였다. 결국 이 회의는 합의를 이루지 못한 채 결렬되었다.

	(가)	(나)	(다)	(라)	(마)	
병인양요 발발		갑신정변 발생	대한 제국 수립	국권 피탈	3·1 운동 발생	한인 애국단 결성

① (가) ② (나) ③ (다) ④ (라) ⑤ (마)

29 ▶25111-0256
2024학년도 10월 학력평가 13번 상중**하**

교사의 질문에 대한 학생의 답변으로 가장 적절한 것은?

> 지도는 일제가 우리나라 독립군의 활동을 파악하기 위해 관헌과 밀정을 이용하여 작성한 것입니다. 점선으로 표시된 지역에는 홍범도, 서일 등의 독립운동가와 독립군의 정보가 기록되어 있습니다. 이 지역에서 전개된 독립군의 활동을 발표해 볼까요?

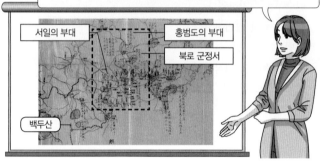

① 비변사를 설치하였어요.
② 4군 6진 지역을 개척하였어요.
③ 청산리 전투에서 승리하였어요.
④ 대한인 국민회를 결성하였어요.
⑤ 조선 총독부에 폭탄을 던졌어요.

30 ▶25111-0257
2023학년도 10월 학력평가 15번 상**중**하

(가)에 들어갈 내용으로 가장 적절한 것은?

〈연극 동아리 발표회〉 "독립의 별" 기획안

○ 기획 의도: [(가)]을/를 주제로 한 연극을 통해 학생들의 민족정신을 일깨우고자 함.

○ 스토리보드

장면 번호	내용
S# 1	독립군을 추격하는 일본군을 봉오동 골짜기로 유인하는 대한 독립군
S# 2	청산리 일대의 어랑촌에서 일본군과 치열한 전투를 벌이는 북로 군정서와 대한 독립군

① 4군 6진 지역의 개척
② 남북 분단과 6·25 전쟁
③ 홍건적과 왜구의 침입 격퇴
④ 무신 정권과 하층민의 봉기
⑤ 1920년대 국외 무장 투쟁의 전개

31 ▶25111-0258
2023학년도 6월 모의평가 13번 상**중**하

(가) 인물에 대한 설명으로 옳은 것은?

○○일보 2021년 ○월 ○○일

고국으로 돌아온 독립운동가

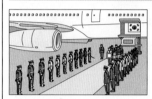

이번 광복절에 카자흐스탄으로부터 [(가)]의 유해가 고국으로 돌아왔다. 그의 유해는 추모 기간을 거친 후 국립 대전 현충원 독립 유공자 묘역에 안장될 예정이다. 한말 의병장으로 활약했던 그는 봉오동 전투와 청산리 전투를 승리로 이끄는 등 오랜 기간 항일 무장 투쟁을 전개하였다. 이후 연해주로 건너가 활동하던 중 소련의 강제 이주 정책에 의해 중앙아시아로 이주하게 되었고, 그곳에서 생을 마감하였다.

① 시무 28조를 건의하였다.
② 대한 독립군을 이끌었다.
③ 강동 6주 지역을 확보하였다.
④ 인천 상륙 작전에 참여하였다.
⑤ 상하이 훙커우 공원에서 의거를 일으켰다.

32 ▶25111-0259
2020학년도 수능 18번 상**중**하

다음 자료를 활용한 탐구 주제로 가장 적절한 것은?

> 적군은 우리 군 병력이 막강한 것을 알지 못하고 봉오동 골짜기 안으로 깊숙이 들어왔다. 이에 사령부장 홍범도가 공격 명령의 신호 총성을 울리었다. 매복해 있던 우리 군이 3면에서 정확히 조준을 하고 있다가 맹렬한 집중 사격을 가하니 적은 많은 사상자를 내고 후퇴하였다.

① 국외 무장 독립군의 활동
② 병자호란과 북벌론의 대두
③ 몽골의 침략과 삼별초의 항쟁
④ 거란의 침입과 강동 6주의 획득
⑤ 나당 전쟁과 신라의 삼국 통일

33
▶25111-0260
2022학년도 10월 학력평가 10번
상 **중** 하

다음 상황이 전개된 시기를 연표에서 옳게 고른 것은?

> 홍범도 부대가 탈출로를 찾아 어랑촌에 도착하였을 때 인근에서는 김좌진 부대가 일본군과 전투를 벌이고 있었다. 김좌진 부대 역시 백운평 전투에서 승리한 후 추격을 피해 어랑촌을 경유하여 청산리 일대에서 빠져나가고자 하였으나 일본군 부대와 맞닥뜨리며 전투를 피할 수 없는 상황이었다. 이를 본 홍범도 부대는 전투에 가담하여 적군의 공세를 꺾었고 결국 두 부대는 탈출로를 잡는 데 성공하였다.

(가)	(나)	(다)	(라)	(마)
청일 전쟁 발발	한일 의정서 체결	국권 피탈	3·1 운동 시작	만주 사변 발발	8·15 광복

① (가) ② (나) ③ (다) ④ (라) ⑤ (마)

34
▶25111-0261
2022학년도 3월 학력평가 16번
상 **중** 하

(가)에 들어갈 내용으로 가장 적절한 것은?

> **역사 탐방 참가자 모집**
>
> ○ 탐방 주제: 만주 지역 항일 운동의 발자취를 찾아서
> ○ 지원 자격: 고등학생
> ○ 탐방 기간: 2022. ○○. ○○. ~ ○○. ○○.
> ○ 탐방 일정(2박 3일)
>
> | 일자 | 주요 탐방 장소 |
> |------|----------------|
> | 제1일 | • 봉오동 전투 기념비 |
> | 제2일 | • 윤동주 시인 생가
• 명동 학교 터
• (가) |
> | 제3일 | • 하얼빈역의 안중근 의사 기념관 |

① 병인양요 격전지
② 청산리 대첩 전적지
③ 을사늑약 체결 장소
④ 윤봉길 의사 의거 터
⑤ 구미 위원부가 있던 건물

35
▶25111-0262
2021학년도 9월 모의평가 17번
상 **중** 하

(가), (나) 시기 사이에 있었던 사실로 옳은 것은?

> (가) 1919년 3월 1일, 탑골 공원에서 독립 선언서가 배포되었다. 학생과 시민들은 조선 독립 만세를 외치며, 서울 도심 곳곳에서 행진하였다.
> (나) 1925년 6월, 조선 총독부 경무국장 미쓰야와 만주 군벌 세력은 만주에서 활동하는 조선인 독립운동가를 탄압하는 협정을 체결하였다.

① 을미사변이 일어났다.
② 신미양요가 발생하였다.
③ 황룡사 9층 목탑이 건립되었다.
④ 청산리 전투에서 독립군이 승리하였다.
⑤ 한·일 국교 정상화 반대 시위가 일어났다.

36
▶25111-0263
2024학년도 6월 모의평가 14번
상 **중** 하

밑줄 친 '이 단체'에 대한 설명으로 옳은 것은?

> 이 우표는 김상옥 의사 순국 100주년을 기념하여 제작된 것입니다. 우표에는 그의 사진을 바탕으로 그린 초상화가 담겨 있습니다. 그는 이 단체의 단원으로 종로 경찰서에 폭탄을 투척하는 의거를 일으켰습니다.

① 김원봉의 주도로 결성되었다.
② 교조 신원 운동을 전개하였다.
③ 부마 민주 항쟁에 참여하였다.
④ 오산 학교와 대성 학교를 건립하였다.
⑤ 김규식을 파리 강화 회의에 파견하였다.

37 ▶25111-0264
2023학년도 수능 13번

상 **중** 하

(가) 단체에 대한 설명으로 옳은 것은?

> ○ 3월 다나카 기이치 대장이 상하이에 도착하자 ____(가)____ 의 단원인 김익상이 폭탄을 던졌으나 다나카의 생명에는 지장이 없었다. …(중략)… 9월 일본에서 열린 재판에서 검사는 김익상에게 사형을 구형하였다.
> ○ 내가 종로 경찰서에 들어섰을 때 "식산 은행에 폭탄을 던지고 동양 척식 주식회사에서 권총을 난사했다고?"라는 말이 들렸다. …(중략)… 체포된 범인의 정체를 알고자 일본 경찰이 "네가 ____(가)____ 의 일원인 나석주냐?"라고 물으니, 그는 "그렇다."라고 했다고 한다.

① 이인영을 총대장으로 추대하였다.
② 김규식을 파리 강화 회의에 파견하였다.
③ 임병찬이 고종의 밀명을 받아 조직하였다.
④ 지청천의 지휘하에 쌍성보에서 전투를 벌였다.
⑤ 신채호의 조선 혁명 선언을 활동 지침으로 삼았다.

38 ▶25111-0265
2021학년도 3월 학력평가 17번

상 **중** 하

(가) 단체에 대한 설명으로 옳은 것은?

> [나의 독립운동 영웅 발표하기]
>
> 3학년 ○반 ○○○
>
> 의로운 일을 맹렬히 실행한 ____(가)____ 의 독립운동가

김원봉
단체 결성을 주도함

최수봉
밀양 경찰서에 폭탄을 던짐

김익상
조선 총독부에 폭탄을 던짐

나석주
동양 척식 주식회사에 폭탄을 던짐

① 105인 사건으로 해체되었다.
② 국채 보상 운동을 주도하였다.
③ 집강소를 통해 폐정 개혁을 추진하였다.
④ 고종 강제 퇴위 반대 운동을 전개하였다.
⑤ 조선 혁명 선언을 활동 지침으로 삼았다.

39 ▶25111-0266
2024학년도 9월 모의평가 13번

상 중 **하**

밑줄 친 '나'에 대한 설명으로 옳은 것은?

> 한인 애국단 결성을 주도한 나는 세계 평화를 위협하는 침략 세력을 제거하고 인도주의를 실현하기 위하여 일련의 거사를 계획하였다. 그 첫 번째 행동으로 도쿄에서 이봉창 군이 1월에 일왕 제거를 시도하였다. 이후 일본 군벌의 수뇌부들을 제거하기 위하여 나는 4월에 윤봉길 군을 홍커우 공원에 보냈다.

① 별무반을 편성하였다.
② 육영 공원을 설립하였다.
③ 시무 28조를 건의하였다.
④ 전국 각지에 척화비를 건립하였다.
⑤ 대한민국 임시 정부에서 활동하였다.

40 ▶25111-0267
2025학년도 6월 모의평가 16번

상 중 **하**

밑줄 친 '한국인'에 대한 설명으로 옳은 것은?

> 제 목: 홍커우 사건 요지
> 발신일: ○○○○년 5월 1일
> 발신자: 중국 주재 프랑스 전권 공사
> 수신자: 프랑스 외무부 장관
>
> 그제 오전 일왕의 생일을 축하하기 위해 개최된 기념식에서 폭탄 투척 사건이 일어났습니다. 일본 공사 및 군 고위 인사들이 상하이 홍커우 공원에서 약 1만 명의 군사를 사열하고 연설을 하기 위해 단상에 모여 있었습니다. 일본 공사 시게미쓰가 연설하기 직전에 한 한국인이 고위 인사들 사이로 폭탄을 던졌습니다. 시라카와 대장을 비롯한 많은 인사들이 쓰러졌으며 크고 작은 부상을 입었습니다.

① 수선사 결사를 주도하였다.
② 조선 혁명 선언을 작성하였다.
③ 한인 애국단의 단원으로 활약하였다.
④ 만국 평화 회의에 특사로 파견되었다.
⑤ 평양에서 열린 남북 협상에 참가하였다.

41 ▶25111-0268
2024학년도 3월 학력평가 12번 상 중 **하**

자료를 활용한 탐구 활동으로 가장 적절한 것은?

> 나는 일본인이 우리 조선인을 차별하며 학대하고 있으므로 어떻게 해서든 조선을 독립시켜야 한다는 생각을 갖게 되었다. 때마침 백정선*으로부터 일왕을 죽이는 것이 조선의 독립을 촉진하는 지름길이라고 들었다. 이에 2천만 동포를 위해 희생하여 일왕을 죽이자고 결심하였다. 나 이봉창은 이번 의거가 결코 개인이 멋대로 벌이는 폭력이 아니라 민족을 대표하여 제일선의 희생자로서 결행한다는 것을 알리고 싶었다.
> *백정선: 김구의 가명

① 홍범 14조의 내용을 분석한다.
② 한인 애국단의 활동을 조사한다.
③ 당백전이 발행된 배경을 파악한다.
④ 정동행성의 설치 목적을 살펴본다.
⑤ 대성학교 설립을 주도한 단체를 찾아본다.

42 ▶25111-0269
2022학년도 10월 학력평가 14번 상 중 **하**

다음 두 독립운동가의 공통점으로 옳은 것은?

나는 이곳 상하이에서 열린 일왕 생일과 상하이 사변 전승 기념식 단상에 폭탄을 투척하였습니다.

나는 이곳 도쿄에서 관병식을 마치고 돌아가는 일왕의 마차 행렬에 폭탄을 투척하였습니다.

홀로그램으로 만나는 독립운동가

① 남북 협상을 추진하였다.
② 한인 애국단에서 활동하였다.
③ 수신사로 일본에 파견되었다.
④ 교조 신원 운동을 전개하였다.
⑤ 미국 전략 정보국[OSS]과 협력하였다.

43 ▶25111-0270
2021학년도 수능 16번 상 중 **하**

밑줄 친 '사건'을 주도한 단체에 대한 설명으로 옳은 것은?

> 우리 프랑스는 지난 10여 년 동안 김구를 보호하여 왔습니다. 그러나 이번에 김구가 단원을 보내서 일왕에게 폭탄을 던진 사건을 빌미로 일본은 우리에게 김구를 체포해 넘기라고 요구할 것입니다. 따라서 우리 프랑스가 일본과 전쟁을 결심하지 않는 한 김구를 보호하는 것은 어렵습니다.
> ─ 『백범일지』 ─

① 예송을 전개하였다.
② 한성순보를 발행하였다.
③ 관민 공동회를 개최하였다.
④ 윤봉길이 단원으로 활동하였다.
⑤ 청의 선진 문물 수용을 주장하였다.

44 ▶25111-0271
2021학년도 6월 모의평가 15번 상 중 **하**

(가)에 들어갈 내용으로 옳은 것은?

수행 평가 보고서

3학년 ○반 이름 ○○○

1. 주제: 일제 강점기 실력 양성 운동의 전개
2. 활동: 주요 운동의 목적과 구호를 조사하여 정리함
3. 내용

주요 운동	목적	구호
물산 장려 운동	경제적 자립	내 살림 내 것으로!
(가)	고등 교육 실현	한민족 1천만이 한 사람이 1원씩!
문자 보급 운동	문맹 퇴치	아는 것이 힘, 배워야 산다!

① 새마을 운동
② 위정척사 운동
③ 서경 천도 운동
④ 좌우 합작 운동
⑤ 민립 대학 설립 운동

다음 자료를 활용한 탐구 활동으로 가장 적절한 것은?

취지서

조선의 상품이 다른 상품보다 품질이나 가격 면에서 다소 불리하다 할지라도 민족 경제상 이익을 위해 우리 상품을 애호하며 구매하여야 할지라. …(중략)… 직접적으로는 실업계의 진흥과 융성을 도모하고 간접적으로는 사회의 발전과 진보를 꾀하여 무궁화 삼천리가 2천만 민족의 낙원이 되기를 갈망하는 바로다.

• 임시 사무소 : 평양 남문통 4정목 야소교서원
• 발기인 : 조만식 등 70명

---

① 녹읍 폐지의 목적을 파악한다.
② 새마을 운동의 영향을 분석한다.
③ 대동법 실시의 배경을 살펴본다.
④ 통리기무아문의 역할을 알아본다.
⑤ 물산 장려 운동의 전개 과정을 조사한다.

밑줄 친 '이 운동'에 대한 탐구 주제로 가장 적절한 것은?

○ 우리 생활에서 산업의 기초가 파괴되면 조선 사람의 생활과 인격 역시 파괴될 것입니다. 그러니 빈부를 막론하고 우리가 산업의 권리를 장악해야 합니다. 따라서 '내 살림 내 것으로'라는 구호를 내건 이 운동은 반드시 필요합니다.
○ 조만식 등이 평양에서 시작한 이 운동은 중산 계급이 자신들의 경제적인 지위를 유지하려는 것일 뿐입니다. 이로 인해 토산물 가격이 너무 올라, 조선산 무명과 베웃을 입던 이들의 구매력은 더욱 참담하게 되었습니다.

---

① 남북 협상의 추진과 결과
② 당백전 발행의 이유와 문제점
③ 조선 물산 장려회의 활동과 평가
④ 대동법 실시의 사회·경제적 원인과 효과
⑤ 국제 통화 기금[IMF] 구제 금융 신청의 배경과 영향

(가)에 들어갈 내용으로 가장 적절한 것은?

1930년에 조사한 통계 자료에 따르면 전체 한국인 가운데 한글을 읽고 쓸 수 있는 사람은 약 15%에 불과했다. 이를 남녀로 구분해 보면 전체 남성 중 약 25%만이, 여성 중 약 6%만이 한글을 읽고 쓸 수 있었다. 이렇게 문맹률이 높은 상황하에서 한글 보급 등을 목표로 _____(가)_____

---

① 과거제가 도입되었다.
② 홍문관이 설치되었다.
③ 한성순보가 창간되었다.
④ 수선사 결사가 제창되었다.
⑤ 브나로드 운동이 전개되었다.

(가)에 들어갈 내용으로 가장 적절한 것은?

학습 주제: (가)
순종의 장례일에 맞춰 일어났어.
천도교 계열 민족주의자들과 사회주의자들, 학생 단체가 함께 계획했어.
계획이 발각되어 지도부가 검거되었지만 학생들이 예정대로 시위를 주도했어.

① 원산 총파업의 영향
② 6·10 만세 운동의 전개
③ 국민 대표 회의의 배경
④ 임술 농민 봉기의 원인
⑤ 정전(휴전) 협정 체결의 결과

49 ▶25111-0276
2025학년도 9월 모의평가 9번 상中하

(가) 단체에 대한 설명으로 옳은 것은?

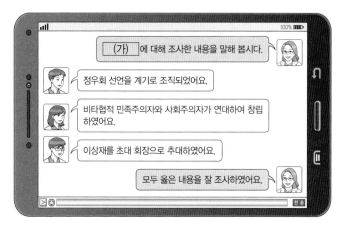

(가)에 대해 조사한 내용을 말해 봅시다.
- 정우회 선언을 계기로 조직되었어요.
- 비타협적 민족주의자와 사회주의자가 연대하여 창립하였어요.
- 이상재를 초대 회장으로 추대하였어요.
- 모두 옳은 내용을 잘 조사하였어요.

① 한글 맞춤법 통일안을 제정하였다.
② 광주 학생 항일 운동을 지원하였다.
③ 오산 학교와 대성 학교를 설립하였다.
④ 파리 강화 회의에 대표를 파견하였다.
⑤ 상하이 홍커우 공원 의거를 주도하였다.

50 ▶25111-0277
2025학년도 6월 모의평가 15번 상中하

밑줄 친 '이 단체'에 대한 설명으로 옳은 것은?

기념물로 보는 근·현대사 – 월남 이상재 선생 동상
史 한국사 알림이 채널 조회수 2,025

이상재 선생은 인재 양성과 민족의 독립을 위해 평생을 바친 분입니다. 그는 1927년 비타협적 민족주의 진영과 사회주의 진영이 함께 민족 유일당 운동의 일환으로 조직한 이 단체의 초대 회장으로 추대되었습니다. 이 단체는 '기회주의를 일체 부인함.' 등의 강령을 내걸고 활발한 활동을 전개하였습니다.

① 북학론을 제기하였다.
② 어린이날을 제정하였다.
③ 광주 학생 항일 운동을 지원하였다.
④ 3·1 민주 구국 선언을 발표하였다.
⑤ 조선책략의 유포에 반발하여 영남 만인소를 올렸다.

51 ▶25111-0278
2023학년도 10월 학력평가 14번 상中하

(가) 단체에 대한 설명으로 옳은 것은?

> (가)의 제2회 중앙 집행 위원회가 지난달 23일 본부에서 개최되었다. 중앙 집행 위원장 허헌 씨가 개회를 선언하고 출석한 대의원을 순서대로 호명하였다. 대회장의 전면에는 "1. 우리는 정치적, 경제적 각성을 촉진함. 2. 우리는 단결을 공고히 함. 3. 우리는 기회주의를 일체 부인함."이라는 (가)의 강령이 쓰인 비단 플래카드가 걸려 있었다.

① 관민 공동회를 개최하였다.
② 대통령 직선제 개헌을 요구하였다.
③ 정우회 선언을 계기로 결성되었다.
④ 조선 혁명 선언을 활동 지침으로 삼았다.
⑤ 일제의 황무지 개간권 요구를 철회시켰다.

52 ▶25111-0279
2023학년도 3월 학력평가 14번 상中하

(가) 운동에 대한 설명으로 옳은 것은?

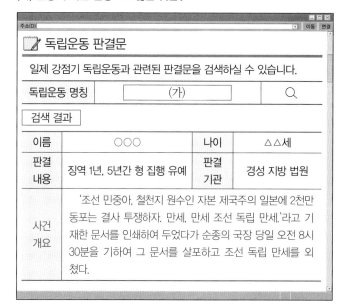

독립운동 판결문

일제 강점기 독립운동과 관련된 판결문을 검색하실 수 있습니다.

독립운동 명칭 (가)

검색 결과

이름	○○○	나이	△△세
판결 내용	징역 1년, 5년간 형 집행 유예	판결 기관	경성 지방 법원
사건 개요	'조선 민중아, 철천지 원수인 자본 제국주의 일본에 2천만 동포는 결사 투쟁하자. 만세, 만세 조선 독립 만세.'라고 기재한 문서를 인쇄하여 두었다가 순종의 국장 당일 오전 8시 30분을 기하여 그 문서를 살포하고 조선 독립 만세를 외쳤다.		

① 신간회의 지원을 받았다.
② 민족 협동 전선의 토대를 마련하였다.
③ 일본의 황무지 개간권 요구를 철회시켰다.
④ 대한민국 임시 정부의 수립에 영향을 주었다.
⑤ 조선 민립 대학 기성회의 주도로 전개되었다.

53 ▶25111-0280
2022학년도 수능 15번 상(중)하

(가), (나) 시기 사이에 있었던 사실로 옳은 것은?

(가) 순종의 서거를 계기로 민족주의 계열과 사회주의 계열은 학생들과 함께 만세 시위를 준비하였다. 이 계획은 일제에 의해 사전에 발각되었지만, 학생들은 예정대로 6월 10일에 만세 시위를 전개하였다.

(나) 1929년 10월 말 나주역에서 발생한 한국인 학생과 일본인 학생의 충돌에 대해 경찰은 일본인 학생을 일방적으로 두둔하였다. 이러한 민족 차별에 분노한 광주 지역 학생들은 11월 3일 식민지 교육 제도 철폐 등을 요구하며 대규모 항일 시위를 전개하였다.

① 신간회가 결성되었다.
② 자유시 참변이 일어났다.
③ 남북 협상이 추진되었다.
④ 육영 공원이 설립되었다.
⑤ 군국기무처가 설치되었다.

54 ▶25111-0281
2022학년도 3월 학력평가 15번 상(중)하

(가) 단체가 활동하던 시기에 있었던 사실로 옳은 것은?

(가) 에 대해 알려 줘.

(가) 에 대한 검색 결과입니다.

1. 개요
비타협적 민족주의 세력과 사회주의 세력이 연합하여 창립한 민족 협동 전선 단체이다. '정치적·경제적 각성 촉진', '단결 공고', '기회주의 일체 부인'을 3대 강령으로 삼았다.

① 반민 특위가 조직되었다.
② 애치슨 선언이 발표되었다.
③ 13도 창의군이 결성되었다.
④ 백두산정계비가 건립되었다.
⑤ 광주 학생 항일 운동이 일어났다.

55 ▶25111-0282
2022학년도 9월 모의평가 16번 상(중)하

(가) 단체에 대한 설명으로 옳은 것은?

한국사 신문 □□□□년 □□월 □□일

(가) 해소론이 제기되다

(가) ○○ 지회 정기 대회에서 한 회원이 해소론을 제기하여 파문이 예상된다. 그는 현재 (가) 의 집행부가 '기회주의를 일체 부인한다.' 등의 강령을 무시하고 타협론자와 협력하였다는 이유로 해소를 주장하였다. 이에 대해 본부의 관계자는 해소 주장이 조선의 현실을 무시하는 처사라고 반박하였다. 앞으로 해소를 둘러싼 격렬한 찬반 논쟁이 여러 지회를 중심으로 전개될 것으로 보여 귀추가 주목된다.

① 105인 사건으로 와해되었다.
② 교조 신원 운동을 전개하였다.
③ 광주 학생 항일 운동을 지원하였다.
④ 청의 선진 문물 수용을 주장하였다.
⑤ 일제의 황무지 개간권 요구를 저지하였다.

56 ▶25111-0283
2022학년도 수능 14번 상(중)하

(가) 단체에 대한 설명으로 옳은 것은?

▲일본 와세다 대학 스코트 홀

사진 속 건물은 1927년 (가) 도쿄 지회 창립 대회가 열린 곳이다. 국내뿐만 아니라 일본, 만주 지역에 걸쳐 지회를 두었던 (가) 은/는 '우리는 정치적, 경제적 각성을 촉진함', '우리는 기회주의를 일체 부인함' 등의 강령을 내세우며, 각종 사회 운동을 적극 지원하였다. 특히, 광주 학생 항일 운동 당시에는 현지에 진상 조사단을 파견하고, 진상 보고를 위한 민중 대회의 개최를 추진하기도 하였다.

① 국채 보상 운동을 주도하였다.
② 정우회 선언을 계기로 결성되었다.
③ 을미사변에 반발하여 조직되었다.
④ 조선 건국 준비 위원회를 발족하였다.
⑤ 러시아의 절영도 조차 요구를 저지하였다.

57
▶25111-0284
2021학년도 9월 모의평가 16번

상 **중** 하

밑줄 친 '이 단체'에 대한 설명으로 옳은 것은?

〈판결문〉

• 주문

피고 허헌·홍명희·이관용 3인은 1년 6월에 처하고, 조병옥·이원혁·김동준은 징역 1년 4월에 처한다.

• 이유

이 단체는 정우회 선언을 계기로 1927년 2월 경성 종로에서 피고 이관용·홍명희 등의 주도로 조직되었다. 이들은 '우리는 정치적·경제적 각성을 촉구함', '우리는 단결을 공고히 함', '우리는 기회주의를 일체 부인함'이라는 강령을 내세우고서 실제로는 현 정치에 대한 강한 불만과 민족 자결의 사상을 품고 활동하였다.

① 청의 문물 수용을 주장하였다.
② 교조 신원 운동을 추진하였다.
③ 신탁 통치 반대 운동을 전개하였다.
④ 광주 학생 항일 운동을 지원하였다.
⑤ 4·13 호헌 조치 철폐를 요구하였다.

58
▶25111-0285
2025학년도 수능 9번

상 중 **하**

(가)에 대한 설명으로 옳은 것은?

자료로 보는 한국사

조선 학생 청년 대중이여 궐기하라!
제국주의적 침략에 저항하는 의지를 가지고 광주 학생을 성원하자!
… (중략) …
그들은 경찰을 총동원하여 광주 조선 학생 동지들에게 쇠고랑을걸고 말았다.
그대들이여! 궐기하라!
조선 학생의 이익과 약소민족의 승리를 위한 항쟁에 공헌하라.
… (중략) …
구속된 광주 조선 학생을 즉시 탈환하자.
식민지 노예 교육에 반대하자.

[해설] 이 자료는 이/가 전개되는 과정에서 서울에 유포된 격문으로, 일제에 맞서 궐기하자는 내용이 담겼다. 이 운동은 한국인 학생과 일본인 학생 간의 충돌을 계기로 광주에서 시작되었다. 일제는 진압에 나섰지만, 민족 차별 대우에 항거한 학생들의 시위는 전국 각지로 확산되었다.

① 3·1 운동에 영향을 주었다.
② 순종의 장례일을 기해 일어났다.
③ 학생 김주열의 사망으로 격화되었다.
④ 김옥균 등 급진 개화파가 주도하였다.
⑤ 신간회가 조사단을 파견하여 지원하였다.

59
▶25111-0286
2020학년도 수능 16번

상 **중** 하

(가) 민족 운동에 대한 설명으로 옳은 것은?

독립 유공자 공훈록

• 성명: ○○○
• 훈격: 건국 포장

공훈록

1929년 10월 나주역에서 일본인 중학생이 광주여자고등보통학교 학생들을 희롱하였다. 이것이 발단이 되어 일어난 일본인 학생과 한국인 학생 간 충돌은 3·1 운동 이후 최대 규모의 항일 운동인 (가) (으)로 발전하였다. 광주여자고등보통학교 학생이었던 ○○○은 11월 3일 광주 지역 학생들의 시위에 학생들을 이끌고 적극 참여하였다. 이후 식민지 교육 철폐 등을 요구하는 시위가 전국으로 확산되자, 이에 호응하여 백지 동맹을 주도하였다.

① 이만손 등이 영남 만인소를 올렸다.
② 통감부의 방해와 탄압으로 좌절되었다.
③ 제너럴 셔먼호 사건을 계기로 일어났다.
④ 헌병 경찰제가 시행되는 결과를 가져왔다.
⑤ 신간회가 진상 조사단을 파견하여 지원하였다.

일제 식민지 지배와 민족 운동의 전개

60 ▶25111-0287
2022학년도 10월 학력평가 17번
상중하

(가)에 들어갈 내용으로 가장 적절한 것은?

① 6·25 전쟁 당시 이승만 정부의 피난처
② 조만식이 조선 물산 장려 운동을 시작한 도시
③ 홍경래가 지역 차별에 반발하여 봉기했던 지역
④ 한국인 노동자 구타 사건을 계기로 총파업이 전개된 곳
⑤ 러일 전쟁 중 일본이 불법적으로 자국 영토에 편입한 땅

61 ▶25111-0288
2025학년도 9월 모의평가 16번
상중하

다음 인물에 대한 탐구 활동으로 가장 적절한 것은?

한국사 인물 카드

• 이름 : 방정환
• 출생~사망 : 1899년~1931년
• 호 : 소파(小波)
• 주요 활동
 – 어린이날 제정 주도
 – 번역 동화집 『사랑의 선물』 출판
 – 잡지 『어린이』 창간 주도

① 임오군란의 결과를 분석한다.
② 독립문의 건립 과정을 조사한다.
③ 진보당 사건의 배경을 알아본다.
④ 천도교 소년회의 활동을 찾아본다.
⑤ 국가 재건 최고 회의의 설립 목적을 파악한다.

62 ▶25111-0289
2024학년도 9월 모의평가 12번
상중하

(가) 단체에 대한 설명으로 옳은 것은?

'어린이 대운동회 말판'은 잡지 『어린이』의 1930년 2월호 부록으로 제공된 놀이용 말판이다. 『어린이』는 (가) 에 의해 1923년 3월 1일에 간행될 예정이었지만, 검열로 인하여 3월 20일에 발행되었다. (가) 은/는 '어린이날'을 정하고 기념행사를 하는 등 일제 강점기 소년 운동에 앞장섰다.

① 인조반정을 주도하였다.
② 105인 사건으로 탄압받았다.
③ 부마 민주 항쟁에 참여하였다.
④ 방정환 등이 주축으로 활동하였다.
⑤ 조선 혁명 선언을 활동 지침으로 삼았다.

63 ▶25111-0290
2023학년도 수능 16번
상중하

(가) 단체에 대한 설명으로 옳은 것은?

한국사 신문 · 19△△년 △△월 △△일

(가) , 어린이날 제정!

부모 중에는 배우고자 하는 자식을 막는 사람들도 있다. 이러한 사람들을 볼 때 누가 한숨을 쉬지 않고 눈물을 흘리지 않겠는가. 이에 천도교회의 소년들이 중심이 된 (가) 에서는 어린이를 위하는 부모의 마음이 더 두터워지기를 바라는 마음에서 5월 1일을 '어린이날'이라 하고, "항상 10년 후의 조선을 생각하십시오."라고 쓴 인쇄물을 시내에 배포할 계획이다.

① 정우회 선언을 계기로 결성되었다.
② 한글 맞춤법 통일안을 제정하였다.
③ 방정환 등이 주축으로 활동하였다.
④ 오산 학교와 대성 학교를 설립하였다.
⑤ 청산리 전투에서 일본군을 격파하였다.

64 ▶25111-0291
2023학년도 10월 학력평가 12번 상중**하**

밑줄 친 '선생님'에 대한 설명으로 옳은 것은?

이 말판은 선생님이 창간한 잡지 『어린이』의 부록으로 나온 거야.

우리나라 고적을 어린이에게 알려 민족의식을 고취하려고 한 거야.

메타버스 고적 탐방 말판 놀이

선생님이 어린이날만 만드신 게 아니구나. 정말 멋진 분이야.

① 북학의를 저술하였다.
② 영화 아리랑을 제작하였다.
③ 천도교 소년회를 이끌었다.
④ 우리말 큰사전 편찬을 추진하였다.
⑤ 조선 건국 동맹 결성을 주도하였다.

65 ▶25111-0292
2024학년도 3월 학력평가 10번 상**중**하

(가) 운동에 대한 설명으로 옳은 것은?

우리가 한 번 더 묻고 싶은 것은 '1. ___(가)___ (으)로서 관철할 궁극의 목적은 무엇이냐. 2. 그 목적을 관철할 가장 자신 있는 계획이라 할 것은 또한 무엇이냐.' 하는 것이다. 일찍이 모 신문의 보도를 통하여 그 형평사의 중심인물인 아무개 씨의 눈물의 감상이란 것을 보면, '사람 대우를 애걸하는 이외에는 아무런 생각도 없노라.'고 하였다. 그러면 사람 대우라 함은 무엇이냐. … (중략) … 학교에서 양반의 자제와 같이 취학하고, 일상의 교제에 있어 인간 사회에 보통 있는 예우를 받게 되는 그것을 가리킴인가.

－『개벽』－

① 망이·망소이 등이 주도하였다.
② 집강소를 통해 개혁을 추진하였다.
③ 조선 혁명 선언을 활동 지침으로 삼았다.
④ 백정에 대한 사회적 차별 철폐를 주장하였다.
⑤ 서양 문물에 맞서 성리학적 질서 수호를 강조하였다.

66 ▶25111-0293
2024학년도 수능 12번 상중**하**

다음 자료를 활용한 탐구 활동으로 가장 적절한 것은?

귀영이가 서울 간 지 3년 만에, 한 장의 편지가 그의 아버지께 왔다. "아버지 그만 두소, 백정 노릇 마소." 하고 몇 마디 눈물로 섞어 쓴 편지였다. 그것은 귀영이가 고향 학생 친목회에서 '백정의 딸이라'고 쫓겨나던 날 쓴 것이었다. … (중략) … 약한 자의 부르짖음, 서러운 이의 목 놓는 울음! 평안치 않은 곳에는 봉화를 든다.

－「봉화가 켜질 때에」, 『개벽』, 1925 －

① 도병마사의 기능을 찾아본다.
② 당백전의 발행 계기를 알아본다.
③ 새마을 운동의 성과를 분석한다.
④ 형평 운동의 전개 과정을 살펴본다.
⑤ 5·18 민주화 운동의 영향을 조사한다.

67 ▶25111-0294
2022학년도 6월 모의평가 15번 상**중**하

다음 자료를 활용한 탐구 활동으로 가장 적절한 것은?

내가 취직을 하기 위해 경성에 갔습니다. 호적 등본이 필요하다고 하여 발급 받아서 보니, 직업이 '도한(백정)'이라고 쓰여 있기에 차마 그것을 내놓기가 부끄러워 그만두었습니다. … (중략) … 아이들을 학교에 보내려면 호적이 필요한데, '도한(백정)'이라는 것이 적혀 있으면 쫓아냅니다.

－ ○○일보, 1923. 5. －

① 당백전의 발행 계기를 알아본다.
② 교정도감의 설치 과정을 분석한다.
③ 조선 형평사의 창립 배경을 살펴본다.
④ 미국에 보빙사를 파견한 목적을 조사한다.
⑤ 미소 공동 위원회의 결렬 결과를 파악한다.

Ⅲ 일제 식민지 지배와 민족 운동의 전개

68
▶25111-0295
2023학년도 6월 모의평가 15번
상 중 **하**

(가) 단체에 대한 설명으로 옳은 것은?

1942년 10월 이윤재, 한징, 이극로, 최현배 등 ___(가)___ 의 회원들이 경찰에 검거되었다. 한글 맞춤법 통일안을 마련하고 표준어를 선정하는 등의 ___(가)___ 활동은 민중의 민족의식을 높여 조선 독립을 꾀하는 것이라며, 검거된 회원들은 혹독한 고문을 받았다. 그 결과 이윤재와 한징은 옥사하였고, 이극로와 최현배 등은 치안 유지법 위반으로 징역형을 선고받았다.

① 독립문을 건립하였다.
② 정우회 선언을 계기로 창립되었다.
③ 오산 학교와 대성 학교를 설립하였다.
④ 고종 강제 퇴위 반대 운동을 전개하였다.
⑤ 우리말(조선말) 큰사전 편찬을 추진하였다.

70
▶25111-0297
2024학년도 6월 모의평가 16번
상 중 **하**

(가)에 들어갈 내용으로 가장 적절한 것은?

창사 특집 역사 인물 다큐멘터리
역사는 아(我)와 비아(非我)의 투쟁
독립운동가이자 역사학자 ○○○의 삶을 다룬 다큐멘터리

▶재생

회차 정보
제1화 『을지문덕』 등 민족 영웅전을 발간하다.
제2화 「독사신론」을 대한매일신보에 연재하다.
제3화 ___(가)___
제4화 「조선사연구초」를 동아일보에 연재하다.
제5화 「조선사」가 광복 후 「조선상고사」로 간행되다.

① 한국통사를 저술하다.
② 시무 28조를 건의하다.
③ 조선 혁명 선언을 작성하다.
④ 조선 사회 경제사를 출간하다.
⑤ 우리말(조선말) 큰사전 편찬을 주도하다.

69
▶25111-0296
2022학년도 6월 모의평가 17번
상 **중** 하

(가) 단체에 대한 설명으로 옳은 것은?

제□□□호 　○○신문　 1945년 △△월 △△일

일제에 압수되었던 '큰사전' 원고 되찾아

경성역의 창고에서 방대한 양의 우리말 '큰사전' 원고가 발견되었다. 이 원고는 일제의 탄압 속에서도 우리말을 지키고자 노력했던 ___(가)___ 에서 사전 편찬을 위해 작성한 것이었으나, 1942년 ___(가)___ 사건으로 일제 경찰에 압수되어 3년 동안 그 행방을 알 길이 없었다. 이번 발견을 계기로 사전 편찬 작업이 본격적으로 재개될 전망이다.

① 105인 사건으로 해체되었다.
② 교조 신원 운동을 추진하였다.
③ 국채 보상 운동을 주도하였다.
④ 을미사변을 계기로 조직되었다.
⑤ 한글 맞춤법 통일안을 제정하였다.

71
▶25111-0298
2022학년도 9월 모의평가 15번
상 **중** 하

다음 인물에 대한 설명으로 옳은 것은?

인물 탐구 보고서

○○○(1880~1936)

1. 주요 활동
 - 어려서부터 한학과 유학을 공부함
 - 「독사신론」을 연재하고, 『조선사연구초』, 『조선 상고사』 등을 집필하여 민족주의 사학의 토대를 마련함
 - 대한민국 임시 정부의 새로운 활로를 모색하기 위해 개최된 국민 대표 회의에서 창조파로 활동함

① 목민심서를 저술하였다.
② 어린이날을 제정하였다.
③ 대동여지도를 제작하였다.
④ 조선 혁명 선언을 작성하였다.
⑤ 조선 건국 준비 위원회를 조직하였다.

72 ▶25111-0299
2025학년도 6월 모의평가 13번 상 **중** 하

다음 자료를 활용한 탐구 활동으로 가장 적절한 것은?

> 지금 한국의 형체는 허물어졌으나 오직 정신만은 남아 있을 수 없는 것일까. 이것이 한국통사를 저술하는 까닭이다. … (중략) … 오늘날 우리 민족은 모두 조상의 피로써 신체를 이루고, 조상의 혼으로써 정신을 삼고 있다. 우리 조상은 신성한 교화가 있고 신성한 학문과 무공을 가졌으니, 우리 민족이 어찌 다른 데에서 구해야만 하겠는가. 무릇 우리 형제는 늘 생각하고 잊지 말 것이며, 형체와 정신을 전멸시키지 말 것을 간절히 바라노라.

① 평양 천도의 배경을 살펴본다.
② 민족주의 사학의 내용을 알아본다.
③ 좌우 합작 위원회의 활동을 정리한다.
④ 홍경래가 난을 일으킨 원인을 찾아본다.
⑤ 진보당 사건으로 탄압받은 인물을 조사한다.

73 ▶25111-0300
2023학년도 3월 학력평가 16번 **상** 중 하

(가)에 들어갈 내용으로 적절한 것은?

〈십자말풀이〉

[가로 열쇠]
㉠ 한성순보를 발간한 기관
㉡ 1893년 교조 신원을 요구하는
   집회가 열린 충청도의 한 지역

[세로 열쇠]
㉠ _____(가)_____

① 한국통사를 저술한 인물
② 이토 히로부미를 처단한 인물
③ 조선책략을 국내에 소개한 인물
④ 대한 광복회의 총사령을 역임한 인물
⑤ 김구와 함께 남북 협상을 추진한 인물

74 ▶25111-0301
2021학년도 6월 모의평가 13번 상 중 **하**

다음 인물에 대한 설명으로 옳은 것은?

한국사 인물 카드

• 이름: ○○○
• 생몰 연대: 1859년 ~ 1925년
• 주요 활동
  - 「유교 구신론」 발표
  - 『한국독립운동지혈사』 저술
  - 대한민국 임시 정부 제2대 대통령 역임

① 후삼국을 통일하였다.
② 몽유도원도를 그렸다.
③ 무신 정변을 일으켰다.
④ 한국통사를 저술하였다.
⑤ 대동여지도를 제작하였다.

05 전시 동원 체제와 광복을 위한 노력

75
▶25111-0302
2025학년도 9월 모의평가 13번
(상)(중)하

(가)에 들어갈 내용으로 가장 적절한 것은?

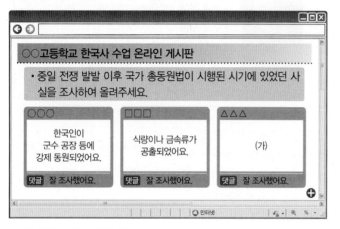

○○고등학교 한국사 수업 온라인 게시판
• 중일 전쟁 발발 이후 국가 총동원법이 시행된 시기에 있었던 사실을 조사하여 올려주세요.

○○○	□□□	△△△
한국인이 군수 공장 등에 강제 동원되었어요.	식량이나 금속류가 공출되었어요.	(가)
댓글 잘 조사했어요.	댓글 잘 조사했어요.	댓글 잘 조사했어요.

① 별기군이 창설되었어요.
② 비변사가 설치되었어요.
③ 신사 참배가 강요되었어요.
④ 조선 태형령이 제정되었어요.
⑤ 관민 공동회에서 헌의 6조가 결의되었어요.

76
▶25111-0303
2024학년도 3월 학력평가 19번
(상)(중)하

밑줄 친 '당시'에 볼 수 있는 모습으로 가장 적절한 것은?

탐구 활동 보고서

주제 : 일기로 살펴보는 일제 식민 통치와 민중의 삶

1. 탐구 자료
 – 해질녘에 ○○○이 면사무소에서 돌아와 면 직원의 말을 전하기를, 미곡 공출에 응하지 않은 집은 바로 경찰서에 알려 처벌하겠다고 한다. 날이 갈수록 압박이 심해지니 어디서 목숨을 구할 수 있으랴?
 – △△△이 일본 도쿄의 공장에 징용으로 끌려갔다가 도망쳐 와서 말하기를, "도쿄는 미국 등의 폭격을 받아 크게 파괴되었다."라고 하였다. 듣고 보니 일본이 망할 것 같아 통쾌하지만 우리 동포들도 피해를 보니 안타깝다.

2. 탐구 내용
 일제가 중일 전쟁을 일으킨 후 실시한 정책으로 한국인들이 받은 고통을 당시 작성된 일기를 통해 확인하였다.

① 새마을 운동에 참여하는 농민
② 경연을 준비하는 홍문관 관리
③ 5·10 총선거에서 투표하는 부녀자
④ 회사령에 따라 회사 설립을 허가받는 사업가
⑤ 황국 신민 서사 암송을 강요하는 일본인 교원

77
▶25111-0304
2024학년도 수능 10번
(상)중(하)

밑줄 친 '법령'이 시행된 시기에 있었던 사실로 옳은 것은?

자료는 중일 전쟁을 일으킨 일제가 전쟁에 필요한 자원을 효율적으로 조달하기 위해 공포한 법령의 일부입니다. 일제는 이 법령을 일본, 조선, 대만 등지에 적용하였으며, 한국인을 탄광, 군수 공장 등에 강제로 동원하였습니다.

제4조 정부는 전시에 국가 총동원상 필요한 경우에 칙령이 정하는 바에 따라 제국 신민을 징용하여 총동원 업무에 종사시킬 수 있다.

① 호포제가 실시되었다.
② 쌍성총관부가 회복되었다.
③ 제주 4·3 사건이 일어났다.
④ 황국 신민 서사 암송이 강요되었다.
⑤ 반민족 행위 특별 조사 위원회가 설치되었다.

78
▶25111-0305
2024학년도 9월 모의평가 16번
(상)중(하)

밑줄 친 '이 시기'에 있었던 사실로 옳은 것은?

이 사진은 금속류 공출식을 하고 있는 모습입니다. 일제는 중일 전쟁을 일으키고 침략 전쟁을 확대하던 이 시기에 전쟁 물자를 확보하기 위해 공출 제도를 실시하였습니다. 쌀에 대한 공출과 함께 무기 제조를 목적으로 온갖 놋그릇, 쇠붙이를 수탈하였습니다.

① 균역법이 실시되었다.
② 독서삼품과가 시행되었다.
③ 제물포 조약이 체결되었다.
④ 제너럴셔먼호 사건이 발생하였다.
⑤ 황국 신민 서사 암송이 강요되었다.

79
▶25111-0306
2024학년도 6월 모의평가 13번 상중**하**

다음 판결이 내려진 시기에 볼 수 있는 모습으로 가장 적절한 것은?

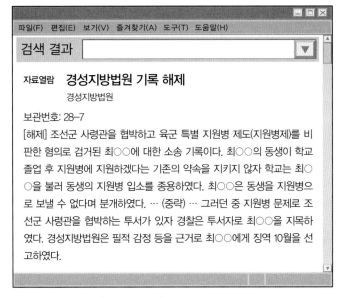

파일(F) 편집(E) 보기(V) 즐겨찾기(A) 도구(T) 도움말(H)

검색 결과

자료열람 **경성지방법원 기록 해제**

경성지방법원

보관번호: 28-7

[해제] 조선군 사령관을 협박하고 육군 특별 지원병 제도(지원병제)를 비판한 혐의로 검거된 최○○에 대한 소송 기록이다. 최○○의 동생이 학교 졸업 후 지원병에 지원하겠다는 기존의 약속을 지키지 않자 학교는 최○○을 불러 동생의 지원병 입소를 종용하였다. 최○○은 동생을 지원병으로 보낼 수 없다며 분개하였다. … (중략) … 그러던 중 지원병 문제로 조선군 사령관을 협박하는 투서가 있자 경찰은 투서자로 최○○을 지목하였다. 경성지방법원은 필적 감정 등을 근거로 최○○에게 징역 10월을 선고하였다.

① 갑신정변에 참여하는 개화파
② 경인선 개통식을 바라보는 상인
③ 황국 신민 서사를 암송하는 학생
④ 신식 무기를 들고 훈련받는 별기군
⑤ 5·18 민주화 운동을 취재하는 기자

80
▶25111-0307
2023학년도 3월 학력평가 12번 상**중**하

밑줄 친 '전쟁' 시기에 볼 수 있는 모습으로 가장 적절한 것은?

히다카는 징집을 받고 떠나면서 나에게 이러한 얘기를 했다. "…(중략)… 아시아 민족의 해방, 좋은 말이야. 그렇다면 선결 문제는 조선의 자치나 독립이겠지. 그런데 기껏 한다는 것이 창씨개명이라니. 일본식 이름을 강요한다고 뭐가 달라지겠나, 웃지 못할 넌센스지." …(중략)… 중국으로 떠난 히다카는 일 년도 못 가서 전쟁의 희생양이 되고 말았다.

① 관민 공동회에 참석하는 상인
② 조선 태형령을 집행하는 헌병 경찰
③ 황국 신민 서사를 암송하는 어린이
④ 영선사로 임명되어 청으로 떠나는 관리
⑤ 홍경래의 난을 진압하기 위해 동원된 군인

81
▶25111-0308
2023학년도 수능 17번 상중**하**

다음 대화가 이루어진 시기에 볼 수 있는 모습으로 가장 적절한 것은?

자네들 성과 이름을 일본식으로 바꾸었나? 이름까지 바꾸려면 50전을 내야 한다고 하는군.

돈이 문제가 아닐세. 창씨를 하지 않으면 입학이나 취직이 어렵다고 하는데 그래도 어떻게 일본식으로 바꿀 수 있겠나!

자네 말이 맞네. 그런데 창씨개명을 비판했다가 감옥살이를 하게 된 사람도 있다니 걱정일세.

① 공명첩을 발급받는 농민
② 별무반에 편성되어 훈련받는 군인
③ 만민 공동회에서 연설하는 시전 상인
④ 경부 고속 국도(도로) 개통식에 참가하는 시민
⑤ 한국인에게 지원병 제도를 선전하는 일본 관리

82
▶25111-0309
2023학년도 9월 모의평가 15번 상중**하**

밑줄 친 '이 시기'에 있었던 사실로 옳은 것은?

이 시기에는 국민학생도 학교에서 조선말 사용이 철저히 금지되었다. 내가 국민학교를 다닐 때 월요일 아침 학급 조회 시간이면 담임 교사에게 '국어(일본어) 상용 카드'라는 것을 열 장인가 받았는데, 이후 일주일 동안 학교생활 중에 한마디라도 조선말을 하면 그것을 들은 학생에게 카드 한 장을 빼앗기는 교칙이 있었다. 토요일 종회 시간에는 담임 교사가 일주일 동안 누가 카드를 많이 빼앗고 빼앗겼는지를 조사했다.

① 한성순보가 발행되었다.
② 삼청 교육대가 설치되었다.
③ 정동행성 이문소가 폐지되었다.
④ 반민족 행위 처벌법이 제정되었다.
⑤ 황국 신민 서사 암송이 강요되었다.

Ⅲ 일제 식민지 지배와 민족 운동의 전개

83 ▶25111-0310
2023학년도 6월 모의평가 16번 상중**하**

밑줄 친 '정책'이 실시된 시기에 볼 수 있는 모습으로 가장 적절한 것은?

> 배재 고등 보통학교를 중도에 그만두고 귀농한 지식 청년 김○○가 조선 사람의 성과 이름을 일본식 씨(氏)와 이름으로 바꾸는 정책을 비판하였다. 이에 지난 5월 6일 법원에서는 내선일체의 방침을 훼손하는 불온한 언사라고 하여, 그에게 체형(體刑) 1년의 판결을 내리고 투옥시켰다.

① 황국 신민 서사를 암송하는 학생
② 통리기무아문에서 회의하는 관리
③ 3·15 부정 선거에 항의하는 시민
④ 쌍성총관부 공격에 동원되는 군사
⑤ 임술 농민 봉기에 참여하는 소작농

84 ▶25111-0311
2022학년도 3월 학력평가 12번 상**중**하

(가)에 들어갈 내용으로 가장 적절한 것은?

한국사 수업 활동지
3학년 ○반 이름 ○○○

■ 활동 내용: 중일 전쟁 이후 일제가 자행한 수탈 관련 자료 찾아보기.
■ 수집 자료

(가)	놋그릇 등을 공출하고 일제가 나눠 준 사발	징병에 관한 절차 등을 알려 주는 책자

① 한미 상호 방위 조약문
② 박문국에서 발행한 신문
③ 징용에 동원된 한국인 명부
④ 토지 소유주에게 발급된 지계
⑤ 물산 장려 운동을 홍보하는 포스터

85 ▶25111-0312
2022학년도 9월 모의평가 17번 상중**하**

밑줄 친 '이 시기'에 있었던 사실로 옳은 것은?

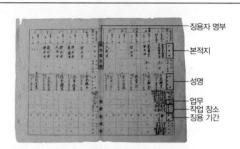

자료는 조선 총독부 징용자 명부로, 전남 완도군 징용 대상자의 성명, 업무, 작업 장소, 기간 등이 기재되어 있다. 일제가 국가 총동원법을 시행한 이 시기에는 인적 자원에 대한 수탈이 심화되었음을 이 문서를 통해 확인할 수 있다.

① 보빙사가 파견되었다.
② 당백전이 발행되었다.
③ 통리기무아문이 설치되었다.
④ 일본식 성명 사용이 강요되었다.
⑤ 미소 공동 위원회가 개최되었다.

86 ▶25111-0313
2021학년도 6월 모의평가 17번 상중**하**

다음 법령이 적용된 시기의 상황으로 옳은 것은?

> | 조선 총독부 관보 제○○○○호 | 19○○년 ○월 ○○일 |
> | --- | --- |
>
> **국가 총동원법**
>
> 제1조 국가 총동원이란 전시에 국방 목적을 달성하기 위해 국가의 전력을 가장 유효하게 발휘하도록 인적 및 물적 자원을 통제·운용하는 것을 말한다.
> (중략)
> 제4조 정부는 전시에 국가 총동원상 필요할 때는 칙령이 정하는 바에 따라 제국 신민을 징용하여 총동원 업무에 종사하게 할 수 있다.

① 당백전이 발행되었다.
② 도병마사가 설치되었다.
③ 7·4 남북 공동 성명이 발표되었다.
④ 황국 신민 서사의 암송이 강요되었다.
⑤ 조청 상민 수륙 무역 장정이 체결되었다.

87
▶25111-0314
2023학년도 10월 학력평가 16번
상**중**하

다음 지침이 발표될 당시에 볼 수 있는 모습으로 가장 적절한 것은?

> 1. 징병제는 우리 국체의 본의에 기초를 둔 것으로 본 제도가 반도에 시행됨에 이르러서는 내선일체의 진수를 구현하는 것임을 명기시킨다.
> 2. 황국 건군의 본의는 건국 이래의 국체에 연원하는 것으로 징병의 의무는 제국 신민에게만 부과되는 의무임을 명기시킨다.

① 신사 참배를 강요받는 학생
② 사사오입 개헌에 분노하는 지식인
③ 좌우 합작 7원칙을 발표하는 정치인
④ 육영 공원에서 영어를 가르치는 교사
⑤ 회사령에 따라 회사 설립을 신청하는 자본가

88
▶25111-0315
2020학년도 수능 17번
상**중**하

밑줄 친 '시기'에 일제가 실시한 정책으로 옳은 것은?

> **기념일로 보는 한국사**
>
> **8월 14일, 일본군 '위안부' 피해자 기림의 날**
>
> 1991년 8월 14일 고(故) 김학순 할머니가 일본군 '위안부' 생존자 중 최초로 피해 사실을 공개 증언하였다. 고(故) 김학순 할머니는 중일 전쟁 이후 일제가 국가 총동원법을 시행하여 인력과 물자를 수탈하던 시기에 끌려가 일본군 '위안부'로 고통을 당하였다. 정부는 일본군 '위안부' 문제를 국내외에 알리고 피해자를 기리기 위하여 8월 14일을 국가 기념일로 제정하였다.

① 별기군을 창설하였다.
② 전시과를 실시하였다.
③ 군국기무처를 설치하였다.
④ 미곡 공출제를 시행하였다.
⑤ 교육입국 조서를 반포하였다.

89
▶25111-0316
2023학년도 9월 모의평가 16번
상중하

(가) 군사 조직에 대한 설명으로 옳은 것은?

> **한국사 인물 카드**
>
> · 이름: ○○○
> · 생몰년: 1888년 ~ 1957년
> · 주요 활동
> – 일본 육군 사관 학교를 졸업하고 만주로 넘어가 독립 운동에 투신함
> – 만주에서 한국 독립당의 군대인 을/를 이끌며 만주 사변 이후 대전자령 전투를 비롯한 무장 투쟁을 전개함
> – 한국광복군의 총사령관으로 활동함

① 귀주에서 거란군을 물리쳤다.
② 서울 진공 작전을 주도하였다.
③ 황토현 전투에서 관군을 격퇴하였다.
④ 청산리 전투에서 일본군을 격파하였다.
⑤ 쌍성보에서 한중 연합 작전을 전개하였다.

90
▶25111-0317
2017학년도 9월 모의평가 16번
상중하

(가) 단체에 대한 설명으로 옳은 것은?

> 3부는 항일 무장 투쟁을 효율적으로 전개할 목적으로 1920년대 후반부터 통합 운동을 전개하였다. 그 결과, 남만주의 국민부와 북만주의 혁신 의회로 통합되었다. 국민부는 조선 혁명당을 조직하고 그 산하에 무장 부대인 (가) 을/를 결성하여 무장 투쟁을 전개하였다.

① 서울 진공 작전을 전개하였다.
② 조선 혁명 선언을 발표하였다.
③ 105인 사건으로 시련을 겪었다.
④ 영릉가 전투와 흥경성 전투를 승리로 이끌었다.
⑤ 인도와 미얀마 전선에서 영국군과 합동 작전을 전개하였다.

91
▶25111-0318
2025학년도 수능 15번
(상)(중)(하)

(가) 군사 조직에 대한 설명으로 옳은 것은?

○ 대한민국 임시 정부는 영국군의 요구에 응하여 (가) 의 대원 일부를 인도에 파견하였다. 연합국이 이 군대에 공작 임무를 맡긴 것은 1940년 창설 이래 쌓은 훈련의 성과를 인정한 것이다. 조선 민족의 능력을 발휘하여 일본 제국주의를 박멸하는 것은 연합국의 목적인 동시에 우리의 책임이다.

○ 일본군이 인도의 임팔 인근까지 접근하였다. 이에 우리 (가) 공작대 대원들은 그들에게 가까이 다가가 일본어로 방송하였으며 선전문을 살포하였다. 또한 대원들은 일본군 문서를 번역하고 포로를 심문하면서 영국군과 함께 작전을 전개하였다.

① 봉오동 전투에 참여하였다.
② 국내 진공 작전을 계획하였다.
③ 양세봉의 지휘하에 활동하였다.
④ 고종의 밀명을 받아 조직되었다.
⑤ 자유시 참변으로 피해를 입었다.

92
▶25111-0319
2025학년도 9월 모의평가 15번
(상)(중)(하)

(가) 군사 조직에 대한 설명으로 옳은 것은?

선생님은 항일 운동을 하시다가, 지청천 총사령이 이끄는 (가) 에 입대하셨는데 어떤 역할을 하셨나요?

(가) 이/가 미국 전략 정보국[OSS]과 협력하여 계획한 국내 진공 작전 수행을 위해 통신병으로 훈련을 받았습니다.

① 청산리 일대에서 일본군을 격파하였다.
② 인도·미얀마 전선에 투입되었다.
③ 고종의 밀명을 받아 조직되었다.
④ 대마도(쓰시마섬)를 정벌하였다.
⑤ 영릉가 전투에서 승리하였다.

93
▶25111-0320
2024학년도 10월 학력평가 16번
(상)(중)(하)

(가) 군사 조직에 대한 설명으로 옳은 것은?

한국사 사료집

이 부대에는 마니푸르 군사 작전에 참가했던 영국군 특수 공작부 요원 일부와 충칭에서 온 한국인 장교 두 명이 포함되었다. …(중략)… 해당 부대는 일본군에 방송과 전단지를 통해 심리전을 전개하였고, 현지 주민들에게는 전단지, 물자, 의료품을 제공하면서 선전 활동을 전개하였다.

[해설] 영국 국립 문서 보관소에서 발견된 이 자료에는 대한민국 임시 정부 산하에 조직된 (가) 의 활동이 나타나 있습니다. (가) 은/는 영국군의 요청으로 인도·미얀마 전선에 일부 대원을 파견하여 선전 및 포로 심문 등의 활동을 전개하였습니다.

① 황토현 전투에서 승리하였다.
② 인천 상륙 작전을 전개하였다.
③ 국내 진공 작전을 계획하였다.
④ 광성보에서 미군에 항전하였다.
⑤ 상하이 훙커우 공원 의거를 감행하였다.

94
▶25111-0321
2024학년도 3월 학력평가 15번
(상)(중)(하)

(가) 군사 조직에 대한 설명으로 옳은 것은?

우리는 (가) / 악마의 원수 쳐 물리자
나가! 나가! 압록강 건너 / 백두산 넘어가자
진주 우리나라 지옥이 되어 / 모두 도탄에서 헤매고 있다
동포는 기다린다 / 어서 가자 고국에

[노래 해설] 이 노래는 항일 군가인 '압록강 행진곡'입니다. 특히 시안에서 활동한 (가) 의 제2 지대원은 미국 전략 정보국[OSS]과 협력하여 합동 훈련을 할 때, 이 노래를 부르며 독립 의지를 다졌다고 합니다.

① 동북 9성을 축조하였다.
② 청산리 일대에서 일본군을 격파하였다.
③ 외침에 맞서 남한산성에서 항전하였다.
④ 한일 신협약의 비밀 각서에 따라 해산되었다.
⑤ 인도·미얀마 전선에서 영국군과 연합 작전을 전개하였다.

95
▶25111-0322
2024학년도 수능 16번
상**중**하

(가) 군대에 대한 설명으로 옳은 것은?

> ____(가)____ 을/를 창설할 때에 "우리의 분산된 역량을 독립군에 집중하여 전면적인 조국 광복 전쟁을 전개한다."는 등의 활동 목표를 세우고, 아울러 그 목표를 달성하기 위하여 노력하였지만, 뜻대로 일이 진행되지 않았다. …(중략)… 그러다가 ____(가)____ 은/는 미국 전략 정보국[OSS]과 합작하여 국내 진공 계획을 수립하게 된 것이기 때문에, 이는 우리 독립운동사에 있어서 획기적인 전환이라 할 수 있을 것이다. 이 역사적인 계획 실천의 첫 역군이 되고자 우리는 이곳에 온 것이다.

① 쌍성보 전투에서 승리하였다.
② 인천 상륙 작전을 전개하였다.
③ 고종의 밀명을 받아 조직되었다.
④ 청산리에서 일본군을 격파하였다.
⑤ 인도·미얀마 전선에 투입되었다.

96
▶25111-0323
2023학년도 3월 학력평가 13번
상중하

(가) 군사 조직에 대한 설명으로 옳은 것은?

> 수신 : 중국 국민당 정부
> 　항상 우리의 사업에 관심과 지원을 아끼지 않으시는 노고에 감사드립니다. 김원봉을 ____(가)____ 의 부사령관으로 임명하는 문제에 대해 국무 회의는 원안대로 통과시키기로 결의했습니다. …(중략)… 조선 의용대를 우리 ____(가)____ 에 편입시키는 작업이 완성된 뒤 그들의 구체적인 명단을 작성하여 참고용으로 보내도록 하겠습니다.
> 　　　　　　　　　　　　　　　　발신 : 대한민국 임시 정부

① 윤관의 건의로 편성되었다.
② 안시성 전투에서 승리하였다.
③ 고종의 복위를 목표로 하였다.
④ 인도·미얀마 전선에 파견되었다.
⑤ 자유시 참변으로 큰 타격을 입었다.

97
▶25111-0324
2022학년도 수능 17번
상**중**하

(가)에 대한 설명으로 옳은 것은?

> 사진 속 여성들은 대한민국 임시 정부의 산하 군사 조직인 ____(가)____ 에서 병사 모집, 대적 선전, 정보 수집 등의 활동을 통해 독립 전쟁에 뚜렷한 공적을 남겼습니다. 1940년에 창설된 ____(가)____ 은/는 태평양 전쟁 당시 미국 전략 정보국[OSS]과 연계하여 국내 진공 작전을 추진하기도 하였습니다.

일제 강점기 무장 투쟁과 여성 독립운동가

① 위화도 회군을 단행하였다.
② 인천 상륙 작전을 전개하였다.
③ 대마도(쓰시마섬)를 정벌하였다.
④ 황토현 전투에서 승리를 거두었다.
⑤ 인도·미얀마 전선에 투입되었다.

98
▶25111-0325
2021학년도 10월 학력평가 15번
상**중**하

(가) 부대에 대한 설명으로 옳은 것은?

> [다큐멘터리 제작 기획안]
> ○제목: ____(가)____ 의 창설과 대일전 전개
> ○기획 의도: 1940년대 대한민국 임시 정부가 전개한 항일 무장 투쟁을 살펴본다.
> ○편성 내용
> 　– 1부: 충칭에서 창설 기념식을 거행하다.
> 　– 2부: 김원봉이 부사령관에 취임하다.
> 　– 3부: 국내 진공 작전을 위해 훈련하다.

① 임오군란을 일으켰다.
② 동북 9성을 축조하였다.
③ 청산리 전투에서 승리하였다.
④ 자유시 참변으로 다수가 희생되었다.
⑤ 미얀마·인도 전선에서 영국군과 연합 작전을 펼쳤다.

기출 & 플러스

01 1910년대~1920년대 일제의 식민지 지배 정책

■ 빈칸에 알맞은 말을 써넣으시오.

01 일제는 1910년대에 (   )에게 일반 경찰 업무를 수행하도록 하였다.

02 일제는 (   ) 운동 이후 이른바 문화 통치를 표방하였다.

03 일제는 1910년 회사 설립을 (   )제로 하는 회사령을 제정하였다.

04 일제는 자국의 쌀 부족 문제를 해결하기 위해 1920년부터 (   )을 실시하였다.

■ 다음 내용이 옳으면 ○표, 틀리면 ×표 하시오.

05 토지 조사 사업의 결과 조선 총독부의 지세 수입이 증가하였다. (   )

06 3·1 운동 이후 일제는 조선 태형령을 제정하였다. (   )

07 일제는 1925년 치안 유지법을 제정하여 독립운동을 탄압하였다. (   )

08 산미 증식 계획은 신고주의 원칙에 따라 추진되었다. (   )

02 3·1 운동과 대한민국 임시 정부

■ 빈칸에 알맞은 말을 써넣으시오.

09 임병찬 등은 고종의 밀명을 받아 (   )를 조직하였다.

10 서간도 (   )에 설립된 신흥 강습소는 신흥 무관 학교로 개편되었다.

11 1919년 도쿄 유학생들이 발표한 (   )은 3·1 운동에 영향을 끼쳤다.

12 대한민국 임시 정부는 연락과 정보 수집 등을 위해 연통제와 (   )을 운영하였다.

■ 다음 내용이 옳으면 ○표, 틀리면 ×표 하시오.

13 박상진 등이 참여한 대한 광복회는 공화정의 근대 국가 건설을 목표로 삼았다. (   )

14 북간도 지역에서는 신한촌이 형성되었고 권업회가 결성되었다. (   )

15 3·1 운동이 확산되자 일제는 제암리 학살 사건을 자행하는 등 무력으로 탄압하였다. (   )

16 대한민국 임시 정부가 개최한 국민 대표 회의는 창조파와 개조파의 대립으로 결렬되었다. (   )

03 다양한 민족 운동의 전개

■ 빈칸에 알맞은 말을 써넣으시오.

17 1920년 봉오동과 (   ) 일대에서 독립군 연합 부대가 일본군을 크게 물리쳤다.

18 3부가 수립되자 일제는 1925년 만주 군벌과 (   ) 협정을 체결하여 독립군을 탄압하였다.

19 김원봉 등의 주도로 결성된 (   )은 「조선 혁명 선언」을 활동 지침으로 삼았다.

20 한인 애국단의 (   )은 1932년 상하이 훙커우 공원에서 의거를 감행하였다.

21 조만식 등이 (   )에서 시작한 물산 장려 운동은 전국으로 확산되었다.

22 이상재 등은 전국적인 모금 운동을 통해 고등 교육 기관을 설립하려는 (   )을 전개하였다.

23 1926년 (   )의 장례일에 학생들 주도로 6·10 만세 운동이 전개되었다.

24 1926년 사회주의 세력이 (   ) 선언을 발표하여 비타협적 민족주의 세력과의 연대를 주장하였다.

■ 다음 내용이 옳으면 ○표, 틀리면 ×표 하시오.

25 간도로 이주한 독립군 부대는 내부의 주도권 분쟁과 러시아 혁명군에 의한 무장 해제 과정에서 참변을 겪었다. (   )

26 3부 통합 운동 결과 남만주 지역에는 혁신 의회가 수립되었다. (   )

27 의열단의 나석주는 1923년 종로 경찰서에 폭탄을 투척하였다. (   )

28 1931년 김구는 대한민국 임시 정부에 활기를 불어넣기 위해 한인 애국단을 조직하였다. (   )

29 물산 장려 운동은 '한민족 1천만이 한 사람이 1원씩'이라는 구호를 내걸고 전개되었다. (   )

30 동아일보사는 학생들을 모아 브나로드 운동을 주도하였다.
（　　）

31 신간회는 일제의 식민 지배를 인정하고 자치권을 얻자고 주장하였다.
（　　）

32 1929년 한·일 학생들의 충돌을 계기로 광주 학생 항일 운동이 일어났다.
（　　）

04 사회·문화의 변화와 사회 운동

■ 빈칸에 알맞은 말을 써넣으시오.

33 1929년 한국인 노동자 구타 사건을 계기로 （　　） 총파업이 발생하였다.

34 천도교 소년회는 5월 1일을 （　　）로 정하였다.

35 백정들은 1923년 진주에서 （　　）를 결성하고 형평 운동을 전개하였다.

36 （　　）는 우리말 큰사전을 편찬하려 하였으나 일제의 탄압으로 1942년 다수 회원들이 구속되었다.

37 （　　）은 『조선사회경제사』에서 한국사가 세계사의 보편적 발전 법칙에 따라 발전하였다고 주장하였다.

■ 다음 내용이 옳으면 ○표, 틀리면 ×표 하시오.

38 일제 강점기 경성의 일본인이 모여 사는 북촌에는 은행, 백화점 등이 들어섰다.
（　　）

39 일제 강점기에 도시화가 진행되었으나, 도시 변두리에는 빈민층인 토막민이 증가하였다.
（　　）

40 1923년 암태도의 농민들은 지주의 수탈에 맞서 소작 쟁의를 전개하였다.
（　　）

41 1927년 여성 단체의 좌우 합작으로 조선 청년 총동맹이 결성되었다.
（　　）

42 박은식은 『조선사연구초』와 『조선상고사』를 저술하였다.
（　　）

05 전시 동원 체제와 광복을 위한 노력

■ 빈칸에 알맞은 말을 써넣으시오.

43 일제는 인력과 물자를 전쟁에 동원하기 위해 1938년 （　　）을 공포하였다.

44 지청천이 이끄는 （　　）은 중국군과 연합하여 쌍성보 전투에서 일본군을 물리쳤다.

45 （　　）은 미국 전략 정보국[OSS]과 연합하여 국내 진공 작전을 추진하였다.

46 1943년 （　　） 회담에서 연합국은 한국을 독립시킬 것을 최초로 결의하였다.

■ 다음 내용이 옳으면 ○표, 틀리면 ×표 하시오.

47 일제는 침략 전쟁을 확대하면서 황국 신민 서사 암송과 일본식 성명 사용 등을 강요하였다.
（　　）

48 조선 의용대의 일부는 1942년 양세봉의 지휘 아래 한국광복군에 합류하였다.
（　　）

49 대한민국 임시 정부는 1941년 삼균주의에 기초한 건국 강령을 발표하였다.
（　　）

50 1944년 여운형은 국내에서 조선 건국 동맹을 결성하였다.
（　　）

III
일제 식민지 지배와 민족 운동의 전개

정답
01 헌병　**02** 3·1　**03** 허가　**04** 산미 증식 계획　**05** ○　**06** ×　**07** ○　**08** ×　**09** 독립 의군부　**10** 삼원보
11 2·8 독립 선언　**12** 교통국　**13** ○　**14** ×　**15** ○　**16** ○　**17** 청산리　**18** 미쓰야　**19** 의열단　**20** 윤봉길
21 평양　**22** 민립 대학 설립 운동　**23** 순종　**24** 정우회　**25** ×　**26** ×　**27** ×　**28** ○　**29** ×　**30** ○　**31** ×
32 ○　**33** 원산　**34** 어린이날　**35** 조선 형평사　**36** 조선어 학회　**37** 백남운　**38** ×　**39** ○　**40** ○　**41** ×
42 ×　**43** 국가 총동원법　**44** 한국 독립군　**45** 한국광복군　**46** 카이로　**47** ○　**48** ×　**49** ○　**50** ○

함정 탈출 TIP 체크

06 조선 태형령은 무단 통치 시기인 1912년에 제정되었다.　**08** 토지 조사 사업이 신고주의 원칙으로 추진되었다.　**14** 신한촌이 건설된 지역은 연해주이다.　**25** 자유시로 이동한 독립군 부대는 내부 주도권 분쟁과 러시아 혁명군에 의한 무장 해제 과정에서 큰 피해를 입었다.　**26** 3부 통합 운동 결과 남만주에는 국민부가, 북만주에는 혁신 의회가 수립되었다.　**27** 의열단의 나석주는 1926년 동양 척식 주식회사에 폭탄을 투척하였다.　**29** 물산 장려 운동은 '내 살림 내 것으로', '조선 사람 조선 것' 등의 구호를 내걸었다.　**31** 1920년대 중반 이후 이광수 등이 자치 운동을 전개하였다. 신간회는 이들을 기회주의라고 비판하였다.　**38** 일제 강점기 경성은 일본인이 모여 사는 남촌과 한국인이 주로 거주하는 북촌으로 나뉘었다.　**41** 여성 단체의 좌우 합작으로 1927년 근우회가 결성되었다.　**42** 박은식은 『한국통사』와 『한국독립운동지혈사』를 저술하였다.　**48** 김원봉의 지휘로 조선 의용대의 일부가 한국광복군에 합류하였다.

대한민국의 발전

기출문제 분석 팁

- 모스크바 3국 외상 회의, 유엔 총회와 소총회의 결의 등 국제 사회의 결정이 한반도에 끼친 영향과 국내의 반응을 시기순으로 정리해 두어야 한다.
- 5·10 총선거의 결과 구성된 제헌 국회의 활동을 주요 입법 활동을 중심으로 알아 두어야 한다.
- 6·25 전쟁의 배경과 경과를 정리하고, 전쟁 이후 남북에서 독재 체제가 강화되었음을 주요 사례를 통해 파악해 두어야 한다.
- 4·19 혁명의 배경과 영향을 정리해 두어야 한다.
- 박정희 정부의 정책을 경제 개발 5개년 계획과 관련하여 알아 두어야 한다.
- 유신 헌법의 주요 내용과 특징을 이해하고, 그에 맞서 전개된 민주화 운동의 사례를 파악해 두어야 한다.
- 신군부의 등장과 5·18 민주화 운동의 진압 전개, 그리고 전두환 정부의 정책을 시기순으로 정리해 두어야 한다.
- 전태일 분신 사건이 일어난 배경과 새마을 운동의 특징을 알아 두어야 한다.
- 6월 민주 항쟁의 배경과 결과를 이해해야 한다. 특히 6·29 민주화 선언은 자주 출제되는 주제이므로 그 내용을 반드시 숙지하고 있어야 한다.
- 김영삼 정부가 실시한 주요 경제 정책을 알아 두어야 한다.
- 7·4 남북 공동 성명, 남북 기본 합의서, 6·15 남북 공동 선언의 내용을 반드시 시기별로 구분하여 알아 두어야 한다.
- 노태우 정부와 김대중 정부를 중심으로 역대 정부가 추진한 통일 정책을 시기별로 정리해 두어야 한다.

한눈에 보는 출제 빈도

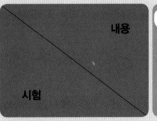

시험	내용	01 대한민국 정부 수립과 6·25 전쟁 • 좌우 합작 운동과 남북 협상 • 5·10 총선거의 실시 • 제헌 국회의 활동 • 6·25 전쟁의 발발과 전개 • 발췌 개헌과 사사오입 개헌	02 민주화를 위한 노력과 경제 성장 • 4·19 혁명의 배경과 결과 • 박정희 정부의 정책과 유신 체제의 성립 • 신군부의 등장과 5·18 민주화 운동의 전개 • 경제 개발의 성과와 문제점	03 민주주의 발전과 남북 화해 • 6월 민주 항쟁의 과정과 결과 • 김영삼 정부의 주요 정책 • 7·4 남북 공동 성명의 내용 • 노태우 정부의 통일 정책 • 김대중 정부의 통일 정책
2025 학년도	수능	1		3
	9월 모의평가	1	2	1
	6월 모의평가	1		3
2024 학년도	수능	1	1	2
	9월 모의평가	1	2	1
	6월 모의평가	1	2	1
2023 학년도	수능	1	2	1
	9월 모의평가	1		3
	6월 모의평가	1	2	1
2022 학년도	수능	1	1	1
	9월 모의평가	1	1	1
	6월 모의평가	1		2
2021 학년도	수능	1	1	1
	9월 모의평가	1	1	1
	6월 모의평가	1	1	1

기출문제로 유형 확인하기

01 대한민국 정부 수립과 6·25 전쟁

01 ▶25111-0326
2023학년도 수능 15번

상 중 하

(가)에 들어갈 장면으로 옳은 것만을 〈보기〉에서 고른 것은?

역사적 장면으로 본 광복 3년사

▲ 광복 직후　▲ 모스크바 3국 외상 회의 개최　(가)　▲ 제헌 헌법 공포

─── • 보기 • ───

ㄱ. ▲ 제1차 미소 공동 위원회 개최

ㄴ. ▲ 발췌 개헌안 통과

ㄷ. ▲ 5·10 총선거 실시

ㄹ. ▲ 인천 상륙 작전 전개

① ㄱ, ㄴ　② ㄱ, ㄷ　③ ㄴ, ㄷ　④ ㄴ, ㄹ　⑤ ㄷ, ㄹ

02 ▶25111-0327
2025학년도 수능 19번

상 중 하

다음 상황이 나타난 시기를 연표에서 옳게 고른 것은?

어제 21일 김규식은 출발에 앞서 이번 북행(北行)에 대한 소견을 다음과 같이 피력하였다. "나와 김구 선생은 우리의 손으로써 조국을 통일시켜야 한다는 데서 남북 협상을 제안하였던 것이다. … (중략) … 우리는 안으로 민족의 통일을 성취시키고, 밖으로 연합국의 협조를 통하여 우리의 자주독립을 이루기 위하여 다음과 같은 원칙을 제시할 예정이다.
1. 어떠한 형태의 독재 정치라도 이를 배격하고 진정한 민주주의 국가를 건립할 것.
　　　… (중략) …
5. 미·소 양군의 조속한 철수에 관해서는 우선 양군 당국이 철수 조건 및 기일 등을 협정하여 공포하라고 주장할 것."

	(가)		(나)		(다)		(라)		(마)	
조선 건국 동맹 조직		8·15 광복		제헌 국회 출범		정전(휴전) 협정 체결		5·16 군사 정변		3선 개헌

① (가)　② (나)　③ (다)　④ (라)　⑤ (마)

03 ▶25111-0328
2023학년도 10월 학력평가 17번

상 중 하

다음 성명이 발표된 시기를 연표에서 옳게 고른 것은?

우리의 통일 독립이 없이는 세계의 평화도 없을 것이다. 그러므로 우리의 우방인 민주 국가들도 우리의 독립을 보장하였다. 이것을 실현하기 위하여 미국과 소련이 회담하였고 유엔도 노력한 것이다. 그러나 미소 공동 위원회도 성과를 남기지 못하고 …(중략)… 이에 우리의 갈 길은 민족 자결 정신에 의하여 우리끼리 단결하여 독립 문제를 완성하는 것뿐이다. 이번에 내가 38선을 넘어 평양에 온 것은 이것을 증명하는 것이다.

	(가)		(나)		(다)		(라)		(마)	
만주 사변 발발		8·15 광복		대한민국 정부 수립		발췌 개헌 단행		4·19 혁명		유신 헌법 제정

① (가)　② (나)　③ (다)　④ (라)　⑤ (마)

04 ▶25111-0329
2024학년도 10월 학력평가 18번
상중**하**

(가) 회의에 대한 설명으로 옳은 것은?

문학으로 보는 한국사

군중은 소리 높여 떠들었다. 인경은 해방된 8월 15일에 한 번 울었고 오늘이 두 번째 울음이다. 최초의 울림은 기쁨의 소리였으나, 지금의 울림은 슬픔의 소리이다. … (중략) … 나라 없는 군중은 와-하고 몰려서 "신탁 통치 절대 반대다!", "조선 완전 독립 만세!"라고 외치며 시위 행렬은 시작되었다. 데모는 마치 탱크처럼 안국정을 돌아 군정청 앞으로 향한 것이다.

[해설] 위 내용은 잡지 『백민』에 발표된 소설 「무기 없는 민족」의 일부이다. 미국, 영국, 소련의 외무 장관들이 한반도 문제 등을 논의한 (가) 의 결정 사항이 알려지자, 이에 반발하는 상황을 묘사하고 있다.

① 헌의 6조를 채택하였다.
② 제1차 갑오개혁을 주도하였다.
③ 좌우 합작 7원칙을 발표하였다.
④ 미소 공동 위원회 설치를 합의하였다.
⑤ 창조파와 개조파의 대립으로 결렬되었다.

05 ▶25111-0330
2023학년도 3월 학력평가 15번
상중**하**

밑줄 친 '이 회의'에 대한 설명으로 옳은 것은?

저는 모스크바에서 열린 이 회의를 보도한 신문 기사를 골랐습니다. 미국, 영국, 소련의 외무 장관이 이 회의에 참석하였습니다. 기사에 따르면 우리에 대해 소련은 신탁 통치, 미국은 즉시 독립을 주장했다고 하는데, 이는 오보였습니다.

- 역사 NIE 발표 -
내가 고른 현대사의 대표적 오보

① 상대등을 중심으로 논의를 진행하였다.
② 흥선 대원군에 의해 사실상 폐지되었다.
③ 창조파와 개조파의 대립으로 결렬하였다.
④ 5·16 군사 정변 이후 군정을 주도하였다.
⑤ 한반도에 민주주의 임시 정부 수립을 결정하였다.

06 ▶25111-0331
2021학년도 10월 학력평가 16번
상중**하**

(가)에 들어갈 내용으로 가장 적절한 것은?

이곳은 덕수궁의 석조전으로 미소 공동 위원회가 열린 곳입니다. 모스크바 3국 외상 회의의 결정에 따라 이 위원회가 구성되어 (가) 문제를 논의하였지만, 양측의 견해차가 커서 결렬되고 말았습니다.

① 군국기무처 설치
② 한일 국교 정상화
③ 정동행성 이문소 폐지
④ 6·25 전쟁 전후 처리
⑤ 한국의 민주주의 임시 정부 수립

07 ▶25111-0332
2021학년도 수능 18번
상중**하**

(가) 회의에 대한 설명으로 옳은 것은?

당신의 의무와 권리! 지금 말씀하십시오.

(가) 의 결정 사항에 따라 설치된 미소 공동 위원회에서 질문서를 준비하였습니다. 이 질문서에 대한 대답은 장차 수립될 민주주의 임시 정부의 성격 등을 결정하는 데 중요합니다. 지금 소속 정당이나 사회단체의 본부를 통하여 당신이 어떠한 정부를 원하는지 말씀하십시오.

① 헌의 6조가 채택되었다.
② 개성 공단 조성이 합의되었다.
③ 한반도 신탁 통치 실시 문제가 논의되었다.
④ 이상설, 이준, 이위종이 특사로 파견되었다.
⑤ 창조파와 개조파의 대립 등으로 결렬되었다.

Ⅳ 대한민국의 발전

08
▶25111-0333
2023학년도 9월 모의평가 19번

(가) 인물에 대한 설명으로 옳은 것은?

(가) 은/는 3·1 운동에 관여한 신한청년당을 조직하였으며, 대한민국 임시 정부의 외무부 차장을 역임하였습니다. 광복을 전후하여 조선 건국 동맹 및 조선 건국 준비 위원회를 결성하고 위원장으로 활동하였습니다.

① 삼국유사를 저술하였다.
② 위화도 회군을 단행하였다.
③ 수선사 결사를 제창하였다.
④ 좌우 합작 위원회를 주도하였다.
⑤ 남한만의 단독 정부 수립을 주장하였다.

09
▶25111-0334
2023학년도 6월 모의평가 17번

밑줄 친 '국회'에 대한 설명으로 옳은 것은?

이 사진은 유엔 한국 임시 위원단이 선거 과정을 감독하는 모습이야. 이 선거로 국민이 선출한 의원들이 국회를 구성했어.

맞아. 이 선거는 사진처럼 여성도 참여하는 보통 선거로 치러졌지. 선거 결과 구성된 국회에서 제헌 헌법이 제정되었어.

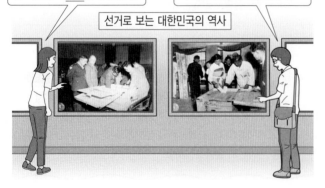

선거로 보는 대한민국의 역사

① 이상설 등을 헤이그에 특사로 파견하였다.
② 반민족 행위 처벌법을 제정하였다.
③ 베트남 파병을 추진하였다.
④ 헌의 6조를 채택하였다.
⑤ 홍문관을 설치하였다.

10
▶25111-0335
2022학년도 3월 학력평가 17번

밑줄 친 '이 선거'의 결과로 옳은 것은?

5월로 실시가 예정된 상황에서 이 선거에 대한 당시 주요 정당들의 의견을 조사한 자료 중 일부입니다. 두 정당은 유엔 소총회의 결의에 따라 결정된 이 선거에 대해 다른 입장을 보였습니다.

정당 이름	선거에 대한 의견	입장
한국 독립당	유엔 총회 결의에 모순	반대
한국 민주당	만족스러운 결정	찬성

① 헌의 6조가 채택되었다.
② 제헌 국회가 구성되었다.
③ 대통령 직선제 개헌이 단행되었다.
④ 통일 주체 국민 회의가 설치되었다.
⑤ 모스크바 3국 외상 회의가 개최되었다.

11
▶25111-0336
2022학년도 6월 모의평가 19번

밑줄 친 '국회'에 대한 설명으로 옳은 것은?

유권자의 날 [검색]

유권자의 날

요약 선거의 의미를 되새기고 투표 참여를 독려하기 위해 제정한 법정 기념일

날짜 ｜ 매년 5월 10일

이날은 우리나라 역사상 최초로 실시된 보통 선거를 기념하기 위해 지정되었다. 이 선거는 유엔 한국 임시 위원단이 참관한 가운데 시행되었으며, 제주도 2곳의 선거구를 제외하고 총 198명의 국회 의원이 선출되었다. 당시 선거에서는 문맹자가 많아 후보자의 기호를 막대기 개수로 표기하기도 하였다. 이 선거로 구성된 국회는 2년 동안 활동하였다.

① 회사령을 폐지하였다.
② 헌의 6조를 채택하였다.
③ 대한국 국제를 반포하였다.
④ 국가 총동원법을 선포하였다.
⑤ 반민족 행위 처벌법을 제정하였다.

12
▶25111-0337
2021학년도 6월 모의평가 18번
상 중 **하**

(가)에 들어갈 내용으로 옳은 것은?

┌─────────────────────────────────────┐
│   **다큐멘터리 제작 기획안**   │
│   │
│ ◆ 프로그램명: 격동의 시대, 1945~1948   │
│ ◆ 기획 의도: 광복 이후 3년간 있었던 주요 사건들을 시간순으로 │
│   알아보고, 대한민국 정부 수립의 의미를 생각해 본다. │
│ ◆ 회차별 제목   │
│   – 제1부: 8 · 15 광복을 맞이하다.   │
│   – 제2부: 모스크바 3국 외상 회의가 개최되다.   │
│   – 제3부: 남북 협상이 진행되다.   │
│   – 제4부: (가)   │
│   – 제5부: 대한민국 정부가 수립되다.   │
└─────────────────────────────────────┘

① 제너럴 셔먼호 사건이 일어나다.

② 서울 올림픽 대회가 개최되다.

③ 5·10 총선거가 실시되다.

④ 홍범 14조가 반포되다.

⑤ 임오군란이 발생하다.

13
▶25111-0338
2024학년도 6월 모의평가 17번
상 **중** 하

다음 내용의 보고서를 작성한 위원회에 대한 설명으로 옳은 것은?

┌─────────────────────────────────────┐
│   **조사 보고서**   │
│   │
│ • 피의자: ○○○   │
│ • 피의자는 반민족 행위의 죄가 현저하므로 반민족 행위 처벌법에 의거하여 │
│   아래와 같이 조사서를 작성 보고함.   │
│ • 범죄 개요   │
│   – 일본의 전쟁 승리를 위한 항공 전력 확대를 목적으로 조선비행기공업 주 │
│   식회사를 설립함.   │
│   – 일본의 국가 정책을 추진할 목적으로 설립된 각 단체의 핵심 간부로서 │
│   지도적 행동을 함.   │
│   – 사회 문화 부문에 있어서 민족정신과 신념과 배반하고, 일본 침략주의와 │
│   그 시책을 수행하는 데 협력 지도함.   │
│   1949년 1월   │
└─────────────────────────────────────┘

① 삼청 교육대를 운영하였다.

② 제헌 국회에 의해 구성되었다.

③ 정우회 선언을 계기로 결성되었다.

④ 민립 대학 설립 운동을 추진하였다.

⑤ 조선 인민 공화국 수립을 선포하였다.

14
▶25111-0339
2022학년도 10월 학력평가 16번
상 중 **하**

(가) 위원회에 대한 설명으로 옳은 것은?

┌─────────────────────────────────────┐
│ ○ (가) 은/는 투서함을 놓고 시민들의 투서를 기다리고 있 │
│   다. 지금까지의 수많은 투서 속에는 일본 경찰과 헌병의 앞잡 │
│   이로 독립투사와 동포를 박해하던 자, 일제의 패망 직전 날뛰 │
│   던 애국 반장·면서기 등의 죄상이 적혀 있다. │
│   │
│ ○ (가) 은/는 친일 거두 박흥식을 체포한 이래 일제에 협력 │
│   했던 자들을 속속 검거하고 있다. 이들에 대한 공판은 늦어도 │
│   다음 달 중순에 열릴 것으로 예상된다. │
└─────────────────────────────────────┘

① 헌의 6조를 결의하였다.

② 좌우 합작 7원칙을 발표하였다.

③ 조선 혁명 선언을 활동 지침으로 삼았다.

④ 외교 활동을 위해 구미 위원부를 설치하였다.

⑤ 제헌 국회에서 제정한 특별법에 따라 조직되었다.

15
▶25111-0340
2025학년도 9월 모의평가 17번
상 중 **하**

(가) 전쟁 중에 있었던 사실로 옳은 것은?

┌─────────────────────────────────────┐
│   대중 가요로 보는 한국 현대사 │
│   **휴전선 나그네**   │
│   │
│ [가사]   [해설]   │
│ 삼백 리 임진강에 울고 가는 저 물새야   이 곡에는 휴전선(군사 분계선)을 경계 │
│ 송악산의 보초병이 오늘도 서 있더냐   로 남북한이 대치하는 상황에서 자유롭 │
│ 서울도 고향이요 평양도 고향인데   게 왕래할 수 없는 분단의 아픔이 담겨 │
│ 철조망이 웬 말이냐 휴전선아 가거라   있다. 휴전선은 북한의 남침으로 인해 │
│   발발한 (가) 의 정전 협정에 따라 │
│ 달 밝은 임진강에 노를 젓는 뱃사공아   설정된 것이다. │
│ 가로막힌 저 산맥은 누구를 원망하나   │
│ 다 같은 핏줄이요 다 같은 자손인데   │
│ 국경선이 웬 말이냐 휴전선아 가거라   │
└─────────────────────────────────────┘

① 홍경래의 난이 일어났다.

② 미쓰야 협정이 체결되었다.

③ 자유시 참변이 발생하였다.

④ 인천 상륙 작전이 전개되었다.

⑤ 통일 주체 국민 회의가 개최되었다.

Ⅳ 대한민국의 발전

밑줄 친 '당시 정부' 시기에 있었던 사실로 옳은 것은?

위 자료는 농지 개혁법에 따라 발급된 상환 증서이다. 이 증서에는 농지를 분배받은 농민의 이름과 분배 농지의 면적, 상환액, 상환 기간 등이 기입되어 있다. 당시 정부는 3정보를 초과한 농지를 소유한 지주에게서 초과분의 농지를 유상 매입하는 한편, 농민에게는 상환 증서를 발급하고 유상으로 농지를 분배하였다.

① 6·25 전쟁이 발발하였다.
② 만민 공동회가 개최되었다.
③ 조선 형평사가 조직되었다.
④ 국채 보상 운동이 전개되었다.
⑤ 영국이 거문도를 불법 점령하였다.

다음 담화가 발표된 시기를 연표에서 옳게 고른 것은?

적군은 전차, 전투기와 전함으로 서울에 다가오고 있는데, 우리 국군은 맞서 싸울 수단이 없다시피 합니다. 이 암울한 상황에 직면하여 나는 도쿄와 워싱턴에 전화하여 상황을 설명하였습니다. … (중략) … 미국과 맥아더 장군은 우리에게 수많은 유능한 군인과 군수 물자를 보내는 중입니다. 이는 이른 시일 내에 도착할 것입니다.

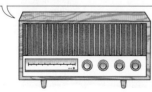

	(가)	(나)	(다)	(라)	(마)
8·15 광복		제1차 미소 공동 위원회 개최	애치슨 선언 발표	1·4 후퇴	정전 협정 조인	진보당 사건 발생

① (가)   ② (나)   ③ (다)   ④ (라)   ⑤ (마)

밑줄 친 '이 전쟁' 중에 있었던 사실로 옳은 것은?

현 교수는 한국 해병대에서 미 10군단으로 갔다. 군단장의 고향이 현 교수가 공부한 곳인 버지니아주였기 때문이다. … (중략) … "10월에 미 10군단 민사부 고문이 됐는데, 얼마되지 않아 중국이 이 전쟁에 뛰어들면서 미군이 후퇴했습니다. … (중략) … 후퇴 과정에서 어려운 동포들을 구해야 한다고 생각했죠. 제가 흥남 철수 작전에서 피난민을 도운 건 누군가는 해야 할 일이었기 때문입니다."

① 아관 파천이 단행되었다.
② 3·1 운동이 발생하였다.
③ 강화도 조약이 체결되었다.
④ 인천 상륙 작전이 전개되었다.
⑤ 반민족 행위 처벌법이 제정되었다.

(가) 전쟁 중에 있었던 사실로 옳은 것은?

자료는   (가)   에서 국군과 유엔군의 인천 상륙 작전이 성공했음을 알리고 인민군에게 투항을 권유하는 전단이다. 전단의 뒷면에는 인민군의 보급선이 단절되었고 후퇴할 길도 막혔으니 죽음과 항복 가운데 하나를 선택하라는 내용이 담겨 있다.

① 모스크바 3국 외상 회의가 개최되었다.
② 국회에서 발췌 개헌안이 통과되었다.
③ 5·10 총선거가 실시되었다.
④ 헤이그 특사가 파견되었다.
⑤ 비변사가 설치되었다.

20 ▶25111-0345
2021학년도 4월 학력평가 18번 상 중 **하**

밑줄 친 '전쟁'이 발발한 시기를 연표에서 옳게 고른 것은?

> 소련제 전투기와 탱크로 무장한 북한군이 38도선을 넘어 침략하였다. 유엔 안전 보장 이사회는 북한군에게 전쟁을 중지하고 38도선 이북으로 철수할 것을 요구하였다. 그러나 북한군은 이 요구를 받아들이지 않았고 오히려 공격을 계속 강행하고 있다.

	(가)		(나)		(다)		(라)		(마)	
신미 양요		청산리 전투		8·15 광복		4·19 혁명		부마 민주 항쟁		남북 기본 합의서 채택

① (가)   ② (나)   ③ (다)   ④ (라)   ⑤ (마)

21 ▶25111-0346
2021학년도 3월 학력평가 19번 상 중 **하**

밑줄 친 '이 전쟁' 중에 있었던 사실로 옳은 것은?

이것은 이 전쟁 당시 북한군의 항복을 유도하기 위해 제작된 전단이다. 서울에 태극기가 꽂혀 있는 모습은 국제 연합군(유엔군)과 국군이 서울을 탈환한 상황을 보여주고 있다. 또한 북쪽의 공장과 남쪽의 북한군을 이어 주는 선이 가위로 잘린 모습은 북한군의 주요 보급로가 차단된 상황을 나타내고 있다.

① 자유시 참변이 일어났다.
② 인천 상륙 작전이 전개되었다.
③ 제너럴 셔먼호 사건이 발생하였다.
④ 7·4 남북 공동 성명이 발표되었다.
⑤ 모스크바 3국 외상 회의가 개최되었다.

22 ▶24111-0347
2020학년도 10월 학력평가 18번 상 중 **하**

밑줄 친 '전쟁' 중에 있었던 사실로 옳은 것은?

> 옆집 아주머니가 새벽에 전쟁이 일어났다는 소식을 전해 주었다. … (중략) … 우리 가족은 천만다행히도 아무런 피해를 입지 않았지만, 친척 중에는 피해를 당한 분들이 여럿 있었다. 사촌 형님 한 분은 전쟁에 참전하였다가 낙동강 전투에서 부상을 당하였다. 빨리 회복되어 다시 전선으로 갔으나 1·4 후퇴 때 행방불명되었다.

① 별기군이 창설되었다.
② 봉오동 전투가 일어났다.
③ 5·10 총선거가 실시되었다.
④ 인천 상륙 작전이 전개되었다.
⑤ 제너럴 셔먼호 사건이 발생하였다.

23 ▶25111-0348
2021학년도 9월 모의평가 18번 상 **중** 하

다음 협정으로 중단된 전쟁 중에 있었던 사실로 옳지 않은 것은?

> **제1조 군사 분계선과 비무장 지대**
>
> 제1항 한 개의 군사 분계선을 확정하고 쌍방이 이 선으로부터 각기 2km씩 후퇴함으로써 적대 군대 간에 한 개의 비무장 지대를 설정한다. 한 개의 비무장 지대를 설정하여 이를 완충 지대로 함으로써 적대 행위의 재발을 초래할 수 있는 사건의 발생을 방지한다.
>
> … (중략) …
>
> 1953년 7월 27일 10:00시에 한국 판문점에서 영문·한국문·중국문으로 작성한다. 이 3개 국어의 각 협정 본문은 동등한 효력을 가진다.

① 중국군이 참전하였다.
② 조선 건국 동맹이 결성되었다.
③ 인천 상륙 작전이 실시되었다.
④ 국회에서 발췌 개헌안이 통과되었다.
⑤ 국군과 유엔군이 압록강까지 진출하였다.

24 ▶25111-0349
2024학년도 9월 모의평가 19번 상 중 **하**

(가) 민주화 운동의 결과로 가장 적절한 것은?

한국사 다큐멘터리   조회수 1,983

4월 25일 오후 대학 교수들은 "학생의 피에 보답하라."라고 적힌 플래카드를 앞세우고 거리로 나섰다. 이들은 시국 선언문을 통해 " (가) 은/는 우리나라의 정치적 위기를 극복하기 위한 계기이다."라고 외쳤다. 또한 (가) 의 배경이 된 3·15 부정 선거에 주목하고 그 주모자에 대한 무거운 처벌 및 정·부통령 선거의 재실시 등을 요구하였다.

① 유상 매입, 유상 분배의 농지 개혁법이 제정되었다.
② 내각 책임제를 골자로 한 개헌이 이루어졌다.
③ 모스크바 3국 외상 회의가 개최되었다.
④ 3·1 민주 구국 선언이 발표되었다.
⑤ 조선 형평사가 조직되었다.

25 ▶25111-0350
2024학년도 10월 학력평가 19번 상 중 **하**

(가) 민주화 운동의 결과로 옳은 것은?

고등학교 시절 마산 시위에 참여하셨던 두 분은 (가) 의 배경이 된 부정 선거를 목격하셨다고 들었는데 설명 부탁드립니다.

저는 자유당 선거 운동원들이 선거 조작을 위해 투표용지를 받는 번호표를 사들이기로 모의하는 것을 보았습니다.

저는 3인조, 9인조 투표 행렬을 많이 목격했어요. 사람들이 삼삼오오 줄을 지어 투표소에 들어갔습니다.

① 집강소가 설치되었다.
② 대통령이 사임하였다.
③ 6·29 민주화 선언이 발표되었다.
④ 한미 상호 방위 조약이 체결되었다.
⑤ 반민족 행위 특별 조사 위원회가 구성되었다.

26 ▶25111-0351
2024학년도 3월 학력평가 13번 상 중 **하**

(가) 민주화 운동에서 제기된 구호로 옳은 것은?

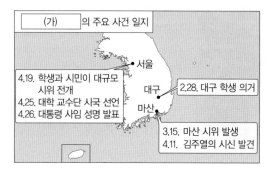

(가) 의 주요 사건 일지

• 서울
4.19. 학생과 시민이 대규모 시위 전개
4.25. 대학 교수단 시국 선언
4.26. 대통령 사임 성명 발표
대구
2.28. 대구 학생 의거
마산
3.15. 마산 시위 발생
4.11. 김주열의 시신 발견

① 긴급 조치 철회하라
② 한일 협정 반대한다
③ 호헌 조치 철폐하라
④ 부정 선거 다시 하라
⑤ 신탁 통치 결사 반대

27
▶25111-0352
2024학년도 수능 19번
상 중 하

밑줄 친 '시위'에 대한 설명으로 옳은 것은?

절망적인 위기에 봉착했던 우리나라의 민주주의를 구하고자 4월 19일 청소년 학도들은 총궐기했습니다. 이날 민권 수호 운동의 주동이 되어 시위한 서울의 대학생들은 3·15 부정 선거를 비롯해서 12년에 걸친 독재 정부의 반민주적인 행위를 규탄했습니다.

① 3·1 민주 구국 선언을 발표하였다.
② 4·13 호헌 조치의 철폐를 주장하였다.
③ 신군부 세력의 권력 장악에 저항하였다.
④ 6·10 만세 운동이 일어나는 결과를 가져왔다.
⑤ 내각 책임제를 골자로 하는 개헌의 계기가 되었다.

28
▶25111-0353
2024학년도 6월 모의평가 18번
상 중 하

다음 자료에 대한 탐구 활동으로 가장 적절한 것은?

3·15 부정 선거로 인하여 삼천만 동포의 울분은 절정에 달하고, 청년들이 불법과 불의에 저항하다가 총탄에 쓰러졌다. … (중략) … 자유당과 정부는 대통령의 4선을 위하여 후보 등록의 폭력적 방해, 유권자 협박, 3인조 공개 투표, 야당 참관인에 대한 방해, 부정 개표 등의 불법을 자행하였다. 이로 인해 민주 선거 제도는 완전히 파괴되고 말았다. … (중략) … 대통령은 3·15 선거의 불법과 무효를 인정하고, 또 12년 동안의 실정에 대해 책임을 지고 물러나야 할 것이다.

① 임오군란의 영향을 살펴본다.
② 6·10 만세 운동의 배경을 알아본다.
③ 4·19 혁명의 전개 과정을 조사한다.
④ 제주 4·3 사건의 발발 원인을 파악한다.
⑤ 모스크바 3국 외상 회의에서 결정된 내용을 분석한다.

29
▶25111-0354
2023학년도 수능 19번
상 중 하

(가) 민주화 운동에 대한 설명으로 옳은 것은?

이 동상은 3·15 부정 선거를 규탄하는 시위에서 희생된 김주열을 기리기 위해 건립되었습니다. 시위 도중 실종된 김주열은 동상이 세워진 이곳 바다에서 27일 만에 시신으로 발견되었습니다. 이를 계기로 (가) 은/는 전국으로 확산되었습니다.

① 좌우 합작 위원회가 주도하였다.
② 한반도 신탁 통치 결정에 반대하였다.
③ 신군부 세력의 권력 장악에 저항하였다.
④ 6·29 민주화 선언이 발표되는 결과를 가져왔다.
⑤ 내각 책임제를 골자로 하는 개헌의 계기가 되었다.

30
▶25111-0355
2022학년도 10월 학력평가 19번
상 중 하

(가) 민주화 운동 당시 제기된 구호로 옳은 것은?

뒤에 보이는 국립묘지에는 (가) 의 유공자들이 모셔져 있습니다. (가) 당시 정부와 자유당을 규탄하는 시위에서 경찰의 총격 등으로 많은 사상자가 발생하였습니다. 이러한 희생을 겪으면서도 전국 각지에서 학생들과 시민들이 시위를 벌였고, 이는 이승만 대통령의 사임을 이끌어 냈습니다.

① 3선 개헌 철회하라!
② 유신 헌법 폐지하라!
③ 신탁 통치 결사 반대!
④ 직선제 개헌 쟁취하자!
⑤ 정·부통령 선거 다시 하라!

31
▶25111-0356
2021학년도 10월 학력평가 19번
상중하

(가) 민주화 운동에 대한 설명으로 옳은 것은?

이 일기는 (가) 당시 시위에 참여한 고등학생이 작성한 것입니다. 여기에는 어떤 내용이 담겨 있습니까?

일기에는 3·15 부정 선거에 대한 분노, 대통령 집무실이 있는 경무대로 나아가는 학생들과 시민들의 모습, 대학교수단의 시위 등이 생생하게 기록되어 있습니다.

① 헌의 6조를 채택하였다.
② 단독 정부 수립 반대를 내세웠다.
③ 이승만 대통령의 하야를 이끌어 냈다.
④ 신군부 세력의 권력 장악에 반대하였다.
⑤ 6·29 민주화 선언이 발표되는 계기가 되었다.

32
▶25111-0357
2021학년도 9월 모의평가 19번
상중하

(가)에 대한 설명으로 옳은 것은?

서울 강북구 수유동에서는 올해 60주년을 맞은 (가) 기념식이 열렸습니다. (가) 당시에 최루탄을 맞은 김주열의 시신이 발견된 후, 학생과 시민들의 시위가 전국에서 격화되었습니다. 이로 인해 이승만 대통령이 사임하였습니다.

① 조선 형평사가 주도하였다.
② 3·15 부정 선거가 원인이었다.
③ 민립 대학 설립 운동에 영향을 주었다.
④ 전태일 분신 사건을 계기로 시작되었다.
⑤ 반민족 행위 특별 조사 위원회가 주도하였다.

33
▶25111-0358
2020학년도 수능 19번
상중하

(가) 민주화 운동에 대한 설명으로 옳은 것은?

이 사진은 (가) 이/가 전개될 당시 대학교수단이 이승만 대통령의 퇴진을 요구하며 시위에 나선 모습입니다. (가) 의 과정에서 많은 학생과 시민들이 희생되었습니다.

① 급진 개화파가 일으켰다.
② 조선 형평사가 주도하였다.
③ 대통령 직선제 개헌을 이끌어 냈다.
④ 신군부 세력의 권력 장악에 반대하였다.
⑤ 3·15 부정 선거에 항의하여 발생하였다.

34
▶25111-0359
2025학년도 9월 모의평가 20번
상중하

밑줄 친 '공포'가 이루어진 시기를 연표에서 옳게 고른 것은?

국회의 의결을 거쳐 국민투표에서 국회 의원 선거권자 과반수 투표와 투표자 과반수 찬성으로 확정된 헌법 개정의 건을 국무회의의 심의를 거쳐 이에 공포한다.

대통령 ○○○

헌법 개정
제36조 제2항 "국회 의원의 수는 150인 이상 200인 이하의 범위 안에서 법률로 정한다."를 "국회 의원의 수는 150인 이상 250인 이하의 범위 안에서 법률로 정한다."로 한다.
… (중략) …
제69조 제3항 "대통령은 1차에 한(限)하여 중임할 수 있다."를 "대통령의 계속 재임은 3기에 한한다."로 한다.

(가)	(나)	(다)	(라)	(마)
8·15 광복	5·10 총선거	5·16 군사 정변	유신 헌법 공포	YH 무역 사건	6월 민주 항쟁

① (가) ② (나) ③ (다) ④ (라) ⑤ (마)

35
▶25111-0360
2024학년도 10월 학력평가 14번
상 **중** 하

밑줄 친 '이 정부' 시기에 있었던 사실로 옳은 것은?

자료는 미국에 거주하는 한 인들이 추진한 개헌 반대 운동의 서명부로, 이 정부에서 국가 안보 강화와 지속적인 경제 개발을 내세우며 대통령의 3선을 허용하는 개헌을 추진하자 이에 반대한 것이다. 이 개헌안은 야당과 국내외의 저항에도 불구하고 통과되었다.

① 호포제가 실시되었다.
② 대한국 국제가 반포되었다.
③ 국가 총동원법이 제정되었다.
④ 7·4 남북 공동 성명이 발표되었다.
⑤ 제1차 남북 정상 회담이 개최되었다.

36
▶25111-0361
2024학년도 9월 모의평가 19번
상 **중** 하

(가) 정부 시기에 있었던 사실로 옳은 것은?

(가) 정부 시기에는 경제 개발 5개년 계획 실시, 베트남 파병 특수 등에 힘입어 경제가 성장하였습니다. 또한 수출 100억 달러를 달성하기도 하였습니다.

하지만 전태일 분신 사건에서 알 수 있듯이 노동자는 낮은 임금과 열악한 노동 환경으로 고통받았습니다. 또한 도시와 농촌 간 소득 격차 문제가 나타났습니다.

〈기획 대담〉
(가) 정부, 경제 성장의 빛과 그림자

① 지계가 발급되었다.
② 제헌 헌법이 제정되었다.
③ 새마을 운동이 시작되었다.
④ 금융 실명제가 전면 실시되었다.
⑤ 동양 척식 주식회사가 설립되었다.

37
▶25111-0362
2023학년도 6월 모의평가 18번
상 **중** 하

밑줄 친 '개헌'이 이루어진 시기를 연표에서 옳게 고른 것은?

▲ 국민 투표 홍보물

이 자료는 헌법을 개정하기 위해 국민 투표를 독려하는 홍보물이다. 당시 정부는 국내외 정세 변화와 지속적인 경제 성장을 이유로 개헌을 추진하였다. 하지만 개헌안의 주요 내용은 대통령을 탄핵하는 경우 국회의 발의 및 의결 정족수를 높이고, 대통령의 3선을 허용하는 것이었다. 야당과 학생들의 반대에도 불구하고, 이 개헌안은 국회의 의결과 국민 투표를 거쳐 헌법으로 확정되었다.

	(가)		(나)		(다)		(라)		(마)	
8·15 광복		6·25 전쟁 발발		5·16 군사 정변		부마 민주 항쟁		6·29 민주화 선언		제1차 남북 정상 회담 개최

① (가) ② (나) ③ (다) ④ (라) ⑤ (마)

38
▶25111-0363
2024학년도 3월 학력평가 20번
상 **중** 하

(가) 체제 시기에 있었던 사실로 옳은 것은?

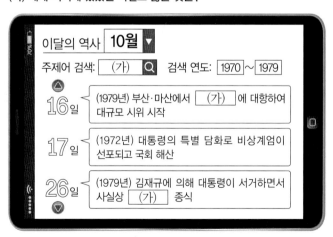

이달의 역사 10월 ▼
주제어 검색: (가) 🔍   검색 연도: 1970 ~ 1979

16일 (1979년) 부산·마산에서 (가) 에 대항하여 대규모 시위 시작

17일 (1972년) 대통령의 특별 담화로 비상계엄이 선포되고 국회 해산

26일 (1979년) 김재규에 의해 대통령이 서거하면서 사실상 (가) 종식

① 발췌 개헌이 단행되었다.
② 대한국 국제가 제정되었다.
③ 좌우 합작 위원회가 결성되었다.
④ 6·15 남북 공동 선언이 발표되었다.
⑤ 통일 주체 국민 회의에서 대통령이 선출되었다.

39

▶25111-0364

2024학년도 6월 모의평가 19번

상 **중** 하

밑줄 친 '긴급 조치'가 발표된 시기를 연표에서 옳게 고른 것은?

> 오늘 대법원은 유신 헌법을 근거로 발령된 긴급 조치 1호가 위헌이라고 판결하였습니다. 대법원은 긴급 조치 1호가 민주주의의 본질인 표현과 신체의 자유를 심각하게 훼손하였으며, 국가의 중대한 위기가 아닌 상황에서 발령되었기 때문에 위헌이라고 밝혔습니다.

"긴급 조치 1호 위헌"

	(가)		(나)		(다)		(라)		(마)	
8·15 광복		발췌 개헌안 통과		5·16 군사 정변		3선 개헌안 통과		4·13 호헌 조치 발표		6·15 남북 공동 선언

① (가) 　② (나) 　③ (다) 　④ (라) 　⑤ (마)

40

▶25111-0365

2023학년도 10월 학력평가 19번

상 **중** 하

밑줄 친 '정부'에 대한 설명으로 옳은 것은?

ⓔ 영상 역사관

[대한뉴스 제△△△호]
(주요 내용)
- 한일 기본 조약 등을 가조인함.
- 야당은 대일 굴욕 외교 반대 투쟁 위원회를 결성하고 한일 회담 타결을 반대하는 지방 유세를 벌임.
- 정부와 여당은 한일 국교 정상화의 필요성을 강조함.

① 3선 개헌을 단행하였다.
② 헌병 경찰제를 시행하였다.
③ 삼청 교육대를 운영하였다.
④ 구미 위원부를 설치하였다.
⑤ 개성 공단 건설을 추진하였다.

41

▶25111-0366

2023학년도 3월 학력평가 18번

상 **중** 하

다음 자료를 활용한 탐구 주제로 가장 적절한 것은?

> 제39조 ① 대통령은 통일 주체 국민 회의에서 토론 없이 무기명 투표로 선거한다.
>
> … (중략) …
>
> 제53조 ② 대통령은 제1항의 경우에 필요하다고 인정할 때에는 이 헌법에 규정되어 있는 국민의 자유와 권리를 잠정적으로 정지하는 긴급 조치를 할 수 있고, 정부나 법원의 권한에 관하여 긴급 조치를 할 수 있다.

① 3당 합당의 영향
② 붕당 정치의 전개
③ 유신 체제의 성립
④ 북학파의 실학 사상
⑤ 좌우 합작 위원회의 활동

42

▶25111-0367

2023학년도 수능 18번

상 **중** 하

밑줄 친 '헌법'이 적용된 시기에 있었던 사실로 옳은 것은?

자료는 제1대 통일 주체 국민 회의 대의원 선거 투표를 안내하기 위해 발행된 것이다. 이 선거로 전국 1,630개 선거구에서 2,359명의 대의원이 선출되었고, 헌법에 따라 이들 대의원은 제8대 대통령을 선출하였다.

① 경제 협력 개발 기구[OECD] 가입이 이루어졌다.
② 반민족 행위 처벌법이 제정되었다.
③ 3·1 민주 구국 선언이 발표되었다.
④ 금융 실명제가 전면 실시되었다.
⑤ 제주 4·3 사건이 발생하였다.

43 ▶25111-0368
2022학년도 9월 모의평가 19번
상 중 하

다음 헌법이 시행된 시기에 있었던 사실로 옳은 것은?

제39조
① 대통령은 통일 주체 국민 회의에서 토론 없이 무기명 투표로 선거한다.

(중략)

제40조
① 통일 주체 국민 회의는 국회 의원 정수의 3분의 1에 해당하는 수의 국회 의원을 선거한다.
② 제1항의 국회 의원의 후보자는 대통령이 일괄 추천하며, 후보자 전체에 대한 찬반을 투표에 부쳐 재적 대의원 과반수의 출석과 출석 대의원 과반수의 찬성으로 당선을 결정한다.

① 긴급 조치가 발동되었다.
② 남북 정상 회담이 열렸다.
③ 금융 실명제가 시행되었다.
④ 서울 올림픽 대회가 개최되었다.
⑤ 반민족 행위 처벌법이 제정되었다.

44 ▶25111-0369
2024학년도 9월 모의평가 18번
상 중 하

다음 자료를 활용한 탐구 활동으로 가장 적절한 것은?

지금 광주에서 일어나고 있는 모든 참상은 여러분들이 상상조차 할 수 없는 사실입니다. 지난 18일 이후 공수 특전단들이 선량한 시민들과 지성인들을 상대로 무자비한 진압을 하고 있습니다. … (중략) … 계엄 사령부가 양심의 소리에 따라 행동한 학생, 교수, 시민을 폭도로 몰아 또다시 학살을 감행하리라는 것은 자명한 사실입니다. … (중략) … 고립된 우리 광주 시민들에게는 무엇보다도 한시가 절박합니다. … (중략) … 우리의 삶을 위해 일어섭시다!

− ○○ 대학교 교수 일동 −

① 임오군란의 영향을 살펴본다.
② 물산 장려 운동의 배경을 알아본다.
③ 모스크바 3국 외상 회의 결과를 분석한다.
④ 신군부에 저항한 민주화 운동의 사례를 조사한다.
⑤ 경제 협력 개발 기구[OECD]에 가입한 이유를 파악한다.

45 ▶25111-0370
2023학년도 6월 모의평가 19번
상 중 하

(가) 민주화 운동에 대한 설명으로 옳은 것은?

기록으로 다시 만나는
(가)

• 일시: 2022년 5월 ○일~6월 ○일
• 장소: ○○○ 기념관
− ○○○ 기념 사업회 −

• 모시는 글
유네스코 세계 기록 유산으로 등재된 (가) 기록물을 만날 수 있는 특별전을 개최합니다. 당시 광주의 시민과 학생들은 계엄군의 무력 진압에 맞서 시민군을 결성하여 항쟁하였습니다. 이들이 남긴 기록을 통해 (가) 의 과정을 살펴보고, 민주화를 향한 당시 시민들의 열망을 느껴 보시기 바랍니다.

• 주요 전시물
− '시민 여러분께 안내 말씀 드립니다'
− '1980년도 광주의 비극을 밝히는 시'
− '과도 정부의 최규하 대통령에 보내는 글'

① 내각 책임제 정부 수립을 가져왔다.
② 미쓰야 협정을 체결하는 계기가 되었다.
③ 신군부 세력의 권력 장악에 저항하였다.
④ 10·26 사태가 발생하는 원인이 되었다.
⑤ 한반도에 대한 신탁 통치 결정에 반발하였다.

46 ▶25111-0371
2022학년도 3월 학력평가 19번
상 중 하

(가) 민주화 운동의 배경으로 가장 적절한 것은?

오늘은 (가) 당시 시민군으로 참여했던 분을 모셨습니다. 그때 시민군에 참여하신 이유를 말씀해 주시겠습니까?

17일에 갑자기 휴교령이 내려지는 등 분위기가 심상치 않았습니다. 18일에는 광주에 공수 부대가 투입되었고, 이후 시민들을 무자비하게 진압하는 것을 여러 차례 보았습니다. 그래서 저도 시민군에 가담하게 되었습니다.

① 사사오입 개헌이 단행되었다.
② 3·15 부정 선거가 자행되었다.
③ 신탁 통치에 관한 협약 작성이 결정되었다.
④ 신군부가 비상계엄을 전국으로 확대하였다.
⑤ 최초의 평화적 여야 정권 교체가 이루어졌다.

47
▶25111-0372
2021학년도 수능 19번
상 중 하

다음 민주화 운동이 전개된 시기를 연표에서 옳게 고른 것은?

우리는 유신 독재의 연장인 군부 독재에 맞서 투쟁하고 있는 광주 민주 시민들입니다. 지난 1주일간 투쟁에서 수많은 목숨이 계엄군의 총칼에 희생되었고 우리는 스스로를 지키기 위해 무장하지 않을 수 없었습니다.

	(가)		(나)		(다)		(라)		(마)	
대한민국 정부 수립		6 · 25 전쟁 발발		4 · 19 혁명		3선 개헌		12 · 12 사태		6월 민주 항쟁

① (가)   ② (나)   ③ (다)   ④ (라)   ⑤ (마)

48
▶25111-0373
2021학년도 6월 모의평가 19번
상 중 하

다음 민주화 운동에 대한 탐구 활동으로 가장 적절한 것은?

기자회견

지난 며칠간 수많은 학생과 시민들이 계엄군에 의해 학살당하였습니다. 지금 광주 시민들은 이러한 만행에 맞서고 있습니다. 이 상황이 평화롭게 수습되기 위해서는 계엄 해제, 구속자 석방, 진상 규명 등의 조치가 반드시 이루어져야 합니다.

① 훈요 10조의 내용을 분석한다.
② 회사령이 제정된 배경을 살펴본다.
③ 을미사변이 끼친 영향을 파악한다.
④ 신군부 세력이 권력을 장악하는 과정을 조사한다.
⑤ 헤이그 만국 평화 회의에 특사를 파견한 목적을 알아본다.

49
▶25111-0374
2022학년도 3월 학력평가 18번
상 중 하

밑줄 친 '활동'으로 옳은 것은?

[이달의 역사 인물]

○○○, 노동 운동의 불을 지피다

"노동자들을 위해서 내가 뚫어 놓은 작은 바늘구멍을 자꾸 넓혀서 그 벽을 허물어야 합니다."

(1948~1970)

평화 시장의 재단사였던 ○○○은/는 열악한 조건에서 근무하던 노동자의 권리를 찾기 위해 노력하였다. 그는 동료 재단사들과 바보회를 조직하여 직공들의 근로 실태를 조사하였고, 청와대에 진정서를 제출하는 등 노동자들의 권리 향상을 위한 다양한 활동을 전개하였다.

① 형평 운동에 참여하였다.
② 화폐 정리 사업을 주도하였다.
③ 4·13 호헌 조치에 반발하였다.
④ 근로 기준법 준수를 요구하였다.
⑤ 제1차 경제 개발 계획을 마련하였다.

03 민주주의 발전과 남북 화해

50
▶25111-0375
2025학년도 수능 17번
상**중**하

다음 자료에 나타난 민주화 운동의 결과로 옳은 것은?

> **행동하는 국민 속에 박종철은 부활한다!**
>
> 국민 여러분!
> 4·13 호헌 조치는 우리 국민들의 민주화 열망의 죽음이었습니다. … (중략) … 호헌으로 돌아서는 자들이 군림하고 있는 한, 박종철 군의 영혼은 편안히 잠들지 못할 것입니다. 오로지 스스로 자신의 민주 권리를 쟁취하고자 하는 국민 여러분의 행동 속에서 박 군은 되살아날 것입니다. 민주화 없이 올림픽 없습니다. 나아갑시다. 민주 헌법 쟁취를 위해, 이 땅의 민주화를 위해 함께 행동합시다.

① 군국기무처가 설치되었다.
② 치안 유지법이 공포되었다.
③ 내각 책임제 정부가 출범하였다.
④ 대통령 직선제 개헌이 이루어졌다.
⑤ 통일 주체 국민 회의가 구성되었다.

51
▶25111-0376
2025학년도 6월 모의평가 18번
상**중**하

다음 자료에 나타난 민주화 운동의 결과로 가장 적절한 것은?

> **6·10 국민 대회에 즈음하여 국민께 드리는 말씀**
>
> 이 정부는 박종철 군을 고문으로 죽이고 그 범인마저 은폐·조작하였으며, 4·13 호헌 조치를 발표하여 온 국민과 함께 약속한 민주 개헌을 얼토당토않은 이유로 일방적으로 파기하였습니다. 우리는 이러한 정부의 부도덕성과 기만성을 엄중히 규탄하고 독재 권력의 영구 집권에 대한 단호한 국민적 거부를 다짐하기 위해 6월 10일 민주 헌법 쟁취 국민 대회를 개최하기로 하였습니다.

① 유신 체제가 붕괴되었다.
② 제주 4·3 사건이 발생하였다.
③ 5·16 군사 정변이 발발하였다.
④ 내각 책임제 정부가 출범하였다.
⑤ 대통령 직선제로 개헌이 이루어졌다.

52
▶25111-0377
2023학년도 10월 학력평가 18번
상**중**하

밑줄 친 '요구'의 내용으로 옳은 것은?

> **투사회보**
> 계엄 당국의 끊임없는 억압에도 불구하고 민주화 투쟁의 열기는 확산되고 있다.
> ⊙ **우리의 행동 강령** ⊙
> – 광주 시민은 우리의 요구가 관철될 때까지 무장을 강화한다.
> – 계엄군이 발포하지 않는 한 우리가 먼저 발포하지 않는다.
> 민주 시민들이여!
> 서로 힘을 합칩시다.

① 정전 회담을 중단하라.
② 치안 유지법을 폐지하라.
③ 4·13 호헌 조치를 철폐하라.
④ 신군부 세력은 즉각 물러나라.
⑤ 정·부통령 선거를 다시 시행하라.

53
▶25111-0378
2023학년도 3월 학력평가 19번
상**중**하

자료의 선언이 발표된 배경으로 가장 적절한 것은?

> 여야 합의 하에 조속히 대통령 직선제 개헌을 하고 새 헌법에 의한 대통령 선거를 통해 88년 2월 평화적 정부 이양을 실현토록 해야 하겠습니다. …(중략)… 만에 하나라도 위의 제안이 관철되지 아니할 경우, 저는 민주 정의당 대통령 후보와 당 대표 위원직을 포함한 모든 공직에서 사퇴할 것임을 아울러 분명히 밝혀두는 바입니다.

① 6월 민주 항쟁이 전개되었다.
② 금융 실명제가 전면 실시되었다.
③ 남북한이 유엔에 동시 가입하였다.
④ 옛 조선 총독부 건물이 철거되었다.
⑤ 한미 자유 무역 협정이 체결되었다.

54

▶25111-0379
2023학년도 9월 모의평가 20번

다음 뉴스가 보도된 시기를 연표에서 옳게 고른 것은?

지난달 9일 6·10 국민 대회를 하루 앞두고 벌어진 시위에서 부상을 입고 치료를 받던 ○○대 학생 이한열 군이 오늘 새벽 사망하였습니다. 검은색 대형 추모 만장이 걸린 모교 학생회관 빈소에는 숙연한 분위기 속에서 조문객들이 줄을 잇고 있습니다. 장지는 모교 내부와 광주 망월동 묘지 등이 거론되고 있습니다.

이한열 군 오늘 새벽 사망

	(가)		(나)		(다)		(라)		(마)	
	발췌 개헌안 통과		4·19 혁명		3선 개헌안 통과		5·18 민주화 운동		4·13 호헌 조치 발표		민주 자유당 창당

① (가) ② (나) ③ (다) ④ (라) ⑤ (마)

55

▶25111-0380
2021학년도 4월 학력평가 19번

밑줄 친 '이 운동'의 영향으로 옳은 것은?

[기자 수첩]
□□시 민주화 운동 사업회 관계자와의 인터뷰

문: 박종철 고문치사 사건의 진상이 알려지면서 격화된 이 운동이 □□시에서는 어떻게 전개되었는지 말씀해 주세요.
답: 우리 지역민들은 박종철 추도식을 열었으며, 정부의 4·13 호헌 조치에 항의하는 내용이 담긴 현수막을 내걸었습니다. 또한 국민 평화 대행진 때 호헌 철폐, 독재 타도 등을 외치며 이 운동에 참여하였습니다.

① 전주 화약이 체결되었다.
② 장면 내각이 수립되었다.
③ 미소 공동 위원회가 개최되었다.
④ 7·4 남북 공동 성명이 발표되었다.
⑤ 대통령 직선제로 헌법이 개정되었다.

56

▶25111-0381
2021학년도 3월 학력평가 18번

(가) 민주화 운동에 대한 설명으로 옳은 것은?

흐름으로 살펴보는   (가)
⋮
○6월 9일: 대학생 이한열, 시위 도중 최루탄 피격
○6월 10일: 박종철 군 고문치사 조작·은폐 규탄 및 호헌 철폐 국민 대회
○6월 26일: 민주 헌법 쟁취 국민 평화 대행진
○6월 29일: 노태우, 6·29 민주화 선언 발표
⋮

① 3·15 부정 선거에 항의하였다.
② 신간회의 지원을 받아 확산되었다.
③ 대통령 직선제 개헌을 이끌어 냈다.
④ 군국기무처를 중심으로 추진되었다.
⑤ 일본과의 굴욕적인 국교 정상화를 반대하였다.

57

▶25111-0382
2020학년도 9월 모의평가 18번

(가) 민주화 운동에 대한 설명으로 옳은 것은?

〈답사 계획〉
  (가) 의 발자취를 따라서

• 답사 일자: 2019년 ○○월 ○○일
• 답사 코스: 민주 인권 기념관(구 남영동 대공분실) → 명동 성당 → 이한열 기념관
• 사전 조사 자료: 박종철 고문치사 사건, 4·13 호헌 조치, 6·29 민주화 선언

① 신탁 통치 결정에 반대하였다.
② 대통령 직선제 개헌을 이끌어 냈다.
③ 삼정이정청을 설치하는 배경이 되었다.
④ 한·일 학생 간의 충돌을 계기로 일어났다.
⑤ 반민족 행위 특별 조사 위원회가 주도하였다.

58 ▶25111-0383
2025학년도 수능 20번   상중**하**

다음 자료를 활용한 탐구 주제로 가장 적절한 것은?

> 저는 경제 대국으로 발전해 가는 한국이 '나의 고향'이라는 자부심을 간직하여 왔습니다. 뜻밖에도 고국이 경제 위기에 처했다는 소식을 듣고 크게 놀랐습니다. 어느덧 해가 바뀌면서 '아이엠에프(IMF)' 한파로 꽁꽁 얼어붙었던 고국의 경제 상황이 조금씩 풀려 가고 있다는 보도가 무선 전파를 통하여 이곳 머나먼 만주 땅까지 전해져 오고 있습니다. … (중략) … 저는 해외 동포의 일원으로서, 더욱이 조국 독립을 위하여 일제와 용감히 싸우다 순국하신 독립운동가의 후손으로서 고국의 경제 위기에 조그마한 도움이라도 되기를 바라면서 미화 30달러를 보내오니 반가이 받아 주십시오.
>
> – 1998년 1월, 중국 헤이룽장성에서 –

① 외환 위기의 극복 노력
② 암태도 소작 쟁의의 전개
③ 화폐 정리 사업 실시의 영향
④ 동양 척식 주식회사의 설립 목적
⑤ 제1차 경제 개발 5개년 계획의 추진 배경

59 ▶25111-0384
2025학년도 6월 모의평가 19번   상**중**하

(가), (나) 시기 사이에 있었던 사실로 옳은 것은?

> (가) 올해 들어 수출이 예상외로 호황을 맞고 있다. … (중략) … 이렇게 1970년대에 이어 올해 제2의 수출 붐이 일어나게 된 것은 미 달러화 가치, 국제 금리, 원유가 등이 큰 폭으로 하락한 이른바 3저 현상 덕분이다. 지난해 9월 선진국 G5 재무 장관 회의 이래 일본 엔화 등이 달러화에 대해 강세를 지속하면서 우리 상품의 가격 경쟁력이 부쩍 높아졌다는 것이 제일의 요인이다.
>
> (나) 오늘의 어려움 속에서도 국민 여러분께서는 놀라운 애국심과 저력을 발휘하셨습니다. 우리는 IMF[국제 통화 기금] 시대의 충격 속에서도 여·야 간 평화적 정권 교체의 위업을 이룩하였습니다. 국민 여러분은 나라의 위기를 극복하기 위해 금 모으기에 나섰고, 이미 20억 달러가 넘는 금을 모아 주셨습니다.

① 황국 중앙 총상회가 상권 수호 운동을 전개하였다.
② 메가타의 주도로 화폐 정리 사업이 실시되었다.
③ 경제 협력 개발 기구[OECD]에 가입하였다.
④ 제1차 경제 개발 5개년 계획이 추진되었다.
⑤ 미국의 원조로 삼백 산업이 발달하였다.

60 ▶25111-0385
2024학년도 수능 18번   상중**하**

다음 연설이 행해진 정부의 경제 정책으로 가장 적절한 것은?

> 저는 대통령에 취임하자마자 저의 재산을 공개했고 앞으로 정치 자금을 한 푼도 받지 않겠다고 선언했던 것입니다. 아울러 정경 유착을 제도적으로 막을 수 있도록 금융 실명제를 단행했습니다. … (중략) … 금융 실명제와 부동산 실명제를 통해 마련된 경제 정의의 기반 위에서 1인당 국민 소득 1만 달러, 수출 1천 억 달러 시대를 열었습니다. … (중략) … 모든 국민이 갈망해 온 지방 자치제의 완전한 실시로 참여와 자율이 존중되는 본격적인 지방 시대를 열었습니다.

① 지계아문에서 지계를 발급하였다.
② 경부 고속 국도(도로)를 개통하였다.
③ 조청 상민 수륙 무역 장정을 체결하였다.
④ 경제 협력 개발 기구[OECD]에 가입하였다.
⑤ 유상 매입, 유상 분배의 농지 개혁법을 제정하였다.

61 ▶25111-0386
2023학년도 9월 모의평가 17번   상**중**하

밑줄 친 '대통령'의 재임 기간에 있었던 사실로 옳은 것은?

> 저는 대통령으로서 금융 실명 거래 및 비밀 보장에 관한 긴급 재정 경제 명령을 발표합니다. …(중략)… 이 시간 이후 모든 금융 거래는 실명으로만 이루어집니다. 금융 실명제가 실시되지 않고는 이 땅의 부정부패를 원천적으로 봉쇄할 수가 없습니다. 정치와 경제의 검은 유착을 근원적으로 단절할 수가 없습니다. 금융 실명 거래의 정착이 없이는 이 땅에 진정한 분배 정의를 구현할 수가 없습니다.

① 지방 자치 단체장 선거가 실시되었다.
② 내각 책임제 개헌이 이루어졌다.
③ 암태도 소작 쟁의가 발생하였다.
④ 12·12 군사 반란이 일어났다.
⑤ 영선사가 파견되었다.

62
▶25111-0387
2023학년도 9월 모의평가 18번
상 중 하

다음 담화를 발표한 정부의 통일 정책으로 옳은 것은?

작년은 제2차 경제 개발 5개년 계획이 끝나는 해였습니다. 우리는 1, 2차 경제 개발 5개년 계획을 지난 10년에 걸쳐서 모든 정력을 쏟아 추진했습니다. 이렇게 국력을 배양하고 축적한 목적은 우리의 국가 지상 목표인 조국 통일에 대비하여 우리의 국력을 길러 나가자는 데에 있었던 것입니다.

① 남북 기본 합의서를 체결하였다.
② 남북한이 유엔에 동시 가입하였다.
③ 7·4 남북 공동 성명을 채택하였다.
④ 10·4 남북 공동 선언에 합의하였다.
⑤ 남북 정상 회담을 최초로 개최하였다.

63
▶25111-0388
2022학년도 6월 모의평가 18번
상 중 하

(가), (나) 연설이 행해진 시기 사이에 있었던 사실로 옳은 것은?

(가)	(나)
친애하는 국회 의원 동지 여러분! 본인은 내각 책임제하의 행정 수반으로서 …(중략)… 3·15 부정 선거 관련자 처단과 부정 축재자 처리에 있어서는 혁명 정신에 입각하여 현행법을 적정히 활용하여 왔습니다.	친애하는 대의원 여러분! 유신 헌법에 따라 최초로 탄생된 제도의 하나가 지금 개막한 통일 주체 국민 회의입니다. …(중략)… 여러분은 대통령을 선출하고 국회 의원의 일부를 선출하게 되는 것입니다.

① 남북 기본 합의서가 채택되었다.
② 남북한이 유엔에 동시 가입하였다.
③ 7·4 남북 공동 성명이 발표되었다.
④ 제2차 남북 정상 회담이 개최되었다.
⑤ 남북한이 개성 공단 조성에 합의하였다.

64
▶25111-0389
2024학년도 수능 20번
상 중 하

밑줄 친 '이 성명'이 발표된 시기를 연표에서 옳게 고른 것은?

남과 북 사이에 대화의 길이 트이기 시작했습니다. 우리나라의 자주적인 평화 통일을 추구하는 이 성명이 서울과 평양에서 동시에 발표됐습니다. 중앙정보부장은 자주·평화·민족 대단결의 통일 원칙과 남북 조절 위원회 구성 등 7개 항에 합의했다고 밝혔습니다.

	(가)	(나)	(다)	(라)	(마)	
8·15 광복		6·25 전쟁 발발	5·16 군사 정변	유신 헌법 공포	남북한 유엔 동시 가입	6·15 남북 공동 선언

① (가)　② (나)　③ (다)　④ (라)　⑤ (마)

65
▶25111-0390
2021학년도 9월 모의평가 20번
상 중 하

밑줄 친 '이 성명'이 발표된 시기를 연표에서 옳게 고른 것은?

이 성명은 남북한이 처음으로 통일의 원칙에 합의한 것이다. 쌍방이 발표한 조국 통일의 3대 원칙은 다음과 같다.
첫째, 통일은 외세에 의존하거나 외세의 간섭을 받음이 없이 자주적으로 해결하여야 한다.
둘째, 통일은 서로 상대방을 반대하는 무력행사에 의거하지 않고 평화적 방법으로 실현하여야 한다.
셋째, 사상과 이념, 제도의 차이를 초월하여 우선 하나의 민족으로서 민족적 대단결을 도모하여야 한다.

	(가)	(나)	(다)	(라)	(마)	
8·15 광복		대한민국 정부 수립	5·16 군사 정변	유신 헌법 공포	남북 기본 합의서 채택	6·15 남북 공동 선언

① (가)　② (나)　③ (다)　④ (라)　⑤ (마)

66 ▶25111-0391
2020학년도 6월 모의평가 20번   상 중 하

(가)에 들어갈 내용으로 옳은 것은?

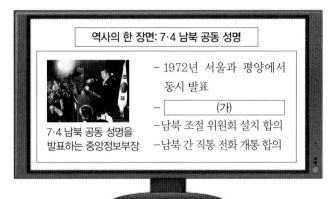

역사의 한 장면: 7·4 남북 공동 성명

7·4 남북 공동 성명을 발표하는 중앙정보부장

- 1972년 서울과 평양에서 동시 발표
- _____(가)_____
- 남북 조절 위원회 설치 합의
- 남북 간 직통 전화 개통 합의

① 개성 공단 조성 합의
② 남북 기본 합의서 채택
③ 미소 공동 위원회 개최 결정
④ 제2차 남북 정상 회담 개최 합의
⑤ 자주, 평화, 민족적 대단결의 통일 원칙 표방

67 ▶25111-0392
2025학년도 수능 18번   상 중 하

다음 사건이 일어난 정부 시기에 있었던 사실로 옳은 것은?

【한국사 속 오늘】

1월 22일

3당 합당 발표

19△△년 1월 22일은 '3당 합당'이 발표된 날이다. 제13대 국회 의원 선거에서 야당의 의석수가 집권 여당보다 많은 이른바 '여소야대' 국면이 조성되었다. 하지만 국정의 주도권을 쥐려는 여당인 민주 정의당이 통일 민주당, 신민주 공화당 등 두 야당과 통합하여 과반수 이상의 의석을 차지하는 민주 자유당을 창당하였다.

① 운요호 사건이 일어났다.
② 좌우 합작 위원회가 결성되었다.
③ 남북 기본 합의서가 채택되었다.
④ 국가 재건 최고 회의가 조직되었다.
⑤ 6·15 남북 공동 선언이 발표되었다.

68 ▶25111-0393
2025학년도 6월 모의평가 20번   상 중 하

(가)에 들어갈 내용으로 가장 적절한 것은?

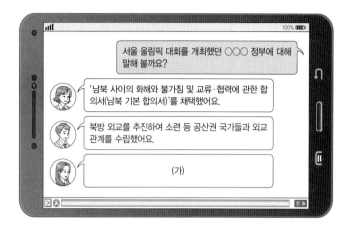

서울 올림픽 대회를 개최했던 ○○○ 정부에 대해 말해 볼까요?

'남북 사이의 화해와 불가침 및 교류·협력에 관한 합의서(남북 기본 합의서)'를 채택했어요.

북방 외교를 추진하여 소련 등 공산권 국가들과 외교 관계를 수립했어요.

_____(가)_____

① 군국기무처를 설치했어요.
② 치안 유지법을 공포했어요.
③ 병참 기지화 정책을 추진했어요.
④ 베트남 전쟁에 군대를 파견했어요.
⑤ 남북한의 유엔 동시 가입을 이뤄냈어요.

69 ▶25111-0394
2024학년도 9월 모의평가 20번   상 중 하

밑줄 친 '합의서'를 채택한 시기를 연표에서 옳게 고른 것은?

제5차 남북 고위급 회담에서 서명된 합의서는 남과 북이 오랜 단절과 대립을 청산하여 상호 신뢰를 바탕으로 이 땅에 평화의 질서를 구축하고 교류 협력을 통해, 민족의 화해와 공동 번영을 이루어 가기 위해 필요한 조처들을 망라하고 있습니다. … (중략) … 석 달 전 남북한의 유엔 동시 가입과 이에 이은 이번 합의서의 서명은 한반도 문제 해결과 민족 통일을 향한 여정에 획기적인 이정표를 세운 것입니다.

	(가)		(나)		(다)		(라)		(마)	
8·15 광복		4·19 혁명		7·4 남북 공동 성명		10·26 사태		6·29 민주화 선언		6·15 남북 공동 선언

① (가)   ② (나)   ③ (다)   ④ (라)   ⑤ (마)

70
▶25111-0395
2023학년도 10월 학력평가 20번
상중하

밑줄 친 '합당'이 있었던 정부 시기의 사실로 옳은 것은?

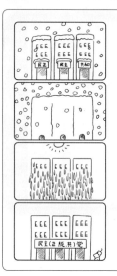

[시사만화로 보는 한국 현대사]

이 만화는 『○○일보』에 게재된 것으로, 폭설이 내려 민주 정의당, 통일 민주당, 신민주 공화당 당사가 눈으로 덮인 뒤, 날이 풀리자 당 간판이 하나로 합쳐진 모습을 묘사하고 있다. 제13대 국회 의원 선거로 여소야대 국회가 만들어지자, 여당의 주도로 3당 합당이 이루어졌다. 그 결과 거대 여당인 민주 자유당이 창당되었다.

① 진보당 사건이 일어났다.
② 제주 4·3 사건이 발생하였다.
③ 남북 기본 합의서가 채택되었다.
④ 7·4 남북 공동 성명이 발표되었다.
⑤ 제1차 남북 정상 회담이 개최되었다.

71
▶25111-0396
2023학년도 6월 모의평가 20번
상중하

다음 뉴스가 보도된 정부 시기에 있었던 사실로 옳은 것은?

방금 전 뉴욕에서 열린 제46차 유엔 총회에서 159개 전 회원국이 만장일치로 남북한의 유엔 동시 가입을 승인하였습니다. 남북한의 수락 연설에는, 남과 북이 별개 국가로 유엔에 가입했지만 단합된 협력과 노력으로 평화 통일을 이루자는 내용이 공통적으로 들어 있었습니다.

뉴스 속보
드디어 남북한 유엔 가입

① 국가 총동원법이 제정되었다.
② 남북 기본 합의서가 채택되었다.
③ 7·4 남북 공동 성명이 발표되었다.
④ 제1차 경제 개발 5개년 계획이 추진되었다.
⑤ 경제 협력 개발 기구[OECD] 가입이 이루어졌다.

72
▶25111-0397
2022학년도 수능 20번
상중하

(가), (나) 시기 사이에 있었던 사실로 옳은 것은?

(가) 샌프란시스코에서 열린 한국과 소련의 정상 회담에서 두 정상은 정식 외교 관계를 맺기로 했다. 소련 대통령은 아직도 북한을 의식하는 듯한 태도를 보였지만, 2년 전 서울 올림픽 때 소련 대표단에게 보여 준 한국 국민들의 환대에 감사한다는 말을 잊지 않았다.

(나) 분단 이후 처음으로 개최된 남북 정상 회담의 결과, 남과 북은 전 세계가 지켜보는 가운데 6·15 남북 공동 선언을 공식 발표하였다. 정부는 남북 정상 간의 합의 사항을 이행하기 위해 조속한 시일 안에 남북 당국 간 회담을 열고 북측과의 협의를 개시할 방침이라고 밝혔다.

① 통일 주체 국민 회의가 설치되었다.
② 7·4 남북 공동 성명이 발표되었다.
③ 남북한이 유엔에 동시 가입하였다.
④ 판문점에서 정전 협정이 조인되었다.
⑤ 한일 국교 정상화 회담이 개최되었다.

73
▶25111-0398
2022학년도 9월 모의평가 20번
상중하

밑줄 친 '채택'이 행해진 시기를 연표에서 옳게 고른 것은?

제46차 유엔 총회에서 남북한이 동시에 유엔에 가입하였다. 이는 남북이 쌍방의 존재를 인정하면서 대립을 완화하고 평화 공존의 가능성을 확인하는 계기가 되었다. 이어 남북은 고위급 회담에서 화해 및 불가침, 교류·협력 등에 관해 합의하고 남북 기본 합의서를 채택하였다. 이 합의서는 남북 관계를 '나라와 나라 사이의 관계가 아닌 통일을 지향하는 과정에서 잠정적으로 형성되는 특수 관계'로 규정하여 분단의 현실을 인정하는 한편 통일을 지향하는 의지도 포함하였다.

	(가)	(나)	(다)	(라)	(마)
대한민국 정부 수립	4·19 혁명	3선 개헌	12·12 사태	6월 민주 항쟁	개성 공단 착공

① (가)　　② (나)　　③ (다)　　④ (라)　　⑤ (마)

74 ▶25111-0399
2021학년도 수능 20번 상 중 **하**

다음 연설이 행해진 정부에서 추진한 정책으로 옳은 것은?

> 지난해 남과 북은 유엔에 동시 가입한 후 대결과 단절의 시대를 끝내고 평화와 공영의 새 시대를 열기로 합의하였습니다. 한반도의 비핵화를 자주적으로 실현하려는 우리의 노력도 북의 호응으로 큰 진전을 이루고 있습니다. 이제 우리에게 통일은 소망이 아니라 현실로 다가오고 있습니다.

① 당백전을 발행하였다.
② 도병마사를 설치하였다.
③ 노비안검법을 시행하였다.
④ 대마도(쓰시마섬)를 정벌하였다.
⑤ 남북 기본 합의서를 채택하였다.

75 ▶25111-0400
2024학년도 3월 학력평가 17번 상 **중** 하

밑줄 친 '정부'의 정책으로 옳은 것은?

> 정부는 21일 오후 국제 통화 기금[IMF]에 긴급 구제 금융을 요청하였다. 국제 통화 기금 실사단이 내주 초 내한하여 구체적인 협의에 들어가면 앞으로 한 달 안에 지원 액수·조건·협조 융자금 등이 확정된다. 이에 따라 우리나라는 내년부터 국제 통화 기금의 지도로 경제 정책은 물론 금융·산업 분야에 이르기까지 대대적인 구조 조정이 불가피해졌다.

① 금융 실명제를 단행하였다.
② 농지 개혁법을 제정하였다.
③ 화폐 정리 사업을 시행하였다.
④ 산미 증식 계획을 실시하였다.
⑤ 제1차 경제 개발 5개년 계획을 추진하였다.

76 ▶25111-0401
2024학년도 6월 모의평가 20번 상 중 **하**

밑줄 친 '정부'에 대한 설명으로 옳은 것은?

> **○○○○○이/가 출발합니다. 경제 정의가 실현됩니다.**
> – 국민 여러분의 문의 사항을 답변해 드리기 위해 안내 센터를 설치했습니다. –
>
> ○○○○○은/는 문자 그대로 은행이나 증권 회사 등 금융 기관과의 거래 시에 가명이 아닌 실명으로만 거래할 수 있는 제도입니다. 정부는 전격적인 ○○○○○ 실시에 따른 국민들의 불편을 최소화하고, 일상 경제 활동에 지장을 주지 않도록 주민등록증 제시만으로 명의를 확인받을 수 있도록 하였습니다.
>
> **재무부·공보처**

① 지계를 발급하였다.
② G20 정상 회의를 개최하였다.
③ 제1차 경제 개발 5개년 계획을 추진하였다.
④ 경제 협력 개발 기구[OECD]에 가입하였다.
⑤ 유상 매입, 유상 분배의 농지 개혁을 시행하였다.

77 ▶25111-0402
2024학년도 10월 학력평가 20번 상 중 **하**

(가) 정부 시기에 볼 수 있는 모습으로 가장 적절한 것은?

> 공익 광고 속 한국사
> 정치 | 경제 | 사회 | 문화
> ◎ 외환 위기의 극복
>
> 이 공익 광고는 외환 위기 속에서 출범한 (가) 시기에 제작되었다. 경제 위기를 극복하는 미래의 모습을 졸업식으로 표현하여 새로운 출발에 대한 기대감을 고취하고자 하였다. 이후 (가) 은/는 국제 통화 기금[IMF]의 지원금을 조기에 상환하며 외환 위기를 극복해 나갔다.

① 금 모으기 운동에 참여하는 시민
② 화북으로 이동하는 조선 의용대 대원
③ 사사오입 개헌에 반대하는 국회 의원
④ 농지 개혁법에 따라 농지를 분배받는 농민
⑤ 백동화를 일본 제일은행권으로 교환하는 상인

밑줄 친 '대통령'의 활동으로 옳은 것은?

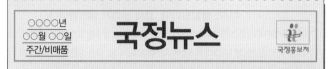

○○○○년
○○월 ○○일
주간/비매품

국정뉴스

국정홍보처

국제 통화 기금[IMF] 지원 자금 조기 상환 완료

지난 23일 국제 통화 기금 지원 자금 상환 기념 만찬에서 대통령은 "우리 국민이 발 벗고 나선 덕분에 IMF를 완전히 졸업하게 되었다."라고 선언하고, 그간 경제 회복을 위해 애쓴 이들의 노고를 치하하였다. 국제 통화 기금 호르스트 쾰러 총재도 대통령 앞으로 서신을 보내 이번 조기 상환 완료는 한국의 빠른 경제 안정과 1997년 말의 위기 상태 극복 및 금융 부문의 강화를 증명하는 것이라고 평가하였다.

① 균역법을 실시하였다.
② 척화비를 건립하였다.
③ 6·3 시위를 진압하였다.
④ 3·15 부정 선거를 자행하였다.
⑤ 최초로 북한 정상과 회담하였다.

다음 연설을 발표한 대통령의 재임 기간에 있었던 사실로 옳은 것은?

두 달 전 우리는 분단 55년 만에 최초로 남북 정상 회담을 성사시켰습니다. 남과 북의 정상이 만나서 머리를 맞대고 민족의 화해와 협력, 그리고 평화적 통일을 위해 노력해 나갈 것을 7천만 민족과 세계 앞에 선포했습니다. 우리 민족 스스로 민족의 운명을 개척해 나가는 선언이야말로 오늘의 광복절에 대한 최대의 선물이 될 것이라고 저는 확신하는 바입니다. 남과 북은 지금 두 정상의 합의에 따라 이산가족 상봉과 장관급 회담 등 후속 조치들을 착실히 진행시키고 있습니다. 이러한 진전은 앞으로 더욱 가속화될 것입니다.

① 미소 공동 위원회가 개최되었다.
② 남북 기본 합의서가 조인되었다.
③ 남북한이 유엔에 동시 가입하였다.
④ 7·4 남북 공동 성명이 채택되었다.
⑤ 6·15 남북 공동 선언이 발표되었다.

밑줄 친 '합의'가 이루어진 시기를 연표에서 옳게 고른 것은?

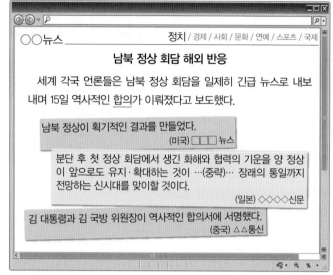

○○뉴스 _____ 정치 / 경제 / 사회 / 문화 / 연예 / 스포츠 / 국제

남북 정상 회담 해외 반응

세계 각국 언론들은 남북 정상 회담을 일제히 긴급 뉴스로 내보내며 15일 역사적인 합의가 이뤄졌다고 보도했다.

남북 정상이 획기적인 결과를 만들었다.
(미국) □□□ 뉴스

분단 후 첫 정상 회담에서 생긴 화해와 협력의 기운을 양 정상이 앞으로도 유지·확대하는 것이 …(중략)… 장래의 통일까지 전망하는 신시대를 맞이할 것이다.
(일본) ◇◇◇◇신문

김 대통령과 김 국방 위원장이 역사적인 합의서에 서명했다.
(중국) △△통신

남북 협상	(가)	(나)	(다)	(라)	(마)
	6·25 전쟁 발발	5·16 군사 정변	7·4 남북 공동 성명 발표	남북한 유엔 동시 가입	10·4 남북 공동 선언(남북 관계 발전과 평화 번영을 위한 선언) 채택

① (가)   ② (나)   ③ (다)   ④ (라)   ⑤ (마)

밑줄 친 '남북 정상 회담'의 결과로 옳은 것은?

사진은 2002년에 발행된 '도라산역 망배*열차 운행 기념승차권'이다. 실향민들이 탑승한 이 열차는 설날에 서울역을 출발하여 임진강 철교를 건너 도라산역에 도착하였다. 국내 철도역 중 북한과 가장 가까운 도라산역은 남북 정상 회담 이후 추진된 경의선 철도 복구 사업의 일환으로 건설되었다.

*망배(望拜): 멀리 연고가 있는 지역을 향해 절을 함.

① 정전 협정이 체결되었다.
② 서울 올림픽 대회가 개최되었다.
③ 남북한이 유엔에 동시 가입하였다.
④ 모스크바 3국 외상 회의가 열렸다.
⑤ 6·15 남북 공동 선언이 발표되었다.

82 ▶25111-0407
2022학년도 3월 학력평가 20번 <상>(중)(하)

다음 회담이 있었던 정부 시기의 사실로 옳은 것은?

〈남북 정상 회담 기념 우표〉

분단 이후 최초로 개최된 남북 정상 회담을 기념하여 제작된 우표이다. 대한민국 우표는 한반도에서 싹트는 희망의 새싹을 표현하였고, 북한 우표는 남북 정상이 만나는 장면을 담고 있다. 두 정상은 이산가족 상봉과 경제 협력 등의 내용을 담은 6·15 남북 공동 선언을 발표하였다.

① 정전 협정이 조인되었다.
② 6·3 시위가 전개되었다.
③ 발췌 개헌안이 통과되었다.
④ 금강산 관광이 시작되었다.
⑤ 남북한이 유엔에 동시 가입하였다.

83 ▶25111-0408
2021학년도 6월 모의평가 20번 <상>(중)(하)

(가) 회담의 결과로 옳은 것은?

그림과 숫자로 보는 [(가)]

분단 이후 처음으로 **2000**년에 남과 북의 정상이 만났습니다.

두 정상은 평화 통일을 염원하여 **3**일간 평양에서 회담을 진행하였습니다.

5개 항으로 합의를 이끌어 낸 이 회담은 남북 화해와 협력의 계기가 되었습니다.

① 유신 헌법이 공포되었다.
② 백두산정계비가 건립되었다.
③ 통리기무아문이 설치되었다.
④ 의정부 서사제가 실시되었다.
⑤ 6·15 남북 공동 선언이 발표되었다.

84 ▶25111-0409
2021학년도 10월 학력평가 20번 <상>(중)(하)

밑줄 친 ㉠에 해당하는 내용으로 적절한 것은?

존경하는 각국 정상, 유엔 의장, 유엔 사무총장 그리고 귀빈 여러분! …(중략)… 여러분께서는 지난 6월 15일에 있었던 제1차 남북 정상 회담과 8월 15일에 있었던 이산가족 상봉의 장면을 보셨을 것입니다. 저는 2년 반 전 대통령에 취임할 당시부터 ㉠남북 간의 평화와 화해 협력을 추구하는 햇볕 정책을 추진해 왔습니다. …(중략)… 민족이 자주적으로 통일을 추구하되 당장의 과제로는 남북한이 평화 정착과 경제, 사회·문화에서의 교류 협력을 증진시키는 데 노력을 집중하기로 했습니다.

① 신간회를 결성하였다.
② 농지 개혁법을 제정하였다.
③ 대한국 국제를 반포하였다.
④ 개성 공단 건설을 추진하였다.
⑤ 연통제와 교통국을 조직하였다.

85 ▶25111-0410
2020학년도 수능 20번 <상>(중)(하)

(가)에 들어갈 내용으로 옳은 것은?

〈다큐멘터리 기획안〉

○ 제목: 평화 통일을 위한 남북 간의 노력
○ 기획 의도: 남북한이 대화를 통해 평화적으로 분단을 극복하고자 노력한 과정을 시간순으로 보여 준다.
○ 주요 장면
　#1. 7·4 남북 공동 성명 발표
　#2. 남북 기본 합의서 채택
　#3. [(가)]
　#4. 제2차 남북 정상 회담 개최

① 경국대전 반포
② 카이로 회담 개최
③ 미소 공동 위원회 개최
④ 6·15 남북 공동 선언 발표
⑤ 조선 건국 준비 위원회 결성

개념 & 플러스

01 대한민국 정부 수립과 6·25 전쟁

■ 빈칸에 알맞은 말을 써넣으시오.

01 광복 직후 여운형과 안재홍은 조선 건국 동맹을 기반으로 (   )를 조직하고 전국에 지부를 설치하였다.

02 (   ) 3국 외상 회의에서 최고 5년 기한의 4개국에 의한 한반도 신탁 통치에 관한 협약 작성 등이 결의되었다.

03 여운형과 김규식 등 중도 세력은 (   )를 결성하고 7원칙을 발표하였다.

04 남한만의 총선거가 결정되자 김구와 김규식은 (   )을 방문하여 남북 협상을 벌였다.

05 5·10 총선거 결과 구성된 (   ) 국회는 국호를 대한민국으로 결정하고 헌법을 제정하였다.

06 1949년 유상 매수, 유상 분배 원칙에 기초한 (   )법이 국회를 통과하였다.

07 1950년 미국의 국무 장관 (   )이 발표한 선언에서는 미국의 태평양 방위선에서 한국과 타이완이 제외되었다.

08 6·25 전쟁 당시 국군과 유엔군은 (   ) 상륙 작전을 통해 전세를 역전시켰다.

09 6·25 전쟁 중이던 1952년 이승만 정부는 대통령 (   )를 골자로 하는 개헌안을 통과시켰다.

10 1958년에 일어난 진보당 사건으로 (   )이 사형당하였다.

■ 다음 내용이 옳으면 ○표, 틀리면 ×표 하시오.

11 38도선 이남을 점령한 미군은 남한에서 군정을 실시하였다. (   )

12 모스크바 3국 외상 회의 이후 김구, 이승만 등은 신탁 통치 반대 운동을 전개하였다. (   )

13 제1차 미소 공동 위원회가 무기 휴회되자 김구는 정읍에서 남한만의 단독 정부 수립을 시사하였다. (   )

14 1947년 유엔 소총회의 결의에 따라 유엔 한국 임시 위원단이 파견되었다. (   )

15 제헌 국회 의원의 임기는 4년이었다. (   )

16 제헌 국회는 일제 강점기의 반민족 행위를 처벌하기 위한 반민족 행위 처벌법을 제정하였다. (   )

17 농지 개혁으로 가구당 농지 소유 상한은 5정보로 제한되었다. (   )

18 6·25 전쟁 당시 중국군이 개입한 후 국군과 유엔군은 서울을 다시 빼앗겼다. (   )

19 이승만 정부는 6·25 전쟁 당시 정전에 반대하며 반공 포로를 전격 석방하였다. (   )

20 1954년 이승만 정부는 개헌 당시의 대통령에 한해 중임 제한을 적용하지 않는다는 내용의 발췌 개헌안을 통과시켰다. (   )

02 민주화를 위한 노력과 경제 성장

■ 빈칸에 알맞은 말을 써넣으시오.

21 3·15 부정 선거 규탄 시위 중 실종되었던 (   )의 시신이 발견되면서 시위가 전국으로 확산되었다.

22 4·19 혁명의 결과 (   )와 양원제 국회 구성을 골자로 한 개헌이 이루어졌다.

23 1961년 5·16 군사 정변을 일으킨 군부 세력은 (   )를 설치하고 군정을 실시하였다.

24 (   ) 정부는 한일 협정을 체결하고 베트남에 국군을 파병하였다.

25 1972년 제정된 유신 헌법에 따라 (   )에서 대통령을 선출하게 되었다.

26 1976년 재야인사들은 유신 체제를 비판하는 (   )을 발표하였다.

27 1980년 (   )에서 일어난 5·18 민주화 운동은 계엄군에 의해 무력 진압되었다.

28 (   ) 정부는 야간 통행금지를 해제하고 해외여행을 자유화하는 등 유화 조치를 취하였다.

29 1962년부터 제1차 (   ) 5개년 계획이 추진되었다.

30 1970년 (   )은 근로 기준법 준수를 요구하며 분신하였다.

■ 다음 내용이 옳으면 ○표, 틀리면 ×표 하시오.

31 이승만 정부는 1960년 정·부통령 선거에서 대대적인 부정 선거를 자행하였다. ( )

32 4·19 혁명 이후 치러진 총선에서 민주당이 승리하였고 장면 정부가 출범하였다. ( )

33 박정희 등 일부 군인은 12·12 사태를 일으켜 정권을 장악하였다. ( )

34 1969년에 대통령의 3선 연임을 허용하는 사사오입 개헌이 이루어졌다. ( )

35 유신 헌법에 따라 대통령에게는 긴급 조치권이 부여되었다. ( )

36 정권을 장악한 신군부 세력은 인민 혁명당 사건을 일으켰다. ( )

37 1981년 통일 주체 국민 회의에서 전두환을 7년 단임의 대통령으로 선출하였다. ( )

38 박정희 정부는 1960년대에 수출 주도형 공업화 전략을 추진하였다. ( )

39 1980년대 한국은 3저 호황으로 제2차 석유 파동을 극복하였다. ( )

40 1970년부터 농촌 환경 개선과 소득 증대를 목표로 한 새마을 운동이 전개되었다. ( )

03 민주주의 발전과 남북 화해

■ 빈칸에 알맞은 말을 써넣으시오.

41 대통령 직선제 개헌 요구가 고조되는 상황에서 전두환 대통령은 ( ) 호헌 조치를 발표하였다.

42 6월 민주 항쟁의 결과 대통령 직선제 개헌 등을 골자로 하는 ( ) 민주화 선언이 발표되었다.

43 ( ) 정부는 금융 실명제를 전면 실시하였고 '역사 바로 세우기'를 추진하였다.

44 1972년 남북은 자주, 평화, 민족 대단결의 통일 원칙에 합의하고 ( ) 남북 공동 성명을 발표하였다.

45 노태우 정부 시기인 1991년에 남북한이 유엔에 동시 가입하였고 ( )가 채택되었다.

■ 다음 내용이 옳으면 ○표, 틀리면 ×표 하시오.

46 6월 민주 항쟁 결과 치러진 대통령 선거에서 김영삼이 대통령에 당선되었다. ( )

47 김영삼 정부 말기 외환 위기로 인해 경제 협력 개발 기구[OECD]에 구제 금융을 요청하였다. ( )

48 김대중 정부는 진실·화해를 위한 과거사 정리 위원회를 출범하는 과거사 정리 사업을 추진하였다. ( )

49 노무현 정부 시기 한반도 비핵화 공동 선언이 이루어졌다. ( )

50 북한은 2000년대 이후 합작 회사 경영법(합영법)을 제정하여 시장 경제 요소를 제한적으로 도입하고자 하였다. ( )

정답 **01** 조선 건국 준비 위원회 **02** 모스크바 **03** 좌우 합작 위원회 **04** 평양 **05** 제헌 **06** 농지 개혁 **07** 애치슨 **08** 인천 **09** 직선제 **10** 조봉암 **11** ○ **12** ○ **13** × **14** × **15** × **16** ○ **17** × **18** ○ **19** ○ **20** × **21** 김주열 **22** 내각 책임제 **23** 국가 재건 최고 회의 **24** 박정희 **25** 통일 주체 국민 회의 **26** 3·1 민주 구국 선언 **27** 광주 **28** 전두환 **29** 경제 개발 **30** 전태일 **31** ○ **32** ○ **33** × **34** × **35** ○ **36** × **37** × **38** ○ **39** × **40** ○ **41** 4·13 **42** 6·29 **43** 김영삼 **44** 7·4 **45** 남북 기본 합의서 **46** × **47** × **48** × **49** × **50** ×

함정 탈출 TIP 체크

13 이승만이 정읍에서 남한만의 단독 정부 수립을 시사하였다. **14** 유엔 한국 임시 위원단은 유엔 총회의 결의에 따라 파견되었다. **15** 제헌 국회 의원의 임기는 2년이었다. **17** 농지 개혁은 가구당 3정보를 초과하는 농지를 대상으로 이루어졌다. **20** 개헌 당시의 대통령에 한해 중임 제한을 적용하지 않는다는 내용의 개헌은 1954년의 사사오입 개헌이다. **33** 12·12 사태는 전두환 등 신군부 세력이 일으켰다. **34** 1969년에는 3선 개헌이 이루어졌다. **36** 인민 혁명당 사건은 박정희 정부 시기에 발생하였다. **37** 1981년 대통령 선거인단을 통해 전두환이 7년 단임의 대통령에 선출되었다. **39** 제2차 석유 파동은 1970년대 후반에 일어났다. **46** 6월 민주 항쟁 이후 치러진 대통령 선거에서 노태우가 당선되었다. **47** 김영삼 정부는 1997년 외환 위기로 인해 국제 통화 기금[IMF]에 구제 금융을 요청하였다. **48** 진실·화해를 위한 과거사 정리 위원회는 노무현 정부 시기에 출범하였다. **49** 한반도 비핵화 공동 선언은 노태우 정부 시기에 이루어졌다. **50** 북한은 1984년 합영법을 제정하였다.

인용 사진 출처

ⓒ국립중앙박물관
8쪽 2번 주먹도끼 / 9쪽 4번, 9쪽 6번, 10쪽 7번 빗살무늬 토기 / 9쪽 4번, 9쪽 6번 가락바퀴 /9쪽 6번, 11쪽 11번 비파형 동검 / 9쪽 6번 갈판과 갈돌, 당백전 / 11쪽 11번 반달돌칼 / 12쪽 15번 산수무늬 벽돌(좌) / 32쪽 95번 동국신속삼강행실도 / 35쪽 106번 규장각도 / 68쪽 100번 한성순보(좌)

ⓒ국립경주박물관
9쪽 6번, 18쪽 40번 임신서기석

ⓒ국가유산청
9쪽 6번, 12쪽 16번 삼국유사 / 11쪽 14번 김해 대성동 고분군, 고령 지산동 고분군 / 12쪽 16번 경주 석굴암 석굴 / 27쪽 77번 구리 태조 건원릉 신도비 신도비각 / 28쪽 81번 합천 해인사 대장경판(우) / 29쪽 82번 거조사(우) / 29쪽 85번 선릉 / 77쪽 12번 박상진의 옥중 편지

ⓒ국립공주박물관
12쪽 15번 관 꾸미개(왕비)(우)

ⓒ국립부여박물관
12쪽 16번, 12쪽 17번 백제 금동대향로 / 12쪽 17번 백제 금동대향로 발굴 당시 모습(좌)

ⓒ연합뉴스
12쪽 16번 강서대묘 사신도(현무) / 17쪽 34번 발해 영광탑 / 122쪽 71번 남북한 유엔 가입 승인

ⓒ서울대학교 규장각한국학연구원
21쪽 50번 고려사 / 21쪽 51번 고려사절요 / 46쪽 9번 수호 조규 / 47쪽 14번 경상도 산청현 지도

ⓒ한국학중앙연구원
28쪽 80번 제왕운기 / 57쪽 56번 중추원 관제 개정에 관한 문서

ⓒ이미지파트너스
29쪽 82번 송광사 / 69쪽 101번 베델 / 108쪽 16번 농지 개혁 상환 증서

ⓒ만월대 디지털 기록관
29쪽 83번 만월대

ⓒ프랑스 국립도서관 · 국립중앙박물관
45쪽 5번 외규장각 의궤

ⓒNaval History and Heritage Command
47쪽 15번 미국 군함 위의 조선인들

ⓒ동학농민혁명기념관 소장
52쪽 35번 대접주 임명장, 농민군의 편지

ⓒ동학농민혁명기념관
53쪽 38번 동학 농민군 유광화 편지

ⓒ이화여자대학교박물관
54쪽 44번 군국기무소회의도

ⓒ국립고궁박물관
59쪽 64번 여권

ⓒInternet Archive
60쪽 67번 포퓰러 매거진

ⓒ고려대학교박물관
60쪽 68번 민영환 유서

ⓒ독립기념관
62쪽 74번 이상설, 이준, 이위종 / 85쪽 42번 윤봉길 / 93쪽 74번 박은식 / 97쪽 89번 지청천 / 99쪽 97번 여성 독립운동가

ⓒ국립민속박물관
74쪽 1번 조선물산공진회 광고지 / 96쪽 84번 공출보국 사발 / 104쪽 1번 제헌 헌법 공포

ⓒ연세대학교 이승만연구원
78쪽 14번 조선독립신문1(좌), 조선독립신문2(우)

ⓒ서울대학교박물관
80쪽 23번 고종의 장례 행렬 모습

ⓒ국립항공박물관
81쪽 26번 권기옥

ⓒ 일본 방위성 방위연구소 원본, 국사편찬위원회 제공
82쪽 29번 조선국경부근불령선인정황일람도

ⓒ한국방정환재단
90쪽 62번 어린이 대운동회 말판

ⓒ국립한글박물관
91쪽 64번 고적 탐방 말판

ⓒ민족문제연구소
94쪽 78번 일제 강점기 금속류 공출식 모습

ⓒ국립일제강제동원역사관
96쪽 85번 조선 총독부 징용자 명부

ⓒ대한민국역사박물관
111쪽 30번 4 · 19 민주묘지 / 114쪽 42번 투표통지표

ⓒNARA
104쪽 1번 모스크바 3국 외상 회의

ⓒ뉴스뱅크
104쪽 1번 발췌 개헌안 통과, 인천 상륙 작전 전개 / 121쪽 66번 7 · 4 남북 공동 성명 발표

ⓒ국가기록원
104쪽 1번 제1차 미소 공동 위원회 개회, 5 · 10 총선거 실시 / 106쪽 9번 유엔 한국 임시 위원단(좌), 5 · 10 총선거 투표소(우)

ⓒ동아일보사
105쪽 5번 동아일보 기사

ⓒ국사편찬위원회
106쪽 8번 여운형 수인 카드

ⓒ서울역사박물관
108쪽 19번 인민군에게 투항을 권유하는 전단 / 109쪽 21번 항복을 유도하기 위해 제작된 전단

ⓒ민주화운동기념사업회
112쪽 31번 4 · 19 시위에 참여한 고등학생이 작성한 일기 / 113쪽 35번 개헌 반대 운동 서명부

ⓒ중앙선거관리위원회 사이버선거역사관
113쪽 37번 3선 개헌 국민 투표 홍보물 1, 2, 3

ⓒ나경택(5 · 18 기념재단 제공)
115쪽 45번 5 · 18 민주화 운동

ⓒ전태일재단
116쪽 49번 전태일

ⓒ공익광고협의회
123쪽 77번 김대중 정부 시기 공익 광고

ⓒ북한우표광장(https://blog.naver.com/nkstamp)
125쪽 82번 남북 정상 회담 기념 우표(우)

내신과
학력평가를
모—두
책임지는

하루 6개
1등급
영어독해

하루 6개
1등급
영어독해

매일매일 밥 먹듯이,
EBS랑 영어 1등급 완성하자!

✓ 규칙적인 일일 학습으로
영어 1등급 수준 미리 성취

✓ 최신 기출문제 + 실전 같은
문제 풀이 연습으로
내신과 학력평가 등급 UP!

✓ 대학별 최저 등급 기준 충족을 위한
변별력 높은 문항 집중 학습

하루 6개
1등급
영어독해
전국연합학력평가 기출

고1

수능 영어 절대평가 1등급 5주 완성 전략!

하루 6개
1등급
영어독해
전국연합학력평가 기출

고2

수능 영어 절대평가 1등급 5주 완성 전략!

2026학년도 수능 대비

수능 기출의 미래

All New

'한눈에 보는 정답'
& 정답과 해설 바로가기

정답과 해설

한국사영역 **한국사**

2026학년도 수능 대비

수능 기출의 미래

한국사영역 한국사

All New

정답과 해설

정답과 해설

I 전근대 한국사의 이해

본문 8~18쪽

01 고대 국가의 지배 체제와 문화

01 ⑤	02 ③	03 ⑤	04 ①	05 ②	06 ①
07 ①	08 ②	09 ①	10 ⑤	11 ②	12 ③
13 ①	14 ⑤	15 ④	16 ③	17 ④	18 ③
19 ②	20 ③	21 ③	22 ①	23 ②	24 ③
25 ①	26 ③	27 ③	28 ⑤	29 ①	30 ⑤
31 ③	32 ②	33 ④	34 ⑤	35 ③	36 ①
37 ①	38 ②	39 ⑤	40 ①	41 ③	

01 구석기 시대의 사회 모습 파악

[자료 분석] 주먹도끼, 슴베찌르개 등 뗀석기를 사용하였다는 점 등을 통해 (가) 시대가 구석기 시대임을 알 수 있다.

[선택지 분석]
① 삼국 시대 이후 율령이 반포되었다. ✗
② 철기 시대 이후 철제 농기구가 보급되었다. ✗
③ 청동기 시대에 비파형 동검이 제작되었다. ✗
④ 조선 후기에 고추, 인삼 등의 상품 작물 재배가 활발하였다. ✗
✓⑤ 구석기 시대에는 사냥과 채집을 하며 이동 생활을 하였다. ⃝   답 ⑤

02 구석기 시대의 모습 파악

[자료 분석] 자료에서 주로 동굴과 막집 등에 거주한다는 점, 주먹도끼, 찍개 등 뗀석기를 사용한다는 점 등을 통해 (가) 시대가 구석기 시대임을 알 수 있다. 구석기 시대 사람들은 무리를 지어 이동 생활을 하였으며, 주로 동굴이나 바위 그늘, 막집 등에서 살았다. 또한 구석기 시대 사람들은 주먹도끼 등의 뗀석기를 사용하였고 사냥, 채집 등으로 식량을 마련하였다.

[선택지 분석]
① 팔관회와 연등회는 신라와 고려 시대에 개최되었다. ✗
② 고인돌은 청동기 시대에 축조되었다. ✗
✓③ 구석기 시대 사람들은 사냥과 채집을 하면서 이동 생활을 하였다. ⃝
④ 모내기법을 활용한 이모작은 조선 후기에 확대되었다. ✗
⑤ 제천 행사는 국가가 등장하면서 거행되었다. ✗   답 ③

03 구석기 시대의 생활 모습 파악

[자료 분석] 자료에서 연천 전곡리 유적, 주먹도끼 등의 내용을 통해 (가) 시대가 구석기 시대임을 알 수 있다. 구석기 시대 사람들은 주먹도끼, 찍개 등의 뗀석기를 사용하였고, 사냥 및 채집 활동을 하였다.

[선택지 분석]
① 조선 후기에 상평통보를 주조하여 전국적으로 유통시켰다. ✗
② 고려는 몽골과의 전쟁 중에 팔만대장경을 조판하며 부처의 힘으로 외적을 물리치고자 염원하였다. ✗
③ 비파형 동검은 청동기 시대의 대표적인 유물이다. ✗
④ 철기 시대 이후 철제 농기구, 철제 무기 사용이 시작되었다. ✗
✓⑤ 구석기 시대 사람들은 사냥이나 채집 활동을 하기 위해 무리를 지어 이동 생활을 하였는데, 주로 동굴이나 바위 그늘에 살거나 강가에 막집을 짓고 살았다. ⃝   답 ⑤

04 신석기 시대의 생활 모습 파악

[자료 분석] 자료에서 농경이 시작되었다는 점, 토기에 식량을 저장하였다는 점, 가락바퀴로 실을 뽑아 옷을 만들어 입었다는 점 등을 통해 (가) 시대가 신석기 시대임을 알 수 있다.

[선택지 분석]
✓① 신석기 시대에는 간석기와 토기를 제작하여 사용하였다. ⃝
② 고구려의 고분 벽화 등에 도교가 반영된 사신도가 그려져 있다. ✗
③ 조선 후기에 상공업이 발달하면서 상평통보가 전국적으로 사용되었다. ✗
④ 비파형 동검은 청동기 시대에 제작되었다. ✗
⑤ 철기 시대 이후 철제 농기구로 농사를 지었다. ✗   답 ①

05 신석기 시대 생활 모습 파악

[자료 분석] 자료에서 농경이 시작되었다는 점, 빗살무늬 토기, 갈돌과 갈판 등의 내용을 통해 (가) 시대는 신석기 시대임을 알 수 있다.

[선택지 분석]
① 모내기는 조선 시대에 시작되었다. ✗
✓② 농경이 시작된 신석기 시대 사람들은 빗살무늬 토기 및 간석기인 갈돌과 갈판을 사용하였고 움집에서 거주하였다. ⃝
③ 고구려는 당의 침략에 대비해서 부여성에서 비사성을 잇는 천리장성을 쌓았다. 고려는 거란과 여진의 침입에 대비하기 위해 북쪽 국경 지역에 천리장성을 축조하였다. ✗
④ 청동기 시대에는 비파형 동검 등이 제작되어 사용되었다. ✗
⑤ 팔관회는 신라와 고려 시대에 개최되었다. ✗   답 ②

06 신석기 시대의 유물 파악

[자료 분석] 자료에서 갈판과 갈돌, 가락바퀴 사진과 간석기를 사용하고 농경과 목축으로 식량을 생산하기 시작하였다는 점, 움집을 짓고 정착 생활을 하였다는 점 등의 내용을 통해 신석기 시대와 관련된 자료임을 알 수 있다. 따라서 (가)에는 신석기 시대의 유물이 들어가야 한다.

[선택지 분석]
✓① 신석기 시대에는 빗살무늬 토기를 만들어 식량을 저장하였다. ⃝

② 청동기 시대에 제작되어 사용된 비파형 동검이다. ✗

③ 신라 청년들이 국가에 대한 충성과 유학 경전 공부를 맹세한 임신서기석이다. ✗

④ 흥선 대원군이 경복궁 중건 등에 필요한 재정을 확보하기 위해 발행한 당백전이다. ✗

⑤ 고려 충렬왕 때 승려 일연이 저술한 역사서인 『삼국유사』이다. ✗ 답 ①

07 신석기 시대 이해

빈출 문항 자료 분석

(가) 시대에 대한 설명으로 옳은 것은?

(가) 시대 대표적 유적지

암사동 유적지
→신석기 시대의 주요 유적지

지탑리
봉산 양양 오산리
암사동 서울
부산
동삼동
고산리 제주

신석기 시대의 대표적인 토기 〈빗살무늬 토기〉

이곳은 농경과 목축이 시작된 (가) 시대에 정착 생활이 이루어졌음을 보여 주는 유적지로, 다양한 유물이 출토되었습니다.

신석기 시대의 특징

해결 전략 자료에서 빗살무늬 토기, 농경과 목축 시작 등의 내용을 통해 (가) 시대가 신석기 시대임을 알 수 있다. 신석기 시대에는 정착 생활을 통해 마을을 형성하였고, 간석기와 토기를 사용하였다. 구석기·신석기·청동기 시대의 생활 모습을 비교해서 알아 두어야 한다.

선택지 분석

✓❶ 신석기 시대에는 간석기와 토기 등을 제작하여 사용하였다. ○

② 백동화는 조선 고종 시기에 발행되었던 화폐이다. ✗

③ 철기 시대 이후 철제 무기가 보급되었다. ✗

④ 청동기 시대에 비파형 동검 등이 제작되었다. ✗

⑤ 석굴암 본존 불상은 통일 신라 시대에 만들어졌다. ✗ 답 ①

08 신석기 시대의 생활 모습 파악

자료 분석 농경과 목축이 시작되었다는 내용을 통해 (가)에는 신석기 시대의 생활 모습이 들어가야 함을 알 수 있다. 신석기 시대 사람들은 빗살무늬 토기와 간석기를 사용하였으며, 조개로 만든 치레걸이 등의 장신구를 제작하였다.

선택지 분석

① 화백 회의는 신라의 귀족 회의로, 신라의 귀족들은 화백 회의를 통해 국가의 중대사를 논의하였다. ✗

✓❷ 신석기 시대에는 주로 강가나 바닷가에 움집을 짓고 정착 생활을 하였다. ○

③ 상평통보는 조선 시대에 사용되었던 화폐이다. ✗

④ 철기 시대 이후 철제 무기가 보급되어 전쟁에서도 철제 무기가 사용되었다. ✗

⑤ 고인돌은 청동기 시대의 무덤 양식이다. ✗ 답 ②

09 청동기 시대 사회 모습 파악

자료 분석 자료에서 계급이 발생하고 권력을 가진 군장이 등장하였다는 점, 비파형 동검이 제작되었다는 점을 통해 (가) 시대는 청동기 시대임을 알 수 있다.

선택지 분석

✓❶ 청동기 시대에는 지배자의 무덤인 고인돌이 축조되었다. ○

② 백제 무령왕은 지방 통제를 강화하기 위해 22담로에 왕족을 파견하였다. ✗

③ 조선 후기에는 상평통보가 활발하게 유통되며 상품 화폐 경제가 발달하였다. ✗

④ 고려는 상감 기법을 사용하여 청자를 제작하였다. 상감 기법은 흙으로 만든 도자기에 조각칼로 문양을 새기고, 자토와 백토로 문양을 메운 뒤 청자유를 입혀 도자기를 굽는 기법이다. ✗

⑤ 고구려는 10월에 동맹이라는 제천 행사를 열었다. ✗ 답 ①

10 청동기 시대 이해

자료 분석 자료에서 고인돌이 대표적 무덤이라는 점, 계급이 발생했으며 군장이 나타났다는 점 등을 통해 밑줄 친 '이 시대'가 청동기 시대임을 알 수 있다. 청동기 시대의 대표적인 무덤인 고인돌은 제작할 때 많은 노동력이 필요하였기 때문에 이 시기 많은 노동력을 동원할 수 있는 지배자가 등장하였음을 나타낸다.

선택지 분석

① 상평통보는 조선 후기에 만들어져 상공업이 발달하면서 전국적으로 유통되었다. ✗

② 석굴암 본존 불상은 통일 신라 시대에 만들어졌다. ✗

③ 팔관회와 연등회는 신라와 고려 시대에 걸쳐 개최되었다. ✗

④ 서원은 조선 시대에 사림의 주도로 전국에 설립되었다. ✗

✓❺ 청동기 시대에는 비파형 동검 등이 제작되어 사용되었다. ○ 답 ⑤

11 청동기 시대의 사회 모습 파악

자료 분석 자료에서 계급 발생, 비파형 동검, 반달 돌칼 등의 내용을 통해 (가) 시대가 청동기 시대임을 알 수 있다.

선택지 분석

① 서원은 조선 시대의 교육 기관으로 16세기 이후 사림에 의해 지방 곳곳에 건립되었다. ✗

✓❷ 계급이 발생한 청동기 시대에는 지배층의 무덤으로 추정되는 고인돌이 축조되었다. ○

③ 조선 후기인 17세기 이후 상평통보가 주조·보급되어 전국적으로 사용되었다. ✗

④ 향·부곡·소는 고려 시대에 설치된 특수 행정 구역이다. ✗
⑤ 팔관회와 연등회는 신라 시대와 고려 시대에 개최되었다. ✗ 답 ②

12 청동기 시대의 모습 파악

빈출 문항 자료 분석

(가)에서 볼 수 있는 모습으로 가장 적절한 것은?

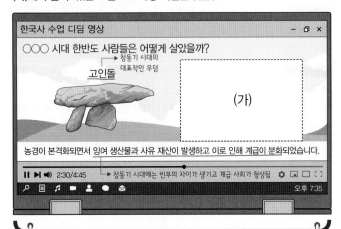

한국사 수업 디딤 영상 — □ ×
○○○ 시대 한반도 사람들은 어떻게 살았을까?
청동기 시대의
대표적인 무덤
고인돌
(가)
농경이 본격화되면서 잉여 생산물과 사유 재산이 발생하고 이로 인해 계급이 분화되었습니다.
▶ 청동기 시대에는 빈부의 차이가 생기고 계급 사회가 형성됨
2:30/4:45 오후 7:35

해결 전략 고인돌, 사유 재산 발생, 계급 분화 등의 내용을 통해 자료는 청동기 시대의 수업 영상임을 알 수 있다. 따라서 (가)에는 청동기 시대에 볼 수 있는 모습이 들어가야 한다. 청동기 시대에는 사유 재산과 계급이 발생하였고 정복 전쟁이 전개되면서 정치권력과 경제력을 보유한 지배자가 등장하였다. 비파형 동검은 청동기 시대의 대표적인 유물이다.

선택지 분석
① 비변사는 조선 중종 때 왜구와 여진의 침입에 대비해 설치되었다. 임진왜란 이후 국정을 총괄하는 최고 권력 기구가 되었다. ✗
② 17세기 이후 상평통보가 보급되어 전국적으로 유통되었다. ✗
✓❸ 청동기 시대에는 비파형 동검을 제작하여 사용하였다. ⃝
④ 경주 석굴암은 통일 신라 시대에 조성되었다. ✗
⑤ 국채 보상 운동은 1907년 대구에서 시작되어 전국으로 확산되었다. ✗
답 ③

13 청동기 시대의 사회 모습 이해

자료 분석 밑줄 친 '이 시대'는 청동기 시대이다. 청동기 시대 사람들은 비파형 동검을 제작하여 사용하였고 무덤으로 고인돌을 만들었다.

선택지 분석
✓❶ 청동기 시대에는 사유 재산과 계급이 발생하였고, 국가가 성립되었다. ⃝
② 골품제는 신라에서 시행한 폐쇄적인 신분 제도로 개인의 정치적·사회적 활동의 범위를 제한하였다. ✗
③ 풍수지리설은 통일 신라 말 승려 도선이 중국에서 들여온 것으로, 고려 시대 묘청 등이 풍수지리설을 내세워 서경 천도를 주장하였다. ✗
④ 주먹도끼는 구석기 시대의 대표적인 뗀석기이다. ✗
⑤ 조선 후기에는 인삼, 면화 등의 상품 작물 재배가 활발하였다. ✗
답 ①

14 가야의 이해

자료 분석 자료에서 낙동강 중·하류 지역을 중심으로 성립되었다는 점, 우수한 철기 제작 기술을 바탕으로 성장하였다는 점, 백제와 신라의 세력 확장에 밀려 소멸하였다는 점 등을 통해 (가) 나라가 가야임을 알 수 있다. 금관가야를 중심으로 연맹을 형성하였던 가야는 고구려의 공격으로 쇠퇴한 후 대가야 중심으로 연맹을 재편성하였다. 그러나 6세기 무렵 신라의 진흥왕이 대가야를 병합하였다.

선택지 분석
① 전국을 8도로 나누어 통치한 것은 조선이다. ✗
② 대조영이 고구려인과 말갈인을 이끌고 건국한 국가는 발해이다. ✗
③ 국학은 통일 신라의 신문왕이 설치하였다. ✗
④ 3차에 걸친 거란의 침략을 격퇴한 것은 고려이다. ✗
✓❺ 가야는 금관가야 등 여러 소국이 연맹을 형성하였다. ⃝ 답 ⑤

15 백제의 발전 과정 이해

자료 분석 한강 유역에 성립하였다는 점, 산수무늬 벽돌, 무령왕릉에서 출토된 왕비의 관 꾸미개 등을 통해 (가) 국가는 백제임을 알 수 있다. 백제는 한강 유역에서 성립하여 마한의 여러 소국을 정복하면서 성장하였다.

선택지 분석
① 골품제는 신라에서 시행한 신분 제도로 개인의 정치적·사회적 활동 범위를 제한하였다. ✗
② 발해는 최고 교육 기관으로 주자감을 두어 유학 교육을 실시하였다. ✗
③『경국대전』은 조선 세조 때 편찬되기 시작하여 성종 때 완성되었다. ✗
✓❹ 5세기 고구려의 공격으로 한강 유역을 잃고 웅진으로 수도를 옮겼으며, 6세기에 다시 사비로 천도하였다. ⃝
⑤ 통일 신라 신문왕은 전국을 9주 5소경 체제로 정비하였다. ✗ 답 ④

16 백제의 문화유산 파악

빈출 문항 자료 분석

(가) 국가의 문화유산으로 옳은 것은?

○ 16년 봄,   (가)   의 왕이 도읍을 사비로 옮기고 국호를 남부여로 개칭하였다.
▶ 지금의 부여, 대외 진출에 유리한 지역으로 백제 성왕이 백제의 중흥을 위해 도읍을 옮김

○ 32년 가을,   (가)   의 왕이 적을 습격하기 위해 구천에 이르렀는데 숨어 있던 적군과 맞서 싸우다가 전사하였다. 시호를 성(聖)이라 하였다.
▶ 성왕은 신라와 협력하여 한강 하류 지역을 되찾았으나 신라의 공격으로 이를 다시 빼앗긴 후 관산성 전투에서 전사함

해결 전략 자료에서 도읍을 사비로 옮기고 국호를 남부여로 개칭하였다는 점, 적군과 함께 싸우다가 전사하였으며 시호를 성(聖)이라 하였다는 점 등을 통해 자료의 왕이 성왕이며 (가) 국가가 백제임을 알 수 있다. 이 문제는 위 사료와 백제와 관련된 것임을 파악하기만 하면 해당 왕이 성왕이라는 점을 몰라도 쉽게 해결할 수 있는 문제이다. 사비, 남부여, 성왕 등의 핵심 용어를 파악할 수 있어야 한다.

① 경주 석굴암 석굴은 통일 신라 시대에 조성되었다. ✗

② 강서대묘 사신도(현무)는 고구려의 문화유산이다. ✗

✓❸ 백제 금동 대향로는 백제의 수도였던 부여에서 출토되었다. ○

④ 『삼국유사』는 고려 후기에 일연이 저술하였다. ✗

⑤ 수원 화성은 조선 후기 정조 때 건립되었다. ✗ 답 ③

17 백제의 특징 파악

자료 분석 백제의 옛 도읍이었던 부여에서 발굴되었다는 점과 제시된 유물 사진 등을 통해 자료의 유물이 백제 금동 대향로임을 알 수 있다. 따라서 (가)에 해당하는 국가는 백제이다.

선택지 분석

① 왕건은 918년 궁예를 몰아내고 왕위에 올라 고려를 건국하였다. ✗

② 상평통보는 조선 후기에 발행된 동전이다. ✗

③ 홍범 14조는 제2차 갑오개혁 시기에 고종이 반포하였다. ✗

✓❹ 백제는 성왕 때 중흥의 기반을 마련하기 위해 웅진에서 사비로 천도하였다. ○

⑤ 마가, 우가, 저가, 구가 등 제가들이 사출도를 다스린 것은 부여에 해당한다. ✗ 답 ④

18 고구려의 특징 파악

빈출 문항 자료 분석

(가) 국가에 대한 설명으로 옳은 것은?

> 선비족이 세운 북위는 5세기
> 전반 화북을 통일하였음
>
> 개로왕이 북위에 사신을 보내 표(表)를 올렸다. "우리와 (가) 은/는 모두 부여에서 나왔으므로 서로 옛정을 굳건히 존중하였는데, 그들의 선조인 쇠(釗, 고국원왕)가 이웃과의 우호를 깨버리고 우리의 국경을 짓밟았습니다. 이에 우리의 선조께서 평양성을 공격하여 쇠를 죽였습니다. … (중략) … 지금 (가) 의 연(璉, 장수왕)이 죄가 있어 나라는 엉망이 되었고, 백성들은 이리저리 흩어지고 있습니다. 이는 멸망시킬 기회이며 폐하의 도움을 받아야 할 때입니다.
> → 백제 근초고왕이 고구려의 평양성을 공격하는 과정에서 고국원왕이 전사하였음

해결 전략 개로왕이 북위에 사신을 보냈다는 점, 우리의 선조가 평양성을 공격하여 그들의 선조인 쇠(고국원왕)를 죽였다는 점, 연(장수왕)이 죄가 있어 그들 나라가 엉망이 되었다는 점 등을 통해 자료의 '우리'는 백제이고 (가) 국가는 고구려임을 알 수 있다. 삼국의 발전 과정은 자주 출제되는 내용이므로 시기별로 정리하여 기억해 두어야 한다.

선택지 분석

① 1881년에 조선 정부가 일본의 근대 문물을 시찰하고 개화 정책에 대한 정보를 수집하기 위해 조사 시찰단을 파견하였다. ✗

② 고려는 중서문하성과 중추원의 고위 관리들이 참여하여 국방 문제 등을 논의하는 도병마사를 설치하였다. ✗

✓❸ 고구려는 7세기 전반 을지문덕 등의 활약으로 수의 침략을 막아 냈다. ○

④ 조선은 전국을 8도로 나누어 통치하였다. ✗

⑤ 신라 진흥왕은 대가야를 정복하였다. ✗ 답 ③

19 고구려의 특징 파악

자료 분석 제시된 자료가 『삼국사기』 기록이란 점, 평양으로 도읍을 옮기고 백제 도성을 함락시켰다는 점 등의 내용을 통해 (가) 국가가 고구려임을 알 수 있다. 고구려는 소수림왕 때 불교를 수용하고 율령을 반포하였으며, 장수왕 때 평양으로 천도하고 적극적인 남진 정책을 추진하면서 백제 도성인 한성을 함락시켰다.

선택지 분석

① 왕건은 고려를 건국하였다. ✗

✓❷ 고구려 소수림왕은 유학 교육 기관으로 태학을 설립하였다. ○

③ 골품제는 신라의 신분 제도였다. ✗

④ 을사늑약으로 대한 제국의 외교권을 빼앗은 일제는 1909년 청과 간도 협약을 맺어 남만주 철도 부설권 등의 이권을 얻는 대신 간도를 청의 영토로 인정하였다. ✗

⑤ 군국기무처는 1894년에 설치되어 제1차 갑오개혁을 주도하였다. ✗ 답 ②

20 충주 지역의 역사 파악

자료 분석 통일 신라의 특수 행정 구역이었던 5소경 중 하나인 중원경이 있었다는 점, 고려 시대 몽골의 침략에 맞선 하층민의 항쟁이 있었다는 점, 임진왜란 당시 신립이 이끄는 조선군이 일본군과 격전을 벌였다는 점 등을 통해 자료의 학습 주제가 충주 지역 역사 탐구임을 알 수 있다.

선택지 분석

① 조선 정조는 자신의 정치적 이상을 실현하는 상징적 도시로 수원 화성을 건설하였다. ✗

② 경인선 철도는 미국이 갖고 있던 경인선 철도 부설권을 사들인 일본에 의해 부설되었고, 1899년 노량진에서 제물포 구간이 개통되었다. ✗

✓❸ 고구려는 장수왕 때 한강 이남 지역까지 진출하였으며, 이후 고구려 중심의 천하관이 담긴 충주 고구려비를 건립하였다. ○

④ 제주 4·3 사건은 1947년에 일어난 제주도민에 대한 경찰의 발포와 이에 반발하는 시위에 대한 미군정의 탄압, 1948년에 이루어진 남한만의 단독 선거 결정 등을 배경으로 일어났다. ✗

⑤ 남만주(서간도) 지역의 삼원보에 신흥 무관 학교의 전신인 신흥 강습소가 세워졌다. ✗ 답 ③

21 고구려 광개토 대왕의 활동 파악

자료 분석 고국양왕의 아들, 신라에 침입한 왜를 공격하여 신라를 구원하였다는 내용을 통해 밑줄 친 '왕'이 고구려 광개토 대왕임을 알 수 있다.

선택지 분석

① 별무반은 고려 전기 여진의 침입에 대응하여 윤관의 건의에 따라 편성되었다. ✗

② 6세기 전반 신라 법흥왕은 금관가야를 병합하였다. ✗

✓❸ 광개토 대왕은 활발한 정복 활동을 벌여 만주 지역에서 영토를 넓혔다. ○

④ 백제와 고구려는 삼국 통일 과정에서 나당 연합군과 전쟁을 벌였으나 패배하였다. ✗

⑤ 조선 세종 때 이종무가 왜구의 소굴인 대마도를 정벌하였다. ✗ 답 ③

22 고구려의 발전 과정 이해

빈출 문항 자료 분석

(가), (나) 시기 사이에 있었던 사실로 옳은 것은?

→ 신라 내물왕의 구원 요청을 받은 고구려 광개토 대왕이 5만의 군대를 보내 신라에 침입한 왜군을 물리침

(가) 광개토 대왕이 보병과 기병 5만을 보내 신라를 구원하게 하였다. 고구려군이 신라의 왕성에 이르니 가득하였던 왜적이 퇴각하였다.

(나) 신라군이 당군과 연합하여 고구려의 왕성을 에워쌌다. 그러자 고구려왕이 연남산 등을 당의 영공에게 보내 항복을 청하였다.
→ 668년 고구려 멸망

해결 전략 광개토 대왕의 집권 시기와 고구려 멸망 시기 사이의 사건에 대해 묻고 있는 문제이다. 광개토 대왕의 뒤를 이은 장수왕이 남진 정책을 추진하였다.

선택지 분석

✓❶ 광개토 대왕의 뒤를 이은 장수왕은 도읍을 국내성에서 평양으로 옮기고 적극적인 남진 정책을 추진하였다. ○

② 고려 말인 1388년에 요동 정벌에 나섰던 이성계가 위화도 회군을 단행하여 권력을 장악하였다. ✗

③ 임진왜란이 발발한 1592년에 이순신은 한산도 앞바다에서 일본 수군의 주력 부대를 물리쳤다(한산도 대첩). ✗

④ 한인 애국단 소속의 윤봉길이 1932년에 상하이 홍커우 공원에서 진행된 일왕의 생일과 상하이 사변 승전 축하 기념식 단상에 폭탄을 던지는 의거를 일으켰다. ✗

⑤ 고려 시대에 거란의 1차 침입 당시 서희는 거란의 장수 소손녕과 외교 담판을 벌여 강동 6주를 확보하였다. ✗ **답 ①**

23 신라의 특징 이해

자료 분석 자료에서 6세기에 한강 유역을 차지했다는 점, 한강 유역을 차지한 후 순수비를 세웠다는 점 등을 통해 (가) 국가는 신라임을 알 수 있다. 6세기 진흥왕 시기에 신라는 한강 유역을 차지한 후 북한산에 순수비를 건립하였다.

선택지 분석

① 발해는 선왕 때 영토를 최대 확장하여 전성기를 맞이하였고, 이후 주변국이 발해를 해동성국이라 불렀다. ✗

✓② 신라는 신분 제도로 골품제를 운영하였다. ○

③ 무령왕릉은 백제에서 중국 남조의 영향을 받아 축조한 벽돌 무덤이다. ✗

④『경국대전』은 조선 왕조의 기본 법전으로, 세조 때 편찬되기 시작하여 성종 때 완성해 반포하였다. ✗

⑤ 고려는 몽골과의 전쟁 중에 부처의 힘으로 외적을 물리치자는 염원을 담아 팔만대장경을 조판하였다. ✗ **답 ②**

24 신라 진흥왕의 업적 파악

자료 분석 제시된 지도의 영역과 5개 비석의 명칭과 위치를 통해 (가) 왕이 신라 진흥왕임을 알 수 있다. 진흥왕은 한강 유역을 차지하였으며, 대가야를 정복하고 함경도 지역까지 진출하였다.

선택지 분석

① 고구려 미천왕은 낙랑군을 몰아내었다. ✗

② 신라 지증왕은 이사부를 보내 우산국을 정복하였다. ✗

✓❸ 6세기 신라 진흥왕은 한강 유역을 차지하고 대가야를 정복하여 낙동강 서쪽을 장악하였다. ○

④ 신라는 매소성 전투와 기벌포 전투에서 당의 군대를 격퇴하고 삼국 통일을 이루었다. ✗

⑤ 고구려의 을지문덕은 수의 대군에 맞서 살수에서 큰 승리를 거두었다. ✗ **답 ③**

25 백제 성왕의 활동 파악

빈출 문항 자료 분석

(가) 왕에 대한 설명으로 옳은 것은?

해결 전략 6세기 백제의 중흥을 이끌었던 성왕의 활동을 파악해야 한다. 웅진에서 사비로 천도, 국호를 남부여로 변경, 신라와 연합하여 한강 유역 일부를 일시 수복, 관산성 전투에서 전사 등의 사실을 기억해 두어야 한다.

선택지 분석

✓❶ 백제 성왕은 사비로 천도하고 국호를 남부여로 변경하였다. ○

② 고려 광종은 쌍기의 건의를 받아들여 과거제를 도입하였다. 이후 과거제는 제1차 갑오개혁에서 폐지될 때까지 이어졌다. ✗

③ 조선 태종은 국가의 경제 기반을 확충하기 위해 호패법을 실시하였다. ✗

④『경국대전』은 조선 세조 때 편찬되기 시작하여 성종 때 완성되었다. ✗

⑤ 통일 신라 신문왕은 지방 행정 조직을 9주 5소경 체제로 정비하였다. ✗ **답 ①**

26 삼국 통일의 과정 이해

자료 분석 (가)는 554년 백제와 신라가 벌인 관산성 전투이고, (나)는 675년 신라가 당과 벌인 매소성 전투이다.

선택지 분석

① 고려 태조 왕건은 고려를 건국하고 후삼국을 통일하였다. ✗

② 통일 신라 시대인 9세기 전반 장보고는 완도에 청해진을 설치하였다. ✗

✓❸ 나당 연합군은 668년 고구려를 공격하여 멸망시켰다. ○

④ 영국은 1885년부터 1887년까지 러시아의 남하를 견제한다는 명분을 내세워 거문도를 불법으로 점령하였다. ✗

⑤ 11세기 초반 거란의 3차 침입 당시 강감찬이 이끈 고려군은 귀주에서 거란군을 격퇴하였다. ✗ **답 ③**

27 통일 신라의 특징 이해

자료 분석 경주 석굴암, 경주 불국사가 대표적인 문화유산이라는 내용을 통해 (가) 국가는 통일 신라임을 알 수 있다.

선택지 분석

① 백제 무령왕은 지방 통제를 강화하기 위해 22담로에 왕족을 파견하였다. ✗

② 발해는 10세기에 거란의 침입을 받아 멸망하였다. ✗

✓❸ 신라는 삼국을 통일한 이후 신문왕 때 전국을 9주 5소경 체제로 정비하였다. ○

④ 고구려는 10월에 동맹이라는 제천 행사를 열었다. ✗

⑤ 부여에서는 마가, 우가, 저가, 구가 등이 사출도를 다스렸다. ✗ **답 ③**

28 통일 신라의 통치 체제 파악

빈출 문항 자료 분석

(가)에 들어갈 내용으로 가장 적절한 것은?

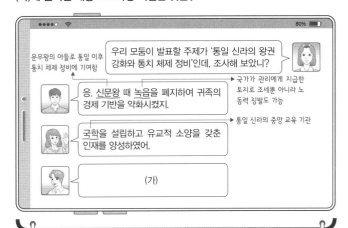

해결 전략 통일 신라의 왕권 강화와 관련하여 신문왕의 활동을 정리해 두어야 한다. 신문왕은 김흠돌 등 진골 귀족 숙청, 국학 설립, 관료전 지급 및 녹읍 폐지, 9주 5소경 체제의 완비 등을 통해 왕권을 강화하고자 하였다.

선택지 분석

① 조선 세종은 훈민정음을 창제하여 반포하였다. ✗

② 고구려 장수왕은 국내성에서 평양으로 수도를 옮겼다. ✗

③ 조선 정조는 정치적 기능과 군사·상업적 기능을 함께 고려한 수원 화성을 건설하였다. ✗

④ 1894년 일본군이 경복궁을 점령한 후 개혁을 강요하면서 군국기무처가 설치되었다. ✗

✓❺ 통일 신라 신문왕은 지방 행정 조직을 정비하여 9주 5소경 체제를 완성하였다. ○ **답 ⑤**

29 통일 신라의 특징 파악

자료 분석 자료에서 서원경 부근의 촌을 비롯한 4개 촌의 경제 상황이 나타나 있다는 점, 골품제라는 신분 제도를 운용하였다는 점 등을 통해 밑줄 친 '나라'가 통일 신라임을 알 수 있다.

선택지 분석

✓❶ 통일 신라는 지방을 9주 5소경 체제로 정비하였다. ○

② 고려 광종은 과거제를 도입하여 유학을 익힌 신진 인사를 관리로 선발하였다. ✗

③ 고조선은 8조법으로 사회 질서를 유지하였다. ✗

④ 조선 세조 때부터 기본 법전인 『경국대전』이 편찬되기 시작하여 성종 때에 완성되었다. ✗

⑤ 조선 고종은 개항 이후 근대 문물 시찰을 위해 조사 시찰단을 파견하였다. ✗ **답 ①**

30 발해의 특징 파악

자료 분석 대조영이 세운 나라라는 점, 선조성, 중대성, 정당성의 3성과 충부, 인부, 의부, 지부, 예부, 신부 등 6부가 있다는 점 등을 통해 밑줄 친 '이 나라'가 발해임을 알 수 있다. 대조영은 고구려 유민과 말갈인을 이끌고 동모산 기슭에서 발해를 건국하였다(698). 발해는 제3대 국왕인 문왕 때 당과 친선 관계를 맺고 교류하며 성장하였으며, 선왕 때 영토를 최대 확장하여 전성기를 맞이하였다.

선택지 분석

① 제가 회의는 고구려의 귀족 회의 기구였다. ✗

② 골품제는 신라의 신분 제도였다. ✗

③ 식목도감은 고려 시대 고위 관리가 참여하는 회의 기구였다. ✗

④ 전기 가야 연맹은 금관가야가, 후기 가야 연맹은 대가야가 주도하였다. ✗

✓❺ 발해는 지방 행정 구역으로 5경 15부 62주를 두었다. ○ **답 ⑤**

31 고려 태조의 업적 파악

자료 분석 자료에서 발해의 왕자가 왔다는 점, 견훤을 맞아들였다는 점, 성과 이름을 하사하였다는 점 등을 통해 (가) 왕이 고려 태조 왕건임을 알 수 있다. 왕건은 918년 궁예를 몰아내고 왕위에 올라 고려를 건국하였다.

선택지 분석

① 신라 지증왕 때 이사부가 우산국을 복속시켰다. ✗

② 장용영은 조선 후기에 정조가 설치한 국왕 친위 부대로 왕권을 뒷받침하였다. ✗

✓❸ 고려 태조 왕건은 발해의 유민을 받아들였으며, 후삼국을 통일하였다. ○

④ 고려 공민왕은 쌍성총관부를 공격하여 원이 직할령으로 삼았던 철령 이북의 영토를 탈환하였다. ✗

⑤ 국왕 중심의 정치를 강조하였던 조선 태종과 세조 등이 채택하였다. ✗ **답 ③**

32 발해의 통치 조직 파악

도전 1등급 문항 분석 ▶▶ 정답률 37.7%

(가) 국가에 대한 설명으로 옳은 것은?

> 발해의 중앙 정치 조직인 3성 6부 중 중대성과 함께 3성에 해당함 ◀
>
> ┌─────┐ 에서는 왕을 '가독부', '성왕' 또는 '기하'라고도 부른다.
> │ (가) │
> 왕의 명령은 '교'라고 한다. 주요 관청으로는 <u>선조성, 정당성</u> 등이 있
> 다. … (중략) … ┌─────┐ 의 땅에는 <u>5경 15부 62주</u>가 있다.
>   │ (가) │
>   └─────┘ └▶ 발해의 지방 행정 조직

해결 전략 자료에서 선조성과 정당성, 5경 15부 62주 등의 내용을 통해 (가) 국가가 발해임을 알 수 있다. 발해는 중앙 행정 조직으로 3성 6부를 두었고, 지방 행정 구역을 5경 15부 62주로 조직하였다. 중앙 정치 조직이나 지방 행정 조직을 통해 국가를 파악하라는 문제는 자주 나오는 문제 유형이다. 이를 해결하기 위해서는 발해를 비롯해 통일 신라, 고려, 조선 등 여러 나라의 중앙 정치 조직과 지방 행정 조직 등을 숙지하고 있어야 한다.

선택지 분석

① 신라는 신분 제도로 골품제를 운영하였다. ✗
✓❷ 발해는 최고 교육 기관으로 주자감을 두어 유학 교육을 실시하였다. ○
③ 조선 후기 정조 때 수원 화성을 건설하였다. ✗
④ 대한 제국의 고종 황제는 1899년 대한국 국제를 제정하였다. ✗
⑤ 고려 시대에는 향·부곡·소라는 특수 행정 구역을 설치하였다. 향·부곡·소는 조선 시대에 일반 군현으로 승격되면서 점차 소멸되었다. ✗ 🄰 ②

33 발해의 통치 체제 파악

자료 분석 자료에서 고구려 유민이 중심이 되어 동모산 아래에서 나라를 세웠다는 점, 무왕이 등주를 습격하였다는 점 등을 통해 (가) 나라가 발해임을 알 수 있다.

선택지 분석

① 대한 제국은 광무개혁을 추진하면서 양전 사업을 실시하고 근대적 토지 소유 증명 문서인 지계를 발급하였다. ✗
② 신라는 골품제라는 엄격한 신분 제도를 운영하였다. ✗
③ 개항 이후 조선 정부는 외국어와 근대 학문을 교육하기 위해 육영 공원을 설립하였다. ✗
✓❹ 발해는 5경 15부 62주의 지방 행정 구역을 설치하여 운영하였다. ○
⑤ 1894년에 설치된 군국기무처는 제1차 갑오개혁을 주도하였다. ✗ 🄰 ④

34 발해의 특징 이해

자료 분석 영광탑을 건설하였다는 것과 제3대 국왕이 문왕이었다는 내용을 통해 (가) 국가는 발해임을 알 수 있다. 발해는 대조영에 의해 건국되었고, 문왕 때 당과 친선 관계를 맺고 활발하게 교류하며 성장하였다. 문화 유산으로는 영광탑, 정효 공주 무덤 등이 있다.

선택지 분석

① 8조법은 고조선에서 시행한 법이다. ✗

② 훈민정음은 조선 세종 때 반포된 우리 민족의 고유 문자이다. ✗
③ 팔만대장경은 고려 시대 몽골과의 전쟁 중에 부처의 힘으로 외적을 물리치고자 하는 염원을 담아 제작되었다. ✗
④ 담로는 백제의 행정 구역으로, 백제의 무령왕은 지방을 통제하기 위해 22담로에 왕족을 파견하였다. ✗
✓❺ 대조영은 고구려 유민과 말갈인을 이끌고 동모산 기슭에서 발해를 건국하였다(698). ○ 🄰 ⑤

35 발해의 성립과 발전 이해

빈출 문항 자료 분석

(가) 국가에 대한 설명으로 옳은 것은?

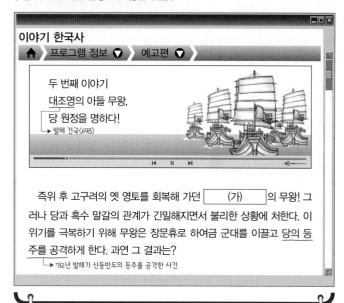

이야기 한국사
🏠 프로그램 정보 ▼ 예고편 ▼

두 번째 이야기
대조영의 아들 무왕,
당 원정을 명하다!
└▶ 발해 건국(698)

즉위 후 고구려의 옛 영토를 회복해 가던 ┌─────┐ 의 무왕! 그 │ (가) │ 러나 당과 흑수 말갈의 관계가 긴밀해지면서 불리한 상황에 처한다. 이 위기를 극복하기 위해 무왕은 장문휴로 하여금 군대를 이끌고 당의 등주를 공격하게 한다. 과연 그 결과는?
└▶ 732년 발해가 산둥반도의 등주를 공격한 사건

해결 전략 대조영의 아들이 왕이라는 점, 무왕이 장문휴를 보내 당의 등주를 공격한 점 등을 통해 (가) 국가가 발해임을 알 수 있다. 발해 관련 문항에서는 대조영이 건국, 수도 상경, 당의 3성 6부 수용, 해동성국 등의 사실이 자주 출제된다.

선택지 분석

① 대한 제국은 양전 사업을 실시하고 지계를 발급하였다. ✗
② 백두산정계비는 조선 숙종 때 조선과 청이 국경을 정하고 그 내용을 새긴 비석이다. ✗
✓❸ 발해는 선왕 때 영토를 최대 확장하여 전성기를 맞이하였고, 이후 주변국이 발해를 해동성국이라 불렀다. ○
④ 신라 진흥왕은 화랑도를 국가적 조직으로 정비하였다. ✗
⑤ 고조선은 8조법을 제정하여 사회 질서를 유지하고자 하였다. ✗ 🄰 ③

36 신라의 문화 파악

자료 분석 원효, 의상, 혜초와 관련된 발표 주제를 통해 (가) 국가가 신라임을 알 수 있다. 신라의 원효, 의상 등은 불교의 대중화를 위해 노력하였다.

✓❶ 신라 시대에 왕실과 귀족의 후원으로 불교문화가 크게 발달하였고, 불국사와 석굴암이 건립되었다. O

② 발해는 최고 교육 기관으로 주자감을 두어 유학 교육을 실시하였다. ✗

③ 『경국대전』은 조선 세조 때 편찬을 시작하여 성종 때 완성해 반포하였다. ✗

④ 고려는 몽골과의 전쟁 중에 부처의 힘으로 외적을 물리치려는 염원을 담아 팔만대장경을 조판하였다. ✗

⑤ 조선 고종은 1895년 교육입국 조서를 반포하여 근대 교육의 중요성을 강조하였다. ✗   답 ①

37 신라 불교의 흐름 파악

자료 분석 자료는 신라 불교에 대한 수행 평가 안내문으로 (가)에는 신라의 불교와 관련된 내용이 들어가야 한다. 신라는 고구려를 통해 불교를 수용하였으며, 법흥왕 때 이차돈의 순교를 계기로 불교가 공인되었다.

선택지 분석

✓❶ 의상은 신라의 승려로 화엄 사상을 정립하였고 부석사 등 많은 사원을 건립하였다. O

② 지눌은 고려의 승려로 수선사 결사를 제창하여 불교 개혁 운동을 전개하였다. ✗

③ 의천은 고려의 승려로 해동 천태종을 창시하였고, 교관겸수를 제창하였다. ✗

④ 신돈은 고려의 승려로 공민왕의 신임을 받으며 전민변정도감 설치 등 각종 개혁을 주도하였다. ✗

⑤ 묘청은 고려의 승려로 서경 천도 운동을 전개하였다. ✗   답 ①

38 신라의 불교 대중화 이해

자료 분석 자료에서 원효의 아미타 신앙, 의상의 관음 신앙 등의 내용을 통해 (가)에 들어갈 내용은 신라의 불교 대중화임을 알 수 있다. 신라의 원효, 의상 등은 백성들에게 불교를 쉽게 전하려고 노력하였다.

선택지 분석

① 청동기 시대에 국가가 성립, 발전하는 과정에서 천신 신앙은 왕실의 권위를 강화하는 역할을 하였다. 부여의 영고, 고구려의 동맹과 같은 제천 행사는 천신 신앙과 관련 있다. ✗

✓❷ 원효의 아미타 신앙과 의상의 관음 신앙은 일반 백성들의 삶에 불교를 전파하였고, 이는 사회를 통합하는 역할을 하였다. O

③ 고구려의 연개소문은 정치적 목적으로 도교를 장려하였다. ✗

④ 고려 후기 성리학을 수용한 신진 사대부는 불교의 폐단과 권문세족의 횡포에 대항하여 개혁을 주장하였다. ✗

⑤ 조선 후기 상품 화폐 경제의 발달로 서민의 경제적·신분적 지위가 향상되면서 서민층이 새로운 문화의 주체로 성장하였고, 서양 문물의 수용과 함께 과학 기술이 발전하였다. ✗   답 ②

39 6두품의 특징 이해

(가) 신분에 대한 설명으로 옳은 것은?

→ 6두품 출신의 유학자로 강수는 외교 문서 작성에 능하였고, 설총은 이두를 정리하고 「화왕계」를 저술함

○삼국 통일 과정에서 왕권이 강화됨에 따라 진골 귀족 세력은 약화되고, 강수·설총 등과 같은 □(가)□ 이/가 왕의 정치적 조언자로 활동하면서 두각을 나타내었다. → 6두품 출신으로 당에서 빈공과에 합격한 후 관리로 있다 신라에 돌아와 10조의 개혁안을 올림

○통일 신라 말에는 최치원과 같이 당에서 유학을 배우고 돌아온 □(가)□ 계통의 학자들이 많았다. 이들 중 최언위는 후삼국 통일 과정에서 왕건의 정치적 자문 역할을 하였다.

→ 6두품 출신이 호족과 결합하기도 하였음

해결 전략 통일 신라의 신분제에 대해서 묻는 문제이다. 강수, 설총, 최치원, 최언위 등의 인물들이 속한 신분이라는 점을 통해 (가) 신분이 6두품이라는 점을 파악할 수 있다. 통일 신라의 신분제인 골품제는 폐쇄적으로 운영되었으며 정치적으로뿐만 아니라 가옥, 의복과 같은 일상생활까지도 제한하였다는 점을 알아 두어야 한다.

선택지 분석

① 고려 후기 원 간섭기에는 권문세족이 원의 세력을 배경으로 새로운 지배층으로 등장하였다. ✗

② 고려 말 신진 사대부는 성리학을 수용하여 불교의 폐단과 권문세족의 횡포를 비판하고 사회 개혁을 주장하였다. ✗

③ 비변사는 조선 중종 때 외침에 대비하여 설치된 임시 기구였으나, 임진왜란을 거치면서 국정을 총괄하는 최고 권력 기구가 되었다. ✗

④ 사림은 16세기 이후 보급된 서원과 향약 등을 기반으로 향촌 사회에서 영향력을 확대하였다. ✗

✓❺ 신라에서는 골품제라는 엄격하고 폐쇄적인 신분제가 운영되어 개인의 정치 활동과 사회 활동의 범위를 제한하였다. 이에 따라 진골은 승진 제한이 없어 최고 관등까지 오를 수 있었지만, 6두품은 아찬까지만 승진할 수 있었다. O   답 ⑤

40 신라의 교육 기관 파악

자료 분석 임신서기석, 유교 경전의 공부 등의 내용을 통해 (가) 국가가 신라임을 알 수 있다. 임신서기석은 신라의 두 청년이 유교 경전을 공부할 것을 맹세한 내용이 새겨진 비석이다.

선택지 분석

✓❶ 신라는 신문왕 때 유학 교육 기관으로 국학을 설치하여 운영하였다. O

② 신민회는 1911년 남만주(서간도) 지역의 삼원보에 신흥 강습소를 설립하여 독립군을 양성하였다. ✗

③ 1883년 최초의 근대적 학교인 원산 학사가 건립되었다. ✗

④ 1886년 조선 고종은 양반 자제와 관리에게 근대 학문을 교육하고자 육영 공원을 설립하여 운영하였다. ✗

⑤ 제2차 갑오개혁 시기인 1895년 조선 고종이 교육입국 조서를 반포하였고 이후 한성 사범 학교가 설립되었다. ✗   답 ①

41 신라의 사회 모습 이해

자료 분석 자료에서 진골, 6두품 등의 신분이 있었다는 사실을 통해 밑줄 친 '이 나라'가 신라임을 알 수 있다.

선택지 분석

① 조선 시대에 사림의 주도로 지방에 설립된 사립 교육 기관인 서원은 성리학 연구, 선현에 대한 제사 이외에도 지방 사족들의 지위를 강화해 주는 기능을 하였다. ✗

② 발해는 유학 교육을 위해 주자감을 설치하여 귀족 자제들에게 유교 경전을 가르쳤으며, 당에 유학생을 파견하였다. ✗

✓ ❸ 신라는 삼국 통일 이후 신문왕 때 유교 교육 기관인 국학을 설립하였고, 원성왕 때 독서삼품과를 마련하여 유교 경전의 이해 수준을 평가해 관리를 채용하고자 하였다. ○

④ 고려 시대에는 최충의 9재 학당을 비롯한 사학 12도가 융성하여 관학이 위축되었다. ✗

⑤ 고려 말에는 교육 기관인 국자감이 성균관으로 개편되었다. 조선 시대의 성균관은 한성에 설치된 최고 교육 기관이었다. ✗   🔖 ③

02 고려의 정치·사회와 문화

42 ①	43 ①	44 ⑤	45 ②	46 ③	47 ④
48 ④	49 ②	50 ⑤	51 ③	52 ⑤	53 ②
54 ⑤	55 ⑤	56 ⑤	57 ③	58 ④	59 ②
60 ④	61 ④	62 ③	63 ④	64 ③	65 ③
66 ②	67 ④	68 ②	69 ⑤	70 ④	71 ④
72 ④	73 ②	74 ⑤	75 ①	76 ⑤	77 ④
78 ①	79 ②	80 ①	81 ②	82 ⑤	83 ②

42 고려 태조의 업적 파악

자료 분석 자료에서 고려 건국, 후삼국 통일, 지방 호족 포용 등의 내용을 통해 밑줄 친 '이 왕'이 고려를 건국한 태조 왕건임을 알 수 있다.

선택지 분석

✓ ❶ 고려 태조는 후대 왕들이 지켜야 할 정책 방향을 제시한 훈요 10조를 남겼다. ○

② 과거제는 고려 광종이 도입한 이후 갑오개혁으로 폐지될 때까지 고려와 조선에서 관리 선발 제도로 시행되었다. ✗

③ 고구려 장수왕은 5세기 전반 국내성에서 평양으로 천도하였다. ✗

④ 조선 세종 때에 4군 6진 지역이 개척되었다. ✗

⑤ 조선 고종은 제2차 갑오개혁 당시 국정 개혁의 기본 강령이라 할 수 있는 홍범 14조를 반포하였다. ✗   🔖 ①

43 전근대 평양 지역의 특징 이해

자료 분석 자료에서 고구려 장수왕 때 국내성에서 천도하였으며, 고려 태조가 서경으로 삼았고 묘청이 반란을 일으켰다는 내용을 통해 밑줄 친 '이 지역'이 평양임을 알 수 있다.

선택지 분석

✓ ❶ (가) 평양은 고구려의 수도였고, 고려 시대에는 서경으로 중시되었다. ○

② (나) 서울은 조선의 수도였다. ✗

③ (다) 공주는 백제가 한성을 빼앗기고 천도한 곳(웅진)이다. ✗

④ (라) 경주는 신라의 수도였다. ✗

⑤ (마) 원산은 강화도 조약에 따라 개항되었으며, 일제 강점기에 원산 총파업이 일어난 곳이다. ✗   🔖 ①

44 고려 태조의 업적 파악

자료 분석 자료에서 국호를 고려라고 한 점, 송악(개경)으로 수도를 옮긴 점, 혼인 정책으로 호족을 포섭하고 발해 유민을 포용하였다는 점 등을 통해 (가) 왕이 고려 태조임을 알 수 있다.

선택지 분석

① 교육입국 조서는 제2차 갑오개혁 때 고종이 반포하였다. ✗

② 신미양요 이후 흥선 대원군이 전국에 척화비를 건립하였다. ✗

③ 일제 강점기인 1925년에 치안 유지법이 제정·공포되었다. ✗

④ 『경국대전』은 조선 세조 때 편찬되기 시작하여 성종 때에 완성되었다. ✗

✓❺ 고려 태조는 신라를 흡수하고 후백제를 멸망시켜 후삼국을 통일하였
다. ❍   답 ⑤

개척하였다. ✗

✓❸ 광종은 본래 양인이었으나 불법으로 노비가 된 사람들을 양인 신분으
로 회복시켜 주는 노비안검법을 시행하였다. ❍
④ 발해는 지방 행정 구역으로 5경 15부 62주를 설치하였다. ✗
⑤ 조선 고종은 교육입국 조서를 반포한 후 근대적 교육 제도를 실시하면
서 1895년 한성 사범 학교를 설립하였다. ✗   답 ③

45 고려 태조의 호족 통합 정책 이해

(가)에 들어갈 내용으로 가장 적절한 것은?

탐구 활동 보고서

3학년 ○반 ○○번 이름 ○○○

1. 주제: 태조의 통치 체제 정비를 위한 노력 →고려 왕건
2. 활동: 자료를 수집하고 분석하여 통치 체제 정비를 위한 태조의 정책
을 정리하였다.
3. 정리   지방 호족의 자제를 수도에 머물게 하여 출신
지역의 일에 대한 자문에 응하게 한 제도

수집 자료	분석 결과
백성들에게 3년간 조세와 부역을 면제해 주었다.	민생 안정 정책
향리의 자제를 개경에 살게 하고 이를 기인이라 하였다.	(가)
광해주 사람 박유가 귀순해 오자 왕씨 성을 하사하였다. →사성 제도	
서경의 보수를 마치고 백성을 옮겨 살게 하였다.	북진 정책

해결 전략 고려 태조의 정책은 크게 민생 안정책, 호족 통합 정책, 북진 정책
으로 구분할 수 있다. 민생 안정책에 세금 감면, 호족 통합 정책에 기인 제도
와 사심관 제도, 왕씨 성을 하사하는 사성 정책 등이 있다. 북진 정책을 위해
서는 서경을 중시하였다.

선택지 분석
① 인조반정 이후 집권한 서인 정권은 친명 배금 정책을 실시하였다. ✗
✓❷ 태조는 혼인 정책, 왕씨 성 하사, 사심관 제도와 기인 제도 등을 실시하
여 호족 세력을 통합하고자 하였다. ❍
③ 조선은 개항 이후 통상 개화 정책을 추진하였다. ✗
④ 고려 말 공민왕은 원·명 교체라는 정세 변화를 이용하여 반원 자주 정
책을 추진하였다. ✗
⑤ 일제는 1930년대 후반 민족 말살 정책을 실시하였다. ✗   답 ②

46 고려 광종의 정책 파악

자료 분석 고려 제4대 국왕의 정책, 과거제 도입, 공신과 호족 세력 숙청,
공복 제정, 광덕과 준풍이라는 연호 사용 등의 내용을 통해 자료는 고려
광종에 대한 것임을 알 수 있다.

선택지 분석
① 일제는 회사를 설립할 때 조선 총독의 허가를 받도록 하는 회사령을 제
정하였다(1910). ✗
② 조선 세종은 압록강과 두만강 유역의 여진을 몰아내고 4군 6진 지역을

47 고려 광종의 업적 파악

자료 분석 자료에서 쌍기의 건의로 과거제를 신설하였다는 점 등을 통해
밑줄 친 '왕'이 고려 광종임을 알 수 있다. 광종은 능력 있는 인재를 선발하
기 위해 과거제를 도입하였다.

선택지 분석
① 조선 고종 때 독립 협회의 주도로 독립문이 건립되었다. ✗
② 조선 고종은 1881년 신식 군대인 별기군을 창설하였다. ✗
③ 조선 성종은 『경국대전』을 완성해 반포하였다. ✗
✓❹ 고려 광종은 본래 양인이었으나 불법으로 노비가 된 사람들을 양인으
로 회복시키는 노비안검법을 실시하였다. ❍
⑤ 고려의 승려 지눌은 무신 정권 시기에 수선사 결사를 조직하였다. ✗
답 ④

48 고려 광종의 정책 파악

(가) 왕이 시행한 정책으로 옳은 것은?

우리 태조 대왕께서 천명을 받아 즉위하셔서 태평성대를 이루고 문 →고려 태조 왕건
화를 발전시키셨습니다. 그 뒤 우리 [(가)] 께서 널리 어질고 능
력 있는 사람을 불러들이셨습니다. 때마침 후주에서 보내온 사신 일
행 중에 쌍기라는 자가 어질다는 말을 듣고 [(가)] 께서 그에게
예빈성사의 벼슬을 주고, 그의 건의에 따라 과거제를 처음으로 시행
하였습니다. 그리하여 무오년과 경신년의 과거에서 각각 최선과 최광
범을 장원으로 선발하였습니다. →고려 광종 때 쌍기의 건의로 과거제를 시행하여 유교적 소양을 갖춘 신진 관료 등용

해결 전략 쌍기의 건의에 따라 과거제를 처음 시작하였다는 내용 등을 통해
(가) 왕이 고려 광종임을 알 수 있다. 광종은 공신과 호족 세력을 약화시키고
왕권을 강화하기 위해 쌍기의 건의를 수용하여 과거제를 도입하였고 노비안
검법을 시행하였으며, 황제 칭호와 독자적 연호를 사용하였음을 알아 두어야
한다.

선택지 분석
① 신라 진흥왕이 대가야를 병합하였다. ✗
② 조선 영조와 정조는 붕당 간의 대립을 완화하고 왕권을 강화하기 위해
탕평책을 추진하였다. ✗
③ 조선 성종은 세조 때 편찬을 시작한 『경국대전』을 완성해 반포하였다. ✗
✓❹ 광종은 공신과 호족이 불법으로 차지한 노비를 양인으로 해방시켜 주
는 노비안검법을 실시하였다. ❍
⑤ 고구려 장수왕은 남진 정책을 추진하여 국내성에서 평양으로 천도하였
다. ✗   답 ④

49 고려 광종의 정책 이해

자료 분석 고려 제4대 국왕, 쌍기의 건의를 받아들여 과거제를 도입, 과거제를 통해 신진 세력을 등용해 왕권을 강화하고자 했다는 내용 등을 통해 밑줄 친 '왕'이 고려 광종임을 알 수 있다.

선택지 분석

① 대동법은 조선 후기 광해군 때 경기도에서 처음 시행되었고 점차 시행 지역이 확대되었다. ✗

✓❷ 고려 광종은 본래 양인이었으나 불법으로 노비가 된 자 등을 조사하여 양인으로 신분을 회복시켜 주는 노비안검법을 실시하였다. ○

③ 조선 태종, 세조 때 6조 직계제를 실시하였다. ✗

④ 고려 공민왕은 전민변정도감을 설치하여 권문세족이 불법으로 차지한 땅을 본래의 주인에게 돌려주고, 억울하게 노비가 된 양인을 본래의 신분으로 되돌려주었다. ✗

⑤ 통일 신라 신문왕은 전국을 9주 5소경 체제로 정비하였다. ✗ **답 ②**

50 고려 광종의 활동 이해

자료 분석 자료에서 쌍기에게 명하여 처음 과거제를 시행하였다는 내용을 통해 (가) 왕이 고려 광종임을 알 수 있다. 광종은 왕권을 강화하기 위해 공신과 호족 세력을 숙청하였고, 과거제를 도입하여 유교적 소양을 갖춘 신진 관료를 등용하고자 하였다.

선택지 분석

① 삼별초는 최씨 무신 정권의 사병 조직으로 고려가 몽골과 강화를 맺자 이에 반대하며 대몽 항쟁을 전개하였다. ✗

② 조선 정조는 규장각에 신진 관료를 등용하여 자신의 권력과 정책을 뒷받침하는 정치 기구로 육성하였다. ✗

③ 조선 세종은 우리 민족의 고유 문자인 훈민정음을 창제해 반포하였다. ✗

④ 개항 후 고종은 양반 자제와 관리를 대상으로 근대 교육을 실시하기 위해 육영 공원을 설립하였다. ✗

✓❺ 고려 광종은 공신 세력을 약화시키기 위해 불법으로 노비가 된 자를 가려 양인으로 해방시키는 노비안검법을 시행하였다. ○ **답 ⑤**

51 고려 성종의 업적 파악

빈출 문항 자료 분석

밑줄 친 '왕'에 대한 설명으로 옳은 것은?

→ 고려의 역사를 편년체로 정리한 역사서

화면은 고려사절요의 기록인데요, 어떤 내용과 역사적 의미가 있는지 설명해 주시길 바랍니다.

→ 연등회와 팔관회의 축소

고려 성종 때의 유학자 →

이 기록은 최승로가 시무 28조를 올린다는 내용입니다. 왕은 이를 받아들여 불교 행사를 축소하고 12목에 지방관을 파견하는 등 유교 정치 이념을 바탕으로 통치 체제를 강화하였습니다.

해결 전략 최승로가 시무 28조를 올린다는 내용과 12목에 지방관을 파견하였다는 내용 등을 통해 밑줄 친 '왕'이 고려 성종임을 파악해야 한다. 고려 성종에 대해서는 최승로의 시무 28조, 국자감 정비, 12목에 지방관 파견, 향리 제도 정비 등이 자주 출제된다.

선택지 분석

① 조선 고종 때 흥선 대원군은 신미양요 이후 서양과의 통상 수교 거부 의지를 널리 알리기 위해 전국에 척화비를 세웠다. ✗

② 조선 광해군은 방납의 폐단을 해결하고 국가 재정을 확충하기 위해 경기도에서 대동법을 처음 시행하였다. ✗

✓❸ 고려 성종은 유교 교육을 장려하면서 국자감을 정비하였다. ○

④ 신라 진흥왕은 대가야를 병합하였다. ✗

⑤ 조선 정조는 국왕의 친위 부대인 장용영을 설치하였다. ✗ **답 ③**

52 고려의 특징 이해 (도전 1등급)

도전 1등급 문항 분석 ▶▶ 정답률 37.0%

자료의 상황이 나타난 국가에 대한 설명으로 옳은 것은?

○ 교서를 내려 12목에 경학박사와 의학박사를 각각 1명씩 두었으며, 목의 수령과 주현의 책임관으로 하여금 힘써 훈계하고 가르치게 하였다.
→ 고려 성종 때 교육을 위해 지방에 파견

○ 교서를 내려 국자감을 세우고 토지를 지급하였다.
→ 고려 시대 국립 교육 기관으로 성종 때 정비되었다가 고려 말에 성균관으로 개편

해결 전략 12목에 경학박사와 의학박사를 1명씩 두었다는 점, 국자감을 세웠다는 점을 통해 자료의 상황이 나타난 국가는 고려임을 알 수 있다. 고려 성종 때 교육을 위해 12목에 경학박사와 의학박사를 파견하였고, 국자감을 설립하였다. 최승로의 시무 28조와 고려 성종 때 이루어진 통치 체제 정비는 자주 출제되는 내용으로 잘 기억해야 한다.

선택지 분석

① 조선 성종은 집현전을 계승한 홍문관을 설치하여 경연을 주관하고 국왕의 자문에 대비하게 하였다. ✗

② 제가 회의는 왕과 가들이 모여 나라의 중요한 일을 결정하던 고구려의 귀족 회의이다. ✗

③ 조선 정부는 개화 정책을 추진하기 위해 1880년 통리기무아문을 설치하였다. ✗

④ 통일 신라 신문왕은 지방 행정 조직을 9주 5소경 체제로 정비하였다. ✗

✓❺ 고려는 독자적인 정치 기구인 도병마사와 식목도감을 두었다. ○ **답 ⑤**

53 고려의 지방 행정 조직 파악

도전 1등급 문항 분석 ▶▶ 정답률 **24.0%**

다음 시무책이 제출된 나라에 대한 설명으로 옳은 것은?

→ 최승로가 고려 성종에게 시무 28조를 올려 지방관의 파견, 유교의 진흥 등을 건의함   → 고려 왕건

지방관을 파견해야 합니다. 우리 태조께서도 후삼국을 통일한 후에 지방관을 파견하고자 하셨지만, 사정이 있어 그러지 못했습니다. …(중략)… 한 번에 모든 곳에 파견할 수는 없더라도, 먼저 십여 개의 고을을 묶어서 그중 하나에 관아를 설치하고 두세 명의 관원을 보내 백성들을 살피게 하십시오.

해결 전략 우리 태조가 후삼국을 통일하였다는 점, 지방관 파견을 건의하고 있는 점 등을 통해 자료의 시무책은 고려 성종 때 최승로가 올린 시무 28조의 일부임을 알 수 있다. 따라서 자료의 시무책이 제출된 나라는 고려이다. 고려 성종은 최승로의 시무책에 따라 지방관을 파견하고 불교 행사의 규모를 축소하는 등 통치 체제를 정비하였음을 알아 두어야 한다.

선택지 분석
① 통일 신라 신문왕은 전국을 9주 5소경 체제로 정비하였다. X
✓② 고려 시대에는 지방에 5도 양계를 설치하였는데, 수령이 파견된 주현보다 파견되지 않은 속현이 다수를 차지하였다. O
③ 조선 시대에는 전국의 행정 구역을 8도로 나누었다. X
④ 일제는 이른바 문화 통치 시기에 부·면 협의회를 설치하였다. X
⑤ 발해의 지방 행정 구역은 5경 15부 62주로 조직되었다. X   답 ②

54 서희의 외교 담판이 끼친 영향 파악

자료 분석 자료에서 거란 장수 소손녕과 담판을 벌였다는 점, 서희가 고려는 고구려를 계승하였다고 주장한 점 등을 통해 밑줄 친 '담판'이 거란의 1차 침입 때 이루어진 서희의 외교 담판임을 알 수 있다.

선택지 분석
① 고려를 건국한 태조 왕건이 후삼국을 통일하였다. X
② 신라 진흥왕이 대가야를 병합하였다. X
③ 갑신정변의 영향으로 조선은 일본과 한성 조약을 체결하였다. X
④ 백제 성왕은 중흥의 기틀을 마련하기 위해 웅진(공주)에서 사비(부여)로 천도하였다. X
✓⑤ 서희의 외교 담판으로 고려는 강동 6주 지역을 확보하였다. O   답 ⑤

55 고려 시대 대외 관계 이해

자료 분석 탐구 주제가 고려 시대 대외 관계라는 점, 여진 정벌과 동북 9성 축조, 몽골 침입과 강화도 천도 내용이 제시되어 있는 점 등을 통해 (가)에는 고려 시대 대외 관계에 대한 내용이 들어가야 함을 알 수 있다.

선택지 분석
① 7세기에 고구려는 수와 당의 침략을 막아 내었다. X
② 조선은 임오군란의 영향으로 1882년 일본과 제물포 조약을 체결하였다. X
③ 백제는 근초고왕 때 마한의 여러 소국을 복속시켰다. X
④ 을미사변 이후 신변의 위협을 느낀 조선 고종은 1896년 러시아 공사관으로 피신하는 아관 파천을 단행하였다. X
✓⑤ 고려 전기에 거란의 3차 침입 당시 강감찬이 귀주에서 거란군을 크게 물리쳤다(귀주 대첩). O   답 ⑤

56 11~12세기 고려의 대외 관계 파악

자료 분석 자료의 (가)에서 거란의 소배압이 침략하였고, 강감찬을 상원수로 삼았다는 내용을 통해 11세기 초 거란의 3차 침입 시기임을, (나)에서 윤관이 9성을 쌓았다는 내용을 통해 12세기 초의 사실임을 알 수 있다.

선택지 분석
① 제1차 수신사의 파견은 1876년 강화도 조약 체결 이후 이루어졌다. X
② 1636년 청 태종이 조선을 침략하여 병자호란이 일어나자 인조는 남한산성으로 피신하여 저항하였으나 결국 청에 항복하였다. X
③ 13세기 삼별초는 고려 정부가 몽골과 강화를 맺고 개경으로 환도하는 것에 반발하여 진도, 제주도로 근거지를 옮기며 항쟁하였다. X
④ 612년 을지문덕은 수의 침입에 맞서 살수에서 큰 승리를 거두었다. X
✓⑤ 고려는 거란의 침입을 격퇴한 이후 1033년부터 1041년까지 거란과 여진의 침입에 대비하기 위해 북쪽 국경 지역에 천리장성을 축조하였다. O   답 ⑤

57 고려의 대외 관계 이해

자료 분석 자료에서 금이 전성기를 맞아 우리나라를 신하로 삼으려 한다는 점, 권신이 임금의 명을 제멋대로 정하여 신하를 칭하며 서약한다는 점 등의 내용을 통해 12세기 전반 고려의 상황임을 알 수 있다. 여진이 세운 금이 강성해져서 고려에 군신 관계를 요구하자 당시 세력가였던 이자겸 등은 금의 요구를 수용하였다.

선택지 분석
① 신라가 당과 벌인 매소성 전투는 675년의 일이다. X
② 발해는 거란의 침입을 받아 926년에 멸망하였다. X
✓③ 거란을 물리친 강감찬의 귀주 대첩은 1019년의 일이다. O
④ 최우는 몽골과의 장기 항전을 위해 1232년 강화도로 천도하였다. X
⑤ 고려 공민왕은 1351년에 즉위하였으며, 이성계의 위화도 회군은 1388년에 있었던 사실이다. X   답 ③

58 묘청의 서경 천도 운동 이해

자료 분석 묘청이 서경으로 도읍을 옮기자고 했다는 점, 새 궁궐인 대화궁을 창건하였다는 점, 묘청의 무리가 난을 일으켰다는 등의 내용을 통해 밑줄 친 '난'은 묘청의 난임을 알 수 있다. 고려 인종 때 묘청, 정지상 등은 풍수지리설을 내세워 서경 천도를 주장하였다.

선택지 분석

① 1170년 정중부 등의 무신은 문신과의 차별 대우에 불만을 품고 무신 정변을 일으켰다. ✗

② 신라 말 중앙 정부의 힘이 약화되고 사회 변동이 심해지자, 지방에서 호족 세력이 성장하였다. ✗

③ 임술 농민 봉기를 계기로 조선 정부는 삼정이정청을 설치하여 삼정의 문란을 바로잡고자 하였다. ✗

✓❹ 묘청 등은 서경 천도를 주장하다가 뜻대로 되지 않자 서경을 근거지로 반란을 일으켰다. 그러나 김부식 등이 이끄는 관군에 의해 진압되었다. ○

⑤ 구식 군인에 대한 차별에 반발하여 1882년 임오군란이 일어났다. ✗

답 ④

59 고려 문벌 사회의 동요 파악

빈출 문항 자료 분석

(가)에 들어갈 내용으로 가장 적절한 것은?

탐구 활동 보고서

3학년 ○반 이름: ○○○

탐구 주제: (가)

탐구 내용: → 이자겸의 난을 일으킨 주도 세력

• 이자겸과 척준경이 군사를 동원하여 궁궐을 불태웠다. 이자겸 일파가 왕을 위협하여 처소를 남쪽으로 옮기고, 왕의 측근들을 죽였다.

• 묘청 등이 서경을 근거지로 삼아서 반란을 일으켰다. 이에 김부식이 이끄는 관군이 이들을 토벌하였다.
→ 묘청의 서경 천도 운동의 주도 세력
대표적인 문벌로, 묘청의 서경 천도 운동을 토벌함

해결 전략 자료의 첫 번째 탐구 내용에서 이자겸과 척준경이 군사를 동원하여 궁궐을 불태웠다는 것을 통해 1126년에 일어난 이자겸의 난에 대한 것임을 알 수 있고, 두 번째 탐구 내용에서 묘청 등이 서경을 근거지로 반란을 일으켰다는 것을 통해 1135년에 일어난 묘청의 서경 천도 운동에 대한 것임을 알 수 있다. 문벌 사회에서 무신 집권기로 넘어갈 때 가장 중요한 사건 2가지가 이자겸의 난과 묘청의 서경 천도 운동이다. 이 두 사건이 문벌 사회가 무너지는 계기가 되었음을 꼭 기억해 두자.

선택지 분석

① 신라 말 중앙 정부의 힘이 약화되고 사회 변동이 심하자, 지방에서 호족 세력이 성장하였다. 호족은 일정한 지역에 독립적인 지배권을 행사하며, 행정권과 군사권을 장악하였다. ✗

✓❷ 이자겸의 난과 묘청의 서경 천도 운동은 고려 문벌 사회가 동요하는 과정에서 발생한 대표적 사건이다. ○

③ 조선 성종 이후 등용된 신진 세력인 사림이 기존 정치 세력인 훈구와 대립하면서 사화가 발생하였다. ✗

④ 조선 후기에 영조와 정조는 붕당 간의 대립을 완화하고 왕권을 강화하기 위해 탕평 정치를 추진하였다. ✗

⑤ 일제 강점기에 사회주의와 비타협적 민주주의 세력이 연합하여 민족 유일당 운동이 전개되었다. ✗

답 ②

60 김부식의 활동 파악

자료 분석 묘청이 난을 일으키자 관군을 이끌고 난을 평정하였다는 내용 등을 통해 (가) 인물이 김부식임을 알 수 있다.

선택지 분석

① 고려 후기에 승려 지눌은 불교의 세속화를 비판하며 수선사를 중심으로 수행과 노동을 중시하는 결사 운동을 주도하였다. ✗

② 신채호는 김원봉의 요청에 따라 1923년 무력 투쟁에 의한 민중의 직접 혁명을 강조한 「조선 혁명 선언」을 작성하였는데, 이는 의열단의 활동 지침이 되었다. ✗

③ 김구 등은 대한민국 임시 정부의 침체를 극복하기 위해 1931년 한인 애국단을 조직하였다. ✗

✓❹ 김부식은 고려 인종의 명령에 따라 기전체 형식으로 서술된 「삼국사기」를 편찬하였다. ○

⑤ 신미양요 이후 흥선 대원군은 통상 수교 거부 의지를 널리 알리기 위해 전국 각지에 척화비를 건립하였다. ✗

답 ④

61 묘청의 활동 파악

자료 분석 자료에서 김부식과 비교 대상이 된 점, 칭제건원을 주장하고 풍수지리설을 정치적으로 이용하였다는 점 등을 통해 (가) 인물이 고려의 묘청임을 알 수 있다.

선택지 분석

① 고려 무신 정권 시기에 권력을 장악하였던 최우는 자신의 집에 정방을 설치하여 인사권을 장악하였다. ✗

② 고려의 유학자인 최충이 관직에서 물러난 후 제자를 양성하기 위해 9재 학당을 설립하였다. ✗

③ 1870년대 최익현은 일본도 서양 세력과 같다는 왜양일체론을 내세워 개항 반대 운동을 전개하였다. ✗

✓❹ 묘청과 정지상 등 서경 세력은 풍수지리설을 내세워 서경 천도를 주장하였다. ○

⑤ 고려 후기에 지눌은 승려 본연의 자세로 돌아가 독경과 참선, 노동에 고루 힘써야 한다는 개혁 운동을 전개하며 수선사 결사를 제창하였다. ✗

답 ④

62 고려 무신 정권 시기의 사실 파악

자료 분석 고려 무신들이 100년에 걸쳐 권력을 장악했다는 점, 정중부·최충헌·최우가 대표적 인물이라는 점 등을 통해 밑줄 친 '이 시기'가 고려 무신 정권 시기임을 알 수 있다. 무신 정권은 1170년 이의방, 정중부 등 무신들이 정변을 일으킨 후 100년간 이어졌다.

선택지 분석

① 신라는 신분 제도인 골품제를 운영하여 골품에 따라 개인의 사회 활동과 정치 활동의 범위를 제한하였다. ✗

② 김구는 대한민국 임시 정부의 침체를 극복하기 위해 1931년 한인 애국단을 조직하였다. ✗

✓❸ 고려 무신 정권 시기에 최우는 몽골과의 항쟁을 위해 수도를 강화도로 옮겼다. ○

④ 조선 숙종 때 조선과 청의 대표는 백두산 일대를 둘러보고 국경을 확정하여 백두산정계비를 세웠다. ✗

⑤ 일제는 1909년 이른바 '남한 대토벌 작전'을 전개하여 호남 의병 등을 탄압하였다. ✗   답 ③

63 무신 정변의 배경 파악

자료 분석 정중부, 이의방 등의 무신이 문신과의 차별 대우에 불만을 품고 거사를 계획했다는 점 등을 통해 무신 정변에 대한 자료임을 파악해야 한다. 고려 중기 문벌 사회의 동요와 무신에 대한 차별 등을 배경으로 무신 정변이 일어났다. 권력은 이의방, 정중부, 경대승, 이의민으로 이어졌고, 최충헌이 이의민을 제거하고 권력을 차지한 이래 60여 년간 최씨가 권력을 장악하였다.

선택지 분석

① 개항 이후 정부의 개화 정책에 반발하여 위정척사 운동이 전개되고 임오군란이 일어났다. ✗

② 강화도 조약은 운요호 사건을 계기로 1876년에 체결되었다. ✗

③ 조선 전기 훈구와 사림의 대립 과정에서 여러 차례 사화가 일어났다. ✗

✓④ 고려 시대인 1170년에 정중부 등의 무신은 문신과의 차별 대우에 불만을 품고 무신 정변을 일으켰다. O

⑤ 조선 후기 현종 때 서인과 남인은 효종과 효종비의 국장을 치르는 과정에서 자의 대비의 상복 문제를 둘러싸고 예송을 벌였다. ✗   답 ④

64 무신 정변이 일어난 시기 파악

빈출 문항 자료 분석

다음 사건이 발생한 시기를 연표에서 옳게 고른 것은?

┌─→ 고려 인종   ┌─→ 무신 정변의 주도자들
│ 왕이 탄 가마가 보현원 근처에 이르렀을 때 이고와 이의방이 앞질러 가서 왕의 명령을 거짓으로 꾸며 순검군을 모았다. 왕이 보현원 문으로 들어서고 여러 신하들은 물러나려는데 이고 등이 임종식 · 이복기 · 한뢰를 죽였다. 왕을 모시던 문신과 환관들도 모두 제거하였다. 또 개경에 있던 문신 50여 명도 살해하였다. 정중부 등이 왕을 모시고 궁으로 돌아왔다.
                        └─→ 무신 정변(1170)
└─→ 이의방, 정중부 등 무신들이 정변을 일으켜 정권을 장악한 이후 100년간 무신 정권이 이어짐

해결 전략 이의방, 정중부 등의 인물, 문신과 환관들을 모두 제거하였다는 사실 등을 통해 자료의 내용이 1170년에 일어난 무신 정변에 대한 것임을 파악할 수 있다. 무신 정변은 이자겸의 난과 묘청의 서경 천도 운동을 겪으면서 문벌 사회의 지배 체제가 동요하고 무신에 대한 차별 대우가 심해진 것을 배경으로 일어났다. 무신인 최우 집권기에 몽골이 침입하였고, 고려 정부는 강화도로 천도하여 몽골의 침입에 항쟁하였다.

선택지 분석

① 귀주 대첩은 거란의 3차 침입 당시 강감찬이 이끈 고려군이 거란을 물리친 전투이다(1019). ✗

② 이자겸은 고려의 대표적인 문벌로 스스로 왕이 되려고 척준경과 함께 난을 일으켰다(1126). ✗

✓❸ 서경 천도를 주장하던 묘청 등 서경 세력은 개경 세력의 반발로 서경 천도가 좌절되자 서경을 근거지로 난을 일으켰다(1135). O

④ 고려 후기 몽골의 침략에 대응하기 위해 당시 집권자인 최우는 1232년에 강화도로 수도를 옮겼다. ✗

⑤ 오랜 전쟁에 시달리던 고려는 몽골과 강화를 맺고 개경으로 환도하였다(1270). 위화도 회군은 1388년 이성계가 요동 정벌에 나섰다가 위화도에서 군사를 돌려 정권을 장악한 사건이다. ✗   답 ③

65 고려의 사회 모습 이해

자료 분석 자료에서 망이, 망소이가 봉기하여 명학소가 충순현으로 승격되었다는 내용과 부곡 사람인 유청신이 왕의 총애를 받으면서 해당 부곡이 현으로 승격되었다는 내용을 통해 고려 시대의 사실임을 알 수 있다. 고려 시대에는 특수 행정 구역으로 향, 부곡, 소 등을 두었고, 해당 주민은 일반 군현의 주민에 비해 차별 대우를 받았다.

선택지 분석

① 형평 운동은 1923년 경남 진주에서 시작되었으며, 백정에 대한 사회적 차별 철폐를 주장하였다. ✗

② 6두품은 진골과 함께 신라의 지배층을 이루었다. ✗

✓❸ 고려 시대의 현은 지방관이 파견되는 주현과 지방관이 파견되지 않고 향리가 행정 실무를 담당하는 속현이 있었다. O

④ 조선 후기에 상평통보가 발행되어 널리 유통되었다. ✗

⑤ 홍경래의 난은 조선 후기에 홍경래가 평안도 지역에 대한 차별과 지배층의 수탈에 반발하여 신흥 상공업 세력, 광산 노동자, 빈농 등을 규합하여 일으킨 봉기이다. ✗   답 ③

66 대몽 항쟁 시기의 사실 파악

자료 분석 몽골 사신이 도적에게 죽임을 당한 것을 구실로 전쟁이 시작되었다는 점, 팔만대장경판이 완성되었다는 점 등을 통해 밑줄 친 '전쟁'이 고려와 몽골의 전쟁임을 알 수 있다.

선택지 분석

① 6세기 신라의 공격으로 대가야가 멸망하였다. ✗

✓❷ 고려 무신 정권 시기에 최우는 몽골과의 항쟁을 위해 강화도로 수도를 옮겼다. O

③ 일제는 1925년 만주 군벌과 미쓰야 협정을 체결하였다. ✗

④ 1950년에 일어난 6·25 전쟁 당시 국군과 유엔군이 인천 상륙 작전을 전개하였다. ✗

⑤ 1898년 서울의 시전 상인 등이 황국 중앙 총상회를 조직하여 상권 수호 운동을 전개하였다. ✗   답 ②

67 원 간섭기 사회 모습 이해

자료 분석 자료에서 홍문계의 딸이 공녀로 선발되었다는 점, 원(元)의 공주가 크게 노하여 홍문계를 처벌하였다는 점 등을 통해 원 간섭기의 상황임을 알 수 있다. 고려는 강화도에서 개경으로 환도한 이후 원의 내정 간섭을 받았다. 원은 정동행성을 유지하고 다루가치를 파견하는 등 고려를 감시하였고, 공녀를 요구하고 특산물을 징발하였다.

① 골품제는 신라에서 시행한 폐쇄적인 신분 제도이다. ✗

② 조선 후기 동학 농민 운동의 전개 과정에서 전라도 일대에 수십 개의 집강소가 설치되었다. ✗

③ 조선 정조는 군사적 방어 기능과 상업적 기능을 고려하여 수원 화성을 축조하였다. ✗

✓❹ 원 간섭기에는 권문세족이 대농장을 경영하는 등 폐단이 심하였다. ⭕

⑤ 향촌 사회의 주민들이 지켜야 할 자치 규약인 향약은 16세기부터 보급되기 시작하였으며, 조선 사회의 풍속 교화와 향촌 사회의 질서 유지에 기여하였다. ✗　　　　　　　　　　　　　　　　　　　　　　답 ④

68　고려 공민왕의 활동 파악

자료 분석　쌍성총관부를 공격하였다는 점, 신돈이 전민변정도감의 설치를 청하였다는 점 등을 통해 밑줄 친 '왕'이 고려 공민왕임을 알 수 있다. 공민왕은 원이 쇠퇴한 틈을 타서 반원 정책을 추진하였고 전민변정도감을 설치하는 등 왕권 강화를 위한 개혁 정책을 시도하였다.

선택지 분석

① 고려 태조 왕건이 훈요 10조를 남겼다. ✗

✓❷ 공민왕은 반원 정책을 추진하면서 원의 내정 간섭 기구인 정동행성 이문소를 폐지하였다. ⭕

③ 조선 고종 때인 1894년 군국기무처가 설치되어 제1차 갑오개혁을 주도하였다. ✗

④ 백제 성왕은 중흥을 모색하면서 웅진에서 사비로 수도를 옮겼다. ✗

⑤ 조선 영조는 백성의 군역 부담을 줄여 주기 위해 균역법을 시행하였다. ✗　　　　　　　　　　　　　　　　　　　　　　답 ②

69　고려 공민왕의 정책 이해

자료 분석　자료에서 몽골식 풍습을 금지했다는 점, 정동행성 이문소를 폐지했다는 점 등을 통해 (가) 국왕은 공민왕임을 알 수 있다. 공민왕은 몽골식 풍습을 금지하고, 기철 등 친원 세력을 축출하는 등 반원 정책을 추진하였다.

선택지 분석

① 고려 태조는 후대 왕들이 지켜야 할 정책 방향을 제시한 훈요 10조를 남겼다. ✗

② 조선 세종은 우리 민족의 고유 문자인 훈민정음을 창제, 반포하였다. ✗

③ 조선 정조는 군사적 방어 기능과 상업적 기능을 고려하여 수원 화성을 축조하였다. ✗

④ 고구려 장수왕은 국내성에서 평양으로 천도하였다. ✗

✓❺ 공민왕은 권문세족이 부당하게 빼앗은 토지를 본래 소유주에게 돌려주고 불법적으로 노비가 된 자를 양인으로 해방시키고자 전민변정도감을 설치하였다. ⭕　　　　　　　　　　　　　　　　　　答 ⑤

70　고려 공민왕 재위 시기의 사실 파악

자료 분석　전민변정도감, 신돈, 권세가에게 빼앗긴 토지를 돌려받거나 노비에서 신분을 회복한 백성 등을 통해 밑줄 친 '전하'는 고려 공민왕임을 알 수 있다. 공민왕은 권문세족이 불법으로 차지한 토지와 노비를 바로잡기 위해 전민변정도감을 두고 신돈을 판사로 임명하였다.

선택지 분석

① 대한 제국은 광무개혁의 일환으로 토지 소유자에게 근대적 토지 소유 증명 문서인 지계를 발급하였다. ✗

② 조선 세조 때 편찬되기 시작한 『경국대전』은 성종 때 완성되어 반포되었다. ✗

③ 주자감은 발해에 설립된 최고 유학 교육 기관이다. ✗

✓❹ 공민왕은 쌍성총관부를 공격하여 원에 빼앗겼던 영토를 되찾았다. ⭕

⑤ 고려는 몽골과의 전쟁 중에 부처의 힘으로 외적을 물리치자는 염원을 담아 팔만대장경을 조판하였다. ✗　　　　　　　　　　답 ④

71　고려 공민왕의 활동 이해

자료 분석　자료에서 기철을 비롯한 역적들을 모두 죽였다는 내용과 신돈을 판사로 도감을 설치하여 억울하게 노비가 된 사람들을 양인으로 만들었다는 내용을 통해 밑줄 친 '왕'이 고려 공민왕임을 알 수 있다. 고려 공민왕은 원·명 교체의 국제 정세를 이용하여 반원 자주 정책을 추진하고 왕권 강화를 시도하였다.

선택지 분석

① 과전법은 전·현직 관리에게 관직 수행의 대가로 경기 지방의 토지를 과전으로 지급한 제도로 고려 말에 제정되었다. ✗

② 조선은 국정을 총괄하는 기구로 의정부를 두었다. ✗

③ 조선 정조는 규장각에 신진 관료를 등용하여 자신의 권력과 정책을 뒷받침하는 정치 기구로 육성하였다. ✗

✓❹ 공민왕은 쌍성총관부를 공격하여 원에 빼앗긴 철령 이북의 영토를 수복하였다. ⭕

⑤ 고려 성종은 최승로의 시무 28조를 수용하여 유교적 통치 체제를 마련하고자 하였다. ✗　　　　　　　　　　　　　答 ④

72　고려 공민왕의 개혁 정치 이해

빈출 문항 자료 분석

(가)에 들어갈 내용으로 가장 적절한 것은?

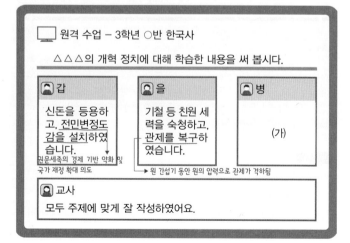

해결 전략 신돈을 등용하고 전민변정도감을 설치하였다는 내용과 기철 등 친원 세력을 숙청하고 관제를 복구하였다는 내용을 통해 고려 공민왕에 관한 내용임을 알 수 있다. 이외에도 고려 공민왕 관련 문항에서는 정동행성 이문소 폐지, 쌍성총관부 공격, 정방 폐지 등이 자주 출제된다.

선택지 분석

① 백제 무령왕은 22담로에 왕족을 파견하여 지방에 대한 통제를 강화하고자 하였다. ✗

② 통일 신라 신문왕은 관료전을 지급하고 녹읍을 폐지하였다. ✗

③ 병자호란 이후 조선에서는 청에 당한 치욕을 갚고 임진왜란 때 조선을 도와준 명에 대한 의리를 지키기 위해 북벌 운동이 추진되었다. ✗

✓❹ 공민왕은 쌍성총관부를 공격하여 원에 빼앗긴 철령 이북의 영토를 수복하였다. ○

⑤ 통일 신라 원성왕은 국학의 학생을 대상으로 독서삼품과를 시행하여 관리 등용에 참고하였다. ✗ 　　　　　　　　　　　　　　　**답** ④

73 고려 공민왕 재위 시기의 사실 파악

자료 분석 자료에서 유인우를 보내 쌍성총관부를 공격하여 화주·정주 등 여러 지역을 수복하였다는 내용을 통해 밑줄 친 '왕'이 고려 공민왕임을 알 수 있다.

선택지 분석

① 조선 고종은 제2차 갑오개혁 때 교육입국 조서를 반포하였다. ✗

✓❷ 고려 공민왕은 권문세족이 불법으로 빼앗은 토지와 노비를 원래 주인에게 돌려주고, 억울하게 노비가 된 자를 양인으로 회복시켜 주기 위해 전민변정도감을 설치하였다. ○

③ 신라 진흥왕은 한강 유역을 확보하고 이를 기념하여 북한산 순수비를 세웠다. ✗

④ 고려 인종 때 왕실의 외척이었던 이자겸이 난을 일으켰다. ✗

⑤ 무단 통치 시기인 1910년에 일제는 조선 총독에게 회사 설립에 관한 허가와 해산 권한을 부여한 회사령을 제정하였다. ✗　　　　　**답** ②

74 고려 공민왕의 정책 파악

자료 분석 자료에서 고려 시대의 왕이라는 점, 기철 등 친원 세력 숙청, 정동행성 이문소 폐지, 쌍성총관부 공격 등 반원 자주 정책을 실시하였다는 점 등을 통해 (가) 왕이 고려 공민왕임을 알 수 있다.

선택지 분석

① 신라 지증왕은 이사부에게 우산국을 정벌하게 하였다. ✗

② 대한 제국의 고종은 구본신참 원칙에 따라 광무개혁을 추진하였다. ✗

③ 조선 성종은 조선 왕조의 기본 법전인 『경국대전』을 완성해 반포하였다. ✗

④ 조선 정조는 자신의 정치적 이상을 실현하는 상징적인 도시로 수원 화성을 건설하였다. ✗

✓❺ 공민왕은 권문세족이 불법으로 빼앗은 토지와 노비를 원래 주인에게 돌려주고, 억울하게 노비가 된 양인을 본래의 신분으로 회복시켜 주기 위해 전민변정도감을 설치하였다. ○　　　　　　　　　**답** ⑤

75 위화도 회군과 『경국대전』 반포 시기 사이의 사실 파악

자료 분석 이성계가 위화도에서 회군하기를 청하였다는 점 등을 통해 (가)는 위화도 회군이 단행된 1388년의 사실임을 알 수 있고, 국왕이 『경국대전』을 반포하여 시행하라고 한 점을 통해 (나)는 『경국대전』을 완성해 반포한 조선 성종 때임을 알 수 있다.

선택지 분석

✓❶ 위화도 회군으로 정치적 실권을 장악한 이성계는 정도전 등 급진 개혁파 신진 사대부와 함께 1392년 조선을 건국하였다. ○

② 고종은 대한 제국을 수립한 이후, 1899년 황제의 전제권을 규정한 대한국 국제를 제정하였다. ✗

③ 신라는 나당 전쟁을 통해 당을 몰아내고 676년 삼국 통일을 완성하였다. ✗

④ 전두환 정부는 1987년 국민의 대통령 직선제 개헌 요구를 거부하고 기존 헌법에 따라 간선제로 대통령을 선출하겠다는 4·13 호헌 조치를 발표하였다. ✗

⑤ 평양 관민이 제너럴셔먼호를 불태운 사건은 1866년에 일어났다. ✗　　　　　　　　　　　　　　　　　　　　**답** ①

76 고려 후기의 사실 파악

도전 1등급 문항 분석 ▶▶ 정답률 **35.2%**

(가), (나) 시기에 있었던 사실로 옳은 것은?

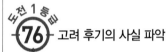

(가) 이의방과 이고가 몰래 정중부에게 말하기를, "문신은 우대받아 배부르나, 무신은 모두 굶주리고 피곤하니, 이것을 어찌 참겠습니까?"라고 하였다. … (중략) … 정중부가 마침내 의종과 태자를 쫓아내고 어린 태손을 죽였다.

→ 무신 정변(1170년)

(나) 군사가 위화도에 머물면서 좌·우군도통사가 글을 올려 회군을 요청하니 최영이 말하기를, "두 도통사가 있으니 스스로 와서 아뢰는 것이 옳다. 군사를 물리자는 말을 감히 내 입으로 하지 못하겠다."라고 하였다.

→ 위화도 회군을 단행한 이성계 등에 의해 우왕과 함께 제거됨
→ 이성계 등이 요동 정벌을 위해 파견된 후 회군한 섬, 압록강 가운데에 위치함

해결 전략 자료 (가)는 정중부가 의종과 태자를 쫓아냈다는 사실 등을 통해 무신정변(1170)이 일어난 상황임을 알 수 있다. 자료 (나)는 군사가 위화도에 머물면서 좌·우군도통사가 회군을 요청하고 있는 사실 등을 통해 이성계가 위화도 회군(1388)을 단행하기 직전의 상황임을 알 수 있다. 이 문제는 고려 시대 집권 세력의 흐름을 파악하고 있다면 쉽게 해결할 수 있다. 문벌, 무신, 권문세족, 신진 사대부와 신흥 무인 세력으로 이어지는 흐름을 이해해 두자.

선택지 분석

① 『조선책략』은 1880년 제2차 수신사로 일본에 다녀온 김홍집에 의해 국내에 소개되었다. ✗

② 한성 조약은 1884년 갑신정변 직후 조선과 일본이 체결하였다. ✗

③ 홍경래의 난은 1811년 평안도 지방에 대한 차별 등에 반발하여 일어났다. ✗

④ 백제 성왕은 6세기에 중흥의 기틀을 마련하기 위해 웅진에서 사비로 천도하였다. ✗

✓**⑤** 고려 후기에는 권세가들이 불법적으로 빼앗은 토지를 본래 주인에게 돌려주고, 억울하게 노비가 된 사람을 양인으로 해방시키기 위해 여러 차례 전민변정도감이 설치되었는데, 공민왕 때 설치된 것이 대표적이다. ○

답 ⑤

77 이성계의 활동 파악

[자료|분석] 조선을 건국하였다는 점, 홍건적과 왜구를 격퇴하였다는 점, 배극렴과 조준 등의 추대를 받아 왕위에 올랐다는 점 등을 통해 (가) 인물이 조선을 건국한 이성계임을 알 수 있다.

[선택지|분석]

① 통일 신라의 신문왕 등이 녹읍을 폐지하였다. ✗

② 고려 숙종은 윤관의 건의를 받아들여 별무반을 편성하였다. ✗

③ 조선 광해군이 방납의 폐단을 해결하기 위해 경기도에서 대동법을 시행하였고, 이후 시행 지역이 점차 확대되었다. ✗

✓**④** 고려 말 명이 철령 이북 지역을 요구하자 우왕과 최영을 중심으로 요동 정벌이 추진되었고, 요동 정벌에 반대했던 이성계는 1388년 위화도 회군을 단행하여 정치적 실권을 장악하였다. ○

⑤ 조선 고종은 1880년 개화 정책을 총괄하는 통리기무아문을 설치하였다. ✗

답 ④

78 이성계의 활동 파악

빈출 문항 자료 분석

밑줄 친 '그'에 대한 설명으로 옳은 것은?

한국사 사건 카드

위화도 회군

■ 사건 연도: 1388년 → 원이 쌍성총관부를 세워 차지했던 것을 공민왕이 수복한 지역으로 명이 철령위를 설치해 차지하려 함

■ 사건 내용: 고려는 명이 철령 이북의 영토를 빼앗으려 하자 요동 정벌을 시도하였다. 그러나 4불가론을 내세우며 요동 정벌에 반대하던 그는 위화도에서 회군을 단행하였다. 그는 개경으로 돌아와 최영을 체포하고 우왕을 퇴위시키는 등 권력을 장악하였다. → 신진 사대부와 신흥 무인 세력이 집권하게 된 계기가 된 사건

[해결 전략] 자료의 사건 카드 제목이 위화도 회군이라는 점, 4불가론을 내세우며 요동 정벌에 반대했다는 점, 위화도 회군을 단행한 후 최영을 체포하고 우왕을 퇴위시키고 권력을 장악하였다는 점 등을 통해 밑줄 친 '그'가 이성계임을 알 수 있다. 고려 멸망과 조선 건국 사이에 중요한 사건이 위화도 회군이다. 위화도 회군의 주도 세력과 이후의 고려 정치의 변화 과정을 정리해 두어야 한다.

[선택지|분석]

✓**①** 이성계는 정도전 등의 급진 개혁파 신진 사대부와 함께 조선을 건국하였다. ○

② 통일 신라의 신문왕은 귀족의 경제 기반을 약화하기 위해 녹읍을 폐지하였다. ✗

③ 백제 근초고왕은 마한의 여러 소국을 복속시켰다. ✗

④ 일제는 1925년 국가 체제와 사유 재산 제도를 부정하는 세력을 탄압하기 위해 치안 유지법을 제정하였다. ✗

⑤ 조선 고종은 1880년 개화 정책을 추진하기 위해 통리기무아문을 설치하였다. ✗

답 ①

79 위화도 회군의 내용 파악

[자료|분석] 자료에서 고려 말 요동 정벌에 반대한 이성계가 권력을 장악하는 계기가 되었다는 점을 통해 (가)에 들어갈 내용이 위화도 회군임을 알 수 있다.

[선택지|분석]

① 조선 영조는 군역의 폐단을 시정하기 위해 균역법을 실시하였다. ✗

✓**②** 이성계 등 신흥 무인 세력과 신진 사대부는 1388년 위화도 회군을 계기로 우왕과 최영을 제거하고 정치적 실권을 장악하였다. 이후 전·현직 관리에게 토지의 수조권을 지급하는 과전법을 시행하고 조선을 건국하였다. ○

③ 신라 진흥왕은 6세기에 대가야를 정복하였다. ✗

④ 병인박해를 구실로 프랑스 군대가 강화도를 침략하여 1866년 병인양요가 발발하였다. ✗

⑤ 1931년 김구 등이 대한민국 임시 정부의 침체를 극복하기 위해 한인 애국단을 결성하였다. ✗

답 ②

80 고려의 문화 이해

[자료|분석] 이승휴가 『제왕운기』를 저술하였다는 점 등을 통해 (가) 국가가 고려임을 알 수 있다. 고려 충렬왕 때 이승휴가 저술한 『제왕운기』는 단군을 민족의 시조로 내세웠다.

[선택지|분석]

✓**①** 고려 시대에는 유학 교육 기관으로 국자감이 설립되었다. ○

② 조선 후기에 박제가 등 일부 실학자가 청의 문물을 배우자는 북학론을 제기하였다. ✗

③ 개항 후 조선 정부는 외국어와 근대 학문을 교육하기 위해 육영 공원을 설치하였다. ✗

④ 1931년 조선어 연구회를 확대 개편하여 조선어 학회가 결성되었다. ✗

⑤ 일제 강점기 박은식은 민족의 독립운동사를 정리하여 『한국독립운동지혈사』를 편찬하였다. ✗

답 ①

81 고려의 문화 파악

[자료|분석] 자료에서 후삼국을 통일한 태조 왕건, 팔만대장경 제작 등을 통해 밑줄 친 '이 왕조'가 고려임을 알 수 있다.

[선택지|분석]

① 조선 후기인 1860년 최제우가 동학을 창시하였다. ✗

✓**②** 고려 인종 때 김부식 등이 왕명을 받아 『삼국사기』를 편찬하였다. 『삼국사기』는 우리나라에서 현존하는 가장 오래된 역사서로, 유교적 합리주의 사관에 기초하여 서술되었다. ○

③ 조선 후기 정조는 정치적 기능과 군사·상업적 기능을 함께 고려한 수원 화성을 건설하였다. ✗
④ 일제 강점기인 1931년 조선어 연구회가 확대 개편되어 조선어 학회가 조직되었다. ✗
⑤ 통일 신라 시대에 경주 석굴암 본존 불상이 조성되었다. ✗ 답 ②

83 고려의 문화에 대한 이해

자료 분석 거란의 침입, 이자겸의 난, 홍건적의 침입 등을 통해 (가) 국가가 고려임을 알 수 있다.

선택지 분석

① 대종교는 나철, 오기호 등이 단군 신앙을 바탕으로 창시하였다. ✗

✓ ❷ 『삼국유사』는 고려 충렬왕 때 승려 일연이 저술한 역사서로, 단군의 건국 이야기를 수록하는 등 자주 의식이 반영되어 있다. ○

③ 진단 학회는 실증 사학의 입장에서 한국사를 연구하고 『진단 학보』를 발행하였다. ✗

④ 조선 고종은 1886년 양반 자제와 관리를 대상으로 근대 학문을 교육하고자 육영 공원을 설립하였다. ✗

⑤ 조선 정조는 정치적 기능과 군사·상업적 기능을 함께 고려한 수원 화성을 축조하였다. ✗ 답 ②

82 지눌의 활동 이해

도전 1등급 문항 분석 ▶▶ 정답률 34.8%

(가) 인물에 대한 설명으로 옳은 것은?

> [(가)] 이/가 결사 운동을 시작한 거조사에 이어 알아볼 곳은 송광사입니다. 이곳은 그가 수선사 결사를 이끌며 입적할 때까지 활동한 사찰입니다.
> → 승려 본연의 자세로 돌아가 독경과 참선, 노동에 힘써야 한다고 주장함

[(가)] 의 행적을 찾아서

거조사

송광사

· 전남 순천

해결 전략 송광사에서 수선사 결사를 이끌었다는 내용을 통해 (가) 인물이 고려의 승려 지눌임을 알 수 있다. 고려 시대 불교 본연의 자세 확립을 주창하는 결사 운동 중 대표적인 것으로 지눌의 수선사 결사와 요세의 백련사 결사가 있다. 수선사 결사는 전남 순천의 송광사를 중심으로, 백련사 결사는 전남 강진을 중심으로 전개되었다는 점을 알아 두어야 한다.

선택지 분석

① 『삼국사기』는 고려 인종의 명령에 따라 김부식의 주도로 편찬되었다. ✗

② 고려 시대에 묘청, 정지상 등이 풍수지리설을 내세워 서경 천도를 주장하였다. ✗

③ 조선 후기 박지원, 박제가, 홍대용 등 북학파 실학자는 청과 교류하며 청의 문물을 수용하자고 주장하였다. ✗

④ 『왕오천축국전』은 신라의 승려 혜초가 인도를 순례한 후 저술한 여행기이다. ✗

✓ ❺ 지눌은 선과 교를 함께 닦아야 한다는 정혜쌍수와 참선으로 깨우친 바를 꾸준히 수행해야한다는 돈오점수를 주장하며, 교종과 선종의 화합과 조화를 위해 노력하였다. ○ 답 ⑤

03 조선 시대 정치 운영과 세계관의 변화

84 ②	85 ③	86 ③	87 ①	88 ①	89 ③
90 ①	91 ③	92 ④	93 ③	94 ③	95 ②
96 ①	97 ②	98 ③	99 ②	100 ③	101 ②
102 ③	103 ④	104 ②	105 ④	106 ③	

84 조선 성종의 정책 파악

빈출 문항 자료 분석

(가)에 들어갈 내용으로 가장 적절한 것은?

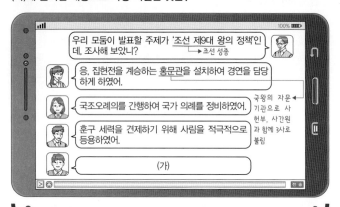

해결 전략 자료에서 집현전을 계승한 홍문관 설치, 『국조오례의』 간행, 훈구 세력 견제를 위한 사림 등용 등의 내용을 통해 (가)에는 조선 성종과 관련된 내용이 들어가야 함을 알 수 있다. 조선 성종이 집현전의 기능을 계승한 홍문관을 설치하여 경연을 활성화시킨 것을 알아 두어야 한다.

선택지 분석

① 신라 진흥왕은 6세기에 대가야를 정복하였다.

✓② 성종은 세조 때부터 편찬되기 시작한 법전인 『경국대전』을 완성하여 반포하였다. O

③ 고려 광종은 본래 양인이었으나 불법으로 노비가 된 사람들을 조사하여 양인 신분을 회복시켜 주는 노비안검법을 실시하였다. X

④ 척화비는 1871년 신미양요 직후 흥선 대원군이 통상 수교 거부 의지를 널리 알리기 위해 전국에 건립하였다. X

⑤ 한성 사범 학교는 1895년에 근대적 교육 제도가 실시됨에 따라 설립되었다. X   답 ②

85 조선 성종의 업적 파악

자료 분석 집현전을 계승한 홍문관을 설치, 3사 언관직 중심으로 사림을 등용 등의 내용을 통해 밑줄 친 '국왕'이 조선 성종임을 알 수 있다.

선택지 분석

① 홍범 14조는 조선 고종이 제2차 갑오개혁 시기에 반포하였다. X

② 조선 고종은 개화 정책 추진을 위해 1880년 통리기무아문을 설치하였다. X

✓③ 조선 세조 때 편찬하기 시작한 『경국대전』은 성종 때 완성되어 반포되었다. O

④ 집사부는 신라의 중앙 정치 기구로 진덕 여왕 때 설치되었다. X

⑤ 고려를 건국한 태조 왕건이 후대 왕에게 정책 방향을 제시하는 훈요 10조를 남겼다. X   답 ③

86 조선 성종의 업적 파악

자료 분석 자료에서 세종이 설치한 집현전을 계승하여 홍문관을 설치하였으며, 홍문관원이 경연관을 겸하도록 하였다는 내용을 통해 (가) 왕이 조선 성종임을 알 수 있다.

선택지 분석

① 조선 고종은 갑오개혁 기간에 교육입국 조서를 발표하여 근대 교육의 중요성을 강조하였다. X

② 신라는 7세기 후반 매소성 전투와 기벌포 해전에서 당군을 격퇴하고 삼국 통일을 완성하였다. X

✓③ 조선 성종은 세조 때부터 편찬되기 시작한 『경국대전』을 완성하여 반포하였다. O

④ 신라는 6세기 지증왕 때 이사부로 하여금 우산국을 정벌하게 하여 복속시켰다. X

⑤ 고려 태조는 후대의 왕에게 정책 방향을 제시하는 훈요 10조를 남겼다. X   답 ③

87 붕당 정치의 변질 시기 파악

자료 분석 자료 (가)는 심의겸과 김효원의 대립 과정에서 서인과 동인으로 나뉘지게 되었다는 점 등을 통해 붕당이 형성된 조선 선조 때임을 알 수 있다. 자료 (나)는 탕평책을 실시하고 탕평비를 세우도록 하였다는 점 등을 통해 조선 영조 때임을 알 수 있다.

선택지 분석

✓① 조선 선조 때 사림이 동인과 서인으로 나뉘면서 시작된 붕당 정치는 조선 숙종 때 여러 차례 환국이 일어나면서 변질되었다. 이에 영조는 붕당 정치의 폐단을 해소하기 위해 탕평책을 실시하였다. O

② 고려 시대 무신들은 1170년 정변을 일으켜 문벌 사회를 무너뜨리고 무신 정권을 세웠다. X

③ 고려 말 요동 정벌에 나섰던 이성계는 위화도 회군을 단행하여 권력을 장악하였다. X

④ 백제 성왕은 중흥의 기틀을 마련하기 위해 웅진에서 사비로 천도하였다. X

⑤ 조선 고종 때인 1866년 제너럴 셔먼호 사건이 발생하였고, 이 사건을 구실로 1871년 미국이 신미양요를 일으켰다. X   답 ①

88 조선의 대외 관계 파악

자료 분석 (가)는 4군 6진 지역이 개척되었다는 내용을 통해 조선 세종 시기의 사실임을 알 수 있다. (나)는 후금과 명의 대립 상황에서 강홍립에게 상황에 따라 대처하도록 지시하였다는 내용을 통해 중립적인 외교를 추진하던 광해군 시기의 사실임을 알 수 있다.

선택지 분석

✓① 조선 선조 때 일본의 침입으로 임진왜란이 일어났다. O

② 1627년 조선 인조 때 후금의 침략으로 정묘호란이 발발하였다. X

③ 고려 말인 1388년 요동 정벌에 나섰던 이성계 등은 위화도 회군을 단행하여 권력을 장악하였다. ✗

④ 흥선 대원군이 병인박해를 단행하자 이를 구실로 프랑스 군대가 강화도를 침략하는 병인양요를 일으켰다. ✗

⑤ 거란의 3차 침입 때 강감찬이 이끄는 고려군이 귀주에서 거란군을 크게 물리쳤다. ✗　　　　　　　　　　　　　　　　　　답 ①

89 조선 전기 대외 관계 파악

도전 1등급 문항 분석 ▶▶ 정답률 **28.3%**

(가)에 들어갈 내용으로 가장 적절한 것은?

해결 전략 자료에서 학습 주제가 조선 전기 대외 관계인 점, 명과 조공·책봉 관계를 맺었다는 점, 여진을 몰아내고 4군 6진을 개척하였다는 점 등을 통해 (가)에는 조선 전기 대외 관계에 대한 내용이 들어가야 함을 알 수 있다. 조선 전기에는 사대교린 외교에 따라 명과는 조공·책봉 관계를 맺고 사대 외교가, 주변국과는 교린 외교가 전개되었다.

선택지 분석

① 신라는 지증왕 때 이사부가 우산국을 복속시켰다. ✗

② 고구려는 살수에서 수의 군대, 안시성에서 당의 침공을 막아내었다. ✗

✓③ 조선 세종은 일본에 대한 회유책으로 부산포, 제포, 염포의 3포를 개방하고 제한적인 교역을 허용하였다. ⭘

④ 고려 공민왕은 쌍성총관부를 공격하여 영토를 회복하였다. ✗

⑤ 1953년 정전 협정 체결 직후 이승만 정부는 미국과 한·미 상호 방위 조약을 체결하였다. ✗　　　　　　　　　　　　　　　　답 ③

90 임진왜란의 전개 과정 파악

자료 분석 한양을 떠나 파천한 왕, 이순신의 전사 소식 등의 내용을 통해 밑줄 친 '전쟁'은 임진왜란임을 알 수 있다. 일본군의 침입으로 임진왜란이 일어나자 선조는 의주로 피란하였다.

선택지 분석

✓① 전쟁 기간에 이순신이 이끄는 수군이 해전에서 승리하였고, 곽재우 등 의병이 크게 활약하였다. ⭘

② 강감찬이 이끈 고려군은 거란의 제3차 침입 당시 귀주에서 승리하였다. ✗

③ 고려는 윤관의 건의에 따라 별무반을 편성하여 여진을 정벌하였다. ✗

④ 1871년 미국이 조선을 침략하는 신미양요가 일어나 어재연이 이끄는 조선군이 광성보에서 항전하였다. ✗

⑤ 고구려 을지문덕은 수의 군대를 살수에서 격파하였다. ✗　　답 ①

91 임진왜란 전개 과정 이해

자료 분석 왜적, 의병장 곽재우, 원균, 이순신 등의 내용을 통해 자료에 나타난 전쟁이 임진왜란임을 알 수 있다. 임진왜란이 일어나자 곽재우는 의병을 모아 왜군에 맞서 싸웠으며, 바다에서는 이순신의 수군이 활약하였다.

선택지 분석

① 고려 말 이성계 등 신흥 무인 세력은 1388년 위화도 회군을 계기로 우왕과 최영을 제거하고 정권을 장악하였다. ✗

② 1866년 병인양요 당시 정족산성 전투에서 양헌수가 이끄는 조선군이 강화도에 침입한 프랑스군을 격퇴하였다. ✗

✓③ 임진왜란 당시 조명 연합군은 왜군에게 빼앗겼던 평양성을 탈환하였다. ⭘

④ 몽골이 고려를 침입하자 당시 무신 최고 집권자였던 최우는 몽골과의 장기 항전을 위해 1232년 강화도로 천도하였다. ✗

⑤ 정미의병 때 의병 연합 부대인 13도 창의군이 결성되어 1908년에 서울 진공 작전을 전개하였다. ✗　　　　　　　　　　　답 ③

92 임진왜란의 전개 과정 이해

자료 분석 자료에서 7년간의 전쟁, 의병을 일으키는 곽재우, 진주성을 사수하는 김시민 등의 내용을 통해 임진왜란에 대한 것임을 알 수 있다. (가)에는 임진왜란과 관련된 내용이 들어가야 한다.

선택지 분석

① 1636년 병자호란이 발발하여 인조는 남한산성에서 항전하였으나, 결국 삼전도에서 청에게 항복의 예를 올렸다. ✗

② 고구려의 을지문덕은 살수에서 수의 대군을 물리쳤다. ✗

③ 고려 시대 서희는 거란 장수 소손녕과 외교 담판을 벌여 강동 6주를 획득하였다. ✗

✓④ 임진왜란(1592~1598) 중 이순신은 한산도 등지에서 승리하여 남해의 제해권을 장악하였다. ⭘

⑤ 고려 시대 김윤후는 몽골의 침입에 맞서 처인성에서 적장 살리타를 사살하였다. ✗　　　　　　　　　　　　　　답 ④

93 임진왜란 중에 있었던 사실 파악

자료 분석 선조 때 작성된 일기라는 점, 왜선이 나타났고 부산과 동래가 함락되었다는 점, 전라 좌수사가 활약하였다는 점, 명나라 장수 이여송이 평양의 왜군을 공격하였다는 점 등을 통해 자료의 일기에 나타난 전쟁이 임진왜란임을 알 수 있다.

선택지 분석

① 별무반은 여진의 침입에 대응하기 위해 고려 숙종 때 윤관의 건의에 따라 편성되었다. ✗

I
전근대 한국사의 이해

정답과 해설 ● **21**

② 김원봉 등은 1919년 만주에서 의열단을 조직하여 일제의 식민 통치 기관 파괴, 요인 암살 등의 활동을 전개하였다. ✗

✓❸ 임진왜란 당시 곽재우, 조헌, 고경명 등 각지에서 일어난 의병이 활약하였다. O

④ 고려 초 거란의 3차 침입 때 강감찬은 귀주에서 거란군을 크게 물리쳤다(귀주 대첩). ✗

⑤ 고려 정부가 몽골과 강화하며 개경으로 환도하자, 삼별초는 이에 반대하여 진도와 제주도로 근거지를 옮기며 항쟁하였다. ✗   📘 ③

94 임진왜란 시기의 사실 파악

[자료] [분석] 자료에서 곽재우가 수백 명의 장정들을 모아 승리하였다는 점, 전쟁이 7년간 지속되었다는 점, 적이 이순신에 의해 울돌목을 넘지 못했다는 점 등을 통해 밑줄 친 '전쟁'이 임진왜란임을 알 수 있다.

[선택지] [분석]
① 고려의 승려 지눌은 수선사를 중심으로 결사 운동을 전개하였다. ✗
② 병자호란 당시 인조는 남한산성에 피란하여 항전하였으나, 청의 압박에 굴복하여 삼전도에서 항복하였다. ✗
✓❸ 임진왜란 당시 권율은 행주산성에서 일본의 군대를 격파하였다. O
④ 황룡사 9층 목탑은 신라 선덕 여왕이 주변의 아홉 나라로부터 나라를 지키겠다는 의미를 담아 건립하였다. ✗
⑤ 을미의병은 1895년 을미사변과 단발령에 반발하여 일어났다. ✗   📘 ③

95 임진왜란 중의 사실 파악

빈출 문항 자료 분석

(가) 전쟁 중에 있었던 사실로 옳은 것은?

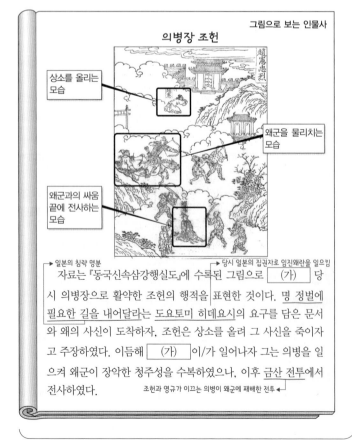

그림으로 보는 인물사
의병장 조헌

상소를 올리는 모습

왜군을 물리치는 모습

왜군과의 싸움 끝에 전사하는 모습

→ 일본의 침략 명분
자료는 『동국신속삼강행실도』에 수록된 그림으로 [(가)] 당시 의병장으로 활약한 조헌의 행적을 표현한 것이다. 명 정벌에 필요한 길을 내어달라는 도요토미 히데요시의 요구를 담은 문서와 왜의 사신이 도착하자, 조헌은 상소를 올려 그 사신을 죽이자고 주장하였다. 이듬해 [(가)]이/가 일어나자 그는 의병을 일으켜 왜군이 장악한 청주성을 수복하였으나, 이후 금산 전투에서 전사하였다.
← 당시 일본의 집권자로 임진왜란을 일으킴
조헌과 영규가 이끄는 의병이 왜군에 패배한 전투 →

해결 전략
의병장 조헌의 행적이라는 점. 도요토미 히데요시가 명 정벌에 필요한 길을 내어달라고 요구했다는 점, 왜군과 싸움을 벌였다는 점 등을 통해 (가) 전쟁이 1592년에 발발한 임진왜란임을 파악해야 한다. 임진왜란 때 이순신이 이끈 수군과 권율, 곽재우, 조헌, 유정 등 의병의 활약을 기억해 두어야 한다.

[선택지] [분석]
① 1871년 신미양요 당시 어재연이 이끄는 조선군이 광성보에서 항전하였다. ✗
✓❷ 임진왜란 당시 이순신이 지휘한 조선 수군은 한산도 해전에서 왜군에 대승을 거두었다. O
③ 고구려의 을지문덕은 살수에서 수의 군대를 격파하였다. ✗
④ 김좌진이 이끄는 북로 군정서 등 독립군 연합 부대는 1920년 청산리 전투에서 대승을 거두었다. ✗
⑤ 고려의 서희는 거란의 제1차 침입 당시 적장 소손녕과 외교 담판을 벌여 강동 6주 지역을 확보하였다. ✗   📘 ②

96 임진왜란의 전개 과정 이해

빈출 문항 자료 분석

(가) 전쟁 중에 볼 수 있는 모습으로 가장 적절한 것은?

국립 해양 문화재 연구소는 전남 진도군 명량대첩로 해역에서 안전을 기원하는 행사를 치르고 오는 10월까지 발굴 조사를 진행한다고 발표하였다. 이전에 수차례에 걸쳐 진행된 발굴 조사에서는 승자총통, 석환 등 많은 유물이 출토된 바 있다. 한편 명량대첩로 해역은 예로부터 많은 선박이 왕래한 곳이지만, 조류가 빠르게 흘러 배가 지나가기 힘든 항로였다. 이곳의 울돌목은 7년간 전개된 [(가)] 당시 충무공 이순신의 명량 대첩이 있었던 역사의 현장이다.
→ 임진왜란은 1592년에 발발해서 1598년에 종료됨
1591년 이순신이 이끄는 수군이 일본 수군을 대파한 해전 ←   → 전남 해남군 화원반도와 진도 사이에 있는 해협

해결 전략
7년간 전개되었으며 이순신의 명량 대첩이 있었다는 점을 통해 임진왜란에 관한 내용임을 알 수 있다. 이외에도 임진왜란과 관련하여 도요토미 히데요시의 침략, 선조의 의주 피란, 조명 연합군의 평양성 탈환, 곽재우 등 의병의 활약 등을 알아 두어야 하며 임진왜란의 영향에 대해서도 정리해 두어야 한다.

[선택지] [분석]
✓❶ 임진왜란이 발발하자 곽재우, 유정 등 각지에서 의병이 일어나 일본군을 공격하였다. O
② 고려의 강감찬은 거란의 대군에 맞서 귀주에서 큰 승리를 거두었다. ✗
③ 고려 말 이성계는 요동 정벌을 위해 북상하던 중 위화도에서 회군하여 정권을 장악하였다. ✗
④ 고려의 서희는 거란의 장수 소손녕과 담판을 벌였고, 이를 계기로 고려가 강동 6주 지역을 확보하였다. ✗
⑤ 홍경래의 난은 평안도 지역에 대한 차별과 지배층의 수탈에 반발하여 홍경래가 신흥 상공업 세력, 광산 노동자, 빈농 등을 규합하여 일으킨 봉기이다. ✗   📘 ①

97 4군 6진과 명량 대첩의 위치 파악

선택지 분석

✓ ㄱ. 경원 지역은 조선 전기에 여진을 몰아내고 개척한 두만강 하류의 6진 중 한 곳이다. ○

ㄴ. 대조영은 동모산 기슭에서 고구려인과 말갈인을 이끌고 698년에 발해를 건국하였다. ✗

✓ ㄷ. 울돌목(명량)은 정유재란 당시에 이순신이 이끄는 조선 수군이 일본의 수군을 대파한 곳이다. ○

ㄹ. 장보고는 9세기 전반에 완도에 청해진을 설치하고 해적을 소탕하여 남해와 황해의 해상 무역권을 장악하였다. ✗   답 ②

98 인조반정의 시기 파악

자료 분석 광해는 속으로 다른 뜻을 품고 오랑캐에게 호의를 베풀었고, 우리나라를 오랑캐와 금수가 되게 하였으며, 이에 광해를 폐위한다는 내용 등을 통해 제시된 자료는 1623년 인조반정 당시의 교서임을 알 수 있다.

선택지 분석

① 조선은 1392년 건국되었다. ✗

② 조선 세종은 훈민정음을 창제해 반포하였다. ✗

✓ ③ 한산도 대첩은 1592년 발발한 임진왜란 시기의 사실이다. ○

④ 병자호란은 1636년 청이 조선을 침략한 사건이다. ✗

⑤ 조선 고종은 1897년 연호를 광무로 고치고 황제에 즉위하였다. 러일 전쟁은 1904년 발발하였다. ✗   답 ③

99 병자호란의 영향 파악

자료 분석 삼전도에서 조선의 항복을 받고 돌아가는 청군, 패배한 현실의 굴욕감 등의 내용을 통해 밑줄 친 '전쟁'이 병자호란임을 알 수 있다. 1636년 청 태종이 조선을 침략하여 병자호란이 일어나자, 인조는 남한산성으로 피신하여 저항하였으나 결국 청에 항복하였다.

선택지 분석

① 별무반은 고려 전기 여진의 침입에 대응하여 윤관의 건의에 따라 편성되었다. ✗

✓ ❷ 병자호란에서 굴욕적인 항복을 한 이후 조선에서는 북벌론이 대두되었다. ○

③ 6세기 전반 신라 법흥왕이 금관가야를 병합하였다. ✗

④ 삼별초는 최씨 무신 정권의 사병 조직으로, 고려가 몽골과 강화를 맺자 이에 반대하며 대몽 항쟁을 전개하였다. ✗

⑤ 광해군은 국제 정세의 변화 속에서 명과 후금 사이에서 중립적인 외교 정책을 전개하였으나, 명에 대한 의리를 주장하는 서인이 주도한 인조반정(1623)으로 축출되었다. ✗   답 ②

100 병자호란의 영향 파악

자료 분석 청이 조선을 침략하였다는 점, 임금이 남한산성으로 들어갔다는 점, 임금이 삼전도에서 항복의 예를 행하였다는 점 등을 통해 자료에 나타난 전쟁이 병자호란(1636~1637)임을 알 수 있다.

선택지 분석

① 6세기 신라 진흥왕이 대가야를 병합하였다. ✗

② 고려 숙종 때 윤관의 건의로 별무반이 편성되었다. ✗

✓ ③ 병자호란 이후 조선에서는 청에 당한 수모를 씻고 명에 대한 의리를 지키기 위해 청을 정벌하자는 북벌론이 대두하였다. ○

④ 청일 전쟁에서 승리한 일본이 시모노세키 조약을 체결해 랴오둥반도를 차지하자 러시아의 주도로 독일과 일본이 함께 랴오둥반도의 반환을 요구하는 삼국 간섭이 발생하였다. ✗

⑤ 몽골은 고려와 강화를 맺은 후 쌍성총관부를 설치하여 고려 동북부 지역을 지배하였다. ✗   답 ③

101 병자호란 시기의 사실 파악

자료 분석 자료에서 조선이 청의 군신 관계 요구를 거절한 것을 빌미로 침략한 점, 조선이 굴욕적으로 항복하고 세자 등이 인질로 끌려간 점 등을 통해 (가) 전쟁이 병자호란임을 알 수 있다.

선택지 분석

① 고려 말 이성계는 요동 정벌을 위해 북상하던 중 위화도에서 회군하여 정권을 장악하였다. ✗

✓ ❷ 병자호란 당시 인조는 남한산성에 피란하여 항전하였으나, 청의 압박에 굴복하여 삼전도에서 항복하였다. ○

③ 임진왜란 당시 이순신은 한산도, 명량 등에서 일본 수군을 크게 물리쳤다. ✗

④ 수의 대군이 고구려를 침략하자 이에 대항하여 을지문덕이 살수에서 적군을 격파하고 대승을 거두었다. ✗

⑤ 1920년 김좌진이 이끄는 북로 군정서를 중심으로 하는 독립군 연합 부대가 청산리 일대에서 일본군에 대승을 거두었다. ✗   답 ②

102 병자호란의 영향 파악

자료 분석 자료에서 청의 침략으로 시작된 전쟁이라는 점, 인조가 남한산성에 들어가 항전하였지만 결국 삼전도에서 항복하였다는 점 등을 통해 (가) 전쟁이 병자호란임을 알 수 있다.

선택지 분석

① 별무반은 여진의 침입에 대비하기 위해 편성된 고려의 특수 부대이다. ✗

② 청일 전쟁에서 승리한 일본이 시모노세키 조약을 체결해 랴오둥반도를 차지하게 되자, 러시아의 주도로 독일, 프랑스가 일본에 랴오둥반도의 반환을 요구한 삼국 간섭이 일어났다. ✗

✓ ❸ 병자호란 이후 조선에서는 명에 대한 의리를 지키고 청을 정벌하여 오랑캐에게 당한 치욕을 씻자는 북벌 운동이 추진되었다. ○

④ 봉오동 전투 등에서 독립군에 패한 일본이 만주의 독립군 근거지를 무너뜨리기 위해 간도 참변을 일으켰다. ✗

⑤ 1882년에 일어난 임오군란의 결과 조선과 일본이 제물포 조약을 체결하였다. ✗   답 ③

103 조선 영조의 정책 파악

자료 분석 자료에서 조선 21대 국왕, 『속대전』 편찬, 서원 정리, 탕평책 시행 등은 영조와 관련된 내용이다. 따라서 (가)에는 조선 영조와 관련된 내용이 들어가야 한다.

선택지 분석

① 최씨 무신 정권 시기에 최우가 인사권을 장악하기 위해 정방을 설치하였는데, 고려 공민왕 때 왕권 강화를 위해 정방을 폐지하였다. ✗

② 조선 고종 때 흥선 대원군은 경복궁 중건 과정에서 공사비를 마련하기 위해 고액 화폐인 당백전을 발행하였다. ✗

③ 장용영은 조선 정조가 군사적 기반을 강화하기 위해 설치한 친위 부대이다. ✗

✓④ 조선 영조는 균역법을 실시하여 농민에게 군포 1필을 징수하고, 이로 인해 발생한 세입 감소분에 대해 선무군관포, 결작 등으로 보충하게 하였다. ○

⑤ 독서삼품과는 통일 신라 원성왕 때 실시된 관리 선발 제도이다. ✗

답 ④

104 조선 정조의 업적 파악

빈출 문항 자료 분석

밑줄 친 '이 왕'에 대한 설명으로 옳은 것은?

왕실 학문 연구 기관이자 왕실 도서관으로 정조가 자신의 정책을 뒷받침할 수 있는 기구로 기능을 강화함

자료는 이 왕의 명령으로 펴낸 『무예도보통지』의 일부이다. 이 책은 당시의 무예와 병기에 대해 종합적으로 알 수 있는 귀중한 자료이다. 편찬에 참여한 이덕무와 박제가는 규장각, 백동수는 장용영의 인재들로서, 두 기관은 이 왕이 설치하였다. 이를 통해 『무예도보통지』가 문관과 무관의 공동 작업으로 만든 책이라는 것을 알 수 있다.

└ 규장각에 등용되었던 서얼 출신의 학자들   정조 때 설치된 왕의 친위 부대 ┘

해결 전략 자료에서 『무예도보통지』 편찬을 명령하였다는 점, 규장각과 장용영을 설치하였다는 점 등을 통해 밑줄 친 '이 왕'이 조선 정조임을 알 수 있다. 정조의 정책을 물을 때는 규장각과 장용영 설치, 초계문신제 실시, 금난전권 폐지, 수원 화성 건설이 자주 언급되므로 반드시 기억해야 한다.

선택지 분석

① 통일 신라 신문왕은 귀족 세력의 경제 기반을 약화시키기 위해 녹읍을 폐지하였다. ✗

✓② 조선 정조는 노론, 소론, 남인을 고루 관직에 기용하여 붕당 간의 세력 균형을 도모하고 국왕의 국정 주도권을 강화하는 등 탕평책을 추진하였다. ○

③ 군국기무처는 1894년 설치되어 제1차 갑오개혁을 주도하였다. ✗

④ 전두환 등 신군부 세력은 사회 정화를 명목으로 삼청 교육대를 운영하였다. ✗

⑤ 조선 고종은 제2차 갑오개혁 시기인 1895년 교육입국 조서를 반포하였다. ✗

답 ②

105 조선 정조의 탕평 정치 이해

자료 분석 자료에서 아버지인 사도세자, 조선 22대 왕, 수원 화성, 장용영, 규장각 등의 내용을 통해 (가) 왕은 정조임을 알 수 있다. 정조는 사도세자의 아들로, 군사적 방어 기능과 상업 기능을 함께 고려한 수원 화성을 건설하였다. 또한 국왕 친위 부대인 장용영을 설치하였고, 정조 자신의 권력과 정책을 뒷받침할 인재를 양성하기 위해 규장각에서 신진 관료를 육성하였다.

선택지 분석

① 고려 광종은 쌍기의 건의에 따라 과거제를 도입하였다. ✗

② 신라 진흥왕은 화랑도를 국가 조직으로 개편하였다. ✗

③ 조선 세종은 훈민정음을 반포하였다. ✗

✓④ 정조는 붕당 간의 세력 균형을 이루고 왕권을 강화하기 위해 탕평 정치를 실시하였다. ○

⑤ 고려 광종은 본래 양인이었으나 불법으로 노비가 된 자들을 조사하여 신분을 회복시켜 주는 노비안검법을 시행하였다. ✗

답 ④

106 조선 정조의 정책 파악

자료 분석 규장각에서 재능 있는 젊은 문신들이 연구에 전념할 수 있게 하였고, 이곳을 자신의 정책을 뒷받침할 기구로 삼았다는 내용 등을 통해 (가) 왕이 조선 정조임을 알 수 있다. 정조는 규장각을 학문과 정책 연구 등을 담당하는 정치 기구로 육성하였다.

선택지 분석

① 고려 태조 왕건은 후대 왕에게 정책 방향을 제시하는 훈요 10조를 남겼다. ✗

② 고구려 장수왕은 국내성에서 평양으로 천도하였다. ✗

✓③ 조선 정조는 붕당 정치의 폐단을 없애고 왕권을 강화하기 위해 탕평 정치를 실시하였다. ○

④ 고려 공민왕은 쌍성총관부를 공격하여 원에 빼앗겼던 영토를 회복하였다. ✗

⑤ 조선 세종은 압록강과 두만강 유역의 여진을 몰아내고 4군 6진 지역을 개척하였다. ✗

답 ③

04 양반 신분제 사회와 상품 화폐 경제

107 ①	108 ①	109 ②	110 ④	111 ③	112 ②
113 ④	114 ③	115 ⑤	116 ④	117 ④	118 ④
119 ⑤	120 ④	121 ⑤	122 ②	123 ②	

도전 1등급 107 대동법의 이해

도전 1등급 문항 분석 ▶▶ 정답률 **33.4%**

(가)에 대한 설명으로 옳은 것은? → 1608년 광해군 때 경기도에서 처음 실시되었고, 전국적으로 확대되기까지 약 100년이 걸림

> 지난 무신년 문충공 이원익이 경기도에 처음 [(가)] 을/를 시행하였다. … (중략) … 그 후 김육이 충청도 관찰사로 부임하여 [(가)] 을/를 충청도에 시행할 계획을 밤낮으로 궁리하였다. … (중략) … 토산물 대신 토지 결수에 따라 쌀을 걷었으며, 깊은 산이나 먼바다에 있는 고을은 쌀에 준하여 옷감을 징수하였다. 이로써 조정은 종묘와 사직의 제사에 쓰이는 물품부터 여물이나 땔감 같은 세세한 것까지 직접 마련하게 되었다.
> → 토지 결수를 부과 기준으로 하여, 공물을 현물 대신 쌀이나 삼베, 면포, 동전 등으로 징수하였음

해결 전략 경기도에 처음 시행하였다는 점, 토산물 대신 토지 결수에 따라 쌀을 걷었다는 점 등을 통해 (가)는 대동법임을 알 수 있다. 방납의 폐단을 해결하기 위해 도입된 대동법은 조선 광해군 때 경기도에서 처음 시행되었고, 이후 시행 지역이 점차 확대되었다. 대동법이 시행되면서 관청에 필요한 물품을 납부하는 공인이 성장하였다. 또한 농민의 부담이 감소하였으며 공물을 현물 대신 쌀로 납부하면서 상품 화폐 경제의 발달이 촉진되었다.

선택지 분석

✓ ❶ 대동법이 시행되면서 관청에 필요한 물품을 납부하는 공인이 성장하였다. ○
② 6·25 전쟁 후 미국의 경제 원조를 바탕으로 삼백 산업이 발달하였다. ✗
③ 통일 신라 신문왕 등이 녹읍을 폐지하였다. ✗
④ 1882년 체결된 조미 수호 통상 조약에 거중 조정에 관한 규정이 포함되었다. ✗
⑤ 일제 강점기인 1910년 회사 설립 시 조선 총독의 허가를 받도록 규정한 회사령이 제정되었다. ✗

답 ①

108 대동법에 대한 이해

자료 분석 자료에서 공물을 토산물 대신 토지 결수에 따라 쌀 등으로 징수하였다는 점, 방납의 폐단을 바로잡기 위해 실시하였다는 점, 광해군 대에 시작되었다는 점 등을 통해 (가) 제도가 대동법임을 알 수 있다.

선택지 분석

✓ ❶ 대동법의 시행은 관청에 필요한 물품을 납부하는 공인이 성장하는 계기가 되었다. ○
② 6·25 전쟁 후 미국의 경제 원조를 바탕으로 제분, 제당, 면방직 공업 등 삼백 산업이 발달하였다. ✗

③ 1920년대 일제의 회사령 폐지, 일본 상품에 대한 관세 철폐 움직임 등을 배경으로 토산품 애용 운동인 물산 장려 운동이 전개되었다. ✗
④ 1881년 청에 파견된 영선사가 귀국한 후 1883년 근대적 무기 제조 공장인 기기창이 설치되었다. ✗
⑤ 고려 말 이성계와 신진 사대부는 과전법을 실시하여 권문세족의 경제 기반을 약화시켰다. ✗

답 ①

도전 1등급 109 조선 후기 경제 상황 이해

도전 1등급 문항 분석 ▶▶ 정답률 **33.4%**

자료에 나타난 시기의 상황으로 옳은 것은? → 조선 후기 광작의 확대로 부유한 농민층이 성장함

> ○ 부농층은 경작할 토지가 넓어서 빈민을 고용하여 일을 시킨다. … (중략)… 아무 일도 하지 않고 부유함을 즐긴다. 가난한 사람은 송곳 꽂을 땅도 없다. → 만상은 의주를 중심으로, 송상은 개성을 중심으로 활동하던 상인
> ○ 사신이 책문을 출입할 때 만상과 송상 등이 인부 사이에 몰래 섞여 들어간다. 그리고 가져간 은과 인삼을 팔아 이익을 꾀한다.

해결 전략 부농층이 넓은 토지를 경작하는 광작이 유행하고, 만상, 송상 등의 사상이 활동하였다는 내용을 통해 자료의 시기가 조선 후기임을 알 수 있다. 조선 후기에는 모내기법(이앙법) 등 농업 기술의 발달로 광작이 가능해지고, 대동법의 시행과 조선 정부의 자유로운 상업 활동 보장으로 상품 화폐 경제가 발달하며 상품 작물의 재배도 활발해지는 등 농업과 상업이 발달하는 시기였음을 파악해 두도록 한다.

선택지 분석

① 녹읍은 신라 때 관리들에게 지급되었던 토지이다. 신문왕은 귀족의 경제 기반을 약화시키기 위해 관료전을 지급하고, 녹읍을 폐지하였다. ✗
✓ ❷ 대동법은 현물로 거두던 공납을 쌀, 무명이나 베, 동전 등으로 납부하게 하던 제도로, 조선 후기 광해군 때 경기도에 처음 시행되었다. ○
③ 농지 개혁법은 1949년 이승만 정부 때 제정되었던 법으로, 이 법에 따라 유상 매수, 유상 분배 방식에 따른 농지 개혁이 시행되었다. ✗
④ 전민변정도감은 고려 공민왕 때 설치된 기구로, 권문세족이 부당하게 빼앗은 토지와 노비를 원래 주인에게 돌려주고, 억울하게 노비가 된 양인을 본래의 신분으로 회복시켜 주는 것을 목적으로 하였다. ✗
⑤ 1930년대 이후 일제는 일본에 필요한 공업 원료를 생산하기 위해 한국의 남부 지방에서는 면화를 재배하고, 북부 지방에서는 양을 기르는 남면북양 정책을 시행하였다. ✗

답 ②

110 조선 후기 수취 체제의 개편 내용 파악

자료 분석 방납의 폐단을 지적하며 공물을 쌀로 거두게 하자는 주장을 통해 첫 번째 자료가 대동법 시행과 관련된 것임을 알 수 있고, 군포를 1필로 줄이도록 한 것을 통해 두 번째 자료가 균역법에 대한 것임을 알 수 있다. 대동법은 조선 후기 국가 재정을 확충하고 농민의 부담을 줄여 주기 위해 공물을 토지 결수에 따라 쌀, 무명이나 베 등으로 징수하게 한 것으로, 광

해군 때 경기도에 처음 실시된 후 점차 확대 시행되었다. 균역법은 농민에게 군포 1필을 징수하고, 줄어든 군포 수입은 선무군관포와 결작 징수 등을 통해 보충하게 한 제도로 조선 영조 때 시행되었다.

선택지 분석

① 삼국은 태학, 국학 등의 국립 교육 기관을 설치하여 유학 교육을 실시하였다. ✗

② 고려 시대에는 귀족, 중류층, 양민, 천민으로 신분이 나뉘었다. ✗

③ 조선 전기의 과거 제도는 문과, 무과, 잡과가 있었다. ✗

✓❹ 두 자료를 모두 활용한 탐구 주제로는 조선 후기 수취 체제의 개편이 가장 적절하다. ⭕

⑤ 일제 강점기 노동 쟁의가 많이 발생하였는데, 원산 총파업(1929)이 대표적이다. ✗

답 ④

111 조선 후기 상품 화폐 경제 발달의 내용 이해

자료 분석 자료에서 모내기법의 확산과 상품 작물 재배, 경강상인, 송상, 만상 등 사상의 성장, 민영 수공업의 발달과 선대제 수공업의 등장, 상평통보의 전국적 유통 등의 내용을 통해 (가)에 들어갈 조사 주제가 조선 후기 상품 화폐 경제의 발달임을 알 수 있다.

선택지 분석

① 신라 말 중앙 정부가 약화되자 지방 각지에서 독자적인 군사력 및 지배권을 가진 호족 세력이 성장하였다. ✗

② 고려 후기에는 원의 세력을 배경으로 권문세족이 새로운 지배층으로 등장하였다. 권문세족은 농장을 확대하였으며, 음서로 신분을 세습시켜서 신진 사대부의 비판을 받았다. ✗

✓❸ 조선 후기 대동법의 실시로 공인이 등장하고 상품 화폐 경제가 발달하게 되었다. ⭕

④ 개항 이후 열강들은 자원과 산업 부분에서 최혜국 대우 규정을 내세워 이권 침탈을 가속화하였다. ✗

⑤ 일제는 1910년 대한 제국의 국권 피탈 이후 식민 통치와 동시에 경제 수탈을 하였다. 일제 강점기인 1910년대에는 무단 통치하에 토지 조사 사업, 회사령을 실시하였고, 1920년대에는 이른바 문화 통치를 하며 산미 증식 계획 등 경제 수탈을 하였다. 1930년대 중일 전쟁 이후에는 일제는 한국인을 전쟁에 동원하기 위해 민족 말살 통치를 하면서 남면북양 정책을 실시하고 인적·물적 자원 등 수탈을 강행하였다. ✗

답 ③

112 조선 후기의 경제 상황 파악

자료 분석 큰 도시의 파·마늘·배추·오이밭 등은 10무(畝)의 땅에서 얻은 이익이 수백 냥을 헤아린다는 점, 상평통보를 주조하여 유통시키게 하였다는 점 등을 통해 자료에 나타난 시기가 상품 작물 재배가 확대되고 상평통보가 유통되던 조선 후기임을 알 수 있다.

선택지 분석

① 회사 설립 시 조선 총독의 허가를 받도록 한 회사령은 1920년에 폐지되었다. ✗

✓❷ 조선 후기 광해군은 방납의 폐단을 해결하기 위해 경기도에 대동법을 처음 시행하였다. 이후 대동법은 시행 지역이 점차 확대되었다. ⭕

③ 6·25 전쟁 이후 미국의 경제 원조를 바탕으로 삼백 산업이 발달하였다. ✗

④ 전민변정도감은 권세가들이 불법으로 빼앗은 토지를 본래 소유주에게 돌려주고 억울하게 노비가 된 자를 양인으로 해방시키기 위해 고려 후기에 설치되었다. ✗

⑤ 일제는 자국의 부족한 쌀을 한국에서 확보하기 위해 1920년부터 산미 증식 계획을 실시하였다. ✗

답 ②

113 조선 후기 경제 상황 파악

자료 분석 전황의 폐단이 더욱 심해졌다는 점, 상평통보가 통용된 지 이제 140여 년이나 되었다는 점 등을 통해 자료에 나타난 시기가 조선 후기임을 알 수 있다.

선택지 분석

① 김영삼 정부는 투명한 금융 거래를 정착시키고 부당한 정치 자금 거래를 막기 위해 1993년 금융 실명제를 전면적으로 실시하였다. ✗

② 1920년에 평양에서 조만식 등을 중심으로 토산품 애용 운동인 물산 장려 운동이 시작되어, 이후 전국으로 확산되었다. ✗

③ 철기 시대에는 철제 농기구의 사용으로 농업 생산력이 증대되었다. ✗

✓❹ 조선 후기에는 도시 인구가 늘어나고 상품 유통이 활발해지면서 인삼, 담배, 고추 등의 상품 작물 재배가 증가하였다. ⭕

⑤ 통일 신라 신문왕 등이 귀족의 경제 기반을 약화시키기 위해 녹읍을 폐지하였다. ✗

답 ④

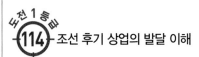

114 조선 후기 상업의 발달 이해

도전 1등급 문항 분석 ▶▶ 정답률 32.9%

자료에 나타난 조치가 끼친 영향으로 가장 적절한 것은?

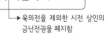

30년 이내에 새로 개설된 시전을 모두 혁파하도록 하십시오. 그리고 육의전 이외의 시전은 난전을 한 자들을 붙잡아 처벌하지 못하도록 하십시오.

▶ 육의전을 제외한 시전 상인의 금난전권을 폐지함

그렇게 하시오.

해결 전략 30년 이내에 새로 개설된 시전 혁파한다는 점, 육의전 이외의 시전은 난전을 한 자들을 붙잡아 처벌하지 못하도록 한다는 점 등을 통해 자료에 나타난 조치는 조선 정조가 시행하였던 통공 정책임을 알 수 있다. 조선 정조는 육의전을 제외한 시전 상인의 금난전권을 폐지하였고, 이에 사상의 상업 활동은 더욱 확대되었다. 금난전권이란 난전을 금지할 수 있는 권한으로, 난전이란 허락을 받지 않고 물건을 파는 행위나 가게를 뜻한다.

선택지 분석

① 통일 신라 신문왕은 관료전을 지급하고 녹읍을 폐지하였다. ✗

② 대한 제국은 양전 사업을 실시하고 근대적 토지 소유 증명 문서인 지계를 발급하였다. ✗

✓ ❸ 조선 정조가 육의전을 제외한 시전 상인의 금난전권을 폐지하는 통공 정책을 시행함으로써 사상들의 상업 활동이 활발해졌다. ○

④ 1898년 서울의 시전 상인 등이 황국 중앙 총상회를 조직하여 상권 수호 운동을 전개하였다. ✗

⑤ 통일 신라 시기 장보고가 청해진을 설치하였다. ✗ 달 ③

115 조선 후기의 모습 파악

자료 분석 한양 도성 주변에서 채소를 많이 재배하고 있는 점, 남쪽 지방은 물론 북쪽 지방까지 모내기로 벼농사를 짓는다는 점 등을 통해 자료에 나타난 시기가 모내기법이 확대 보급되고 도시 근교에서 채소 등의 작물이 많이 재배되던 조선 후기임을 알 수 있다.

선택지 분석

① 1950년대에는 미국의 원조 물자를 가공하여 밀가루(제분), 설탕(제당), 면직물(면방직)을 생산하는 삼백 산업이 발달하였다. ✗

② 새마을 운동은 농촌 환경 개선과 소득 증대를 목표로 1970년부터 추진되었다. ✗

③ 전민변정도감은 권문세족이 불법으로 빼앗은 토지와 노비를 원래 주인에게 돌려주고, 억울하게 노비가 된 자를 양인 신분으로 회복시켜 주기 위해 고려 후기에 설치되었다. ✗

④ 신라와 고려 초기에 관직 복무의 대가로 관리들에게 녹읍이 지급되었다. ✗

✓ ❺ 조선 후기에는 시장 판매를 목적으로 인삼, 면화, 고추, 담배 등의 상품 작물을 재배하는 경우가 많았다. ○ 달 ⑤

116 조선 후기의 사회 · 경제적 변동 이해

자료 분석 부자와 빈민의 대비되는 생활, 상평통보 등을 통해 조선 후기의 상황을 나타낸 것임을 알 수 있다. 조선 후기에는 모내기법이 확산되고 벼와 보리의 이모작도 가능해져 단위 면적당 곡물 생산량이 증가하였다. 그리고 상품의 생산과 유통이 활발해지면서 지방 장시가 증가하였고 일부 장시는 상설 시장으로 발전하였다. 면화, 인삼 등 상품 작물 재배도 활발했는데, 일부 농민들은 상품 작물을 장시에 내다 팔아 부를 축적하기도 하였다. 또한 상품 화폐 경제가 발달하면서 상평통보가 발행되어 전국적으로 유통되었다.

선택지 분석

① 신라 말 무거운 세금과 자연재해 등으로 농민 몰락이 증가하였고, 지배층의 강압적인 수취가 증가하여 진성 여왕 때 원종과 애노의 봉기 등이 발생하였다. ✗

② 무신 정권의 수탈이 심화되고 무신들 사이의 권력 다툼으로 지방 통제력이 약화되었다. 이러한 상황에서 지방관이 백성에 대한 수탈을 일삼자 농민 · 천민들은 봉기를 일으켜 저항하였다. ✗

③ 조선 시대의 수취 체제는 전세, 공납, 역 등으로 정비되었다. 이를 위해 전국의 토지와 호구를 군현 단위로 파악하여 양안과 호적을 작성하였고 이를 기준으로 백성에게 세금을 부과하였다. ✗

✓ ❹ 조선 후기에는 농업 기술의 발달과 농업 경영 방식의 변화 등에 따라 농민층이 분화되었다. 또한 상업이 발달하면서 상평통보의 유통이 확대되었고 전황 등의 현상이 일어나기도 하였다. ○

⑤ 일제 강점기인 1920년대에 백성들은 조선 형평사를 창립하여 형평 운동을 전개하였다. ✗ 달 ④

117 조선 후기 신분 질서의 동요 이해

자료 분석 몰락한 양반이 상민과 비슷한 처지가 되었다는 점, 서얼들이 차별 철폐 운동을 전개하였다는 점, 일부 상민이 다양한 방법으로 양반 신분을 획득하려 하였다는 점 등을 통해 (가)에 들어갈 학습 주제가 조선 후기 신분 질서의 동요임을 알 수 있다.

선택지 분석

① 신라 말 일부 6두품은 골품제의 모순을 비판하였다. ✗

② 고려 전기에 국가 체제가 정비되면서 대를 이어 고위 관리를 배출한 몇몇 가문이 문벌을 형성하고 권력을 장악하였다. ✗

③ 고려 무신 정권 시기에 지배층의 가혹한 수탈 등에 반발하여 하층민의 봉기가 잇따라 일어났다. ✗

✓ ❹ 조선 후기에는 농업 생산력의 증대와 상품 화폐 경제의 발달을 배경으로 기존의 양반 중심 신분 질서가 크게 동요하였다. ○

⑤ 일제 강점기인 1920년대에 백정들은 자신들에 대한 사회적 차별 철폐를 요구하는 형평 운동을 전개하였다. ✗ 달 ④

118 조선 후기 신분 질서의 동요 이해

자료 분석 자료에서 공명첩이 발급되었고, 노비종모법이 실시되고 공노비가 해방되었으며, 광작 등으로 인한 농민층의 분화가 발생하였다는 내용을 통해 조선 후기의 상황임을 알 수 있다.

선택지 분석

① 신라 말에는 중앙에서 왕위 쟁탈전이 벌어져 지방에 대한 통제가 약화되었고, 지방에서 호족이 독자적인 세력으로 성장하였다. ✗

② 고려 전기에는 지방 호족 출신으로 중앙 관료가 된 계열과 6두품 계통의 유학자들을 중심으로 문벌 사회가 형성되었다. ✗

③ 고려 무신 집권기에 문벌 사회가 무너지고 신분제가 크게 흔들렸다. 무신 집권자들은 농장을 확대하고 노비를 늘려갔는데, 이에 맞서 하층민들이 대규모 봉기를 일으켰다. ✗

✓ ❹ 조선 후기에는 농업 생산력의 증대와 상품 화폐 경제의 발달 등을 배경으로 기존의 양반 중심 신분제가 동요하였다. ○

⑤ 형평 운동은 1923년 경남 진주에서 시작되었으며, 백정에 대한 사회적 차별을 철폐할 것을 주장하였다. ✗ 달 ④

119 조선 후기 신분 질서의 동요 이해

(가)에 들어갈 내용으로 가장 적절한 것은?

〈수행 평가 보고서〉

3학년 ○○반 ○○번 이름 ○○○

- 조사 주제:　　(가)

  → 서얼은 양반의 첩에게서 난 자식으로 과거 응시와 관직 진출에 차별을 받아, 이를 해소하기 위한 집단 상소 운동을 벌임

- 조사 내용: 납속책과 공명첩, 서얼의 집단 상소 운동
- 조사 자료

  → 이름을 쓰는 곳이 비어 있는 관직 임명장으로, 조선 정부는 임진왜란 이후 재정 부족 문제를 해결하기 위해 공명첩을 발급함

  # 사례 1

  경상도 단성현의 16△△년 호적 대장에 등장하는 수봉은 본래 사노비였다. 39년 뒤에 만들어진 호적 대장에는 수봉이 납속으로 정3품에 해당하는 명예 관직을 얻은 것으로 나오고, 그의 아들은 어영청에 군포를 바치는 양인으로 기록되었다.

  → 노비가 납속을 통해 신분 상승을 이룬 사례

해결 전략 자료에서 납속책과 공명첩, 서얼의 집단 상소 운동 등의 내용과 수봉이라는 사노비가 납속으로 명예 관직을 얻었다는 점 등을 통해 조선 후기 신분 질서의 동요에 대한 보고서임을 파악할 수 있다. 조선 후기에는 공명첩과 납속책 등의 합법적인 방법과 족보 위조 등의 편법을 통해 양반 수가 증가하면서 양반 중심의 신분제가 동요하였다. 서얼과 중인 등 중간 계층의 신분 상승 운동도 활발하게 전개되었다.

선택지 분석

① 신라 말에는 귀족들의 가혹한 수취로 인해 전국 곳곳에서 농민 봉기가 일어났다. ✗

② 고려 중앙 집권 체제가 정비되면서 호족과 신라 6두품 출신의 유학자들이 새로운 지배층을 형성하였다. 이들 중 일부가 여러 대에 걸쳐 고위 관리를 배출하였는데, 이들을 문벌이라고 한다. ✗

③ 고려 무신 집권기에 무신 집권자들이 농장을 확대하고 노비를 늘려갔다. 이에 맞서 하층민들이 대규모 봉기를 일으켰다. ✗

④ 조선 전기에는 전분6등법과 연분9등법이 시행되었고, 과전법이 직전법으로 변하는 등 수취 체제의 변화가 있었다. ✗

✓⑤ 조선 후기에는 농업 생산력의 증대와 상품 화폐 경제의 발달 등을 배경으로 기존의 양반 중심 신분제가 동요하였다. 〇　　　**답** ⑤

120 삼정이정청의 설치 시기 파악

자료 분석 자료에는 임술 농민 봉기의 영향으로 삼정이정청이 설치된 상황이 나타나 있다. 세도 정치 시기인 1862년에 임술 농민 봉기가 일어나자, 이를 해결하기 위해 같은 해에 삼정이정청이 설치되었다. 인조반정은 1623년, 강화도 조약 체결은 1876년에 있었던 사실이다.　　**답** ④

121 임술 농민 봉기의 이해

자료 분석 첫 번째 자료에서 진주민 수만 명이 봉기하였다는 점, 삼정의 문란에 대해 항의하였다는 점 등을 통해 1862년에 일어난 진주 농민 봉기에 대한 것임을 알 수 있다. 두 번째 자료는 임술년에 경상도 단성 등 여러 고을에서 백성이 소동을 일으켰다는 점, 조세를 줄여 줄 것을 요구하거나 향리를 쫓아냈다는 점 등을 통해 임술 농민 봉기에 대한 것임을 알 수 있다.

선택지 분석

① 신라 말 중앙 정부의 지방 통제력이 약화되자 반독립적인 세력인 호족이 성장하였다. ✗

② 고려 전기의 문벌 사회는 이자겸의 난, 묘청의 서경 천도 운동 등을 겪으면서 동요하였다. ✗

③ 고려 후기 몽골 항쟁을 위해 강화도로 천도하였던 고려 정부가 몽골과 강화하고 개경으로 환도할 것을 결정하자 삼별초가 이에 반발하여 계속 항쟁하였다. ✗

④ 조선 성종 이후 등용된 사림 세력이 훈구 세력과 대립하면서 사화가 발생하였다. ✗

✓⑤ 임술 농민 봉기는 조선 철종 때인 1862년에 진주 농민 봉기 등을 거치면서 전국으로 확산되었다. 〇　　**답** ⑤

122 조선 후기 실학의 발달 이해

자료 분석 자료에서 유형원이 『반계수록』에서 균전론을 주장하였고, 정약용이 『목민심서』에서 여전론을 주장하였으며, 박제가가 『북학의』에서 청과의 통상 확대를 주장하였다는 내용을 통해 조선 후기 실학의 발달과 관련된 것임을 알 수 있다.

선택지 분석

① 삼국 시대에 중국에서 도교가 전래되었다. 도교는 신선 사상을 바탕으로 여러 신앙이 결합된 종교로 불로장생, 현세구복 등을 추구하였다. ✗

✓② 실학은 조선 후기 사회·경제적 변동에 따라 나타난 문제점을 해결하려는 과정에서 등장한 새로운 학문적 경향이자 사회 개혁론이었다. 농업 중심의 개혁론을 주장한 실학자로는 이익, 정약용 등이 있고, 상공업 중심의 개혁론을 주장한 북학파 실학자로는 박지원, 박제가 등이 있다. 〇

③ 고려 말 신진 사대부는 성리학을 수용하여 불교의 폐단과 권문세족의 횡포를 비판하고 사회 개혁을 주장하였다. ✗

④ 조선의 전통 질서를 지키고 서양 문화와 서양 세력을 물리쳐야 한다는 위정척사 운동은 19세기 개항을 전후한 시기에 양반 유생층을 중심으로 전개되었다. 위정척사 세력은 개항 반대 활동, 의병 활동 등을 전개하였다. ✗

⑤ 고려의 승려 의천과 지눌 등은 교종과 선종을 통합하고자 불교 통합 운동을 전개하였다. ✗　　**답** ②

123 북학 사상의 이해

빈출 문항 자료 분석

다음 자료를 활용한 탐구 주제로 가장 적절한 것은?

우리나라 선비들은 "지금 중국 땅의 주인은 오랑캐인 청이다."라고 하면서 중국으로부터 배우기를 부끄러워한다. 저 오랑캐들이 살고 있는 중국 땅에는 중화의 전통이 지속되고 있으며, 청은 중화의 문물이 이로운 것임을 알아 이를 활용하고 있다. 그러나 정작 우리는 "지금의 중국은 예전의 중국이 아니다."라고 하면서, 청에 계승된 훌륭한 법과 제도마저 배척하고 있다. 청으로부터 배우지 않는다면 장차 어디에서 본받아 행하겠는가? 이러한 생각을 하며 연경에서 돌아왔을 때, 마침 박제가가 자신이 지은 책을 보여 주었다. 이 책의 주장은 나의 『열하일기』와 조금도 어긋남이 없었다.

→ 명이 멸망한 이후 만주족이 세운 청이 중국을 차지함
→ 청의 수도인 베이징
→ 박지원
→ 북학파는 청의 문물을 수용하고자 함

해결 전략 청에 계승된 훌륭한 법과 제도를 배척하는 것은 잘못이며 청으로부터 배워야 한다고 주장한 점, 박제가가 지은 책의 주장과 자신의 주장이 어긋남이 없다는 점 등을 통해 북학을 주장하는 글임을 파악해야 한다. 조선 후기 사회 개혁론으로 실학이 제기되었으며 일부 실학자는 청의 문물 수용을 주장하였는데, 이들을 북학파라 한다.

선택지 분석

① 고려 후기 지눌은 불교 개혁 운동을 전개하면서 수선사 결사를 제창하였다. X

✓ **❷ 연행사를 통해 청의 발전 상황이 조선에 소개되면서 18세기 이후 일부 실학자를 중심으로 북학 사상이 대두하였다.** O

③ 대한 제국 시기에 나철, 오기호 등이 단군을 숭배하는 대종교를 창시하였다. X

④ 신라 말에 선종이 널리 확산되면서 9산 선문이 성립하였다. X

⑤ 고려 시대에 묘청 등이 풍수지리설을 내세워 서경 천도 운동을 전개하였다. X

답 ②

본문 44~46쪽

01 서구 열강의 접근과 조선의 대응

| 01 ④ | 02 ② | 03 ① | 04 ④ | 05 ③ | 06 ③ |
| 07 ④ | 08 ① | 09 ④ | 10 ③ | 11 ⑤ | |

01 흥선 대원군의 개혁 정책 파악

빈출 문항 자료 분석

(가) 인물이 실시한 정책으로 옳은 것은?

→ 흥선 대원군이 경복궁을 중건하는 데 필요한 비용을 얻기 위해 거둔 자금

→ 조선의 정궁

저는 지금 경복궁에 나와 있습니다. 경복궁은 임진왜란 때 불타 버렸는데 고종의 아버지인 [(가)] 이/가 왕실의 권위를 높이기 위해 중건하였습니다. 이 과정에서 원납전을 징수하고 당백전을 발행하여 백성의 원망을 사기도 하였습니다.

→ 흥선 대원군이 경복궁 건립 자금을 마련하기 위해 발행한 고액 화폐

해결 전략 자료에서 고종의 아버지로 왕실의 권위를 높이기 위해 경복궁을 중건하였다는 점 등을 통해 (가) 인물이 흥선 대원군임을 알 수 있다. 흥선 대원군의 정책은 대내적으로 왕권 강화와 민생 안정을 위한 정책, 대외적으로 통상 수교 거부 정책으로 구분할 수 있다. 정책의 구체적인 내용을 꼭 알아두어야 한다.

선택지 분석

① 고려 공민왕은 원의 내정 간섭 기구인 정동행성 이문소를 폐지하였다. ✗
② 통일 신라의 원성왕은 관리 선발에 활용하고자 독서삼품과를 운영하였다. ✗
③ 조선 세종은 압록강과 두만강 유역의 여진을 몰아내고 4군 6진 지역을 개척하였다. ✗
✓❹ 흥선 대원군은 군정의 문란을 개혁하기 위해 양반에게도 군포를 부과하는 호포제를 시행하였다. ○
⑤ 백제의 근초고왕은 마한의 여러 소국을 복속시켰다. ✗ 답 ④

02 흥선 대원군의 정책 파악

자료 분석 임금의 친아버지로서 권력을 잡았으며, 권력을 잡은 십 년 동안 토목 공사를 일으켰다는 내용과 물러난 후 민씨가 권력을 잡았다는 내

용 등을 통해 (가) 인물은 흥선 대원군임을 알 수 있다. 고종의 아버지인 흥선 대원군은 고종이 어린 나이로 즉위하자 권력을 잡았다가 1873년 고종이 친정을 시작하자 하야하였다. 흥선 대원군 집권 당시 경복궁을 중건하여 왕실의 권위를 회복하고자 하였으나, 이 과정에서 원납전을 강제 징수하고, 당백전을 발행하는 등의 폐단이 발생하였다.

선택지 분석

① 통일 신라 시대 신문왕은 유교 교육 기관인 국학을 설립하였다. ✗
✓❷ 흥선 대원군은 군정의 문란을 시정하기 위해 호포제를 실시하였다. ○
③ 갑신정변(1884)은 김옥균, 박영효 등의 급진 개화파가 주도하였다. ✗
④ 노비안검법은 호족들이 불법으로 차지한 노비를 해방하는 정책으로 고려 초 광종이 실시하였다. ✗
⑤ 고려 공민왕은 원이 직할령으로 삼았던 쌍성총관부를 공격하여 탈환하였다. ✗ 답 ②

03 흥선 대원군 집권 시기의 사실 파악

자료 분석 (가)는 흥선군의 둘째 아들이 즉위하였다는 내용 등을 통해 조선 고종이 즉위한 1863년의 사실임을 알 수 있고, (나)는 최익현이 왕에게 친정을 권하였고 대원군이 일선에서 물러나게 되었다는 내용 등을 통해 고종이 친정을 하게 된 1873년의 사실임을 알 수 있다.

선택지 분석

✓ㄱ. 흥선 대원군은 서양 열강과의 통상 수교 거부 의지를 널리 알리기 위해 전국에 척화비를 건립하였다. ○
✓ㄴ. 고종의 즉위를 계기로 집권한 흥선 대원군은 국가 재정을 확충하고자 양반에게도 군포를 징수하는 호포제를 실시하였다. ○
ㄷ. 1907년 일제는 헤이그 특사 파견을 빌미로 고종 황제를 강제 퇴위시키고 한일 신협약을 체결하였다. ✗
ㄹ. 세도 정치 시기인 1811년에 평안도 지역민에 대한 차별 등에 반발하여 홍경래의 난이 발생하였다. ✗ 답 ①

04 흥선 대원군의 활동 파악

자료 분석 자료에서 경복궁 중건을 위해 원납전을 강제 징수하였다는 내용을 통해 (가) 인물이 흥선 대원군임을 알 수 있다. 흥선 대원군은 고종이 즉위한 후 10년 동안 집권하면서 왕권 강화를 위한 다양한 정책을 추진하였고, 대외적으로 통상 수교 거부 정책을 전개하였다.

선택지 분석

① 김옥균을 비롯한 급진 개화파는 근대 국가 건설을 목표로 1884년 갑신정변을 일으켰으나, 청의 무력 개입으로 3일 천하로 끝나고 말았다. ✗
② 교정도감은 최충헌이 설치한 최고 권력 기구로, 최충헌은 교정도감을 통해 정적을 감시, 숙청하면서 무단 정치를 단행하였다. ✗
③ 고려 광종은 노비안검법을 실시하여 불법으로 노비가 된 사람을 다시 양인으로 해방시켜 주었다. ✗
✓❹ 흥선 대원군은 신미양요 이후 전국 각지에 척화비를 세워 통상 수교 거부 의지를 널리 밝혔다. ○
⑤ 고려 말인 1388년에 요동 정벌에 나섰던 이성계가 위화도 회군을 단행하여 권력을 장악하였다. ✗ 답 ④

05 병인양요 당시의 사실 파악

자료 분석 병인박해를 구실로 일어났다는 점, 외규장각에 보관되던 의궤가 약탈되었다가 2011년 국내로 돌아왔다는 점 등을 통해 (가) 사건이 1866년에 일어난 병인양요임을 알 수 있다. 1866년 흥선 대원군이 천주교를 탄압하며 프랑스 선교사를 처형하는 병인박해가 일어나자, 프랑스군은 이를 구실로 강화도에 침입하였다(병인양요). 양헌수가 이끄는 부대는 정족산성에서 프랑스군에 항전하였다.

선택지 분석

① 북로 군정서는 3·1 운동 이후 북간도에서 조직되었다. ✗
② 7세기에 신라는 당과 연합하여 나당 연합군을 결성하였다. ✗
✓③ 병인양요는 프랑스군이 강화도를 침략하면서 일어났다. ○
④ 1953년 정전 협정 직후 한미 상호 방위 조약이 체결되었다. ✗
⑤ 16세기 말에 일어난 임진왜란 당시 이순신이 이끄는 조선 수군이 활약하였다. ✗ 〔답〕 ③

06 병인양요의 이해

빈출 문항 자료 분석

밑줄 친 '이 사건'에 대한 탐구 활동으로 가장 적절한 것은?

이것은 오늘 학습한 내용에 대해 여러분이 중요하다고 생각하여 보내 준 단어들을 가지고 빅데이터 분석 기법을 활용해 시각화한 것입니다. 빈도가 높아 글자가 크게 나타난 단어들을 보면, 오늘 배운 이 사건을 잘 파악한 것으로 보입니다.

병인양요 당시 프랑스군은 외규장각에 보관 중이던 의궤를 비롯한 왕실 서적 등을 약탈함. 이 서적들은 2011년 임대 형식으로 반환

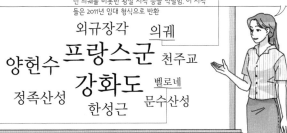

외규장각 의궤
양헌수 **프랑스군** 천주교
강화도 벨로네
정족산성 문수산성
한성근

▶ 당시 청나라에 주재하던 프랑스 공사대리로, 조선에서 일어난 천주교 박해 사건을 계기로 청의 공친왕에게 조선에 대한 청의 종주권을 부정하고 조선 국왕 폐위 및 조선 침공을 선언

해결 전략 자료에서 강화도, 프랑스군, 외규장각 등의 내용을 통해 밑줄 친 '이 사건'이 1866년에 일어난 병인양요임을 알 수 있다. 흥선 대원군이 프랑스 신부를 비롯해 천주교도를 처형한 병인박해를 구실로 프랑스가 강화도를 침략한 병인양요가 일어났다. 양헌수가 이끄는 부대는 정족산성에서 프랑스군을 물리쳤으나, 프랑스군은 후퇴 당시 외규장각 도서 등의 문화재를 약탈하였다. 병인양요의 발발 배경, 전개 과정은 자주 출제되는 내용으로 기억해 두어야 한다.

선택지 분석

① 고려 시대 윤관은 여진을 상대하기 위해 특수 부대로 별무반 편성을 건의하였다. ✗
② 나당 연합군의 공격으로 백제와 고구려가 차례로 멸망하였다. ✗
✓③ 흥선 대원군이 프랑스 신부를 비롯해 천주교도를 처형한 병인박해를 구실로 프랑스가 강화도를 침략한 병인양요가 일어났다. ○
④ 고려 말 우왕과 최영이 요동 정벌을 추진하였으나, 요동 정벌에 나섰던 이성계가 위화도 회군을 단행하고 권력을 장악하였다. ✗

⑤ 1126년에 일어난 이자겸의 난을 계기로 문벌 사회의 동요가 심화되었다. ✗ 〔답〕 ③

07 병인양요의 전개 과정 파악

자료 분석 자료에서 양헌수, 병인년에 강화도를 침략, 정족산성 등의 내용을 통해 밑줄 친 '외적'이 프랑스임을 알 수 있다. 1866년 흥선 대원군이 천주교를 탄압하여 프랑스 선교사를 처형하는 병인박해가 발생하자, 프랑스는 이를 구실로 강화도를 침략하는 병인양요를 일으켰다. 양헌수 부대가 정족산성에서 프랑스군을 물리쳤다.

선택지 분석

① 영국은 러시아의 남하에 대비한다는 구실로 1885~1887년 거문도를 점령하였다. ✗
② 일본은 1875년 운요호 사건을 일으켜 이를 빌미로 조선에 개항을 요구하였다. ✗
③ 러시아는 절영도 조차를 요구하였으나, 독립 협회는 1989년 만민 공동회를 열어 이를 저지하였다. ✗
✓④ 프랑스는 병인양요 당시 후퇴하면서 외규장각 도서 등 문화재를 약탈하였다. ○
⑤ 미국은 운산 금광 채굴권을 차지하였다. ✗ 〔답〕 ④

08 병인양요의 결과 파악

자료 분석 자료에서 프랑스가 병인박해를 구실로 통상을 요구하며 일으켰다는 점, 한성근, 양헌수 등이 프랑스군을 물리쳤다는 점 등을 통해 (가) 사건이 병인양요임을 알 수 있다. 1866년 프랑스가 강화도를 침략하며 병인양요가 일어났다.

선택지 분석

✓❶ 병인양요 당시 프랑스군은 퇴각하면서 외규장각 도서 등을 약탈하였다. ○
② 청일 전쟁에서 승리한 일본이 시모노세키 조약을 체결해 랴오둥반도를 차지하게 되자, 러시아가 주도하여 독일, 프랑스와 함께 일본에 랴오둥반도의 반환을 요구한 삼국 간섭이 일어났다. ✗
③ 거문도 사건은 1885년부터 1887년까지 영국이 러시아의 남하를 견제한다는 명분을 내세워 거문도를 불법 점령한 사건이다. ✗
④ 임오군란의 결과 청군이 조선에 주둔하면서 내정을 간섭하였으며, 조청 상민 수륙 무역 장정이 체결되어 청 상인의 내륙 진출이 허용되었다. ✗
⑤ 1918년 상하이에서 조직된 신한청년당은 독립 청원서를 작성하고 파리 강화 회의에 김규식을 파견하였다. ✗ 〔답〕 ①

09 강화도 조약의 이해

자료 분석 자료에서 1876년에 조선이 일본과 맺은 최초의 근대적 조약이라는 점, 일본에게 해안 측량권을 부여하고 영사 재판권을 인정하였다는 점 등을 통해 밑줄 친 '이 조약'이 강화도 조약(조일 수호 조규)임을 알 수 있다. 일본은 1875년에 군함 운요호를 강화도에 파견하여 무력 충돌을 일으키고, 이를 빌미로 조선에 개항을 강요하였다. 이에 1876년 조선은 일본과 강화도 조약(조일 수호 조규)을 체결하였다.

① 동학 농민군은 정부와 전주 화약을 체결한 뒤 전라도 각지에 집강소를 설치하고 폐정 개혁을 추진하였다. ✗
② 신미양요 이후 흥선 대원군은 통상 수교 거부 의지를 널리 알리기 위해 전국 각지에 척화비를 세웠다. ✗
③ 삼정의 문란으로 1862년 임술 농민 봉기가 일어났다. ✗
✓❹ 강화도 조약은 1875년에 일어난 운요호 사건을 계기로 체결되었다. ⭕
⑤ 병자호란에서 조선이 청에 굴욕적인 항복을 한 이후 북벌론이 대두되었다. ✗

답 ④

10 운요호 사건의 영향 파악

자료 분석 자료는 1875년에 일어난 운요호 사건에 대한 것으로, (가)에는 운요호 사건에 대한 영향이 들어가야 한다.

선택지 분석
① 1866년 미국인 소유 상선 제너럴 셔먼호가 대동강을 거슬러 평양에 와서 통상을 요구하며 횡포를 부리자, 이에 분노한 평양 관민이 이 배를 불태워 버린 제너럴 셔먼호 사건이 일어났다. ✗
② 고려 공민왕은 반원 자주 정책을 시행하는 과정에서 원의 내정 간섭 기구인 정동행성 이문소를 폐지하였다. ✗
✓❸ 운요호 사건을 빌미로 일본은 조선에 개항을 요구하여 1876년 조일 수호 조규(강화도 조약)가 체결되었다. ⭕
④ 병인박해를 구실로 1866년 프랑스가 강화도를 침략한 병인양요가 발발하였다. ✗
⑤ 조선 시대 서인은 광해군의 중립적인 외교 등에 반발하여 인조반정을 일으켜 광해군을 축출하였다. ✗

답 ③

11 신미양요의 배경 파악

자료 분석 자료에서 강화도 광성보에 미군이 침입을 하였으며, 어재연이 이끈 조선의 수비대가 항전하였다는 내용을 통해 밑줄 친 '이 사건'이 신미양요임을 알 수 있다. 1871년 미국의 침략으로 신미양요가 일어났다. 어재연 등이 항전하고 조선이 미국의 통상 수교 요구에 반응이 없자 미국은 강화도에서 철수하였다.

선택지 분석
① 을미개혁 기간에 단발령이 시행되었다. 이에 반발하여 위정척사 세력을 중심으로 을미의병이 일어났다. ✗
② 인조반정으로 조선 광해군을 몰아낸 서인 세력은 친명 배금 정책을 추진하였다. ✗
③ 원은 정동행성을 통해 고려의 내정을 간섭하였다. ✗
④ 일본이 일으킨 운요호 사건을 계기로 강화도 조약이 체결되었다. ✗
✓❺ 1866년 미국 상선 제너럴 셔먼호가 평양 군민의 공격을 받아 파괴되는 사건이 일어났다(제너럴 셔먼호 사건). 이를 빌미로 미국은 신미양요를 일으켰다. ⭕

답 ⑤

02 동아시아의 변화와 근대적 개혁의 추진

12 ①	13 ②	14 ③	15 ①	16 ②	17 ①
18 ⑤	19 ⑤	20 ②	21 ⑤	22 ①	23 ①
24 ③	25 ④	26 ④	27 ⑤	28 ②	29 ①
30 ②	31 ③	32 ④	33 ⑤	34 ④	

12 영남 만인소의 배경 이해

빈출 문항 자료 분석

다음 대화의 배경으로 가장 적절한 것은?

자네 소식 들었는가? 영남 유생들이 이만손을 중심으로 개화 정책에 반대하는 만인소를 올렸다는군.

→ 영남 만인소

→ 이후 1882년 조미 수호 통상 조약을 체결

들었네. 미국과도 조약을 체결하게 되면 다른 열강들의 문호 개방 요구를 거절할 명분이 없어질 것이라 우려하고 있다더군.

해결 전략 영남 유생들이 이만손을 중심으로 개화 정책에 반대하는 만인소를 올렸다는 점, 미국과의 조약 체결을 우려하고 있다는 점 등을 통해 자료의 대화가 1881년 이만손 등이 제출한 영남 만인소에 대한 것임을 알 수 있다. 『조선책략』의 유포와 영남 만인소, 조미 수호 통상 조약의 체결, 보빙사의 파견은 자주 출제되는 내용으로 흐름을 이해하도록 하자.

선택지 분석
✓❶ 이만손 등 유생들은 수신사 김홍집이 들여와 유포되던 『조선책략』을 비판하며 개화 정책에 반대하는 영남 만인소를 올렸다. ⭕
② 제2차 갑오개혁 때 국정 개혁의 강령을 담은 홍범 14조가 반포되었다. ✗
③ 일제는 1925년부터 국가 체제나 사유 재산 제도를 부정하는 자를 단속하기 위해 치안 유지법을 시행하였다. ✗
④ 13세기 고려가 몽골과 강화를 맺고 개경 환도를 결정하자, 이에 반발해 삼별초가 강화도에서 봉기하였다. ✗
⑤ 1946년 제1차 미소 공동 위원회가 무기 휴회 되고 남한만의 단독 정부 수립론이 대두되는 상황에서 여운형과 김규식 등이 좌우 합작 위원회를 조직하였다. ✗

답 ①

13 조미 수호 통상 조약 체결의 배경 이해

자료 분석 밑줄 친 '수교'는 조선이 미국과 체결한 조미 수호 통상 조약에 해당한다. 1882년 조미 수호 통상 조약을 체결한 조선은 미국의 공사 파견에 대한 답례로 1883년 미국에 보빙사를 파견하였다.

선택지 분석

① 1627년 조선 인조 때 후금이 침략하여 정묘호란이 발발하였다. ✗

✓❷ 조선은 청의 알선과 제2차 수신사인 김홍집이 일본에서 가져온 『조선책략』의 유포 등에 영향을 받아 1882년 조미 수호 통상 조약을 체결하였다. ○

③ 1894년 설치된 군국기무처는 제1차 갑오개혁을 주도하였다. ✗

④ 러시아의 지원 약속을 믿고 자유시로 이동한 독립군 내부에서 주도권 분쟁 등의 이유로 1921년 자유시 참변이 발생하였다. ✗

⑤ 1930년대 전반 동아일보사는 농촌 계몽 운동인 브나로드 운동을 전개하였다. ✗

답 ②

14 신미양요의 이해

자료 분석 미국의 군대가 강화도를 침입한 사건이라는 점, 이후 전국에 척화비가 건립되었다는 점 등을 통해 밑줄 친 '이 사건'이 1871년에 일어난 신미양요임을 알 수 있다. 미국이 제너럴 셔먼호 사건을 빌미로 조선에 배상금 지불과 통상을 요구하였으나 조선 정부는 이를 거부하였다. 이에 미국 함대가 강화도를 침략하면서 신미양요가 일어났다. 신미양요 이후 흥선 대원군은 통상 수교 거부 의지를 널리 알리기 위해 전국 각지에 척화비를 건립하였다.

선택지 분석

① 원은 고려의 내정을 간섭하기 위해 정동행성을 설치하였다. ✗

② 원산 총파업은 일제 강점기 최대 규모의 노동 쟁의로 1929년에 일어났다. ✗

✓❸ 1866년 미국인 소유 상선 제너럴셔먼호가 대동강을 거슬러 평양에 와서 통상을 요구하며 횡포를 부리자, 이에 분노한 평양 관민이 제너럴셔먼호를 불태웠다(제너럴셔먼호 사건). 이를 구실로 미국이 신미양요를 일으켰다. ○

④ 1920년대 이상재 등이 조직한 조선 민립 대학 기성회의 주도로 민립 대학 설립 운동이 전개되었다. ✗

⑤ 1976년 재야 인사 등이 유신 체제를 비판하는 3·1 민주 구국 선언을 발표하였다. ✗

답 ③

15 신미양요와 보빙사 파견 시기 사이의 사실 파악

도전 1등급 문항 분석 ▶▶ 정답률 29%

(가), (나) 사진이 촬영된 시기 사이에 있었던 사실로 옳은 것은?

(가)

(나)

미국 군함 위의 조선인들 신미양요 당시 미국 군함 콜로라도호에 있는 조선인들의 모습이다.
→ 제너럴 셔먼호 사건을 빌미로 미군이 1871년 강화도를 침략한 사건

미국에 파견된 조선 사절단 민영익을 대표로 미국에 처음 파견된 조선 사절단의 모습이다.
→ 1882년 미국과의 수교 이후 미국의 공사 파견에 대한 답례로 1883년 미국에 보빙사를 파견함

해결 전략 (가) 사진 설명 중 신미양요를 통해 1871년의 사건이라는 것을 파악하고, (나) 사진 설명 중 미국에 파견된 조선 사절단을 통해 보빙사임을 파악해야 한다. 1882년 조미 수호 통상 조약 체결 이후 미국의 공사 파견에 대한 답례로 1883년 미국에 보빙사를 파견하였다. 조미 수호 통상 조약은 청의 알선으로 서양 국가와 최초로 체결한 조약으로 수신사 김홍집이 일본에서 가져온 『조선책략』이 이 조약 체결에 영향을 주었음을 알아 두어야 한다.

선택지 분석

✓❶ 1880년 제2차 수신사로 일본에 갔던 김홍집이 『조선책략』을 국내에 들여왔다. ○

② 1920년 청산리 대첩을 전후하여 일본군은 독립군의 근거지를 없앤다는 구실로 무고한 간도 지역의 한인들을 무차별 학살하는 간도 참변을 일으켰다. ✗

③ 1866년 병인양요 때 프랑스군이 강화도에서 철수하면서 외규장각 도서 등을 약탈하였다. ✗

④ 1898년 독립 협회가 만민 공동회를 개최하여 러시아의 절영도 조차 요구에 반대하는 이권 수호 운동을 전개하자, 러시아는 절영도 조차 요구를 철회하였다. ✗

⑤ 1868년 독일 상인 오페르트는 흥선 대원군의 아버지인 남연군 묘를 도굴하려다 실패하였다. ✗

답 ①

16 조미 수호 통상 조약의 체결 배경 파악

자료 분석 자료에서 보빙 사절단이 미국 대통령을 만났다는 점, 보빙 사절단이 미국의 공사가 부임해 온 것에 대한 답례로 파견되었다는 점, 거중 조정, 관세 부과, 영사 재판권 등에 관한 조항이 포함되었다는 점, 조선이 서양과 처음으로 체결한 조약이라는 점 등을 통해 밑줄 친 '이 조약'이 1882년 조선과 미국이 체결한 조미 수호 통상 조약임을 알 수 있다.

선택지 분석

① 1592년 왜군이 조선을 침략하면서 임진왜란이 발발하였다. ✗

✓❷ 조미 수호 통상 조약은 『조선책략』의 유입과 청의 알선 등을 배경으로 체결되었다. 『조선책략』은 청의 외교관인 황준헌의 저작으로 러시아의 남하에 대응하기 위해 미국, 일본, 중국과 우호적인 관계를 맺을 것을 주장하고 있다. ○

③ 1921년에 발생한 자유시 참변은 독립운동을 지원하겠다는 러시아 혁명군의 약속을 믿고 자유시로 이동한 독립군이 내부의 주도권 분쟁과 러시아 혁명군에 의한 무장 해제 과정에서 희생된 사건이다. ✗

④ 1930년대 전반 동아일보사는 농촌 계몽 운동인 브나로드 운동을 전개하였다. ✗

⑤ 고려 말에 공민왕은 반원 정책을 추진하면서 원의 내정 간섭 기구인 정동행성 이문소를 폐지하였다. ✗

답 ②

17 조미 수호 통상 조약의 내용 파악

밑줄 친 '이 조약'에 대한 설명으로 옳은 것은?

→ 청은 조선의 종주국임을 드러내기 위해 조선과 서양 국가 간의 조약을 알선함

청의 알선으로 서양 국가와 최초로 체결한 이 조약에 대해 말해 볼까?

수신사 김홍집이 일본에서 가져온 조선 책략이 조약 체결에 영향을 주었지.

이 조약으로 미국 공사가 파견되자 조선에서는 답례로 사절단을 보냈어.

→ 러시아의 남하를 저지하기 위해 조선은 청, 일본, 미국과 연대해야 한다는 주장을 제기함

→ 1883년 미국에 보빙사가 파견됨

해결 전략 청의 알선으로 서양 국가와 최초로 체결한 조약이라는 점, 김홍집이 일본에서 가져온 『조선책략』의 영향을 받아 체결되었다는 점 등을 통해 밑줄 친 '이 조약'이 1882년에 체결된 조미 수호 통상 조약임을 파악해야 한다. 1880년대 조선은 청의 알선을 받아 미국, 영국, 독일 등과 통상 조약을 체결하였다.

선택지 분석

✔ ❶ 조미 수호 통상 조약에는 영사 재판권과 최혜국 대우 조항 등이 포함되어 있다. O

② 박정희 정부는 미국의 요청에 따라 국군을 베트남에 파병하였다. X

③ 일제는 1905년 을사늑약을 체결하고 통감부를 설치하였다. X

④ 일제는 1904년 러일 전쟁 중 대한 제국에 한일 의정서 등의 체결을 강요하였다. X

⑤ 일제는 1907년 한일 신협약의 비밀 각서에 따라 대한 제국의 군대를 해산하였다. X

답 ①

18 박규수의 활동 이해

자료 분석 자료의 인물은 박규수이다. 박규수는 진주 농민 봉기 때 안핵사로 파견되었으며, 평안도 관찰사로 재임할 당시 제너럴 셔먼호 사건을 처리하였다.

선택지 분석

① 『조선책략』은 청의 외교관 황준헌이 쓴 책으로, 1880년 수신사 김홍집이 국내로 들여왔다. X

② 을미사변과 단발령에 반발하여 일어난 을미의병은 유인석 등 양반 유생들이 주도하였다. X

③ 김구 등은 대한민국 임시 정부의 침체를 극복하기 위해 1931년 상하이에서 한인 애국단을 조직하였다. X

④ 1906년 조직된 대한 자강회는 고종 강제 퇴위 반대 운동을 전개하다가 1907년 일제의 탄압으로 해산되었다. X

✔ ❺ 통상 개화론을 내세운 박규수는 김옥균, 박영효 등의 개화사상에 영향을 주었다. O

답 ⑤

19 개항 이후 조선 정부의 개화 정책 이해

(가), (나) 사절단이 파견된 배경으로 옳은 것은?

〈개항기 청, 일본에 파견된 사절단〉

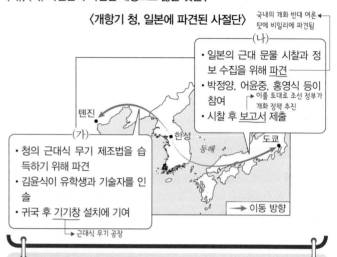

→ 국내의 개화 반대 여론 탓에 비밀리에 파견됨

(나)
• 일본의 근대 문물 시찰과 정보 수집을 위해 파견
• 박정양, 어윤중, 홍영식 등이 참여
• 시찰 후 보고서 제출
→ 이를 토대로 조선 정부가 개화 정책 추진

(가)
• 청의 근대식 무기 제조법을 습득하기 위해 파견
• 김윤식이 유학생과 기술자를 인솔
• 귀국 후 기기창 설치에 기여
→ 근대식 무기 공장

→ 이동 방향

해결 전략 청의 근대식 무기 제조법을 습득하기 위해 파견되었으며 김윤식이 유학생과 기술자를 인솔하였고 귀국 후 기기창 설치에 기여하였다는 내용을 통해 (가) 사절단이 영선사임을 알 수 있다. 일본의 근대 문물 시찰과 정보 수집을 위해 파견되었으며 박정양, 어윤중, 홍영식 등이 참여하였고 시찰 후 보고서를 제출하였다는 내용을 통해 (나) 사절단이 조사 시찰단임을 알 수 있다. 개항 이후 조선 정부는 개화 정책을 추진하는 과정에서 영선사와 조사 시찰단을 파견하였다.

선택지 분석

① 두 시찰단은 1881년에 파견되었고, 광무개혁은 1897년 대한 제국 수립 이후에 전개되었다. X

② 1923년 진주에서 조직된 조선 형평사의 주도로 백정에 대한 사회적 차별 폐지를 요구하는 형평 운동이 전개되었다. X

③ 브나로드 운동은 일제 강점기에 문맹 퇴치와 농촌 계몽을 통해 실력 양성을 추구했던 운동으로, 1930년대 동아일보사가 주도하였다. X

④ 1895년 고종은 교육입국 조서를 발표한 후 이를 바탕으로 소학교, 중학교, 사범 학교 등 각종 학교를 설립하였다. X

✔ ❺ 조선 정부는 개항 후 개화 정책을 추진하기 위해 통리기무아문을 설치하고 그 아래에 12사를 두어 외교, 군사, 산업 등 여러 분야의 업무를 담당하게 하였다. 또한 일본에 조사 시찰단, 청에 영선사를 파견하여 근대 문물을 시찰하고 습득하고자 하였다. O

답 ⑤

20 위정척사 운동 파악

자료 분석 자료에서 이항로 등이 열강의 통상 요구를 거부하고 침략에 맞서 싸우자고 주장했다는 점, 최익현이 왜양일체론을 내세우며 개항에 반대하였다는 점, 이만손 등 영남 유생들이 만인소를 올려 서양 열강과의 수교에 반대했다는 점 등을 통해 (가)에 들어갈 학습 주제가 위정척사 운동의 전개임을 알 수 있다.

① 박정희 정부는 농촌 환경 개선과 소득 증대를 위해 1970년부터 새마을 운동을 추진하였다. ✗

✓❷ 19세기 서구 열강의 접근이 심화되고 천주교가 확산되는 상황에서 보수적인 양반 유생들은 개항과 개화 정책 추진에 반대하며 성리학적 질서를 수호하려는 위정척사 운동을 전개하였다. ○

③ 물산 장려 운동은 토산품 애용을 통해 민족 산업을 보호하려는 목적으로 1920년부터 전개되었다. ✗

④ 6·10 만세 운동은 1926년 순종의 장례일에 맞춰 학생들을 중심으로 전개되었는데, 민족주의 세력과 사회주의 세력이 연대하는 계기가 되었다. ✗

⑤ 을사늑약 전후 개화 지식인들을 중심으로 교육을 장려하여 인재를 양성하고 산업을 진흥시켜 경제적 실력을 확보하려는 애국 계몽 운동이 전개되었다. ✗   [답] ②

21 임오군란의 영향 파악

자료 분석 한성에서 밀린 급료를 받는 과정에서 화가 난 군인들이 일으켰다는 점, 별기군 군인의 집과 일본 공사관을 부수었다는 점, 민겸호 등 정부 고관을 살해하였다는 점 등을 통해 밑줄 친 '변란'이 1882년에 일어난 임오군란임을 알 수 있다.

① 박정희 정부가 한일 국교 정상화를 위한 회담을 진행한 것에 반발하여 1964년에 6·3 시위가 일어났다. ✗

② 고려 후기에 승려 지눌이 수선사 결사를 제창하였다. ✗

③ 일제 강점기인 1920년 조만식 등이 토산품 애용 운동인 물산 장려 운동을 전개하였다. ✗

④ 1923년 대한민국 임시 정부의 새로운 노선과 활로를 모색하기 위해 국민 대표 회의가 개최되었다. ✗

✓❺ 임오군란은 조선의 요청으로 파병된 청군에 의해 진압되었고, 이후 조선은 청과 조청 상민 수륙 무역 장정을 체결하였다. ○   [답] ⑤

22 임오군란의 이해

자료 분석 구식 군인들에게 몇 달째 급료를 지불하지 못하였다는 점, 월초에 급료를 줄 때 창고지기가 썩은 것을 나누어 주고 용량도 지키지 않았다는 점, 창고 책임자가 군인들을 법으로 다스리려 하자 군인들이 궁궐에 들어가 고관들을 살해하였다는 점 등을 통해 자료가 1882년에 일어난 임오군란과 관련된 것임을 알 수 있다.

✓❶ 구식 군인들은 별기군과의 차별 대우와 개화 정책에 반발하여 일본 공사관과 궁궐을 습격하였다. ○

② 병자호란 이후 조선에서는 청에 당한 수모를 씻고 명에 대한 의리를 지키기 위해 청을 정벌하자는 북벌 운동이 추진되었다. ✗

③ 1931년 만주 사변이 일어나자 남만주의 조선 혁명군은 중국 항일 무장 세력과 한중 연합 작전을 전개하였다. ✗

④ 1930년대 전반 동아일보사의 주도로 농촌 계몽 운동인 브나로드 운동이 전개되었다. ✗

⑤ 토산품 애용 운동인 물산 장려 운동은 1920년 평양에서 시작되어 전국으로 확대되었다. ✗   [답] ①

23 임오군란의 이해

자료 분석 구식 군인이 급료 문제로 항의하였다는 점, 제물포 조약이 체결되어 일본 공사관의 경비를 위한 일본군 주둔이 허용되었다는 점 등을 통해 밑줄 친 '이 사건'이 1882년에 일어난 임오군란임을 알 수 있다.

✓❶ 구식 군인 등은 개화 정책의 추진과 구식 군인에 대한 차별 대우에 반발하여 임오군란을 일으켰으나 청군의 개입으로 진압되었다. ○

② 동학교도들은 교조인 최제우의 억울한 누명을 풀어 줄 것과 포교의 자유를 요구하며 교조 신원 운동을 전개하였다. ✗

③ 을미개혁 때 단발령이 시행되자 이에 대한 반발로 을미의병이 일어나 단발령 철회 등을 주장하였다. ✗

④ 일제는 을사늑약의 부당함을 알리고자 파견된 헤이그 특사를 구실로 고종을 강제 퇴위시켰다. ✗

⑤ 1961년 5·16 군사 정변을 일으킨 주도 세력이 국가 재건 최고 회의를 설치하여 군정을 실시하였다. ✗   [답] ①

24 임오군란의 이해

자료 분석 황제가 변란의 진상을 알아보기 위해 흥선 대원군을 톈진으로 불러들였다는 내용을 통해 밑줄 친 '변란'이 임오군란임을 알 수 있다. 1882년 임오군란이 일어나자 흥선 대원군이 재집권하게 되었고 개화 정책은 중단되었다. 청은 군란의 책임을 물어 흥선 대원군을 자국으로 납치하였고 군란을 진압하였다.

① 삼별초는 13세기에 고려 정부가 개경으로 환도한 것에 반발해 강화도에서 봉기하여 진도와 제주도로 근거지를 옮겨 가며 대몽 항쟁을 전개하였다. ✗

② 세도 정치 시기에 삼정의 문란 등으로 임술 농민 봉기가 일어나자 정부는 이 문제를 해결하기 위해 삼정이정청을 설치하였다. ✗

✓❸ 1882년 구식 군인들이 별기군과의 차별 대우 등에 반발하여 임오군란을 일으켰다. ○

④ 고종은 을사늑약의 부당함을 알리기 위해 1907년 이상설, 이준, 이위종을 헤이그 특사로 파견하였다. ✗

⑤ 일본의 경복궁 점령 이후 재봉기한 동학 농민군은 서울로 북상하던 중 공주 우금치에서 일본군과 관군에 맞서 싸웠으나 패하였다. ✗   [답] ③

25 임오군란의 결과 파악

자료 분석 구식 군인들의 봉기, 별기군 등의 내용을 통해 자료에 나타난 사건은 임오군란임을 알 수 있다. 1882년 구식 군인들은 별기군과의 차별 대우와 개화 정책에 반발하여 일본 공사관과 궁궐을 습격하는 등 임오군란을 일으켰다.

① 만주 사변은 1931년 일제가 일으켰다. ✗

② 홍경래의 난은 1811년 평안도 지역민에 대한 차별과 지배층의 수탈 등에 반발하여 일어났다. ✗

③ 세도 정치 시기에 삼정의 문란이 심해져 1862년 임술 농민 봉기가 일어나자 정부는 이를 해결하기 위해 삼정이정청을 설치하였다. ✗

✔❹ 임오군란의 결과 일본에 대한 조선의 배상금 지불 등을 규정한 제물포 조약이 체결되었다. O

⑤ 헌병 경찰 제도는 무단 통치 시기인 1910년대에 실시되었다. X 🔑 ④

26 갑신정변의 영향 파악

자료│분석 김옥균, 박영효 등 급진 개화파가 구상한 개혁 정강의 일부라는 점, 청군의 개입으로 인해 3일 만에 실패하였다는 점 등을 통해 (가) 사건이 갑신정변임을 알 수 있다. 김옥균 등의 급진 개화파는 우정총국 개국 축하연을 이용하여 정변을 일으키고 개혁 정강을 발표하였다. 그러나 청군이 개입하고 군사적 지원을 약속했던 일본군이 후퇴하면서 3일 만에 실패하였다.

선택지│분석
① 삼별초는 13세기에 고려 정부의 개경 환도 결정에 반발해 봉기하여 대몽 항쟁을 전개하였다. X

② 조선 정조는 규장각을 학문과 정책 연구 등을 담당하는 정치 기구로 육성하였다. X

③ 1882년 구식 군인들이 신식 군대인 별기군과의 차별 대우와 개화 정책에 반발하여 임오군란을 일으켰다. X

✔❹ 갑신정변 이후 1884년에 조선과 일본 사이에 한성 조약이 체결된 결과, 조선은 일본에 배상금을 지불하고 일본 공사관의 신축 비용을 부담하게 되었다. O

⑤ 조선 숙종 때 조선과 청이 국경을 확정해 백두산정계비를 건립하였다. X
🔑 ④

27 갑신정변의 결과 파악

자료│분석 자료에서 개화당이 개혁 정강을 발표했다는 점, 일본군이 지원을 약속했다는 점 등을 통해 밑줄 친 '정변'은 갑신정변임을 알 수 있다. 1884년 김옥균, 박영효 등의 급진 개화파가 주도한 갑신정변은 청군의 개입 등으로 실패하였다.

선택지│분석
① 통일 신라의 신문왕은 귀족 세력의 약화를 위해 녹읍을 폐지하고 관료전을 지급하였다. X

② 장용영은 조선 후기에 정조가 설치한 국왕 친위 부대로 왕권을 뒷받침하였다. X

✔❸ 갑신정변의 결과 한성 조약이 체결되었다. O

④ 을미사변 이후 신변의 위협을 느낀 조선 고종은 1896년 러시아 공사관으로 피신하는 아관 파천을 단행하였다. X

⑤ 1972년 박정희 정부는 10월 유신을 선포하고 유신 헌법을 통과시켰다. 이에 따라 대통령을 통일 주체 국민 회의에서 선출하게 되었으며, 대통령이 긴급 조치를 내려 국민의 기본권을 제한할 수 있게 되었다. X 🔑 ③

28 갑신정변의 특징 이해

자료│분석 우정총국 개국을 축하하는 만찬에서 일어났다는 점, 변란의 주동자가 김옥균이라는 점 등을 통해 밑줄 친 '변란'은 1884년 급진 개화파의

주도로 일어난 갑신정변임을 알 수 있다. 갑신정변의 영향으로 청과 일본은 톈진 조약을 체결하여 조선에서 양국 군대를 철수하였으며, 조선과 일본은 한성 조약을 체결하였다.

선택지│분석
① 조선 중종 때 설치된 비변사는 임진왜란 이후 국정을 총괄하는 최고 권력 기구가 되었다. X

✔❷ 1884년 우정총국 개국 축하연을 이용하여 김옥균, 홍영식 등 급진 개화파가 갑신정변을 일으켰다. O

③ 1979년 전두환 등 신군부 세력이 12·12 사태를 일으켜 정권을 장악하였다. X

④ 홍경래 등은 평안도 지역에 대한 차별과 세도 정치에 대한 반발로 1811년 봉기하였다. X

⑤ 1929년 한일 학생 간의 충돌을 계기로 광주 학생 항일 운동이 일어났다. X 🔑 ②

29 갑신정변의 결과 이해

빈출 문항 자료 분석

밑줄 친 '사건'에 대한 설명으로 옳은 것은?

교외 체험 학습 결과 보고서

3학년 ○ 반 이름: ○○○

1. 체험 학습 1일차 (2023. □. □.)
   가. 방문 장소: 우정총국

사진	방문 경로
	안국역 / 운현궁 / 3호선 안국역 하차 후 도보로 이동 / 우정총국

└─ 우편 사무를 담당하기 위해 설치된 관청

내용

사진 속 건물은 복원된 것으로 서울특별시 종로구에 위치해 있다. 우정총국은 근대 우편 업무를 위해 설치되었다. 그러나 김옥균 등 급진 개화파가 우정총국 개국 축하연에서 반대파 인사들을 제거하고 정권을 장악하는 사건이 벌어졌고, 이를 계기로 우정총국은 폐쇄되었다. 나는 이곳에서 급진 개화파가 꿈꾸었던 새로운 사회가 무엇이었는지 생각해 보게 되었다. └─ 김옥균, 박영효, 홍영식, 서광범, 서재필 등

해결 전략 자료에서 김옥균 등 급진 개화파가 우정총국 개국 축하연에서 반대파 인사들을 제거하고 정권을 장악하였다는 점 등을 통해 밑줄 친 '사건'이 1884년에 일어난 갑신정변임을 알 수 있다. 임오군란 이후 청의 개입으로 정부의 개화 정책이 후퇴하자 이에 불만을 품은 급진 개화파가 갑신정변을 일으켰다. 갑신정변과 관련해서는 우정총국 개국 축하연에서 급진 개화파가 주도했다는 사실이 주로 언급된다. 갑신정변이 추진한 개혁 정책들도 함께 알아 두는 것이 좋다.

선택지 분석
✓ **❶** 갑신정변은 청군에 의해 3일 만에 진압되어 실패로 끝났다. ○
② 조선 후기 대동법의 시행으로 관청에 필요한 물품을 납부하는 공인이 성장하였다. ✗
③ 고려 무신 정권 시기에 세속화된 불교를 개혁하기 위해 지눌이 수선사 결사를 제창하였다. ✗
④ 1948년 2월 유엔 소총회의 결의에 따라 5·10 총선거가 실시되었다. ✗
⑤ 1961년 5·16 군사 정변을 주도한 박정희 등 군부 세력은 국가 재건 최고 회의를 설치하여 군정을 실시하였다. ✗ **답 ①**

30 갑신정변의 전개 과정 파악
자료 분석 자료에서 홍영식, 1884년 우정총국 개국 축하연, 김옥균 등의 내용을 통해 밑줄 친 '정변'은 갑신정변임을 알 수 있다. 임오군란 이후 청의 내정 간섭이 심화되어 정부의 개화 정책이 후퇴하자, 홍영식을 비롯해 김옥균 등 급진 개화파는 이에 불만을 품고 갑신정변을 추진하고자 하였다. 그러나 청의 개입으로 3일 만에 실패하였다.

선택지 분석
① 비변사는 조선 중종 때 3포 왜란을 계기로 국방 문제를 논의하기 위해 임시로 설치되었다. ✗
✓ **❷** 갑신정변은 김옥균, 박영효, 홍영식 등의 급진 개화파의 주도로 일어났다. ○
③ 고려 시대 묘청 등이 풍수지리설을 내세워 서경 천도 운동을 벌였으나, 김부식이 이끄는 관군에 의해 진압되었다. ✗
④ 1811년 홍경래는 평안도 지방에 대한 차별과 세도 정치에 반발하여, 신흥 상공업 세력, 광산 노동자, 빈농 세력을 규합하여 봉기하였다. ✗
⑤ 조선 성종 이후 등용된 사림 세력이 성장하여 훈구 세력의 부정과 비리를 비판하였다. 이에 훈구 세력과 사림 세력의 대립이 심화되어 사화가 여러 차례 발생하였다. ✗ **답 ②**

31 갑신정변의 영향 파악
자료 분석 자료에서 우정총국 개국 축하연에서 일어났다는 점 등을 통해 밑줄 친 '변란'이 1884년에 일어난 갑신정변임을 알 수 있다. 김옥균, 박영효 등 급진 개화파는 임오군란 이후 청의 내정 간섭으로 개화 정책이 후퇴하는 상황에 반발하여 갑신정변을 일으켰으나 실패하였다.

선택지 분석
① 전두환 등 신군부 세력은 사회 정화 명목으로 삼청 교육대를 운영하였다. ✗
② 1921년에 일어난 자유시 참변은 약소 민족의 독립운동을 지원하겠다는 러시아 혁명군의 약속을 믿고 자유시로 이동한 독립군이 내부의 주도권 분쟁과 러시아 혁명군에 의한 무장 해제 과정에서 희생된 사건이다. ✗
✓ **❸** 갑신정변 이후 조선은 일본과 공사관 신축 비용 부담, 일본인 피살에 대한 배상금 지불 등을 규정한 한성 조약을 체결하였다. ○
④ 삼별초는 고려 무신 정권의 군사적 기반으로, 고려 정부가 몽골과 강화를 맺고 개경으로 환도한 것에 반발해 진도, 제주도로 근거지를 옮기며 항쟁하였다. ✗
⑤ 통일 신라의 신문왕은 귀족의 경제력을 약화시키고자 녹읍을 폐지하였다. ✗ **답 ③**

32 갑신정변의 영향 이해
자료 분석 김옥균, 박영효를 따라 일으킨 반란, 우정총국에서 반란 등을 통해 밑줄 친 '반란'은 갑신정변임을 알 수 있다. 갑신정변은 1884년 김옥균, 박영효 등의 급진 개화파가 우정총국 개국을 축하하는 연회를 이용하여 일으킨 정변이다. 이들 급진 개화파는 청에 대한 사대 관계 폐지, 인민 평등권의 확립 등을 내용으로 하는 개혁 정강을 발표하고 근대적 개혁 정치를 추진하려 하였다.

선택지 분석
① 통일 신라 신문왕은 귀족의 경제 기반을 약화시키기 위해 녹읍을 폐지하였다. ✗
② 조선 시대 서인은 광해군의 중립 외교 정책 등을 이유로 1623년 인조반정을 일으켜 광해군을 몰아내고 권력을 장악하였다. ✗
③ 교정도감은 고려 무신 정권기에 최충헌이 설치한 최고 권력 기구이다. ✗
✓ **❹** 갑신정변의 영향으로 톈진 조약이 체결되었다. 이 조약은 청과 일본 양국이 조선에서 군대를 철수하고 장차 조선에 파병할 때에는 서로 알린다는 내용을 담고 있다. ○
⑤ 치안 유지법은 1925년 제정된 법으로, 일제는 이를 바탕으로 사회주의자와 독립운동가를 탄압하였다. ✗ **답 ④**

도전 1등급 33 갑신정변 당시의 상황 이해

도전 1등급 문항 분석 ▶▶ 정답률 28%

밑줄 친 '변란' 중에 볼 수 있는 모습으로 가장 적절한 것은?

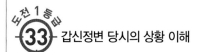

그는 임오군란이 일어나자 청군과 함께 귀국하였다. 청군은 난을 일으킨 군인들을 진압하였고, 이후 청은 조선에 대한 내정 간섭을 강화하였다. 이에 청과의 사대 관계 청산을 주장하는 김옥균 일파가 우정총국 개설 축하연을 계기로 변란을 일으켰다. 당시 한성에 주둔하고 있던 청군이 개입하였고, 김옥균 일파의 계획은 실패로 돌아갔다. 그는 궁궐 안에 머무르며 사후 문제를 수습하였다.

→ 1882년에 일어남
→ 급진 개화파
→ 갑신정변(1884)

해결 전략 자료에서 청의 내정 간섭에 대항하여 김옥균 일파가 우정총국 개설 축하연을 계기로 일으켰다는 점, 청군의 개입으로 실패하였다는 점 등을 통해 밑줄 친 '변란'이 갑신정변임을 알 수 있다. 김옥균, 박영효 등 급진 개화파는 1884년 갑신정변을 일으켰다.

선택지 분석
① 군국기무처는 1894년 제1차 갑오개혁 때 설치되었다. ✗
② 원산 총파업은 1929년에 일어났으며, 일제 강점기 최대 규모의 노동 쟁의였다. ✗
③ 일제는 1930년대 후반 황국 신민화 정책이라는 이름 아래 민족 말살 통치를 실시하면서 한국인들에게 황국 신민 서사의 암송을 강요하였다. ✗
④ 일제는 식민지 우민화 교육 정책으로 한국인에게 기초적인 교육의 기회만 제공하고 고등 교육의 기회를 부여하지 않았다. 이에 1922년 이상재

등을 중심으로 조선 민립 대학 기성회가 조직되어 민립 대학 설립을 위한 모금 활동을 전개하였다. ✗

✓❺ 갑신정변 당시 개화당 정부는 청에 대한 종속 관계 청산, 인민 평등권 마련, 능력에 따른 인재 등용 등을 내용으로 하는 개혁 정강을 발표하였다. ⭕
답 ⑤

34 급진 개화파의 활동 이해

자료 분석 자료에서 우정총국 연회, 박영효, 우정총국의 변 등을 통해 1884년 갑신정변이 일어난 직후의 상황임을 알 수 있다. 따라서 밑줄 친 '우리 당'은 갑신정변을 일으킨 급진 개화파(개화당)이다.

선택지 분석
① 조선 현종 때 서인과 남인은 효종과 효종비의 국장을 치르는 과정에서 자의 대비의 상복 입는 기간을 둘러싸고 예송을 벌였다. ✗
② 1948년 유엔 소총회 결과 남한만의 단독 선거 움직임이 구체화되자 김구와 김규식 등이 통일 정부 수립을 위해 남북 협상을 추진하였다. ✗
③ 1862년 임술 농민 봉기 수습을 위해 파견된 안핵사 박규수의 건의로 삼정의 문란을 바로잡기 위해 삼정이정청이 설치되었다. ✗
✓❹ 급진 개화파는 갑신정변을 일으켜 개화당 정부를 세우고 인민 평등권 제정 등의 내용을 담은 개혁 정강을 발표하였다. ⭕
⑤ 고려 무신 정권 시기에 최충헌은 교정도감을 설치하여 세력을 강화하였다. ✗
답 ④

03 근대 국민 국가 수립을 위한 노력

35 ②	36 ④	37 ①	38 ③	39 ①	40 ③
41 ⑤	42 ③	43 ③	44 ④	45 ④	46 ⑤
47 ①	48 ①	49 ③	50 ①	51 ①	52 ④
53 ①	54 ②	55 ②	56 ②	57 ③	58 ⑤
59 ②	60 ①	61 ①	62 ③		

35 동학 농민 운동의 특징 파악

자료 분석 자료에서 1894~1895년 당시 농민군의 각종 문서와 개인 기록, 지도자 전봉준에 대한 심문 기록 등의 내용을 통해 (가) 운동이 동학 농민 운동임을 알 수 있다.

선택지 분석
① YH 무역 사건은 1979년 YH 무역 회사의 폐업 조치에 항의하여 일어난 시위 과정에서 여성 노동자가 사망한 사건이다. ✗
✓❷ 동학 농민 운동 당시 전주성을 점령한 동학 농민군은 정부와 전주 화약을 맺고 해산한 뒤 전라도 각지에 집강소를 설치하여 폐정 개혁을 추진하였다. ⭕
③ 원산 총파업은 라이징 선이라는 석유 회사에서 일본인 현장 감독이 한국인 노동자를 구타한 사건에서 비롯되었다. ✗
④ 1929년 광주 학생 항일 운동이 일어나자 신간회가 진상 조사단을 파견하였다. ✗
⑤ 1919년 일본 도쿄에서 한국인 유학생들이 발표한 2·8 독립 선언의 영향으로 3·1 운동이 일어났다. ✗
답 ②

36 동학 농민 운동의 전개 과정 이해

자료 분석 북접과 남접, 교주 최시형, 손병희, 전봉준 등의 내용을 통해 자료에 나타난 운동이 동학 농민 운동임을 알 수 있다. 전주 화약을 맺고 해산하였던 동학 농민군은 일본군의 경복궁 기습 점령에 반발하여 재봉기하였다. 재봉기 후 남접과 북접의 군대는 논산에서 집결하여 서울로 북상하였다.

선택지 분석
① 『조선책략』은 수신사로 일본에 갔던 김홍집이 들여온 책으로, 청의 외교관 황준헌이 조선의 외교 전략에 대해 쓴 책이다. ✗
② 조선 형평사는 백정에 대한 사회적 차별 폐지를 위한 형평 운동을 주도한 단체로, 1923년 진주에서 조직되었다. ✗
③ 고종은 1907년 을사늑약의 부당함을 세계에 알리기 위해 이상설, 이준, 이위종을 네덜란드 헤이그에서 열린 만국 평화 회의에 특사로 파견하였다. ✗
✓❹ 동학 농민군은 제2차 봉기 이후 우금치 전투에서 일본군과 관군에 크게 패하였다. ⭕
⑤ 1862년 임술 농민 봉기가 일어나자 조선 정부는 삼정이정청을 설치하여 삼정의 문란을 해결하고자 하였다. ✗
답 ④

37 동학 농민 운동의 이해

자료 분석 자료에서 황토현 전투, 전주 화약, 폐정 개혁안, 집강소, 남·북접 집결, 우금치 전투, 농민군 지도자 전봉준, 제폭구민, 보국안민 등의 내용을 통해 (가) 운동이 동학 농민 운동임을 알 수 있다. 동학 농민 운동의 지도자인 전봉준은 농민들을 모아 무장 지역에서 봉기하였다.

선택지 분석

✔**❶** 제1차 갑오개혁은 동학 농민 운동의 폐정 개혁안에서 주장한 신분제 폐지, 과부의 재가 허용 등의 내용을 반영하였다. O

② 국채 보상 운동은 대한매일신보 등 언론의 지원을 받았다. ✗

③ 일제는 1925년 치안 유지법을 제정하여 사회주의자와 독립운동가들을 탄압하였다. ✗

④ 을미의병은 을미사변과 단발령에 반발하여 일어났다. ✗

⑤ 1923년 조선 형평사가 조직되어 백정에 대한 사회적 차별에 저항하는 형평 운동을 전개하였다. ✗   **답 ①**

38 동학 농민 운동 이해

자료 분석 고부 농민 봉기 이후 '보국안민', '제폭구민'을 내세웠다는 점, 일본군의 경복궁 침범과 내정 간섭에 맞서 농민군이 싸웠다는 점 등을 통해 자료의 (가) 운동이 동학 농민 운동임을 알 수 있다.

선택지 분석

① 1904년에 결성된 보안회는 일제의 황무지 개간권 요구 반대 운동을 전개하여 이를 철회시켰다. ✗

② 1926년 순종의 장례일을 기해 6·10 만세 운동이 일어났다. ✗

✔**❸** 동학 농민군은 정부와 전주 화약을 체결한 뒤 전라도 각지에 집강소를 설치하여 폐정 개혁을 추진하였다. O

④ 1881년 조선 정부는 일본의 근대 문물을 시찰하고 개화 정책에 대한 정보 수집을 목적으로 일본에 조사 시찰단을 파견하였다. ✗

⑤ 라이징 선이라는 석유 회사에서 일본인 감독이 한국인 노동자를 구타한 사건을 계기로 1929년 노동 조건 개선 등을 요구하는 원산 총파업이 일어났다. ✗   **답 ③**

39 청일 전쟁의 배경 이해

자료 분석 제시된 자료는 동학 농민 운동 시기 조선에 출병한 일본이 전주 화약 이후 조선 정부의 군대 철수 요구를 거부하고 있는 상황을 나타낸 것이다.

선택지 분석

✔**❶** 조선에서 일본의 강요로 근대적 개혁이 추진되는 상황에서 일본과 청의 갈등이 심화되면서 청일 전쟁이 일어났다. O

② 일제는 1925년 치안 유지법을 제정하여 사회주의자와 독립운동가를 탄압하였다. ✗

③ 흥선 대원군은 신미양요 이후 전국 각지에 척화비를 세워 서양과의 통상 수교 거부 의지를 널리 알렸다. ✗

④ 별무반은 고려 전기 여진의 침입에 대응하여 윤관의 건의에 따라 편성되었다. ✗

⑤ 교정도감은 고려 무신 정권기에 최충헌이 설치한 최고 권력 기구로 국정을 총괄하였다. ✗   **답 ①**

40 동학 농민 운동의 이해

빈출 문항 자료 분석

다음 자료를 활용한 탐구 활동으로 가장 적절한 것은?

> ──→고부 군수   ──→고부 농민 봉기
> ○난리의 빌미는 고부였으니, 온갖 방법으로 백성을 수탈한 자가 조병갑이 아닙니까? 권세를 이용해 재물을 빼앗아 그 난리가 나게 한 자는 안핵사 이용태가 아닙니까? 이를 초래한 것은 올바른 도가 실현되지 않아서입니다. ──→고부 농민 봉기의 주모자 등을 탄압하여 제1차 봉기 발발의 원인이 된 인물
> ○청에 도움을 구한 것은 좋은 계책이 아니었습니다. 수령과 감사가 제대로 제압하지 못해 전봉준 등이 이끄는 농민의 무리가 전주성을 차지하고 순변사까지 출정하게 된 것은 이웃 나라의 귀에 들어가도록 해서는 안 되는 것이었습니다. ──→동학 농민 운동의 지도자
> ──→전주성 점령 이후 정부와 전주 화약 체결

해결 전략 첫 번째 자료에서 난리의 빌미가 조병갑과 안핵사 이용태 등에게 있다는 점, 두 번째 자료에서 전봉준 등이 이끄는 농민의 무리가 전주성을 차지하였다는 점 등을 통해 동학 농민 운동과 관련된 내용임을 파악해야 한다. 동학 농민 운동은 자주 출제되는 주제로 전개 과정, 주요 인물, 주요 전투 등을 정리해 두어야 한다.

선택지 분석

① 13세기에 고려 정부가 몽골과 강화 후 개경으로 환도하자, 삼별초는 이에 반대하며 대몽 항쟁을 전개하였다. ✗

② 고려 원 간섭기에 몽골(원)은 일본 원정을 위해 고려에 정동행성을 설치하였다. ✗

✔**❸** 1894년 지배층의 수탈과 정부의 무능 등을 배경으로 동학 농민 운동이 일어났다. O

④ 조선과 청 사이에 국경 분쟁이 발생하자, 조선과 청은 대표를 파견해 백두산 일대를 답사하고 1712년에 백두산정계비를 세웠다. ✗

⑤ 조선이 후금(청)의 군신 관계 요구를 거부하자, 청이 조선을 침략하면서 1636년에 병자호란이 발발하였다. ✗   **답 ③**

41 동학 농민 운동 이해

자료 분석 자료에서 창의군을 이끄는 영수가 전봉준이라는 점을 통해 밑줄 친 '창의군'이 동학 농민군임을 알 수 있다.

선택지 분석

① 박정희 정부는 베트남 전쟁에 국군을 파병하였다. ✗

② 7세기에 당이 고구려를 침략하였으나, 고구려군이 안시성 전투에서 당군을 격퇴하였다. ✗

③ 임진왜란 당시 이순신이 이끄는 조선 수군은 한산도 해전에서 일본 수군을 상대로 대승을 거두었다. ✗

④ 6·25 전쟁 당시 낙동강 방어선까지 후퇴했던 국군과 유엔군은 인천 상륙 작전을 성공시켜 전세를 역전시켰다. ✗

✔**❺** 동학 농민군은 일본군이 경복궁을 점령하자 다시 봉기하였고, 서울로 북상하던 중 공주 우금치에서 일본군 및 관군과 전투를 벌였으나 패배하였다. O   **답 ⑤**

42 동학 농민 운동 시기의 사실 파악

자료 분석 자료에서 농민층이 중심이라는 점, 사회 개혁, 외세로부터 나라를 지키려 했다는 점, 답사 코스의 여러 전적지와 전봉준 고택 등을 통해 밑줄 친 '이 운동'이 동학 농민 운동임을 알 수 있다.

선택지 분석

① 고려 후기 공주 명학소에서 망이·망소이가 난을 일으켰다. ✗

② 통일 신라 신문왕은 군대를 9서당 10정으로 편성하였다. ✗

✓❸ 동학 농민군은 청군과 일본군이 조선에 상륙하자 정부와 전주 화약을 체결하였다. 이후 조선 정부가 청군과 일본군의 철수를 요구하자, 일본군이 경복궁을 기습 점령하고 군국기무처를 설치하여 제1차 갑오개혁을 단행하였다. 이에 동학 농민군이 다시 봉기하였으나 공주 우금치 전투에서 일본군과 관군에 패배하였다. ⭕

④ 백제 성왕은 백제의 중흥을 위하여 사비로 천도하였다. ✗

⑤ 12세기 고려 시대 문벌이었던 이자겸이 인종을 폐위하고 스스로 왕이 되고자 반란을 일으켰다. ✗

43 을미개혁의 내용 파악

자료 분석 자료에서 을미사변 이후 새롭게 구성된 내각이 주도하였다는 점, 음력을 대신하여 태양력을 채택하였다는 점 등을 통해 밑줄 친 '개혁'이 을미개혁임을 알 수 있다. 김홍집 내각이 주도한 을미개혁(제3차 갑오개혁)은 태양력 사용, '건양' 연호 사용, 단발령 실시 등을 추진하였으나, 아관 파천 직후 중단되었다.

선택지 분석

① 태학은 고구려 소수림왕 때 설립된 교육 기관이다. ✗

② 과거제는 고려 광종 때 도입된 후 제1차 갑오개혁으로 폐지될 때까지 실시되었다. ✗

✓③ 을미개혁 시기에 단발령이 시행되었다. ⭕

④ 조선 고종 때 흥선 대원군이 경복궁 중건에 필요한 재원을 마련하기 위해 당백전을 발행하였다. ✗

⑤ 대한 제국 수립 후 광무개혁이 추진되면서 원수부가 설치되었다. ✗

답 ③

44 제1차 갑오개혁의 내용 파악

자료 분석 자료에서 군국기무처에서 개혁안을 의결하였으며 궁내부를 설치하고 신분제를 폐지하였다는 내용을 통해 제1차 갑오개혁에 대한 것임을 알 수 있다. 따라서 (가)에는 제1차 갑오개혁의 개혁 내용이 들어가야 한다.

선택지 분석

① 장용영은 조선 후기에 정조가 설치한 국왕 친위 부대로, 왕권을 뒷받침하였다. ✗

② 영정법은 조선 후기 인조 때 시행한 수취 제도로, 풍흉과 관계없이 토지 1결당 쌀 4~6두를 정세로 징수하게 한 제도이다. ✗

③ 금융 실명제는 금융 거래 시 실명을 사용하도록 한 것으로, 김영삼 정부가 부정부패를 차단하기 위해 실시하였다. ✗

✓④ 제1차 갑오개혁에서는 조혼을 금지하고 과부의 재가를 허용하는 등의 개혁을 추진하였다. ⭕

⑤ 사사오입 개헌은 광복 이후 수립된 이승만 정부에서 실시하였다. 이승만 정부는 개헌 당시 대통령에 한해 중임 제한을 적용하지 않는다는 내용을 담은 개헌을 추진하였다. 그러나 국회에서의 투표 결과 개헌 찬성 의원 수가 재적 의원의 3분의 2를 넘지 못하자 사사오입의 논리를 내세워 개헌안 통과를 선포하였다. ✗

답 ④

45 삼국 간섭 이후의 정세 파악

자료 분석 청일 전쟁에서 승리한 일본이 랴오둥반도를 차지하려고 하자 러시아가 독일, 프랑스와 함께 일본을 압박하였다는 사실, 조선 정부가 러시아를 끌어들여 일본을 견제하려 하였다는 사실 등을 통해 자료가 1895년 삼국 간섭 이후 정세 변화와 관련된 것임을 알 수 있다.

선택지 분석

① 1866년 병인양요 때 프랑스 군대가 강화도에서 철수하면서 외규장각 도서 등을 약탈하였다. ✗

② 일제는 1925년에 치안 유지법을 제정하여 독립운동가 등을 탄압하였다. ✗

③ 1909년 일본은 청과 간도 협약을 체결하여 간도를 청의 영토로 인정하였다. ✗

✓④ 삼국 간섭 이후 러시아의 영향력이 커지자 고종은 친러 정책을 추진하여 일본을 견제하였다. 이에 일본은 명성 황후를 시해하는 을미사변을 일으켰다. ⭕

⑤ 영국은 러시아를 견제한다는 구실로 1885년 거문도를 불법 점령하였다. ✗

답 ④

46 제2차 갑오개혁과 아관파천 시기 사이의 사실 파악

자료 분석 왕이 종묘에서 홍범 14조를 고하였다는 점을 통해 자료의 (가)가 고종이 홍범 14조를 반포한 제2차 갑오개혁 시기임을 알 수 있고, 왕이 몰래 건춘문을 나와 러시아 공사관으로 거처를 옮겼다는 점을 통해 자료의 (나)가 1896년에 아관 파천을 단행한 시기임을 알 수 있다.

선택지 분석

① 영국은 러시아 견제를 구실로 1885년부터 1887년까지 조선의 거문도를 불법 점령하였다. ✗

② 대한 제국은 1899년 대한국 국제를 제정하였다. ✗

③ 정묘호란은 1627년 후금의 침략으로 발생하였다. ✗

④ 13세기 고려 정부의 개경 환도 결정에 반발해 삼별초가 봉기하였다. ✗

✓❺ 1895년 일본이 명성 황후를 시해하는 을미사변이 일어나자, 고종은 신변의 위협을 느껴 이듬해에 아관 파천을 단행하였다. ⭕

답 ⑤

47 동학 농민 운동과 대한 제국 수립 시기 사이의 사실 파악

빈출 문항 자료 분석

(가), (나) 사이에 들어갈 내용으로 가장 적절한 것은?

→ 동학의 남접 지도자
(가) 전봉준

일본이 경복궁을 침범하자 **전봉준**은 반침략의 기치 아래 다시 봉기하였습니다. 그러나 **우금치 전투**에서 패배하였고, 이후 체포되어 화면에서 보듯이 재판을 받기 위해 압송되었습니다.

→ 지금의 덕수궁, 아관 파천에서 환궁한 후 정궁으로 쓰임
(나)
→ 대한 제국의 독자적 연호

경운궁으로 돌아온 후 고종은 국가의 위상을 강화하고자 하였습니다. 이에 연호를 광무로 정하였으며, 화면에 제시된 환구단에서 황제 즉위식을 거행하였습니다.
→ 세계에 대한 제국이 자주독립국임을 알림

시간순으로 공부하는 한국사

시간순으로 공부하는 한국사

→ 2차 봉기 후 동학 농민군이 일본군과 정부군에 패한 전투

해결 전략 첫 번째 자료에서 일본이 경복궁을 침범하자 전봉준이 다시 봉기하였으나 우금치 전투에서 패배하였다는 사실 등을 통해 (가) 시기는 1894년 동학 농민군의 제2차 봉기가 실패한 직후임을 알 수 있다. 두 번째 자료에서 경운궁으로 돌아온 고종이 연호를 광무로 정하고 환구단에서 황제 즉위식을 거행하였다는 사실 등을 통해 (나) 시기는 대한 제국이 수립된 1897년임을 알 수 있다. 개항 이후 국권 피탈까지의 사건들은 매우 긴밀하게 연결되어 있다. 각 사건들을 따로 외우지 말고 사건의 원인과 결과를 파악하여 흐름을 이해해야 한다. 동학 농민 운동의 2차 봉기는 일본군이 경복궁을 점령한 것에 반발하여 일어났다. 이후 고종은 아관 파천을 시행하였고, 덕수궁으로 환궁한 후에 대한 제국을 선포하였다.

선택지 분석
✓ ❶ 을미사변 발생 등 불안한 정세 속에서 신변에 위기를 느낀 고종은 1896년에 러시아 공사관으로 피신하는 아관 파천을 단행하였다. ○
② 몽골은 고려를 침략한 후 고려의 동북부 지역을 직접 지배하기 위해 화주에 쌍성총관부를 설치하였다. ✗
③ 일본은 1875년에 운요호 사건을 일으키고, 이를 빌미로 조선과 1876년 강화도 조약을 체결하였다. ✗
④ 평안도 지역에 대한 차별과 지배층의 수탈에 반발하여 1811년 홍경래의 난이 발발하였다. ✗
⑤ 일제 강점기인 1923년에 고율의 소작료 인하 등을 요구한 암태도 소작 쟁의가 발생하였다. ✗ 🔘 ①

48 아관 파천 시기 파악

자료 분석 (가)는 군국기무처 회의 총재에 영의정 김홍집을 임명한 사실을 통해 1894년 제1차 갑오개혁이 시작되는 상황임을 알 수 있다. (나)는 임금이 환구단에서 황제에 즉위하였다는 사실 등을 통해 1897년 고종의 황제 즉위식 상황임을 알 수 있다.

선택지 분석
✓ ❶ 고종은 1895년 을미사변 이후 신변의 위기를 느끼고 1896년 러시아 공사관으로 거처를 옮긴 아관 파천을 단행하였다. ○
② 고려 무신들이 무신에 대한 차별과 문벌의 권력 독점 등에 맞서 1170년에 무신 정변을 일으켰다. ✗
③ 홍경래 등은 평안도 지역에 대한 차별과 세도 정권에 반발하여 1811년 반란을 일으켰다. ✗

④ 백정에 대한 사회적 차별에 항의하여 1923년 백정 등이 조선 형평사를 조직하고 형평 운동을 전개하였다. ✗
⑤ 1950년에 발발한 6·25 전쟁 당시 국군과 유엔군이 인천 상륙 작전에 성공하여 전세를 역전시켰다. ✗ 🔘 ①

49 아관 파천이 일어난 시기의 사실 파악

자료 분석 자료에서 임금이 러시아 공사관에 머무르고 있다는 내용을 통해 1896년 아관 파천이 단행된 상황임을 알 수 있다. 을미사변 이후 사실상 경복궁에 감금되었던 고종은 아관 파천을 단행하여 러시아 공사관으로 거처를 옮겨 일본의 영향력에서 벗어나고자 하였다.

선택지 분석
① 병인양요는 1866년의 사실이다. ✗
② 강화도 조약 체결은 1876년의 사실이다. ✗
✓ ❸ 을미사변은 1895년의 사실이다. ○
④ 아관 파천으로 러시아 공사관에 머무르던 고종은 1897년 환궁하여 대한 제국을 수립하였다. ✗
⑤ 국권 피탈은 1910년의 사실이고, 3·1 운동은 1919년에 일어났다. ✗ 🔘 ③

50 아관 파천의 배경 파악

자료 분석 자료에서 조선 왕이 궁궐에서 탈출하여 러시아 공사관에 머무르고 있다는 내용을 통해 1896년에 일어난 아관 파천임을 알 수 있다.

선택지 분석
✓ ❶ 고종은 을미사변 이후 신변에 불안을 느끼고 러시아 공사관으로 거처를 옮기는 아관 파천을 단행하였다. ○
② 자유시 참변은 1921년에 러시아 적군이 지휘권 양도를 거부하는 한인 부대를 공격하여 수많은 독립군이 희생된 사건이다. ✗
③ 대한국 국제는 1899년에 고종이 황제권 강화를 위해 발표하였다. ✗
④ 독립 협회는 1898년에 근대적 민중 집회인 만민 공동회를 개최하였다. ✗
⑤ 고종은 을사늑약의 부당함을 알리고자 1907년 헤이그에 특사를 파견하였다. ✗ 🔘 ①

도전 1등급
51 독립 협회의 활동 이해

도전 1등급 문항 분석 ▶▶ 정답률 25.0%

(가) 단체에 대한 설명으로 옳은 것은?

→ 부산의 영도
러시아가 우리 **절영도**를 빌려서 석탄 저장소로 만들고 자국 함대에 연료를 공급하려 하였다. 외부(外部)가 이를 허가하려 하자 ☐ (가) ☐ 이/가 항의 서한을 보내고, 궁궐 밖에서 만민 공동회를 열어 강하게 반대하였다. 이에 러시아는 결국 그 요구를 **철회**하였다.
→ 민중이 모인 대중 집회, 러시아의 내정 간섭과
→ 열강의 이권 침탈을 규탄하기도 하였음

해결 전략 러시아의 요구를 만민 공동회를 열어 반대하였다는 점 등을 통해 (가) 단체는 독립 협회임을 알 수 있다. 독립 협회는 만민 공동회를 개최하였으며, 러시아의 절영도 조차 요구를 저지하였다. 독립 협회는 자주 출제되는 내용이므로 독립 협회의 창립, 활동, 해산 등 세부적인 것까지 기억해 두어야 한다.

✓❶ 독립 협회는 국민 참정권을 실현하기 위해 의회 설립 운동을 추진하였다. O

② 신민회는 1911년 남만주(서간도) 지역의 삼원보에 신흥 강습소를 설립하여 독립군을 양성하였다. X

③ 동학교도들은 교조인 최제우의 억울한 누명을 풀어 줄 것과 포교의 자유를 요구하며 교조 신원 운동을 전개하였다. X

④ 1929년 광주 학생 항일 운동이 일어나자 신간회가 진상 조사단을 파견하는 등 지원 활동을 하였다. X

⑤ 조선어 학회는 우리말(조선말) 큰사전 편찬을 주도하였으나 1942년 조선어 학회 사건으로 탄압받으면서 작업이 중단되었다. X   답 ①

52 독립 협회의 활동 파악

자료 분석 자료에서 모금 운동을 통해 독립문을 건립하였고, 러시아의 이권 침탈을 규탄하였다는 내용을 통해 학습 주제가 독립 협회의 활동임을 알 수 있다. 독립 협회는 1898년 만민 공동회를 개최하여 외세의 이권 침탈을 규탄하는 이권 수호 운동 등을 전개하였다.

선택지 분석

① 신간회는 진상 조사단을 파견하는 등 광주 학생 항일 운동(1929)을 지원하는 활동을 벌였다. X

② 1933년 조선어 학회는 한글 맞춤법 통일안을 제정하였다. X

③ 13도 창의군은 1908년 서울 진공 작전을 추진하였다. X

✓④ 독립 협회는 만민 공동회를 개최하여 러시아의 절영도 조차 요구를 철회시켰다. O

⑤ 천도교 소년회 활동을 주도한 방정환 등이 어린이날을 제정하였다. X   답 ④

53 관민 공동회 이해

빈출 문항 자료 분석

밑줄 친 '집회'에 대한 설명으로 옳은 것은?

한국사 신문

1896년 창립 → **대신들, 백성의 목소리를 듣다!**

지난 29일 독립 협회가 주최한 대규모 집회가 열렸다. 독립 협회는 현재의 국가적 위기 상황으로부터 벗어날 방법을 논의하기 위해 집회를 계획하고 각계각층에 150통 이상의 초청장을 발송한 바 있다. 이 자리에 의정부 참정 박정양을 비롯한 여러 전현임 대신들도 황제 폐하의 명령에 따라 참석하여 백성의 목소리를 들었다.

→ 대한 제국 정부의 대신들과 민중이 함께 참여한 관민 공동회

해결 전략 독립 협회가 주최한 대규모 집회라는 점, 박정양을 비롯한 여러 전현임 대신이 황제 폐하의 명령에 따라 참석하였다는 점 등을 통해 밑줄 친 '집회'가 1898년에 개최된 관민 공동회임을 알 수 있다. 독립 협회는 1898년 열강의 이권 침탈에 대항하여 자주 국권을 수호하고 자유 민권을 신장하며 자강 개혁을 실현하기 위해 만민 공동회를 개최하였다. 또한 대한 제국 정부의 대신들과 민중이 함께 참여한 관민 공동회를 열고 헌의 6조를 결의하였음을 알아 두어야 한다.

선택지 분석

✓❶ 관민 공동회에서는 관민이 협력하여 국정을 운영하자는 헌의 6조가 채택되었다. O

② 고려 시대에 묘청 등 서경 세력은 풍수지리설을 내세워 서경 천도를 주장하였다. X

③ 1980년 5월 광주의 학생과 시민들은 신군부의 퇴진과 계엄령 철회를 요구하며 시위를 전개하였다(5·18 민주화 운동). X

④ 1920년대에 조직된 조선 민립 대학 기성회를 중심으로 민립 대학 설립 운동이 추진되었다. X

⑤ 1923년 중국 상하이에서 개최된 국민 대표 회의는 창조파와 개조파의 대립으로 성과 없이 끝났다. X   답 ①

54 독립 협회의 활동 파악

도전 1등급 문항 분석   ▶▶ 정답률 18.4%

(가) 단체에 대한 설명으로 옳은 것은?

⟨ [(가)] 특별전 기념품 판매 ⟩

[(가)]의 활동을 담은 여러 기념품을 준비했습니다.

독립문 모양의 배지 ·················· 2,000원
관민 공동회 기록화가 그려진 부채 ·········· 3,000원
독립관에서 열린 토론회의 주제가 인쇄된 공책 ····· 4,000원

→ 대한 제국 정부의 대신들과 민중이 함께 참석, 헌의 6조를 결의

해결 전략 독립문, 관민 공동회 등을 통해 (가) 단체가 독립 협회임을 알 수 있다. 독립 협회는 1898년 만민 공동회를 개최하여 열강의 이권 침탈에 대항하여 자주 국권을 수호하고 자유 민권을 신장시키며 자강 개혁을 실현하기 위해 노력하였다.

선택지 분석

① 신민회는 일제가 조작한 105인 사건으로 와해되었다. X

✓❷ 독립 협회는 만민 공동회 등을 통해 러시아의 절영도 조차 요구를 저지하였고, 한러 은행 폐쇄를 요구하는 등 이권 수호 운동을 전개하였다. O

③ 1919년에 조직된 의열단, 1938년에 창설된 조선 의용대 등은 김원봉을 중심으로 결성되었다. X

④ 조선어 학회는 우리말 큰사전을 편찬하려 하였다. X

⑤ 신간회는 1929년에 일어난 광주 학생 항일 운동 당시 진상 조사단을 파견하였다. X   답 ②

55 독립 협회의 활동 파악

자료 분석 독립문을 세우고 월보를 발행했다는 내용 등을 통해 (가) 단체가 독립 협회임을 알 수 있다.

선택지 분석

① 방정환을 중심으로 조직된 천도교 소년회는 5월 1일을 어린이날로 정

하였다. ✗

✓② 독립 협회는 독립문을 세웠으며, 만민 공동회를 개최하여 열강의 이권 침탈에 대항하여 자주 국권을 수호하고 자유 민권을 신장시키며 자강 개혁을 실현하기 위해 노력하였다. ○

③ 신민회는 남만주 지역의 삼원보에 신흥 강습소를 설립하여 독립군을 양성하였다. ✗

④ 동아일보사는 1930년대 전반에 농촌 계몽 운동인 브나로드 운동을 전개하였다. ✗

⑤ 조선어 학회는 한글 맞춤법 통일안을 제정하고 우리말 큰사전(조선말 큰사전)을 편찬하려 하였다. ✗

답 ②

도전 1등급
56 독립 협회의 활동 파악

도전 1등급 문항 분석 ▶▶ 정답률 37%

(가) 단체에 대한 설명으로 옳은 것만을 〈보기〉에서 고른 것은?

다큐멘터리 제작 기획안

■ 제목: 근대적 정치·사회 단체, (가)

■ 기획 의도: 자주 국권 · 자유 민권 · 자강 개혁을 추구한 (가) 의 활동을 재조명한다.

■ 주요 내용

| #1 독립문을 건립하다. 1897년 완공 | #2 만민 공동회를 개최하다. →1898년 | #3 중추원 관제 개편을 추진하다. |

해결 전략 자료에서 자주 국권·자유 민권·자강 개혁을 추구하였다는 점, 독립문을 건립하고 만민 공동회를 개최하였다는 점 등을 통해 (가) 단체가 독립 협회임을 알 수 있다. 1896년 서재필과 관료들을 중심으로 독립 협회가 결성되었다.

선택지 분석

✓ㄱ. 독립 협회는 국민 참정권을 실현하기 위해 의회 설립 운동을 추진하였다. 이후 중추원을 의회식으로 개편한 중추원 관제가 반포되었으나, 보수파 관료의 반발로 제대로 시행되지 못하고 독립 협회는 해산되었다. ○

ㄴ. 한글 맞춤법 통일안은 조선어 학회에서 제정하였다. ✗

✓ㄷ. 독립 협회는 1898년 만민 공동회를 개최하여 러시아의 절영도 조차 요구 저지 등의 활동을 전개하였다. ○

ㄹ. 헤이그 특사 파견을 빌미로 일제가 고종을 강제 퇴위시키자 대한 자강회 등은 고종 강제 퇴위 반대 운동을 전개하였다. ✗

답 ②

도전 1등급
57 독립 협회의 활동 파악

도전 1등급 문항 분석 ▶▶ 정답률 27.0%

(가) 단체에 대한 설명으로 옳은 것은?

독립 협회에서 민중 계몽을 위해 개최한 대중 집회 →

(가) 은/는 1898년 3월 10일 종로에서 만민 공동회라는 민중 대회를 개최하여 러시아의 침략 정책을 규탄하였다. 이 대회에 참가한 사람들은 러시아의 군사 교관과 재정 고문을 철수시키자고 결의하였다. 이는 국권을 지키기 위한 운동이었다.
아관 파천 이후 조선 내 러시아의 영향력이 커짐 →

해결 전략 독립 협회는 독립문을 건립하고, 강연회와 토론회 개최, 신문과 잡지 발간을 통해 근대적 지식과 국권·민권 사상을 고취시켜 민중을 계몽하였다. 독립 협회에서 만민 공동회를 개최하였다는 내용은 자주 출제되는 내용이니 꼭 알아 두어야 한다.

선택지 분석

① 보안회는 일제의 황무지 개간권 요구를 반대하는 운동을 전개해 이를 철회시켰다. ✗

② 대한 자강회는 고종 강제 퇴위 반대 운동을 전개하다가 일제의 탄압으로 해산되었다. ✗

✓③ 독립 협회는 국민 참정권을 실현하기 위해 의회 설립 운동을 추진하였다. 이후 중추원을 의회식으로 개편한 중추원 관제가 반포되었으나, 보수파 관료의 반발로 제대로 시행되지 못하고 독립 협회는 해산되었다. ○

④ 조선어 학회는 한글 맞춤법 통일안을 제정하였다. ✗

⑤ 동아일보사는 1930년대 전반에 농촌 계몽 운동인 브나로드 운동을 전개하였다. ✗

답 ③

---

58 광무개혁의 내용 파악

자료 분석 자료에서 광무라는 연호 사용, 구본신참의 원칙, 원수부 설치 등의 내용을 통해 (가)에는 대한 제국이 추진한 광무개혁의 내용이 들어가야 함을 알 수 있다. 고종은 1897년에 대한 제국을 수립하고 구본신참의 원칙에 따라 광무개혁을 추진하였다.

선택지 분석

① 고려 광종은 본래 양인이었으나 불법으로 노비가 된 사람을 조사해 양인으로 회복시켜 주는 노비안검법을 시행하였다. ✗

② 박정희 정부는 1970년부터 농촌 환경 개선과 소득 증대 등을 목표로 새마을 운동을 전개하였다. ✗

③ 고려 공민왕 등은 권세가들이 부당하게 빼앗은 토지를 본래 소유주에게 돌려주고 불법적으로 노비가 된 자를 양인으로 해방시키기 위해 전민변정도감을 설치하였다. ✗

④ 일제는 자국의 부족한 쌀을 한국에서 확보하기 위해 1920년부터 산미 증식 계획을 추진하였다. ✗

✓⑤ 대한 제국은 광무개혁을 추진하면서 양전을 실시하고 근대적 토지 소유 증명 문서인 지계를 발급하였다. ○

답 ⑤

Ⅱ 근대 국민 국가 수립 운동

59 대한 제국의 활동 이해

자료 분석 덕수궁 돈덕전이 외교 공간으로 쓰였다는 내용과 제2대 황제가 순종이라는 내용을 통해 (가) 정부는 대한 제국임을 알 수 있다. 고종은 1897년 황제로 즉위하고 대한 제국을 선포하였다. 순종은 고종에 이어 대한 제국의 제2대 황제로 즉위하였다.

선택지 분석

① 주자감은 발해의 최고 교육 기관으로, 유학 교육을 실시하였다. ✗

✓❷ 대한 제국은 구본신참의 원칙에 따라 광무개혁을 추진하였다. ○

③ 통리기무아문은 개항 이후 개화 정책을 총괄하기 위해 1880년에 설치된 기구이다. ✗

④ 연통제와 교통국은 1919년 상하이에서 설립된 대한민국 임시 정부가 국내와의 연락을 위해 설치해 운영하였다. ✗

⑤ 경제 개발 5개년 계획은 박정희 정부 때인 1962년부터 시행되었다. ✗

🗒 ②

60 대한 제국의 수립 배경 파악

자료 분석 환구단에서 황제로 즉위, 대한, 광무 등의 내용을 통해 1897년 고종의 대한 제국 수립과 관련된 자료임을 알 수 있다. 1897년 고종은 대한 제국을 수립하고 광무개혁을 추진하였다.

선택지 분석

✓❶ 서재필이 정부의 지원을 받아 발행한 『독립신문』은 1896년에서 1899년까지 발행되었다. ○

② 1929년 원산의 노동자들이 총파업을 전개하였는데, 일제 강점기 최대 규모의 노동 쟁의였다. ✗

③ 신라의 귀족들은 화백 회의에 모여 국가의 중대사를 결정하였다. ✗

④ 조선 세종 때 설치된 집현전은 학문과 정책 연구를 담당하였다. ✗

⑤ 1882년 구식 군인이 신식 군대인 별기군과의 차별 대우에 반발하여 임오군란을 일으켰다. ✗

🗒 ①

61 대한 제국의 광무개혁 파악

도전 1등급 문항 분석 ▶▶ 정답률 37%

밑줄 친 '황제국'에 대한 설명으로 옳은 것은?
→ 고종이 연호를 광무로 고침
→ 고종은 대한 제국 수립을 선포하고 황제에 즉위함

> 광무 원년 10월 12일은 우리 역사에서 제일 빛나고 영화로운 날이 되었다. 폐하께서 조선 역사상 처음으로 황제의 자리에 오르시어 조선이 자주독립한 황제국이 되었으니 백성으로서 어찌 감격한 생각이 아니 나겠는가. …(중략)… 이날 오전 환구단에 가서 하늘에 제사하고 황제의 자리에 올랐음을 고하였다. 정오에 만조백관이 예복을 갖추고 경운궁에 나아가 황제 폐하께 크게 하례를 올렸다.
→ 1897년 고종의 황제 즉위식이 거행된 곳

해결 전략 광무라는 연호를 사용하고 있다는 점, 조선 역사상 처음으로 황제의 자리에 올랐다는 점 등을 통해 밑줄 친 '황제국'이 대한 제국임을 파악해야 한다. 1897년 러시아 공사관에서 경운궁으로 환궁한 고종은 연호를 광무로 고치고 환구단에서 황제 즉위식을 거행한 후 대한 제국 수립을 선포하였다. 대한 제국은 양전을 실시하고 지계를 발급하는 등 광무개혁을 추진하였다.

선택지 분석

✓❶ 대한 제국은 광무개혁을 추진하면서 토지 소유자에게 근대적 토지 소유 증명 문서인 지계를 발급하였다. ○

② 신라는 골품에 따라 개인의 정치 활동과 사회 활동의 범위를 엄격히 제한하는 골품제를 운영하였다. ✗

③ 고려를 건국한 태조 왕건은 개경을 수도로 삼았다. ✗

④ 조선 시대 서인은 중립적인 외교 정책과 인목 대비 폐위 등을 이유로 인조반정을 일으켜 광해군을 몰아냈다. ✗

⑤ 대한민국 임시 정부가 침체에 빠지자 민족 지도자들은 독립운동의 새로운 방향을 모색하기 위해 1923년 국민 대표 회의를 소집하였다. ✗

🗒 ①

62 대한 제국 정부의 활동 파악

자료 분석 자료에서 120여 년 전 고종이 환구단에 나아가 하늘에 제사를 지내고 황제에 등극하여 정부 성립을 대내외에 선포하였다는 내용을 통해 (가) 정부가 대한 제국 정부임을 알 수 있다. 1897년 고종은 황제로 즉위하고 대한 제국의 수립을 선포하였다.

선택지 분석

① 백제 근초고왕은 마한을 병합하여 영토를 확대하였다. ✗

② 12세기 초 여진이 부족을 통일하고 고려 국경을 침범하였다. 이에 윤관은 별무반을 이끌고 여진을 정벌한 뒤 동북 지방 일대에 9성을 쌓았다. ✗

✓❸ 고종은 대한 제국을 선포하고 구본신참의 원칙 아래 광무개혁을 추진하였다. ○

④ 6·15 남북 공동 선언 이후 남북 교류와 협력이 확대되면서 개성 공단이 조성되었다. ✗

⑤ 전민변정도감은 고려 시대에 설치·운영된 기구이다. 고려 말에 공민왕은 신돈을 전민변정도감의 책임자로 임명하여 권문세족이 불법으로 빼앗은 토지와 노비를 원래 주인에게 돌려주고, 억울하게 노비가 된 자를 양인 신분으로 회복시켜 주고자 하였다. ✗

🗒 ③

04 일본의 침략 확대와 국권 수호 운동

63 ②	64 ③	65 ②	66 ③	67 ④	68 ②
69 ③	70 ①	71 ②	72 ④	73 ①	74 ③
75 ①	76 ④	77 ①	78 ①	79 ①	80 ③
81 ①	82 ②				

63 을사늑약의 이해

빈출 문항 자료 분석

(가)에 대한 설명으로 옳은 것은?

→ 1904년 제차 한일 협약이 체결되면서 일본이 대한 제국에 외교 고문과 재정 고문을 추천하면서 간섭할 수 있었음

일본이 제1차 한일 협약을 체결하여 고문 정치의 서막을 열고 재정·외교를 감시하더니, 이후에 ___(가)___ 을/를 체결해서 외교를 주관하게 되었다. 이에 조선의 우국지사가 시국이 날로 그릇되는 것을 목도하고 비분강개하는 사이에 민영환을 비롯한 강직한 신하가 자결하고, 최익현과 같은 절의를 지닌 사람이 거병(擧兵)하여 천하가 떠들썩한 중에 일대 큰일이 돌연히 일어나니, 즉 이상설 등의 특사 사건 → 을사의병
이다. └ 고종은 헤이그에서 열린 만국 평화 회의에 이상설, 이준 등을 특사로 파견하여 을사늑약의 불법성을 알리려고 노력하였음

해결 전략 제1차 한일 협약 이후 체결되었다는 점, 일본이 외교를 주관하게 되었다는 점, 민영환이 자결하고 최익현이 거병하였다는 점, 이상설 등의 특사 사건이 일어났다는 점 등을 통해 (가)는 1905년 일본의 강요로 체결된 을사늑약임을 알 수 있다. 을사늑약에 대한 항거는 자주 출제되는 내용이므로 구체적인 사실을 정리해 두어야 한다.

선택지 분석
① 박정희 정부는 미국의 요청으로 베트남 전쟁에 국군을 파병하였다. ✗
✓② 을사늑약에 따라 1906년 통감부가 설치되었다. ○
③ 고려 성종 때 서희는 적장과의 외교 담판으로 거란의 침략을 막아 내고 강동 6주 지역을 확보하였다. ✗
④ 1882년 체결된 조미 수호 통상 조약에 최혜국 대우가 처음 규정되었다. ✗
⑤ 조선에서는 병자호란 이후 오랑캐에게 당한 치욕을 씻고 명에 대한 의리를 지키자는 북벌론이 대두하였다. ✗ **답** ②

64 을사늑약의 이해

자료 분석 일본이 강요하여 체결되었다는 점, 대한 제국의 외교권을 빼앗고 통감부령을 공포하였다는 점 등을 통해 (가) 조약이 1905년에 강제 체결된 을사늑약임을 알 수 있다. 을사늑약으로 일제는 대한 제국의 외교권을 박탈하고 통감부를 설치하였다.

선택지 분석
① 청일 전쟁에서 승리한 일본이 청과 시모노세키 조약을 체결해 랴오둥 반도를 차지하자, 러시아의 주도로 삼국 간섭이 일어났다. ✗
② 병자호란에서 조선이 청에 굴욕적인 항복을 한 이후 북벌론이 대두하였다. ✗
✓③ 고종은 을사늑약의 부당함을 알리기 위해 1907년 헤이그 만국 평화 회의에 특사를 파견하였다. ○

---

④ 동학 농민 운동 당시 전주성을 점령한 동학 농민군과 정부가 전주 화약을 체결하였다. ✗
⑤ 갑신정변 이후 청과 일본이 체결한 톈진 조약에 해당한다. ✗ **답** ③

65 을사늑약의 결과 이해

자료 분석 (가)는 을사늑약이다. 고종은 을사늑약이 무효임을 국제 사회에 알리기 위해 1907년에 헤이그에서 열린 만국 평화 회의에 이상설, 이준, 이위종을 특사로 파견하였다.

선택지 분석
① 예송은 조선 현종 때 효종과 효종비의 국장과 관련해 자의 대비의 상복 문제로 서인과 남인이 대립한 사건이다. ✗
✓② 을사늑약의 결과 일제는 통감부를 설치하여 대한 제국의 정치와 외교를 장악하였다. ○
③ 구식 군인들은 신식 군대인 별기군과의 차별 대우 등을 배경으로 1882년 임오군란을 일으켰다. ✗
④ 김대중 정부 시기인 2000년 제1차 남북 정상 회담의 결과 6·15 남북 공동 선언이 발표되었다. 이후 남북 교류와 경제 협력이 확대되면서 개성 공단 조성 사업이 시작되었다. ✗
⑤ 1876년 일본과 체결한 강화도 조약으로 조선은 부산 등 3개 항구를 개항하였다. ✗ **답** ②

66 을사늑약에 대한 저항의 사례 파악

자료 분석 스티븐스가 외교 고문으로 초빙되었다는 점 등을 통해 (가)는 을사늑약임을 알 수 있다. 을사늑약으로 일제는 대한 제국의 외교권을 박탈하고 통감부를 설치하였다.

선택지 분석
① 전봉준은 농민들을 모아 농민군을 조직하고 동학 농민 운동을 이끌었다. ✗
② 배중손 등이 이끈 삼별초는 고려가 몽골과 강화를 맺자 이에 반대하며 대몽 항쟁을 전개하였다. ✗
✓③ 나철 등은 을사늑약 체결에 동의한 이완용 등 을사 5적 암살을 시도하였다. ○
④ 1866년 흥선 대원군이 천주교를 탄압하며 프랑스 선교사를 처형하는 병인박해가 일어나자, 이를 구실로 프랑스군이 강화도에 침입하였다. 양헌수가 이끄는 부대는 정족산성에서 프랑스군에 항전하였다. ✗
⑤ 이만손 등의 영남 유생들은 『조선책략』의 유포와 정부의 개화 정책에 반발하여 만인소를 올렸다. ✗ **답** ③

67 을사늑약에 대한 항거 이해

자료 분석 자료에서 대한 제국의 외교권 박탈 등의 내용을 통해 (가)가 1905년에 체결된 을사늑약임을 알 수 있다. 일제는 러일 전쟁에서 승리한 후 을사늑약을 강요하여 대한 제국의 외교권을 빼앗았다.

선택지 분석
① 아관 파천으로 손상된 국가의 권위를 되찾고 대내외적으로 자주국임을 내세우기 위해 독립 협회의 주도로 독립문을 건립하였다. ✗

② 13세기에 고려 정부가 몽골과 강화를 맺고 개경 환도를 결정하자 이에 반발해 삼별초가 봉기하여 대몽 항쟁을 전개하였다. ✗

③ 조선 중종 때 왜구와 여진의 침입에 대비하여 임시 기구로 비변사가 설치되었다. ✗

✓❹ 고종은 을사늑약의 부당함을 알리기 위해 1907년 헤이그에서 열린 만국 평화 회의에 이상설, 이준, 이위종을 특사로 파견하였다. ⃝

⑤ 세도 정치에 따른 삼정의 문란으로 1862년 임술 농민 봉기가 일어났다. ✗

답 ④

68 을사늑약의 결과 파악

[자료|분석] 자료에서 민영환이 조약 체결에 앞장선 오적을 처단하라는 상소를 올렸다는 점, 조약에 대한 항의의 표시로 자결하였다는 점 등을 통해 밑줄 친 '이 조약'이 1905년에 체결된 을사늑약임을 알 수 있다.

[선택지|분석]

✓ㄱ. 을사늑약 이후 일제는 1906년 통감부를 설치해 내정을 간섭하였다. ⃝

ㄴ. 1876년에 체결된 강화도 조약에 따라 부산, 원산, 인천이 개항되었다. ✗

✓ㄷ. 일제는 을사늑약으로 대한 제국의 외교권을 빼앗았다. ⃝

ㄹ. 1884년 갑신정변 이후 청과 일본은 톈진 조약을 체결하였다. 이 조약은 양국 군대의 철수와 향후 조선에 파병 시 상대국에 미리 알리도록 할 것을 규정하였다. ✗

답 ②

69 을사늑약의 이해

빈출 문항 자료 분석

밑줄 친 '조약'에 대한 설명으로 옳은 것은?

> ──▶ 을사늑약에 대한 항거
>
> 민영환이 조약 체결에 항거하여 자결하였으니, 신들은 매우 놀랍고 슬펐습니다. 이는 그 사람을 위해서라기보다는 실로 나라와 천하를 위해 애통해 하는 것입니다. …(중략)… 삼가 바라건대 폐하께서는 속히 칙명을 내려 박제순・이지용・이완용・이근택・권중현 오적을 모두 처단하소서. 그리고 사리에 근거해 담판하여, 강제로 체결된 이 조약을 철회하소서. ──▶ 을사 5적

[해결 전략] 자료에서 민영환이 조약 체결에 항거하여 자결하였다는 점, 박제순 등 오적의 처단과 강제로 체결된 조약의 철회를 요구하고 있는 점 등을 통해 밑줄 친 '조약'이 1905년 체결된 을사늑약임을 알 수 있다. 일제는 을사늑약을 강제로 체결하여 대한 제국의 외교권을 박탈하고 통감부를 설치하였다. 이에 고종은 헤이그 특사를 파견하여 을사늑약의 부당함을 세계에 알리려고 하였으나 일제의 방해로 성과를 거두지 못하였다.

[선택지|분석]

① 수신사 김홍집이 『조선책략』을 국내에 소개한 이후 조선은 청의 알선으로 미국과 조미 수호 통상 조약을 체결하였다. ✗

② 1953년 정전 협정 직후에 체결된 한미 상호 방위 조약에 해당한다. ✗

✓❸ 고종은 을사늑약의 부당함을 국제 사회에 알리기 위해 1907년 네덜란드 헤이그에서 열린 만국 평화 회의에 이상설, 이준, 이위종을 특사로 파

견하였다. ⃝

④ 1894년 동학 농민 운동 당시 전주성을 점령한 동학 농민군은 정부와 전주 화약을 체결한 뒤 집강소라는 자치 기구를 설치하고 폐정 개혁을 추진하였다. ✗

⑤ 1909년 일본은 청과 간도 협약을 체결하고 간도를 청의 영토로 인정하였다. ✗

답 ③

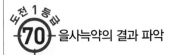

도전 1등급
70 을사늑약의 결과 파악

도전 1등급 문항 분석　▶▶ 정답률 33.4%

밑줄 친 '조약'의 결과로 옳은 것은?

> 하야시 공사에게
> ──▶ 고종의 재가 없이 체결됨
>
> 을사늑약 제2조: 한국 정부는 금후 일본국 정부의 ◀──
> 중개를 거치지 않고는 어떤 국제적 조약이나 약속도
> 하지 않기로 상약한다.
>
> 우리나라와 귀국은 일찍부터 이웃끼리의 정의(情誼)를 돈독히 하고 우호 관계를 맺어 날로 친밀해졌다. 그런데 바로 이달 17일에 귀국은 병력을 이끌고 대궐을 포위한 후, 대신들을 협박하여 법식도 갖추지 않은 조약에 강제로 조인토록 하여 억지로 우리의 외교권을 빼앗았다. 이는 국제법을 어긴 것이며, 우리의 독립을 보장한 이전의 약속을 어기고 뒤집는 행동이 아니겠는가. 바라건대, 하야시 공사는 확실히 잘못을 깨달아 귀국 정부에 보고하여 조약을 취소하기를 지극히 요망한다.
> ──▶ 을사늑약 체결 후 조약의 무효와 을사오적의 처형을 주장하다 각국 공사와 동포에게 보내는 유서를 남기고 자결함 조병세 씀

[해결 전략] 대신들을 협박해 강제로 조약을 조인하도록 하여 외교권을 빼앗았다는 내용을 통해 밑줄 친 '조약'이 을사늑약임을 알 수 있다. 대한 제국의 주권이 일제에 넘어가는 과정에서의 주요 조약들은 시기별로 정리해서 그 내용을 꼭 알아 두어야 한다. 특히 을사늑약은 대한 제국이 외교권을 뺏김으로써 주권이 제한되는 조약이기 때문에 배경과 내용, 결과를 정리해 두자.

[선택지|분석]

✓❶ 1905년에 일본은 을사늑약을 강제로 체결하여 대한 제국의 외교권을 빼앗고, 이듬해 통감부를 설치하였다. ⃝

② 청일 전쟁에서 승리한 일본이 시모노세키 조약으로 청으로부터 랴오둥 반도를 차지하게 되자, 러시아, 독일, 프랑스 3개 국가가 일본에 랴오둥반도의 반환을 요구한 삼국 간섭이 일어났다(1895). ✗

③ 조선은 1882년 미국과 조미 수호 통상 조약을 체결한 이후 미국의 공사 파견에 대한 답례로 미국에 보빙사를 파견하였다. ✗

④ 1876년 일본과 체결한 강화도 조약으로 조선은 부산 등 3개 항구를 개항하였다. ✗

⑤ 1904년 제1차 한일 협약에 의해 메가타가 대한 제국의 재정 고문으로 파견되었다. ✗

답 ①

71 국권 피탈 과정 이해

[자료|분석] 러시아와 일본이 한반도를 둘러싸고 전쟁을 벌였다는 점, 미국의 중재로 러시아와 일본이 강화를 맺었다는 점 등을 통해 제시된 자료는 1905년 러일 전쟁 종결과 관련된 내용임을 알 수 있다.

선택지 분석

① 1884년 갑신정변의 영향으로 청과 일본은 톈진 조약을 체결하고 조선에서 양국 군대를 철수하였다. ✗

✓**❷** 일본은 러일 전쟁 발발 이후 가쓰라·태프트 밀약, 제2차 영일 동맹, 포츠머스 조약 등을 통해 한반도에 대한 독점적 지배권을 확보하였다. 이후 일본은 1905년 11월 을사늑약을 강제 체결하여 대한 제국의 외교권을 박탈하였다. ○

③ 1945년 12월 모스크바 3국 외상 회의가 개최되어 한반도에 민주주의 임시 정부 수립, 미소 공동 위원회 설치, 최고 5년 기한 4개국에 의한 한반도 신탁 통치에 관한 협약 작성 등이 결정되었다. ✗

④ 영국은 러시아 견제를 구실로 1885년부터 1887년까지 거문도를 불법 점령하였다. ✗

⑤ 1866년 미국인 소유 상선 제너럴 셔먼호가 통상을 요구하며 횡포를 부리다가 평양 관민과 충돌하여 불태워진 제너럴 셔먼호 사건이 발생하였다. ✗ **답 ②**

72 을사늑약의 체결 시기 파악

자료 분석 자료에서 일본인 통감을 두고 외교권을 일본이 박탈한다는 점 등을 통해 밑줄 친 '조약'이 1905년 강제로 체결된 을사늑약임을 알 수 있다.

선택지 분석

① 신미양요는 1871년 미국이 제너럴 셔먼호 사건을 빌미로 강화도를 침략하면서 일어났다. ✗

② 일본은 운요호 사건을 일으킨 후 이를 빌미로 개항을 요구하였다. 이에 1876년 조선은 일본과 강화도 조약을 체결하였다. ✗

③ 1894년 군국기무처의 주도로 갑오개혁이 시작되었다. 제1차 갑오개혁에서는 신분제 폐지, 과부 재가 허용 등의 정책이 추진되었다. ✗

✓**❹** 일본은 1905년 미국, 영국, 러시아 등으로부터 한국에 대한 일본의 독점적 지배권을 인정받은 후 을사늑약을 체결하여 대한 제국의 외교권을 강탈하고 통감부를 설치하였다. 이에 고종은 을사늑약의 부당함을 알리기 위해 1907년 헤이그에 특사를 파견하였고, 일본은 이를 구실로 고종을 강제 퇴위시켰다. ○

⑤ 1910년 대한 제국은 일본에 국권을 빼앗겼다. ✗ **답 ④**

73 을사늑약의 내용 파악

자료 분석 자료는 안중근이 이토 히로부미를 저격한 이유를 밝히는 장면으로, 대한 제국의 외교권 박탈 등의 내용을 통해 밑줄 친 '이 조약'이 1905년에 체결된 을사늑약임을 알 수 있다.

선택지 분석

✓**❶** 일제는 을사늑약을 체결한 이듬해에 통감부를 설치하여 내정 간섭을 강화하였다. ○

② 고려의 윤관은 별무반을 이끌고 여진을 정벌한 후 동북 9성을 쌓았다. ✗

③ 6·15 남북 공동 선언 이후 남북 교류와 협력이 확대되면서 개성 공단이 조성되었다. ✗

④ 1895년 을미사변이 일어나자 이듬해에 고종은 러시아 공사관으로 처소를 옮기는 아관 파천을 단행하였다. ✗

⑤ 모스크바 3국 외상 회의에서 내린 결정을 실행에 옮기기 위해 1946년과 1947년 두 차례에 걸쳐 미소 공동 위원회가 개최되었다. ✗ **답 ①**

74 헤이그 특사가 파견된 시기 파악

자료 분석 자료에서 을사늑약의 불법성을 알리기 위해 파견된 점, 일본이 이를 빌미로 고종을 강제로 퇴위시킨 점 등을 통해 밑줄 친 '특사'는 헤이그 특사임을 알 수 있다. 1907년 헤이그에서 만국 평화 회의가 개최되자 고종은 을사늑약의 불법성을 알리기 위해 이상설, 이준, 이위종을 특사로 파견하였다.

선택지 분석

① 신미양요의 발발은 1871년의 사실이다. ✗

② 임오군란 발생은 1882년의 사실이다. ✗

✓**❸** 대한 제국은 1897년에 수립되었다. ○

④ 헤이그 특사 파견을 빌미로 고종을 강제 퇴위시킨 일본은 1910년 한일 병합 조약을 체결하여 대한 제국의 국권을 빼앗았다. ✗

⑤ 6·10 만세 운동은 1926년에 일어났고, 만주 사변은 1931년에 발발하였다. ✗ **답 ③**

75 을사늑약의 결과 파악

자료 분석 자료에서 대한 제국이 외교권을 일본에 위탁하지 않았느냐는 영국 기자의 질문에 이위종이 일본의 강압에 의해 불법적으로 맺어진 것이라 반박하는 내용을 통해 밑줄 친 ㉠의 의미가 일본이 강제로 을사늑약을 체결한 것임을 알 수 있다. 고종은 을사늑약의 불법성을 알리기 위해 헤이그에서 열린 만국 평화 회의에 특사를 파견하였다.

선택지 분석

✓**❶** 을사늑약의 결과 통감부가 설치되었다. ○

② 독립문은 독립 협회의 주도로 건립되었다. ✗

③ 일제는 1925년 치안 유지법을 제정하여 사회주의자와 독립운동가를 탄압하였다. ✗

④ 동학 농민 운동은 1894년 정부의 무능과 수탈, 일본의 침탈 등에 대항하여 전개되었다. ✗

⑤ 강화도 조약에 따라 부산 외 2개 항구(원산, 인천)가 개항되었다. ✗ **답 ①**

76 대한 제국의 군대 해산 시기 파악

빈출 문항 자료 분석

다음 상황이 나타난 시기를 연표에서 옳게 고른 것은?

▶ 한일 신협약의 비밀 각서에 따라 대한 제국의 군대 해산됨(1907)

일본의 강요로 한성에 있는 각 부대가 해산된 후 지방의 8개 진위대도 해산되었다. 이에 원주 진위대는 황제 폐위와 군대 해산에 격분하여 일제히 궐기하였다. …(중략)… 강화 진위대는 해산 명령에 반발하여 민간인 수백여 명과 연합해 일본 주재소를 습격하였다.

◀ 헤이그 특사 파견을 빌미로 고종 황제가 강제 퇴위됨

— 박은식, 『한국통사』 —

해결 전략 일본의 강요로 한성에 있는 부대와 지방의 진위대가 해산되었다는 내용을 통해 1907년 대한 제국의 군대가 해산되는 상황임을 알 수 있다. 일제가 대한 제국의 국권을 침탈하는 과정에서 체결한 을사늑약, 한일 신협약은 시기와 내용을 정리해 두어야 한다.

① 강화도 조약은 1876년에 체결되었다. ✗

② 갑신정변은 1884년에 발생하였다. ✗

③ 제1차 갑오개혁은 1894년에 시작되었다. ✗

✓❹ 대한 제국의 수립은 1897년의 사실이다. ○

⑤ 일제는 1907년 대한 제국의 군대를 해산시킨 후 1910년 대한 제국의 국권을 빼앗았다. 6·10 만세 운동의 발생은 1926년의 사실이다. ✗ **답** ④

77 을미의병의 배경 이해

자료 분석 조선의 국왕이 머리카락을 자르라는 명령을 내렸다는 등의 내용을 통해 밑줄 친 '명령'은 단발령임을 알 수 있다. 1895년 명성 황후 시해 사건(을미사변) 이후 성립된 내각은 단발령 등의 개혁을 단행하였다(을미개혁).

선택지 분석

✓❶ 을미사변과 단발령에 반발하여 유인석, 이소응 등 유생들이 을미의병을 일으켰다. ○

② 고려 광종은 노비안검법을 시행하여 본래 양인이었으나 불법으로 노비가 된 자들을 양인 신분으로 회복시켰다. ✗

③ 조선 고종은 1880년 통리기무아문을 설치하고 개화 정책을 추진하였다. ✗

④ 이승만 정부는 사사오입 개헌을 실시하여 장기 집권을 꾀하였다. ✗

⑤ 6·10 만세 운동은 1926년 순종의 장례일에 학생들을 중심으로 전개된 대규모 만세 운동이다. ✗ **답** ①

78 을사의병의 배경 이해

자료 분석 이토 히로부미가 군대를 거느리고 서울에 들어와 자칭 통감이라고 한다는 내용을 통해 제시된 자료는 을사의병 당시 작성된 격문임을 알 수 있다.

선택지 분석

✓❶ 일제가 강요한 을사늑약으로 외교권이 박탈되고 통감부가 설치되는 등 한국의 국권이 위협받는 상황 속에서 을사의병이 일어났다. ○

② 자유시 참변은 러시아로 이동한 독립군이 러시아 적군에 의해 강제로 무장 해제되는 과정에서 수백 명이 희생당한 사건이다. ✗

③ 5·16 군사 정변 세력은 군사 정부 수립 후 중앙정보부를 설치하였다. ✗

④ 사회주의 계열에서 발표한 정우회 선언을 계기로 1927년 사회주의 세력과 비타협적 민족주의 세력이 연대하여 신간회를 결성하였다. ✗

⑤ 일제는 1910년대 무단 통치를 자행하면서 1912년 태형령을 제정해 한국인에게만 태형을 적용하였다. ✗ **답** ①

79 정미의병의 배경 이해

자료 분석 군대 해산 조칙, 박승환의 자결 소식 등을 통해 자료는 해산된 대한 제국의 군인들이 일제에 저항하는 상황임을 알 수 있다.

선택지 분석

✓❶ 고종의 강제 퇴위와 군대 해산은 정미의병의 배경이 되었다. ○

② 임진왜란(1592~1598) 중 이순신이 이끈 수군은 한산도에서 일본 수군을 상대로 승리하여 남해의 제해권을 장악하고 전세를 역전하는 발판을

마련하였다. ✗

③ 1950년 1월 미국 국무 장관 애치슨이 미국의 태평양 지역 방위선에서 한국을 제외하는 내용의 애치슨 선언을 발표하였다. ✗

④ 병인양요(1866)는 병인박해를 구실로 프랑스가 강화도를 침략하면서 발생하였다. 당시 양헌수가 이끄는 조선군은 정족산성에서 프랑스군을 물리쳤고, 프랑스 군대는 강화도에서 철수하면서 외규장각 도서와 각종 문화재 등을 약탈하였다. ✗

⑤ 일제는 1925년 치안 유지법을 제정하여 사회주의자와 독립운동가를 탄압하였다. ✗ **답** ①

80 신민회의 활동 파악

자료 분석 자료에서 안창호, 양기탁 등이 창립하였다는 점, 공화정 수립을 지향한 비밀 결사라는 점, 태극 서관과 자기 회사를 운영하였다는 점 등을 통해 (가) 단체가 신민회임을 알 수 있다.

선택지 분석

① 도병마사는 고려 시대 중서문하성과 중추원의 고위 관료가 모여 주로 국방 문제를 논의하던 회의 기구이다. ✗

② 제가 회의는 왕과 가들이 모여 나라의 중요한 일을 결정하는 고구려의 귀족 회의이다. ✗

✓❸ 신민회는 실력 양성을 위한 민족 교육을 실시하기 위해 오산 학교와 대성 학교를 설립하였다. ○

④ 탕평 정치는 조선 후기에 붕당 정치의 폐단을 해소하고 국왕 중심의 국정 운영을 강화하기 위해 영조와 정조가 본격적으로 실시하였다. ✗

⑤ 조사 시찰단은 개항 이후 조선 고종이 일본의 근대 문물 시찰과 개화 정책에 대한 정보 수집을 위해 파견하였다. ✗ **답** ③

81 신민회의 활동 파악

빈출 문항 자료 분석

밑줄 친 '이 단체'에 대한 설명으로 옳은 것은?

신민회가 독립운동 기지를 건설한 지역 ◀━━━━━━━━━━━━━━━━━━━━━━━━━▶ 신흥 무관 학교로 이어짐

> 문: 피고인은 이 단체가 삼원보에 신흥 강습소를 세우고, 기회를 타서 독립 전쟁을 일으키고자 하는 것을 알고 있었는가?
>
> 답: 몇 년 전 한국인들이 교육과 산업 증진을 목적으로 조직했다고 들었을 뿐이다. ━▶ 애국 계몽 운동 세력은 교육과 산업의 증진을 통해 국권을 수호하고자 함
>
> 문: 다른 이들의 진술에 따르면, 피고인이 자주 평양에 가서 이 단체가 설립한 태극 서관의 모임에 참석하였다고 한다. 또한 데라우치 총독을 암살하려고 사람들을 이끌고 선천에 갔다고 들었다.
>
> 답: 그러한 진술은 견딜 수 없는 고문 아래 강요된 것임이 이 공개 법정에서 드러나지 않았는가? ━▶ 일제가 조작한 105인 사건

해결 전략 삼원보에 신흥 강습소를 세우고 독립 전쟁을 일으키고자 한 점, 교육과 산업 증진을 목적으로 조직된 점, 평양에 태극 서관을 설립하였다는 점 등을 통해 밑줄 친 '이 단체'가 신민회임을 파악해야 한다. 이외에 신민회와 관련하여 자기 회사 운영, 105인 사건으로 와해 등의 사실도 기억해 두어야 한다.

선택지 분석

✓ **❶** 신민회는 오산 학교와 대성 학교를 세워 민족 교육을 실시하였다. **O**

② 을미의병 등은 을미개혁 당시 발표된 단발령의 철회를 요구하였다. **X**

③ 1929년 원산의 한 석유 회사에서 일본인 감독이 한국인 노동자를 구타한 사건을 계기로 원산 노동자 총파업이 일어났다. **X**

④ 박정희 정부는 1970년부터 농촌 환경 개선과 소득 증대를 위해 새마을 운동을 전개하였다. **X**

⑤ 일제 강점기에 방정환을 중심으로 한 천도교 소년회에서 어린이날을 제정하였다. **X**   **답 ①**

82 신민회의 활동 파악

자료 분석 자료에서 단체의 목적이 민중 계몽과 국권 회복이라는 점, 서간도에 무관 학교를 설립하였으며 비밀 결사라는 점 등을 통해 (가) 단체가 신민회임을 알 수 있다. 신민회는 안창호, 양기탁 등의 주도로 설립되었다.

선택지 분석

① 1896년 서재필 등은 정부의 지원을 받아 독립신문을 창간하였다. **X**

✓ **❷** 신민회는 1911년 105인 사건으로 와해되었다. **O**

③ 브나로드 운동은 일제 강점기에 문맹 퇴치와 농촌 계몽을 통해 실력 양성을 추구했던 운동으로 1930년대 동아일보사가 주도하였다. **X**

④ 대한민국 임시 정부는 중국 상하이와 국내를 연결하기 위해 비밀 행정 조직인 연통제와 비밀 통신 기관인 교통국을 설치해 운영하였다. **X**

⑤ 집강소는 동학 농민 운동 당시 동학 농민군이 전라도 각지에 설치한 자치 기구로, 농민들의 의사를 모으고 이를 집행하였으며 치안을 담당하기도 하였다. **X**   **답 ②**

---

83 ⑤	84 ④	85 ⑤	86 ⑤	87 ③	88 ③
89 ⑤	90 ④	91 ⑤	92 ④	93 ④	94 ④
95 ④	96 ①	97 ②	98 ④	99 ⑤	100 ④
101 ④	102 ⑤	103 ④	104 ①		

83 조청 상민 수륙 무역 장정의 영향 파악

자료 분석 자료에서 청 상인이 한성과 양화진에 영업소를 개설할 수 있게 되었다는 점, 정부의 허가를 받으면 청 상인이 내륙에서도 활동할 수 있게 되었다는 점을 통해 가상 대화가 1882년 조청 상민 수륙 무역 장정 체결에 대한 것임을 알 수 있다.

선택지 분석

① 1897년 대한 제국 수립 이후 구본신참의 원칙에 따라 광무개혁이 추진되었다. **X**

② 1907년 대한 제국이 일본에 진 빚을 갚기 위해 국채 보상 운동이 전개되었다. **X**

③ 1896년 아관 파천 이후 열강의 이권 침탈이 심해지는 상황에서 러시아가 절영도 조차를 시도하였다. **X**

④ 1904년 러일 전쟁을 도발한 일본은 대한 제국에 국가 또는 황실이 소유한 황무지 개간권의 양도를 요구하였다. **X**

✓ **❺** 임오군란 직후 조청 상민 수륙 무역 장정 체결에 따라 청 상인들의 내지 통상이 가능해졌다. **O**   **답 ⑤**

84 조일 통상 장정의 이해

자료 분석 자료에서 조선과 일본이 체결한 장정이라는 점, 곡물 수출 금지에 관한 규정을 담고 있다는 점, 이에 근거하여 방곡령이 선포되었다는 점 등을 통해 밑줄 친 '이 장정'이 1883년에 체결된 조일 통상 장정임을 알 수 있다. 조선은 일본과 조일 통상 장정을 체결하여 일본 상품에 관세를 부과하게 되었다. 그러나 조선 정부가 방곡령을 시행하기 1개월 전에 일본 영사관에 통지해야 한다는 규정이 있었고, 일본의 요구로 최혜국 대우를 인정하여 불평등한 교역이 계속되었다.

선택지 분석

① 러일 전쟁 중에 체결된 조약으로는 한일 의정서 등이 있다. **X**

② 박정희 정부는 미국의 요청으로 1964년부터 베트남에 국군을 파병하였다. **X**

③ 대한 제국의 외교권을 빼앗은 일제가 1909년 간도 협약을 맺어 간도를 청의 영토로 인정하였다. **X**

✓ **❹** 조일 통상 장정에는 일본에 대한 최혜국 대우 규정이 포함되어 있다. **O**

⑤ 조선은 강화도 조약을 체결하고 일본에 부산과 원산, 인천을 개항하였다. **X**   **답 ④**

도전 1등급 문항 분석 ▶▶ 정답률 25%

밑줄 친 '장정'에 대한 설명으로 옳은 것은?

조약을 맺은 한 나라가 제3국에 부여한 가장 유리한 조건을 조약 상대국에도 부여하는 것으로
조미 수호 통상 조약, 조일 통상 장정 등에 최혜국 대우 내용이 포함되어 있음

3단계 힌트까지 나왔습니다.
이 장정은 무엇일까요?

퀴즈! 한국사
1단계 조선과 일본 사이에 체결
2단계 일본에 최혜국 대우를 인정
3단계 관세 조항을 포함한 장정

해결 전략 조선과 일본 사이에 체결되었다는 점, 일본에 최혜국 대우를 인정하였다는 점, 관세 조항을 포함하였다는 점 등을 통해 밑줄 친 '장정'이 1883년에 체결된 조일 통상 장정임을 알 수 있다. 조선은 조일 통상 장정을 체결하여 일본 상품에 관세를 부과하게 되었으나 일본의 요구로 최혜국 대우를 인정하여 불평등한 교역이 계속되었다.

선택지 분석
① 동학 농민군은 1894년 정부와 전주 화약을 체결하고 전라도 각지에 집강소를 설치하였다. ✗
② 1929년에 일어난 원산 총파업은 라이징 선이라는 석유 회사에서 일본인 감독이 한국인 노동자를 구타한 사건에서 비롯되었다. ✗
③ 1882년에 체결된 조미 수호 통상 조약에는 조약 대상국이 아닌 타국에 의해 어려운 일을 당할 경우 서로 도와준다는 거중 조정의 내용이 담겨 있다. ✗
④ 일제는 1905년 을사늑약을 체결하여 대한 제국의 외교권을 박탈하고 통감을 파견하였다. ✗
✓❺ 조일 통상 장정에는 조선 정부가 방곡령 시행 1개월 전에 일본 영사관에 통지해야 한다는 규정이 담겨 있다. O 답 ⑤

86 화폐 정리 사업의 내용 이해

자료 분석 자료에서 구 백동화 무효에 관한 고시, 구 백동화를 기간 내에 교환하라는 내용 등을 통해 메가타의 화폐 정리 사업과 관련 있음을 알 수 있다. 화폐 정리 사업에서 구 백동화를 일본 제일 은행권으로 교환 시 백동화의 화폐 가치를 제대로 평가받지 못해 한국인 중소 상공업자 등이 몰락하게 되었다.

선택지 분석
① 1923년 암태도의 농민들은 지주에 맞서 소작 쟁의를 전개하여 소작료를 인하하는 성과를 거두었다. ✗
② 1979년 전두환 등 신군부 세력이 12·12 사태를 일으켜 정권을 장악하였다. 이에 반발하여 1980년 서울역 등지에서 대규모 시위가 전개되었는데, 이를 '서울의 봄'이라고 한다. ✗

③ 장면 정부 때 경제 개발 5개년 계획이 마련되었다. 박정희 정부 때 5년 단위로 1~4차 경제 개발 5개년 계획이 추진되었다. ✗
④ 6·25 전쟁 이후 한국은 미국의 원조 물자를 가공하는 밀가루(제분), 설탕(제당), 면직물(면방직)을 생산하는 삼백 산업이 발전하였다. ✗
✓❺ 제1차 한일 협약에 따라 대한 제국의 재정 고문으로 부임한 메가타는 화폐 정리 사업을 단행하였다. O 답 ⑤

87 화폐 정리 사업 이해

자료 분석 대한 제국 시기 일본의 경제 침탈 내용이라는 점, 백동화를 포함한 구화폐를 일본 제일 은행권으로 교환하였다는 점 등을 통해 (가)가 화폐 정리 사업임을 알 수 있다.

선택지 분석
① 통일 신라 신문왕은 귀족의 경제 기반을 약화하기 위해 관료전을 지급하고 녹읍을 폐지하였다. ✗
② 전민변정도감은 권문세족이 불법으로 빼앗은 토지와 노비를 원래 주인에게 돌려주고 억울하게 노비가 된 이들을 양인으로 회복시켜 주기 위해 설치된 임시 기구로 고려 후기에 설치되었다. ✗
✓❸ 화폐 정리 사업은 1904년에 체결된 제1차 한일 협약에 따라 대한 제국의 재정 고문으로 파견된 메가타의 주도로 시행되었다. O
④ YH 무역 사건은 1979년 YH 무역 회사의 폐업 조치에 항의하여 농성을 벌이던 여성 노동자들을 경찰이 강제 해산하는 과정에서 여성 노동자가 사망한 사건이다. ✗
⑤ 세도 정치 시기에 삼정의 문란 등으로 임술 농민 봉기가 일어났다. ✗ 답 ③

88 보안회의 활동 배경 파악

자료 분석 종로에서 보안회가 주관하는 대중 집회가 열리고 있다는 점, 한 뼘의 국토도 외국인에게 내줄 수 없다는 주장을 펼쳤다는 점 등을 통해 자료의 대화는 일본이 황무지 개간권을 요구하자 이에 반대하는 운동을 전개한 보안회의 활동과 관련된 것임을 알 수 있다.

선택지 분석
① 일제는 자국의 부족한 쌀을 한국에서 확보하기 위해 1920년부터 산미 증식 계획을 시행하였다. ✗
② 1923년에 전라남도 암태도의 농민들이 높은 소작료 등에 저항하며 소작 쟁의를 일으켰다. ✗
✓❸ 일본이 대한 제국에 황무지 개간권을 요구하자 이에 대응하여 1904년에 보안회가 결성되었다. O
④ 조선 총독부는 1910~1918년 지세의 공정한 부과와 근대적 토지 소유권 확립을 명분으로 토지 조사 사업을 실시하였는데, 그 실상은 식민 통치에 필요한 재정을 확보하는 것이었다. ✗
⑤ 일제는 1910년 한국인의 기업 설립과 민족 자본의 성장을 억제하기 위해 조선 총독의 허가를 받아야만 회사를 설립할 수 있도록 한 회사령을 제정하였다. ✗ 답 ③

89 경제적 구국 운동의 이해

자료 분석 자료에서 강연 주제가 일본의 경제 침략에 맞선 구국 운동이라는 점, 강연 내용에서 방곡령 사건, 보안회의 활동, 국채 보상 운동 등이 다루어지고 있는 점 등을 통해 (가)에는 일본의 경제 침탈에 맞선 경제적 구국 운동에 해당하는 내용이 들어가야 함을 알 수 있다.

선택지 분석

① 통일 신라 신문왕은 귀족의 경제 기반을 약화시키기 위해 관료전을 지급하고 녹읍을 폐지하였다. ✗

② 조선 영조는 농민의 군역 부담을 줄여 주기 위해 1인당 1년에 군포 1필을 납부하는 균역법을 시행하였다. ✗

③ 박정희 정부는 1970년부터 농촌 환경 개선과 소득 증대를 목표로 새마을 운동을 추진하였다. ✗

④ 고려 후기에 권세가들이 부당하게 빼앗은 토지와 노비를 원래 주인에게 돌려주고, 불법적으로 노비가 된 자를 양인 신분으로 회복시켜 주기 위해 전민변정도감이 설치되었다. ✗

✓❺ 대한 제국 시기에 서울의 시전 상인들은 외국 상인의 상권 침탈에 맞서 1898년 황국 중앙 총상회를 조직해 상권 수호 운동을 전개하였다. ⭕
　　　　　　　　　　　　　　　　　　　　　　　　　　　답 ⑤

90 경제적 구국 운동 이해

자료 분석 자료에서 독립 협회의 러시아 절영도 조차 요구 저지, 황국 중앙 총상회의 상권 수호 운동, 보안회의 황무지 개간권 요구 반대 운동 등을 통해 외세의 경제적 침탈에 대항하는 활동임을 알 수 있다.

선택지 분석

① 일제 강점기에 노동 쟁의가 많이 발생하였는데, 원산 총파업(1929)이 대표적이다. ✗

② 광복 이후 좌익과 우익 세력의 대립이 격화되는 가운데 좌우 합작을 시도하는 움직임도 전개되었다. 1946년에 결성된 좌우 합작 위원회가 대표적이다. ✗

③ 세도 정치 시기에 삼정의 문란이 극심하였으며, 임술 농민 봉기 등 이에 대항하는 농민 봉기가 빈번하게 일어났다. ✗

✓❹ 개항 이후 일본 등 외세의 경제 침탈이 심화되자 각계각층에서 이에 대항하는 경제적 구국 운동을 전개하였다. ⭕

⑤ 고려 무신 집권기에 문벌 사회가 무너지고 신분제가 크게 흔들렸다. 무신 집권자들은 농장을 확대하고 노비를 늘려갔는데, 이에 맞서 하층민들이 대규모 봉기를 일으켰다. 망이·망소이의 난, 김사미·효심의 난이 대표적이다. ✗
　　　　　　　　　　　　　　　　　　　　　　　　　　　답 ④

91 국채 보상 운동 이해

자료 분석 (가) 운동은 국채 보상 운동이다. 김광제 등이 1907년에 국민의 성금을 모아 일본에 진 나랏빚을 갚고자 대구에서 국채 보상 운동을 시작하였다.

선택지 분석

① 고려 시대 묘청 등이 풍수지리설을 내세워 서경 천도를 주장하였다. ✗

② 1895년 을미사변 이후 성립된 김홍집 내각은 단발령 등의 개혁을 단행

하였다. 이에 을미사변과 단발령에 반발하여 유인석, 이소응 등 유생들의 주도로 을미의병이 일어났다. ✗

③ 김홍집이 일본에서 『조선책략』을 들여오자 이만손 등의 유생들이 이를 비판하는 영남 만인소를 올렸다. ✗

④ 대한 제국의 고종은 구본신참 원칙에 따라 광무개혁을 추진하였다. ✗

✓❺ 국채 보상 운동은 대한매일신보 등 언론의 지원을 받으며 전국적으로 확산되었다. ⭕
　　　　　　　　　　　　　　　　　　　　　　　　　　　답 ⑤

92 국채 보상 운동의 특징 이해

자료 분석 자료에서 금주, 금연, 가락지 모으기 등을 통해 일본에 진 나랏빚을 갚는다는 점 등을 통해 (가) 운동은 국채 보상 운동임을 알 수 있다. 1907년에 시작된 국채 보상 운동은 성금을 모아 일본에 진 나랏빚을 갚고 국권을 수호하자는 운동이었다.

선택지 분석

① 독립 협회는 1898년 만민 공동회를 개최하여 러시아의 절영도 조차 요구를 철회시키는 등 외세의 이권 침탈을 규탄하는 이권 수호 운동을 전개하였다. 또한 독립 협회는 대한 제국 정부의 대신들과 민중이 함께 참여한 관민 공동회를 개최하였다. ✗

② 1926년 순종의 장례일에 맞춰 사회주의 계열의 단체와 천도교, 학생단체 등이 대규모 만세 시위를 계획하였으나 간부들이 사전에 일제 경찰에게 검거되었다. 이에 학생들은 예정대로 시위를 전개하였다. ✗

③ 고종은 대한 제국을 선포하고 구본신참의 원칙에 따라 광무개혁을 추진하였다. ✗

✓❹ 국채 보상 운동은 대한매일신보 등 언론의 지원을 받아 전국으로 확대되었다. ⭕

⑤ 보안회는 일제의 황무지 개간권 요구에 대해 반대 운동 등을 전개하여 그 요구를 철회시켰다. ✗
　　　　　　　　　　　　　　　　　　　　　　　　　　　답 ④

93 국채 보상 운동의 내용 이해

자료 분석 자료에서 국민의 성금을 모아 일본에 진 국채를 갚고자 김광제, 서상돈 등의 제의로 대구에서 시작되었다는 내용을 통해 (가) 운동이 1907년에 전개된 국채 보상 운동임을 알 수 있다.

선택지 분석

① 집강소는 동학 농민군이 1894년 정부와 전주 화약을 체결하고 전라도 각지에 설치한 농민 자치 기구이다. ✗

② 고려 인종 때 묘청과 정지상 등은 풍수지리설을 내세워 서경 천도를 주장하였다. ✗

③ 제2차 석유 파동으로 경제 위기가 고조되는 상황에서 1979년 YH 무역회사의 폐업 조치에 항의하여 농성을 벌였고, 이를 경찰이 진압하는 과정에서 여성 노동자가 사망한 YH 무역 사건이 일어났다. ✗

✓❹ 국채 보상 운동은 대한매일신보 등 언론의 지원을 받아 전국적으로 확산되었다. ⭕

⑤ 1945년 12월 개최된 모스크바 3국 외상 회의의 결정에 따라 미소 공동위원회가 개최되었다. ✗
　　　　　　　　　　　　　　　　　　　　　　　　　　　답 ④

94 국채 보상 운동 이해

밑줄 친 '운동'에 대한 설명으로 옳은 것은?

국채 보상 기성회에 관한 보고

수신: 통감
발신: 통감부 경무총장

서울에서 국채 보상 기성회 등이 조직되고 각종 단체, 대한 ◄
매일신보 등의 언론 기관이 호응하여 전국으로 확산됨

요즘 서울에는 국채 보상 기성회를 발기한 자들이 있다. 그 뒤에는 청년 회·자강회 등의 단체가 있고, 대한 제국 황실에서도 암암리에 지지를 보내는 것 같다. …(중략)… 이들의 목적은 나라가 지고 있는 빚 1,300만 원을 보상하는 것이라고 하지만 실질적인 내용은 국권 회복을 의도하는 반일 운동임은 말할 나위도 없다. 그리고 이보다 앞서 대구에서 유지들이 금연회를 만들어 회원 1인이 1원씩을 내어 2천만 동포가 참여하면 1,300만 원의 국채를 보상할 수 있다고 한 것이 이 운동의 시작이었다.

► 일본에서 들여온 차관 1,300만 원을 갚아 일본의 예속에서
벗어나자는 취지로 1907년 대구에서 시작

해결 전략 자료에서 국채 보상 기성회, 나라가 지고 있는 빚 1,300만 원을 보상 등의 내용을 통해 밑줄 친 '운동'이 국채 보상 운동임을 알 수 있다. 일본의 강요에 의해 들여온 차관으로 일본에 대한 경제적 예속이 심해지자 서상돈 등은 대한 제국의 빚을 갚기 위해 1907년 대구에서 국채 보상 운동을 추진하였다. 대한매일신보 등 언론 기관 및 애국 계몽 운동 단체의 호응으로 전국으로 확산되었으나 일제의 탄압과 방해로 실패하였다.

선택지 분석

① 1987년 박종철 고문치사 사건, 4·13 호헌 조치 등을 배경으로 일어난 6월 민주 항쟁에서 호헌 철폐 등을 주장하였다. ✗

② 고려 시대에 묘청, 정지상 등이 풍수지리설을 내세워 서경 천도를 추진하였다. ✗

③ 1890년대 초반 동학교도들이 교조 최제우의 억울함을 풀어 줄 것 등을 요구하며 교조 신원 운동을 전개하였다. ✗

✓❹ 대한 제국의 국채 1,300만 원을 갚아 일본의 경제적 예속에서 벗어나기 위해 전개된 국채 보상 운동은 1907년 대구에서 시작되어 전국으로 확산되었는데, 대한매일신보 등 언론 기관의 지원을 받았다. ⭕

⑤ 1904년에 결성된 보안회가 일제의 황무지 개간권 요구를 철회시켰다. ✗

답 ④

---

95 국채 보상 운동 이해

(가) 운동에 대한 설명으로 옳은 것은?

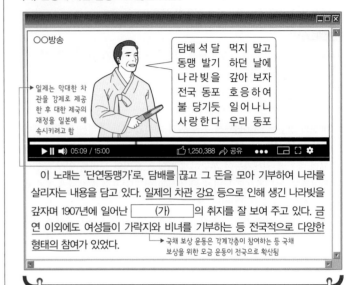

○○방송

► 일제는 막대한 차관을 강제로 제공한 후 대한 제국의 재정을 일본에 예속시키려고 함

담배 석 달 먹지 말고
동맹 발기 하던 날에
나라빚을 갚아 보자
전국 동포 호응하여
불 당기듯 일어나니
사랑한다 우리 동포

▶ ❚❚ ◀)) 05:09 / 15:00   👍 1,250,388 ↗ 공유 ••• ▭ ⌗ ⚙

이 노래는 '단연동맹가'로, 담배를 끊고 그 돈을 모아 기부하여 나라를 살리자는 내용을 담고 있다. 일제의 차관 강요 등으로 인해 생긴 나라빚을 갚자며 1907년에 일어난 ▭(가)▭ 의 취지를 잘 보여 주고 있다. 금연 이외에도 여성들이 가락지와 비녀를 기부하는 등 전국적으로 다양한 형태의 참여가 있었다.

► 국채 보상 운동은 각계각층이 참여하는 등 국채
보상을 위한 모금 운동이 전국으로 확산됨

해결 전략 담배를 끊고 그 돈을 모아 나랏빚을 갚자고 한 점, 1907년에 일어났다는 점, 여성들도 가락지와 비녀 등을 기부하였다는 점 등을 통해 (가) 운동이 국채 보상 운동임을 알 수 있다. 1907년 대구에서 시작된 국채 보상 운동은 대한매일신보 등 언론 기관이 호응하여 전국으로 확산된 사실을 알아 두어야 한다.

선택지 분석

① 1929년 한일 학생 간의 충돌로 광주 학생 항일 운동이 일어났다. ✗

② 1970년 전태일은 근로 기준법에 명시된 노동자의 권리를 요구하며 분신하였는데, 이 사건은 이후 노동 운동의 발전에 영향을 끼쳤다. ✗

③ 1898년 서울의 시전 상인들은 황국 중앙 총상회를 조직하여 상권 수호 운동을 전개하였다. ✗

✓❹ 대구에서 시작되어 전국으로 확산된 국채 보상 운동은 대한매일신보 등 언론의 지원을 받았다. ⭕

⑤ 1882년 구식 군인들은 신식 군대인 별기군과의 차별 등에 반발해 임오군란을 일으켰다. ✗

답 ④

---

96 국채 보상 운동의 이해

자료 분석 밑줄 친 '이 운동'은 국채 보상 운동이다. 국채 보상 운동은 일본에서 들여온 차관 1,300만 원을 갚아 일본의 경제적 예속에서 벗어나자는 취지로 1907년 대구에서 시작되었다.

선택지 분석

✓❶ 국채 보상 운동은 대한매일신보 등 언론 기관의 지원을 받아 전국으로 확산되었다. ⭕

② 긴급 조치권은 박정희 정부가 만든 유신 헌법에서 대통령에게 부여한 권한으로, 유신 반대 운동을 탄압하는 데 이용되었다. ✗

③ 1920년대 평양에서 조만식 등의 주도로 시작된 물산 장려 운동은 토산품 애용을 통해 민족 산업을 보호·육성하고자 하였다. ✗

④ 광복 직후 여운형을 비롯한 조선 건국 동맹 세력을 기반으로 결성된 조

선 건국 준비 위원회는 미군이 한반도에 진주하는 것에 대비하여 조선 인민 공화국 수립을 선포하였다. ✗

⑤ 3·1 운동을 계기로 일제는 무단 통치의 한계를 인식하고 이른바 문화 통치로 통치 방식을 전환하였다. ✗ **目 ①**

97 국채 보상 운동의 전개 양상 이해

자료 분석 자료에서 서상돈 등이 일으킨 운동, 금연하여 이 운동에 동참, 국채 1,300만 원을 갚는 데 도움을 주자는 내용 등을 통해 대화의 소재가 된 운동이 국채 보상 운동임을 알 수 있다.

선택지 분석

① 일제가 황무지 개간권을 요구하며 토지를 약탈하려 하자 1904년 결성된 보안회가 반대 운동을 전개하여 이를 철회시켰다. ✗

✓❷ 일본에서 들여온 차관 1,300만 원을 갚아 일본의 경제적 예속에서 벗어나자는 취지로 시작된 국채 보상 운동은 대한매일신보 등 언론사의 지원을 받아 전국적으로 확산되었다. ◯

③ 1926년 순종의 장례일에 맞춰 학생들을 중심으로 6·10 만세 운동이 전개되었다. ✗

④ 대한 제국은 구본신참을 개혁의 기본 원칙으로 삼아 광무개혁을 추진하였다. ✗

⑤ 박정희 정부는 농촌 환경 개선과 소득 증대를 목표로 1970년부터 새마을 운동을 추진하였다. ✗ **目 ②**

98 국채 보상 운동 파악

자료 분석 자료에서 나랏빚 1,300만 원을 갚기 위해 전개되었다는 점, 황제께서도 담배를 끊을 뜻을 밝혔다는 점 등을 통해 (가) 운동이 1907년에 전개된 국채 보상 운동임을 알 수 있다.

선택지 분석

① 청군의 개입으로 실패한 사건으로는 1882년에 일어난 임오군란과 1884년에 일어난 갑신정변 등이 있다. ✗

② 일제는 1925년에 치안 유지법을 제정하여 사회주의자와 독립운동가를 탄압하였다. ✗

③ 광복 직후 여운형 등을 중심으로 조직된 조선 건국 준비 위원회는 전국에 지부를 설치하고 치안대를 조직하여 치안 유지를 위해 노력하였다. ✗

✓❹ 모금 운동 방식으로 전개된 국채 보상 운동은 대한매일신보 등 언론 기관의 지원을 받았다. ◯

⑤ 이만손 등 영남 지방의 유생들은 『조선책략』의 유포와 미국과의 수교 움직임 등에 반발하여 영남 만인소를 올렸다. ✗ **目 ④**

99 국채 보상 운동 이해

자료 분석 자료에서 1,300만 원의 국채를 갚자라는 취지에서 일어났다는 점, 금연과 금주 등을 통해 성금을 모았다는 점, 일본의 경제 침탈에 저항한 경제적 구국 운동이라는 점 등을 통해 (가) 운동이 국채 보상 운동임을 알 수 있다.

선택지 분석

① 1960년에 치러진 정·부통령 선거에서 3·15 부정 선거가 자행되자, 이를 규탄하며 일어난 시위가 전국으로 확산되어 4·19 혁명으로 발전하였다. ✗

② 조선 정부의 개화 정책 추진과 『조선책략』의 유포에 반발하여 이만손 등 영남 유생들이 만인소를 올리며 개화 반대 운동을 전개하였다. ✗

③ 1987년 6월 민주 항쟁으로 6·29 민주화 선언이 발표되고 5년 단임의 대통령 직선제 개헌이 이루어졌다. ✗

④ 1862년 임술 농민 봉기를 계기로 조선 정부는 삼정의 문란을 바로잡기 위해 삼정이정청을 설치하였다. ✗

✓❺ 1907년에 대구에서 시작되어 전국으로 확산된 국채 보상 운동은 각종 단체와 대한매일신보 등 언론 기관의 지원을 받았다. ◯ **目 ⑤**

100 개항 이후 갑오개혁 이전 시기의 모습 파악

자료 분석 자료에서 갑오개혁에 앞선 시기라는 점, 전환국과 박문국, 광혜원이 설치되었다는 점 등을 통해 밑줄 친 '이 시기'가 개화 정책이 본격적으로 시행된 1880년대부터 1894년 이전임을 알 수 있다.

선택지 분석

① 일제는 1937년 중일 전쟁 발발 이후 한국인의 민족의식을 말살하기 위해 황국 신민 서사 암송을 강요하였다. ✗

② 6·10 만세 운동은 1926년 순종의 인산일을 기해 일어났다. ✗

③ 제헌 국회 의원 선출을 목적으로 1948년 5·10 총선거가 실시되었다. ✗

✓❹ 조선 정부는 양반 자제와 관리를 대상으로 근대 학문을 교육하고자 1886년 육영 공원을 설립하였다. ◯

⑤ 경부 고속 국도(도로)는 박정희 정부 시기인 1970년에 개통되었다. ✗ **目 ④**

도전 1등급
101 대한매일신보의 특징 파악

도전 1등급 문항 분석 ▶▶ 정답률 47.0%

(가) 신문에 대한 설명으로 옳은 것은?

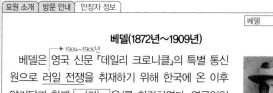

양화진 외국인 묘원 ✕ +

묘원 소개 | 방문 안내 | 안장자 정보

베델 | 검색

베델(1872년~1909년)

→ 1904~1905년

베델은 영국 신문 『데일리 크로니클』의 특별 통신원으로 러일 전쟁을 취재하기 위해 한국에 온 이후 양기탁과 함께 [(가)] 을/를 창간하였다. 영국인인 그가 발행인으로 참여하였기 때문에 [(가)] 은/는 상대적으로 일제의 검열에서 자유로워 의병 운동을 보도하고 일제의 국권 침탈을 비판하는 기사를 많이 실을 수 있었다. 하지만 그는 일제의 집요한 계략 속에 재판에 회부되는 등 고초를 겪다가 1909년 숨을 거두었다.

해결 전략 베델이 양기탁과 함께 창간하였다는 점 등을 통해 (가) 신문이 대한매일신보임을 알 수 있다. 대한매일신보는 항일 논조의 기사를 게재하고 1907년 대구에서 시작되어 전국으로 확산된 국채 보상 운동을 지원하는 등 항일 언론 활동을 전개하였다. 근대 의식의 확산과 더불어 발행된 신문들의 명칭과 각 신문의 특징을 기억하는 것이 중요하다.

① 한성순보는 우리나라 최초의 근대적 신문으로 1883년 박문국에서 발간되었다. ✗

② 동아일보사는 1930년대 전반 농촌 계몽 운동인 브나로드 운동을 전개하였다. ✗

③ YH 무역 사건은 1979년 YH 무역 회사의 폐업 조치에 항의하여 일어난 시위 과정에서 여성 노동자가 사망한 사건으로, 대한매일신보와 관련이 없다. ✗

✓④ 대한매일신보는 1907년 대구에서 시작된 국채 보상 운동을 지원하여 전국으로 확산시키는 데 기여하였다. ○

⑤ 서재필은 독립신문을 창간하고 독립 협회의 창립을 주도하였다. 독립문은 독립 협회의 주도로 건립되었다. ✗

답 ④

102 대한매일신보의 특징 이해

자료 분석 영국인 베델이 양기탁과 함께 창설하였다는 내용을 통해 (가) 신문은 대한매일신보임을 알 수 있다.

선택지 분석

① 1883년 박문국에서 우리나라 최초의 근대적 신문인 한성순보를 발간하였다. ✗

② 1896년 서재필 등이 창간한 독립신문은 순 한글로 간행되었다. ✗

③ 브나로드 운동은 1930년대 전반 동아일보사가 주도한 운동으로, 문맹 퇴치와 농촌 계몽 운동을 전개하였다. ✗

④ 이승만 정부는 1959년 정부에 비판적이었던 경향신문을 폐간하였다. ✗

✓❺ 대한매일신보는 국채 보상 운동을 지원하여 전국적으로 확산시키는 데 기여하였다. ○

답 ⑤

103 개항 이후 근대 문화의 이해

빈출 문항 자료 분석

(가)에 들어갈 내용으로 가장 적절한 것은?

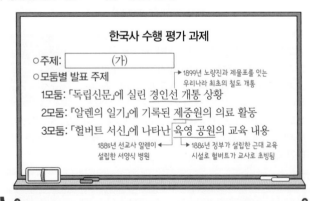

한국사 수행 평가 과제

○주제: (가)
○모둠별 발표 주제
　　　　　　　　　　　→ 1899년 노량진과 제물포를 잇는
　　　　　　　　　　　　우리나라 최초의 철도 개통
1모둠: 「독립신문」에 실린 경인선 개통 상황
2모둠: 「알렌의 일기」에 기록된 제중원의 의료 활동
3모둠: 「헐버트 서신」에 나타난 육영 공원의 교육 내용
　　　1885년 선교사 알렌이　→ 1886년 정부가 설립한 근대 교육
　　　설립한 서양식 병원　　　시설로 헐버트가 교사로 초빙됨

해결 전략 경인선, 제중원, 육영 공원은 모두 19세기에 설립된 근대적 시설임을 파악해야 한다. 개항 이후 근대 문물들이 수용되면서 철도, 병원, 학교 등의 근대적 시설물들이 설치되고, 서양식 의복과 커피와 같은 음식 등도 도입되어 생활에 많은 변화가 발생하였다.

선택지 분석

① 경제적 구국 운동으로는 방곡령 사건, 상권 수호 운동, 국채 보상 운동 등이 있다. ✗

② 중앙아시아 한인의 삶은 1937년 소련에 의해 연해주의 한인들이 중앙아시아로 강제 이주당한 사건과 관련이 있다. ✗

③ 무장 독립 전쟁의 전개는 봉오동 전투, 청산리 전투, 1930년대 만주 지역의 한중 연합 작전, 중국 관내의 조선 의용대와 한국광복군의 활동 등과 관련이 있다. ✗

✓④ 제시된 수행 평가의 발표 주제인 경인선 개통 상황, 제중원의 의료 활동, 육영 공원의 교육 내용 등을 통해 발표 주제가 '근대 문물의 수용과 변화'임을 알 수 있다. ○

⑤ 신탁 통치를 둘러싼 갈등은 1945년 모스크바 3국 외상 회의의 결정 사항과 관련이 있다. ✗

답 ④

104 대한매일신보 특징 이해

자료 분석 1904년에 창간된 대한매일신보는 양기탁과 영국인 베델 등이 발행한 신문이다. 강한 어조로 일제의 침략을 비판하며 항일 의병 운동에 대해서도 호의적인 기사를 게재하였다.

선택지 분석

✓❶ 대한매일신보는 국채 보상 운동에 적극 동참하여 이를 전국으로 확산시키는 데 기여하였다. ○

② 대한민국 임시 정부는 기관지로 독립신문을 간행하였다. ✗

③ 민립 대학 설립 운동은 이상재, 이승훈 등이 주도하여 1920년대 민족 실력 양성 운동의 일환으로 전개되었다. 이 운동은 한국인의 고등 교육을 실현하기 위해 모금 운동을 전개하여 대학을 설립하는 것이 목적이었다. ✗

④ 박문국에서 발행한 한성순보가 최초의 근대적 신문에 해당한다. ✗

⑤ 사사오입 개헌은 광복 이후 수립된 이승만 정부에서 실시하였다. 이승만 정부는 개헌 당시 대통령에 한해 중임 제한을 적용하지 않는다는 내용을 담은 개헌을 추진하였다. 그러나 국회에서의 투표 결과 개헌 찬성 의원 수가 재적 의원의 3분의 2를 넘지 못하자 사사오입의 논리를 내세워 개헌안 통과를 선포하였다. ✗

답 ①

III 일제 식민지 지배와 민족 운동의 전개

본문 74~76쪽

01 1910년대~1920년대 일제의 식민지 지배 정책

01 ③	02 ④	03 ③	04 ①	05 ③	06 ④
07 ③	08 ③	09 ⑤			

01 무단 통치 시기의 사실 파악

자료 분석 헌병 경찰제가 시행되었다는 점 등을 통해 (가) 시기가 일제의 무단 통치 시기임을 알 수 있다. 한국의 국권을 빼앗은 일제는 1910년대에 무단 통치를 자행하였다.

선택지 분석

① 전두환과 신군부 세력은 사회 정화를 명목으로 삼청 교육대를 운영하였다. ✗

② 전민변정도감은 권세가들이 부당하게 빼앗은 토지를 본래 소유주에게 돌려주고 불법적으로 노비가 된 자를 양인으로 해방시키기 위해 고려 후기 여러 차례 설치되었다. ✗

✓③ 일제는 식민 통치에 필요한 재정을 확보하기 위해 1910년부터 1918년에 걸쳐 토지 조사 사업을 실시하였다. ○

④ 세도 정치 시기인 철종 때 삼정의 문란이 극심하여 임술 농민 봉기가 발생하였다. ✗

⑤ 대한 제국은 광무개혁을 추진하면서 양전을 실시하고 일부 지역에 근대적 토지 소유 증명 문서인 지계를 발급하였다. ✗ **답 ③**

02 무단 통치 시기의 사실 파악

자료 분석 한국인에게만 차별적으로 태형을 집행하였다는 점, 회사령에 따라 회사 설립 허가를 받아야 했다는 점 등을 통해 자료의 상황이 나타난 시기가 1910년대 무단 통치 시기임을 알 수 있다.

선택지 분석

① 균역법은 조선 영조가 백성의 군역 부담을 줄여주기 위해 제정하였다. ✗

② 도병마사는 고려 시대 국방과 군사 문제를 논의하는 회의 기구였다. ✗

③ 홍범 14조는 제2차 갑오개혁 시기에 반포되었다. ✗

✓④ 1910년대 일제는 한국인을 강압적으로 다스리기 위해 헌병 경찰제를 실시하였다. ○

⑤ 삼청 교육대는 전두환 등 신군부 세력이 사회 정화를 명목으로 운영하였다. ✗ **답 ④**

03 일제의 식민 통치 정책 파악

자료 분석 (가)에는 무단 통치 시기에 실시된 일제의 식민 통치 정책이 들어가야 한다. 조선 태형령은 무단 통치 시기인 1912년에 제정되어 1920년에 폐지되었다.

선택지 분석

① 조선 영조는 백성의 군역 부담을 줄여 주기 위해 군포 부담을 1필로 줄이는 균역법을 시행하였다. ✗

② 고려 원 간섭기에 원은 정동행성을 유지하고 다루가치를 파견하는 등 고려를 감시하였다. ✗

✓③ 이 시기에는 헌병이 일반 경찰 업무까지 담당하는 헌병 경찰 제도가 실시되었다. ○

④ 흥선 대원군은 신미양요 이후 전국 각지에 척화비를 세워 서양과의 통상 수교 거부 의지를 널리 알렸다. ✗

⑤ 일제는 1937년 중일 전쟁 발발 이후 한국인의 민족의식을 말살하기 위해 황국 신민 서사 암송을 강요하였다. ✗ **답 ③**

04 1910년대의 상황 파악

빈출 문항 자료 분석

밑줄 친 '이 법령'이 시행된 시기에 볼 수 있는 모습으로 가장 적절한 것은?

→ 1910년대 일제가 제정한 회사령

조선에서 회사를 세우고자 하는 자는 반드시 이 법령에 따라 총독의 허가를 받아야 한다. 즉 회사 설립 신청서가 총독부에 접수되면, 관헌들이 기업가의 성품과 행실, 과거 경력, 자본 규모 등을 철저히 조사한 후, 최종적으로 총독이 회사 설립의 허가 여부를 결정한다. 이 과정에서 재산이나 품행 등을 조회하는 헌병이 온갖 비상식적인 방법을 동원하여 보고서를 작성하는 것은 널리 알려진 바이다.

→ 일제가 1910년대에 시행한 헌병 경찰제에 해당

해결 전략 일제는 1910년대 회사령을 통해 회사 설립 시 총독의 허가를 받도록 하였고, 총독이 회사를 해산할 수 있도록 하였다. 일제는 1920년 회사령을 폐지하였다. 이를 통해 자료가 1910년대에 해당함을 파악해야 한다. 또한 일제가 1910년대 무단 통치를 자행하였음을 알고 있어야 한다.

선택지 분석

✓① 일제는 1910년대에 교원과 관리들에게 제복을 입고 칼을 차게 하는 등 무단 통치를 자행하였다. ○

② 만적은 고려 무신 집권기인 12세기 말 신분 해방을 주장하며 봉기를 모의하였다. ✗

③ 조선 정부가 개화 정책을 추진하기 위해 1880년에 설치한 통리기무아문은 임오군란을 계기로 폐지되었다. ✗

④ 14세기 중엽 고려 공민왕은 쌍성총관부를 공격하여 철령 이북 지역의 영토를 회복하는 등 반원 정책을 추진하였다. ✗

⑤ 유엔 소총회의 결의에 따라 1948년 5·10 총선거가 실시되었다. 그 결과 제헌 국회가 구성되었다. ✗ **답 ①**

05 헌병 경찰제 시행 시기의 사실 이해

자료 분석 헌병이 치안 유지를 위해 경찰을 관장하고, 경찰관의 직무를 집행한다는 내용을 통해 자료가 1910년대의 무단 통치 시기에 시행된 헌병 경찰제에 대한 것임을 알 수 있다. 1919년에 일어난 3·1 운동 이후 일제는 헌병 경찰제를 보통 경찰제로 바꾸었다.

선택지 분석

① 식목도감은 고려 시대의 회의 기구였다. 고려의 고위 관료인 재추는 식목도감에서 제도나 법안 등을 논의하였다. ✗

② 홍경래는 1811년 평안도 지역에 대한 차별과 세도 정치에 대해 반발하여 봉기하였다. 이를 홍경래의 난이라 한다. ✗

✓❸ 국권 피탈 이후 일제는 식민 지배에 필요한 재정 확보를 위해 1910년부터 1918년까지 토지 조사 사업을 실시하였다. ○

④ 1945년 12월에 열린 모스크바 3국 외상 회의에서 한반도에 대한 신탁 통치 등이 논의되었다. 이 소식이 국내에 전해지자 신탁 통치 반대 운동이 전개되었다. ✗

⑤ 독립 협회는 1898년 만민 공동회를 열어 러시아의 절영도 조차 요구를 규탄하는 등 이권 수호 운동을 전개하였다. ✗ 　　　📘 ③

06 1910년대 일제의 무단 통치 이해

자료 분석 헌병 경찰, 토지 조사 사업 등의 용어를 통해 자료가 1910년대 일제의 무단 통치에 대한 수업 상황임을 알 수 있다.

선택지 분석

① 1898년 독립 협회가 개최한 관민 공동회에서 헌의 6조가 채택되었다. ✗

② 장용영은 조선 후기 정조가 설치한 국왕의 직속 부대이다. ✗

③ 1897년 대한 제국의 수립을 선포한 고종은 1898년 독립 협회를 해산하였고, 1899년 대한국 국제를 반포하여 대한 제국이 전제 군주정임을 선언하였다. ✗

✓❹ 일제는 1912년 조선 태형령을 제정하여 한국인에게만 태형을 시행하였다. ○

⑤ 1972년 박정희 정부는 10월 유신을 선포하고 유신 헌법을 통과시켰다. 이에 따라 대통령을 통일 주체 국민 회의에서 선출하게 되었으며, 대통령이 긴급 조치를 내려 국민의 기본권을 제한할 수 있게 되었다. ✗ 　📘 ④

07 이른바 문화 통치 시기의 사실 파악

빈출 문항 자료 분석

(가) 통치 시기에 있었던 사실로 옳은 것은?

＜헌병이 일반 경찰 업무를 수행함, 헌병 경찰은 정식 재판 없이 즉결 심판권을 행사할 수 있었음

○○○○○ 신문 편집장에게

　일본 수상은 한국에서의 무단 통치를 폐지하고 ⟶1910년대 일제의 식민 통치 [(가)]을/를 시행하겠다는 내용을 발표하였습니다. …(중략)… 한국인들에게는 무단 통치를 시행하든 [(가)]을/를 시행하든 별반 다르지 않습니다. 그 정부가 일본인들의 정부인 한, 한국인들은 복종하지 않을 것입니다. 일본은 헌병 경찰제를 폐지하고 대신 보통 경찰제를 시행하겠다고 합니다. 하지만 여전히 한국인들은 자신이 한국인임을 드러낼 때마다 총을 맞고 고문을 당하겠지요. 만약 일본이 진정으로 이 복잡한 문제를 해결하려 했다면 원래 한국인들의 것이었던 완전한 독립을 즉시 돌려주었어야 했던 것입니다.

⟶보통 경찰제를 실시했지만 경찰 관서와 경찰 인원은 오히려 늘어남

필라델피아에서, 서재필

해결 전략 자료에서 일본 수상이 한국에서 무단 통치를 폐지하겠다고 발표하였다는 점, 헌병 경찰제를 폐지하고 보통 경찰제를 시행한다는 점 등을 통해 (가) 통치 시기가 이른바 문화 통치 시기임을 알 수 있다. 1919년 3·1 운동이 일어나자 일제는 한국인의 반발을 무마하고 친일파 양성을 통한 민족 분열을 도모하고자 식민 통치 방식을 무단 통치에서 이른바 문화 통치로 바꾸었음을 알아 두어야 한다.

선택지 분석

① 홍경래의 난은 세도 정치 시기인 1811년에 일어났다. ✗

② 독서삼품과는 통일 신라 원성왕 때 관리 선발에 활용하고자 실시되었다. ✗

✓❸ 일제는 1925년 치안 유지법을 제정해 항일 민족 운동에 대한 탄압을 강화하였다. ○

④ YH 무역 사건은 박정희 정부 시기인 1979년에 발생하였다. ✗

⑤ 1961년 5·16 군사 정변을 일으킨 박정희와 일부 군인 세력은 국가 재건 최고 회의를 설치하여 군정을 실시하였다. ✗ 　　📘 ③

08 치안 유지법 적용 시기(1925~1945)의 모습 파악

자료 분석 자료에서 일제가 1925년에 사회주의 운동을 탄압하기 위해 만든 법이라는 점, 농민·노동 운동 및 독립운동 등을 억압하는 데도 이용되었다는 점 등을 통해 (가) 법이 치안 유지법임을 알 수 있다.

선택지 분석

① 당은 산둥반도 등주에 발해관을 설치하여 발해 사신이 머물 수 있도록 하였다. ✗

② 조선 세종은 궁궐 내에 집현전을 설치하여 학문과 정책 연구를 담당하게 하였다. 집현전은 세조 때 폐지되었다. ✗

✓❸ 일제는 1937년 중일 전쟁을 도발한 이후 한국인을 침략 전쟁에 동원할 목적으로 신사 참배를 강요하는 등 황국 신민화 정책을 본격적으로 추진하였다. ○

④ 7세기에 고구려는 안시성에서 당의 침략을 격퇴하였다. ✗

⑤ 유엔 소총회의 결의에 따라 1948년에 5·10 총선거가 실시되어 제헌 국회 의원을 선출하였다. ✗ 　　📘 ③

09 산미 증식 계획 파악

빈출 문항 자료 분석

(가)에 들어갈 내용으로 가장 적절한 것은?

⟶국권 피탈 이후 일제가 식민 지배에 필요한 재정 확보를 위해 1910년부터 1918년까지 시행함

이 비석은 저수지 축조 직후 ○○ 수리 조합의 연혁과 관계자 명단 등을 기록한 것입니다. 토지 조사 사업을 마친 조선 총독부는 일본의 식량 부족 문제를 해결할 목적으로 [(가)] 이를 위해 수리 조합 설립을 확대하여 농업 용수를 공급하도록 했는데, 지주가 부담해야 할 수리 조합 운영비가 소작 농민에게 떠넘겨지는 문제점이 발생하였습니다.

⟶일정한 지역 내의 토지 소유자 등이 모여서 수리 시설을 만들고 이용하는 조직

해결 전략 일본의 식량 부족 문제를 해결할 목적, 수리 조합 설립 확대 등의 내용을 통해 (가)에 들어갈 내용이 일제의 산미 증식 계획임을 알 수 있다. 산미 증식 계획 실시로 쌀 생산량은 늘었으나 일제가 증산된 양보다 많은 양의 쌀을 일본으로 가져가서 국내 식량 사정이 악화되었다.

선택지 분석

① 대한 제국은 광무개혁을 추진하면서 토지 소유자에게 근대적 토지 소유 증명 문서인 지계를 발급하였다. ✗

② 흥선 대원군은 경복궁 중건에 필요한 재원을 마련하기 위해 당백전을 발행하였다. ✗

③ 조선 영조는 농민의 군포 부담을 줄이기 위해 균역법을 제정하였다. ✗

④ 박정희 정부는 1970년부터 농촌 환경 개선과 소득 증대를 목표로 새마을 운동을 시작하였다. ✗

✓❺ 일제는 1920년대에 자국의 부족한 쌀을 한국에서 확보하기 위해 산미 증식 계획을 시행하였다. ◯   답 ⑤

02 3·1 운동과 대한민국 임시 정부

10 ①	11 ①	12 ②	13 ③	14 ④	15 ⑤
16 ①	17 ②	18 ⑤	19 ④	20 ⑤	21 ⑤
22 ⑤	23 ⑤	24 ⑤	25 ⑤	26 ②	27 ⑤
28 ⑤					

도전 1등급
10 연해주 지역에서 있었던 사실 파악

도전 1등급 문항 분석   ▶▶ 정답률 **16.0%**

(가) 사건 당시에 있었던 사실로 옳은 것은?

지도에 표시된 [(가)] 지역은 19세기 후반부터 많은 한인이 이주한 곳입니다. 이 지역에 신한촌이 건설되었고 <u>이동휘</u> 등이 중심이 되어 대한 광복군 정부를 수립하였습니다. 그러나 1937년 소련은 이 지역의 수많은 한인을 중앙아시아로 강제 이주시켰습니다.
← 이상설과 이동휘를 정·부통령으로 함
← 1914년 수립
← 강제 이주 과정에서 수많은 사람들이 각종 노동에 시달리고 희생되었음

해결 전략 신한촌 건설, 이동휘를 중심으로 대한 광복군 정부 수립, 1937년 소련이 이 지역 한인을 중앙아시아로 강제 이주 등의 내용을 통해 (가) 지역이 연해주 지역임을 알 수 있다. 연해주 지역을 중심으로 벌어진 다양한 역사적 사실이 언급된 문항이다. 연해주 외에 미주, 서간도, 북간도, 상하이 등 지역별 독립운동의 내용은 자주 출제되는 내용으로 정리할 필요가 있다.

선택지 분석

✓❶ 연해주 지역의 신한촌을 중심으로 권업회라는 자치 단체가 조직되어 활동하였다. ◯

② 1923년 진주에서 조선 형평사가 결성되었다. ✗

③ 신민회는 1911년 남만주 삼원보에 신흥 강습소를 설립하였다. ✗

④ 김좌진이 이끄는 북로 군정서군 등 독립군 연합 부대는 백두산 부근의 청산리 일대에서 일본군에 크게 승리하였다. ✗

⑤ 중국 상하이에서 윤봉길의 훙커우 공원 의거가 일어났다. ✗   답 ①

Ⅲ 일제 식민지 지배와 민족 운동의 전개

(가)에 들어갈 내용으로 가장 적절한 것은?

→ 1908년 샌프란시스코에서 대한 제국의 외교 고문으로서 일제의 침략을 도운 스티븐슨을 사살함

학습 주제: (가)

장인환과 전명운의 의거를 계기로 미주 지역에 한인 단체 통합의 목소리가 커지면서 결성되었어.

미주 지역 한인의 권익 보호에 힘썼고, 만주와 연해주에 지회를 설치하여 독립운동을 지원하였어.

파리 강화 회의에서 한국 독립 문제를 검토해 달라고 미국 정부에 요청하기도 하였지.

→ 1919년 제1차 세계 대전 전후 수습을 위해 파리에서 열린 회의

해결 전략 자료에서 장인환과 전명운의 의거를 계기로 미주 지역 한인 단체가 통합되어 결성되었다는 점, 미주 지역 한인의 권익 보호에 힘썼다는 점, 파리 강화 회의에서 한국 독립 문제를 검토해 달라고 미국 정부에 요청했다는 점 등을 통해 (가)에 들어갈 학습 주제가 대한인 국민회의 민족 운동임을 알 수 있다. 미주 지역에서는 대한인 국민회가 설립되는 한편 해외 다른 지역에서도 서간도의 경학사, 연해주의 권업회, 상하이의 동제사, 신한청년당 등 여러 단체가 설립되었음을 알아 두자. 특히 하와이에서 설립된 대조선 국민 군단을 알아 둘 필요가 있다.

선택지 분석

✓❶ 장인환과 전명운의 의거 이후 미주 지역에서는 민족 운동 단체들이 대한인 국민회로 통합되었다(1910). ⭕

② 1906년 조직된 대한 자강회는 교육과 산업의 진흥을 통한 국권 회복을 주장한 대표적인 애국 계몽 운동 단체로, 고종 강제 퇴위 반대 운동을 전개하다가 일제의 탄압으로 해산되었다. ✗

③ 1915년 박상진 등의 주도로 조직된 대한 광복회는 국권 회복과 공화 정체의 근대 국가 수립을 추구하였다. ✗

④ 1931년 조선어 연구회가 확대 개편된 조선어 학회는 한글 맞춤법 통일안을 제정하고 우리말(조선말) 큰사전을 편찬하려 하였다. ✗

⑤ 1920년대 이상재 등이 조직한 조선 민립 대학 기성회의 주도로 민립 대학 설립 운동이 전개되었다. ✗
　　　　　　　　　　　　　　　　　　　　　　　　　　　답 ①

(가) 단체에 대한 설명으로 옳은 것은?

□□ 박물관 광복절 특별전 도록

시대적 배경이 1910년대 임을 알 수 있음

박상진의 옥중 편지

작성 연도	1918년
크기	32.8×14cm
재질	종이

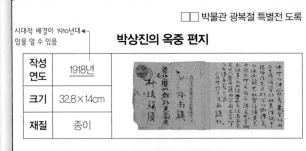

상세 정보 → 1910년대 비밀 결사 형태로 민족 운동을 전개한 조직은 독립 의군부, 대한 광복회 등이 있음

박상진은 국권 회복을 목표로 군자금 모금, 무관 학교 설립 등을 추진한 비밀 결사 (가) 의 총사령이었다. 이 편지는 그가 공주 감옥 수감 중에 가족들에게 보낸 것으로, 친일 부호 처단 사건으로 재판을 받게 되자 변호사를 선임해 달라는 내용을 담고 있다.

－ ○○ －

해결 전략 국권 회복을 목표로 군자금 모금과 무관 학교 설립을 추진하였다는 점, 박상진이 총사령이었다는 점 등을 통해 (가) 단체가 대한 광복회임을 알 수 있다. 1915년 결성된 대한 광복회는 군자금을 모아 만주에 무관 학교를 설립하려 하였고 친일파 처단 활동을 전개하였다.

선택지 분석

① 안창호, 양기탁 등이 중심이 되어 조직한 신민회는 1911년 일제가 조작한 105인 사건으로 와해되었다. ✗

✓❷ 대한 광복회는 국권 회복과 공화정 형태의 근대 국가 건설을 지향하였다. ⭕

③ 사회주의 세력과 비타협적 민족주의 세력이 연대하여 결성된 신간회는 1929년 광주 학생 항일 운동 당시 진상 조사단을 파견하여 지원하였다. ✗

④ 한인 애국단 단원인 윤봉길은 상하이 훙커우 공원에서 의거를 일으켰다. ✗

⑤ 보안회는 일본의 황무지 개간권 요구 반대 운동을 전개하여 이를 좌절시켰다. ✗
　　　　　　　　　　　　　　　　　　　　　　　　　　　답 ②

---

13 서간도(남만주)의 민족 운동 파악

밑줄 친 '이 지역'을 지도에서 옳게 고른 것은?

→ 비밀 결사 형태로 조직됨　→ 서간도(남만주) 삼원보 일대

이회영을 비롯한 신민회 회원 등은 이 지역으로 집단 이주하여 자치 기관인 경학사를 조직하였다. 또 신흥 강습소(이후 신흥 무관 학교)를 설립하여 독립군 간부를 양성하였고, 독립 전쟁을 일으켜 국권을 회복하고자 하였다.

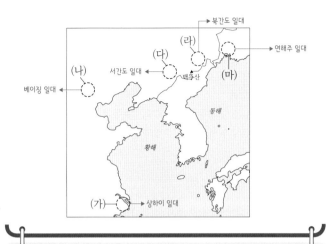

해외 각 지역에서 일어난 독립운동에 대해서 파악해야 한다. 많은 애국 지사들이 만주, 연해주, 미주 등지로 이동하여 독립운동의 근거지를 마련하고 독립군을 양성하였다. 국내에서는 독립 의군부, 대한 광복회 등 비밀 결사가 조직되어 항일 운동을 이어 갔다.

선택지 분석

① (가)는 상하이 일대이다. 1918년 상하이에서 조직된 신한청년당은 독립 청원서를 작성하고 파리 강화 회의에 김규식을 파견하였다. ✗
② (나)는 베이징 일대이다. ✗
✓③ (다)는 서간도(남만주) 삼원보 일대이다. 만주 지역의 독립군 기지 건설은 신민회가 중심이 되어 개척하였다. 경학사와 부민단을 만들고 신흥 강습소(이후 신흥 무관 학교)를 세워 독립군 간부를 양성하였다. O
④ (라)는 북간도의 옌지(연길) 일대이다. 북간도의 용정촌과 명동촌에는 간민회 등의 항일 단체가 학교 등 교육 기관을 설립하여 민족 교육을 실시하였다. ✗
⑤ (마)는 연해주의 블라디보스토크 일대이다. 블라디보스토크에는 한인 집단 거주지인 신한촌이 형성되고 권업회가 조직되었다. 이후 권업회는 대한 광복군 정부라는 독립군 조직을 만들었다. ✗ **답 ③**

14 3·1 운동 이해

자료 분석 민족 대표들이 태화관에서 독립 선언서를 발표하였다는 점, 일제 강점기 최대 규모의 민족 운동이라는 점 등을 통해 밑줄 친 '이 운동'이 1919년에 일어난 3·1 운동임을 알 수 있다.

선택지 분석

① 고려 시대 묘청 등이 풍수지리설을 내세워 서경 천도를 주장하였다. ✗
② 제1차 한일 협약(1904)으로 파견된 재정 고문 메가타의 주도로 화폐 정리 사업이 추진되었다. ✗
③ 1987년 6월 민주 항쟁으로 대통령 직선제 개헌이 이루어졌다. ✗
✓④ 3·1 운동의 영향으로 상하이에 대한민국 임시 정부가 수립되었다. O
⑤ 1871년에 일어난 신미양요를 계기로 흥선 대원군의 주도하에 전국에 척화비가 건립되었다. ✗ **답 ④**

15 3·1 운동의 영향 이해

자료 분석 총독의 억압 통치 아래 식민지 한국인들의 열망이 타올랐다는 점, 일제의 압제에 대항하는 대중 시위가 전국으로 퍼져 나갔다는 점, 고종의 죽음에 동요하였다는 점 등을 통해 자료에 나타난 민족 운동이 3·1 운동임을 알 수 있다.

선택지 분석

① 조선 효종 때 송시열 등을 중심으로 병자호란 이후 청에 당한 치욕을 씻고자 청을 정벌하려는 북벌 운동이 추진되었다. ✗
② 신간회는 1929년에 광주 학생 항일 운동이 일어나자 진상 조사단을 파견하고 민중 대회를 계획하는 등의 지원을 하였다. ✗
③ 브나로드 운동은 일제 강점기인 1930년대 전반 동아일보사가 주도한 운동으로 실력 양성을 추구하며 문맹 퇴치, 농촌 계몽 운동 등을 전개하였다. ✗
④ 독립 협회는 만민 공동회를 개최하여 러시아의 절영도 조차 요구를 저지하였다. ✗
✓⑤ 3·1 운동을 계기로 독립운동의 구심점에 대한 필요성이 제기되어 대한민국 임시 정부가 수립되었다. O **답 ⑤**

16 3·1 운동의 영향 파악

자료 분석 자료에서 일제의 강압적 통치에 대한 반발, 고종의 서거, 민족 자결주의 대두를 배경으로 일어났다는 점 등을 통해 밑줄 친 '이 운동'이 1919년에 일어난 3·1 운동임을 알 수 있다.

선택지 분석

✓① 3·1 운동이 일어나자 일제는 한국인의 반발을 무마하고 친일파 양성을 통한 민족 분열을 도모하고자 이른바 문화 통치로 통치 방식을 바꾸었다. O
② 독립 협회는 자주 국권을 수호하고 자유 민권을 신장시키며 자강 개혁을 실현하기 위해 1898년 만민 공동회를 개최하였다. ✗
③ 일제는 국가 체제나 사유 재산 제도를 부정하는 자를 단속하기 위해 1925년 제정한 치안 유지법을 이용하여 항일 민족 운동에 대한 탄압을 강화하였다. ✗
④ 1946년 여운형, 김규식을 중심으로 결성된 좌우 합작 위원회는 좌우 합작 운동을 주도하였다. ✗
⑤ 박정희 정부의 한일 협정 체결 움직임에 반발하여 1964년 6·3 시위가 전개되었다. ✗ **답 ①**

17 3·1 운동의 영향 파악

자료 분석 자료에서 1920년 3월 1일에 발발 1주년을 기념하여 학생들이 대한 독립 만세를 외쳤다는 점 등을 통해 밑줄 친 '이 운동'이 1919년에 일어난 3·1 운동임을 알 수 있다.

선택지 분석

① 1894년 동학 농민군은 전주 화약 체결 이후 전라도 각 지역에 농민 자치 기구로 집강소를 운영하였다. ✗
② 1895년 을미사변과 단발령 등에 반발하여 을미의병이 일어났다. ✗
③ 1960년 4·19 혁명 이후 내각 책임제 등을 주요 내용으로 하는 헌법 개정이 이루어졌다(제3차 개헌). ✗
④ 노태우 정부 시기 1991년 남북한이 유엔에 동시 가입하였다. ✗
✓⑤ 3·1 운동을 계기로 일제는 한국인의 반발을 무마하고 친일파 양성을 통한 민족 분열을 도모하고자 식민 통치 방식을 무단 통치에서 이른바 문화 통치로 바꾸었다. O **답 ②**

18 3·1 운동 파악

자료 분석 탑골 공원 뒷문에서 만세 군중이 나왔다는 점, 고종 황제가 돌아가셨다는 점 등을 통해 자료의 회고에 나타난 민족 운동이 1919년에 일어난 3·1 운동임을 알 수 있다.

선택지 분석

① 신간회는 6·10 만세 운동 이후인 1927년에 결성되었다. ✗
② 갑오개혁은 1894년부터 추진되었다. ✗
③ 을미사변과 단발령을 계기로 1895년 을미의병이 일어났다. ✗
④ 1979년 부마 민주 항쟁이 일어나자 시위 진압 대책을 둘러싸고 정권 내부에서 대립이 발생하였고, 결국 박정희 대통령이 피살당하는 10·26 사태가 일어났다. ✗
✓❺ 3·1 운동을 계기로 독립운동의 구심점에 대한 필요성이 제기되어 대한민국 임시 정부가 수립되었다. ○

19 3·1 운동의 영향 파악

자료 분석 한국의 독립운동으로, 비폭력 저항 운동이라는 내용과 제암리에서 수십 명의 한국인이 일본인에 피살되었다는 내용을 통해 (가) 운동은 3·1 운동임을 알 수 있다. 3·1 운동이 일어나자 일제는 비폭력 평화 시위를 무자비한 무력으로 진압하였는데, 제암리 학살 사건 등이 대표적이다.

선택지 분석

① 일제가 조작한 105인 사건으로 1911년 신민회가 해체되었다. ✗
② 독립 협회는 1896년 창립되어 독립문 건립을 주도하였고, 강연회·토론회 등을 통해 민중을 계몽하였다. ✗
③ 고종은 1907년 헤이그 특사 파견을 빌미로 일제에 의해 강제로 퇴위당하였다. ✗
✓❹ 3·1 운동의 영향으로 상하이에 대한민국 임시 정부가 수립되었다. ○
❺ 국가 재건 최고 회의는 1961년 5·16 군사 정변의 주도 세력이 국회를 해산하고 세운 통치 기구이다. ✗   답 ④

20 3·1 운동 이해

빈출 문항 자료 분석

자료에 나타난 민족 운동에 대한 설명으로 옳은 것은?

> ┌─3·1 운동
> 고종이 돌아가시매 많은 소문이 전국에 퍼졌다. 상황은 급박하게 돌아가, 3월 1일에 서울을 중심으로 만세 시위가 시작되었다. 경찰이 많은 사람을 검거했지만 시위에 참여한 군중은 폭력을 행사하지 않았다. 학교는 폐쇄되었다. 3월 5일에는 대규모 시위가 학생들을 중심으로 남대문 부근에서 일어났으며, 이후 전국 각지에서 격렬한 운동으로 이어졌다.
> → 서울, 평양, 원산 등에서 독립 선언과 만세 시위가 시작되어 전국에 확산됨

해결 전략 고종이 돌아가셨다는 점, 3월 1일 서울을 중심으로 만세 시위가 시작되었다는 점, 이후 전국 각지에서 격렬한 운동으로 이어졌다는 점 등을 통해 자료에 나타난 민족 운동이 3·1 운동임을 알 수 있다. 3·1 운동은 일제 강점기 최대 규모의 민족 운동으로 이를 통해 독립의 의지를 세계에 알렸고, 대한민국 임시 정부 수립의 계기가 되었다. 이후 일제가 통치 방식을 무단 통치에서 이른바 문화 통치로 전환한 것을 알아 두어야 한다.

선택지 분석

① 독립 협회는 1898년 근대적 민중 집회인 만민 공동회를 개최하였다. ✗
② 1946년 조직된 좌우 합작 위원회는 좌우 합작 7원칙을 발표하는 등 좌

우 합작 운동을 주도하였다. ✗
③ 1894년 동학 농민 운동 당시 조선에 들어온 일본군이 경복궁을 점령하고 개혁을 강요하면서 갑오개혁이 추진되었다. ✗
④ 1895년 을미사변 이후 단발령 등의 개혁이 추진되자, 이에 반발하여 을미의병이 일어났다. ✗
✓❺ 1919년에 일어난 3·1 운동을 계기로 독립운동의 구심점에 대한 필요성이 제기되어 대한민국 임시 정부가 수립되었다. ○   답 ⑤

21 3·1 운동의 영향 이해

자료 분석 민족 자결주의, 2·8 독립 선언, 탑골 공원에서 독립 선언서 낭독 등을 통해 (가) 민족 운동이 3·1 운동임을 알 수 있다. 민족 자결주의와 2·8 독립 선언 등의 영향을 받아 전개된 3·1 운동은 주요 도시에서 전국으로 확산되었다.

선택지 분석

① 일제는 한국인의 기업 설립과 민족 자본의 성장을 억제하기 위해 1910년 회사령을 제정하였다. ✗
② 광무개혁은 대한 제국 시기에 구본신참의 원칙에 따라 추진된 개혁이다. ✗
③ 강화도 조약은 운요호 사건을 계기로 1876년 체결되었다. 강화도 조약은 일본에 해안 측량권과 영사 재판권을 인정한 불평등 조약이었다. ✗
④ YH 무역 사건은 1979년 YH 무역 회사의 여성 노동자들이 회사의 폐업 조치에 항의하여 농성을 벌였는데, 경찰이 여성 노동자들을 강제로 해산하는 과정에서 여성 노동자 1명이 사망한 사건이다. ✗
✓❺ 3·1 운동의 영향으로 대한민국 임시 정부가 수립되었다. ○   답 ⑤

22 3·1 운동이 끼친 영향 이해

자료 분석 고종의 장례식에 참여하기 위해 올라온 사람들과 만세를 불렀고, 민족 대표들이 독립 선언서를 낭독하고 연행되었다는 내용을 통해 자료에 나타난 민족 운동이 1919년에 일어난 3·1 운동임을 알 수 있다.

선택지 분석

① 1894년 동학 농민 운동 당시 전주 화약이 체결된 이후 전라도 각지에 집강소가 설치되었다. ✗
② 1866년 흥선 대원군은 프랑스 선교사와 천주교도들을 처형한 병인박해를 일으켰고, 이를 구실로 같은 해 프랑스 군대가 강화도를 침략하면서 병인양요가 일어났다. ✗
③ 일제는 1909년 청과 간도 협약을 맺어 만주 철도 부설권과 탄광 채굴권을 얻는 대신 간도를 청의 영토로 인정하였다. ✗
④ 일제는 무단 통치 시기인 1912년 조선 태형령을 제정하여 한국인에게만 태형을 가하였다. ✗
✓❺ 3·1 운동 이후 일제는 식민 지배에 대한 반발을 무마하고 민족 분열을 도모할 목적으로 1920년대부터 이른바 문화 통치를 실시하였다. ○ 답 ⑤

23 3·1 운동의 의의 이해

자료 분석 고종의 장례일 즈음에 시작되어 전국 각지로 확산되었으며, 천도교 인사들이 독립 선언서를 배포하였고, 유관순을 비롯한 학생과 시민들이 만세 시위를 벌였다는 내용을 통해 (가) 운동이 3·1 운동임을 알 수 있다.

① 1972년 유신 헌법이 제정된 이후 박정희 정부의 독재에 맞서 3·1 민주 구국 선언이 발표되었다. ✗

② 신분제는 1894년 제1차 갑오개혁 때 폐지되었다. ✗

③ 1894년 동학 농민군이 정부와 전주 화약을 체결하고 전라도 각지에 집강소를 설치하였다. ✗

④ 1907년 대구에서 시작된 국채 보상 운동이 대한매일신보 등 언론 기관의 지원을 받아 확산되었다. 대한매일신보는 1910년 국권 피탈 직후 매일 신보로 바뀌었다. ✗

✓❺ 3·1 운동은 범국민적으로 전개된 일제 강점기 최대 규모의 민족 운동이었다. ○   답 ⑤

24 3·1 운동의 영향 이해

빈출 문항 자료 분석

자료에 나타난 민족 운동의 영향으로 옳은 것은?

→ 1919년 천도교를 비롯한 종교 지도자들이 민족 대표 33인을 구성하고 기미 독립 선언서를 작성함

민족 대표들이 모여 독립 선언식을 거행한 후 연행되었다. 자동차에 태워져 압송되는 민족 대표들을 향해 군중들이 '독립 만세'를 외쳤다. 한편 수많은 학생들은 탑골 공원에 모여 독립 선언서를 낭독하고 여러 거리에서 만세 시위를 전개하였다. → 민족 대표가 태화관에서 만세를 부르고 자진하여 체포된 이후 학생들이 탑골 공원에서 만세 시위를 시작함

해결 전략 3·1 운동은 식민 지배의 억압과 차별을 거부하고 독립 국가를 건설하겠다는 범국민적인 운동이었다.

선택지 분석
① 1876년 강화도 조약 체결 이후 조선 정부가 일본에 파견한 사절단을 수신사라고 한다. ✗

② 비밀 결사의 형태로 조직된 신민회는 공화 정체의 근대 국가 수립과 국권 회복을 목표로 활동하였으나 1911년 105인 사건으로 와해되었다. ✗

③ 홍범 14조는 고종이 제2차 갑오개혁 당시 반포한 것으로 근대적 개혁에 대한 의지가 담겨 있다. ✗

④ 1875년 일본이 일으킨 운요호 사건의 결과 1876년 강화도 조약이 체결되었다. ✗

✓❺ 3·1 운동을 통해 한국인의 저항 의지를 목격한 일제는 교묘하게 한국인을 분열시키기 위한 이른바 문화 통치를 실시하였다. ○   답 ⑤

25 3·1 운동의 이해

자료 분석 지난 1일의 독립 선언에 따라 만세 삼창을 부르자는 점, 미국 대통령 윌슨의 민족 자결 제창에 화답하자는 점 등을 통해 자료에 나타난 민족 운동이 1919년에 일어난 3·1 운동임을 알 수 있다.

선택지 분석
① 조선 정부는 청의 제도를 모방하여 1880년에 개화 정책 총괄 기구인 통리기무아문을 설치하였다. ✗

② 1987년에 일어난 6월 민주 항쟁 당시 국민은 전두환 정부의 4·13 호헌 조치 철폐와 대통령 직선제 개헌을 촉구하였다. ✗

③ 1960년 이승만과 자유당 정권의 3·15 부정 선거에 항의하여 4·19 혁명이 일어났다. ✗

④ 독립 협회는 러시아의 절영도 조차 요구에 반대하는 등 이권 수호 운동

을 전개하였다. ✗

✓❺ 3·1 운동은 민족 자결주의의 대두, 일본 도쿄에서 일어난 2·8 독립 선언 등을 배경으로 일어난 일제 강점기 최대 규모의 항일 운동이었다. 3·1 운동을 계기로 일제는 무단 통치의 한계를 인식하고 이른바 문화 통치를 표방하게 되었다. ○   답 ⑤

26 대한민국 임시 정부의 활동 파악

자료 분석 자료에서 3·1 운동의 영향으로 상하이에 수립되었다는 점, 독립 공채를 발행하였다는 점 등을 통해 (가)가 대한민국 임시 정부임을 알 수 있다. 대한민국 임시 정부는 기관지로 독립신문을 발행하고 연통제와 교통국을 운영하였다.

선택지 분석
① 제2차 갑오개혁 시기에 조선 고종은 교육입국 조서를 발표하였다. ✗

✓❷ 대한민국 임시 정부는 외교 활동을 위해 미국에 구미 위원부를 설치하였다. ○

③ 조선은 병자호란 이후 청과 군신 관계를 체결하고 사절단으로 연행사를 파견하였다. ✗

④ 조선 정부는 개화 정책의 하나로 1881년 신식 군대인 별기군을 창설하였다. ✗

⑤ 개항 이후 일본으로의 쌀 수출이 증가하면서 조선의 일부 지방관들이 방곡령을 내렸다. ✗   답 ②

27 대한민국 임시 정부의 활동 이해

자료 분석 상하이에서 개최된 국민 대표 회의에서 개조파와 창조파로 나뉘어 격론 중이라는 내용을 통해 (가)는 대한민국 임시 정부임을 알 수 있다.

선택지 분석
① 대한 제국은 1899년 황제 직속의 군 통수 기관인 원수부를 설치하여 황제가 육해군의 지휘권을 장악하였다. ✗

② 신민회는 오산 학교, 대성 학교를 설립하는 등 민족 교육을 실시하였다. ✗

③ 고종은 제2차 갑오개혁 시기에 국정 개혁의 기본 강령이라 할 수 있는 홍범 14조를 반포하였다. ✗

④ 박정희 정부는 1970년부터 새마을 운동을 추진하였다. ✗

✓❺ 대한민국 임시 정부는 국내와 연락하여 효과적으로 독립운동을 전개하고자 연통제와 교통국을 조직하였다. ○   답 ⑤

28 국민 대표 회의의 개최 시기 파악

자료 분석 자료에서 대한민국 임시 정부의 활동이 침체에 빠지자 독립운동의 새로운 방향과 활로를 모색하기 위해 개최되었다는 점, 개조파와 창조파의 대립으로 결렬되었다는 점 등을 통해 국민 대표 회의에 대한 설명임을 알 수 있다. 국민 대표 회의는 1923년에 상하이에서 개최되었다.

선택지 분석
① 병인양요는 1866년에 프랑스가 강화도를 침입하면서 발생하였다. ✗

② 갑신정변은 1884년에 급진 개화파가 일으켰다. ✗

③ 대한 제국은 1897년에 수립되었다. ✗

④ 국권 피탈은 1910년의 일이다. ✗

✓❺ 3·1 운동은 1919년에 일어났으며, 한인 애국단은 1931년에 결성되었다. ○   답 ⑤

03 다양한 민족 운동의 전개

29 ③	30 ⑤	31 ②	32 ①	33 ④	34 ②
35 ④	36 ①	37 ⑤	38 ⑤	39 ⑤	40 ③
41 ②	42 ②	43 ④	44 ⑤	45 ⑤	46 ③
47 ⑤	48 ②	49 ②	50 ③	51 ③	52 ②
53 ①	54 ⑤	55 ③	56 ②	57 ④	58 ⑤
59 ⑤					

29 북간도 지역의 독립군 활동 파악

자료 분석 지도에 점선으로 표시된 지역은 북간도 지역의 일부를 포함하고 있다. 북간도 지역에서는 홍범도와 서일 등 독립운동가와 북로 군정서 등의 독립군이 활동하였다.

선택지 분석

① 조선 중종 때 왜구와 여진의 침입에 대비한 임시 기구로 비변사가 설치되었다. ✗

② 조선 세종은 압록강과 두만강 유역의 여진을 몰아내고 4군 6진 지역을 개척하였다. ✗

✓③ 김좌진이 이끄는 북로 군정서와 홍범도가 이끄는 대한 독립군 등 독립군 연합 부대는 1920년 청산리 전투에서 일본군으로부터 승리를 거두었다. ○

④ 장인환과 전명운의 의거 이후 미주 지역의 민족 운동 단체들이 대한인 국민회로 통합되었다(1910). ✗

⑤ 한인 애국단의 윤봉길은 1932년 상하이 훙커우 공원에서 진행된 일왕의 생일과 상하이 사변 승전 자축 기념식 단상에 폭탄을 던지는 의거를 일으켰다. ✗ **답 ③**

30 1920년대 국외 무장 투쟁 이해

자료 분석 대한 독립군이 봉오동 골짜기로 일본군을 유인한 전투는 1920년의 봉오동 전투, 청산리 일대에서 북로 군정서와 대한 독립군이 일본군과 벌인 전투는 청산리 전투이다. 따라서 (가)에 들어갈 내용이 1920년대 국외 무장 투쟁의 전개임을 알 수 있다.

선택지 분석

① 조선 세종 때 4군 6진을 개척하여 압록강과 두만강을 경계로 하는 국경선을 확정하였다. ✗

② 1945년 광복 이후 소련군과 미군이 38도선을 경계로 한반도의 북쪽과 남쪽에 주둔하며 우리나라는 남북이 분단되었고, 1950년에는 6·25 전쟁이 일어났다. ✗

③ 고려 말 홍건적과 왜구의 침입으로 백성들이 큰 피해를 입었다. ✗

④ 고려 무신 정권이 성립된 이후 지배층의 가혹한 수탈 등에 반발하여 하층민의 봉기가 잇따라 일어났다. ✗

✓⑤ 1920년대 대한 독립군, 북로 군정서 등 만주 지역의 독립군 부대들은 봉오동 전투와 청산리 전투에서 일본군에 대승을 거두었다. ○ **답 ⑤**

31 홍범도의 활동 파악

자료 분석 2021년 광복절에 카자흐스탄으로부터 유해가 고국으로 돌아왔

다는 점, 봉오동 전투와 청산리 전투를 승리로 이끄는 등 항일 무장 투쟁을 전개하였다는 점 등을 통해 (가) 인물이 홍범도임을 알 수 있다.

선택지 분석

① 고려 성종 때 최승로가 시무 28조를 건의하였다. ✗

✓② 홍범도는 대한 독립군을 이끌고 봉오동 전투와 청산리 전투에 참여하였다. ○

③ 고려 초 거란의 1차 침입 때 서희가 적장과의 외교 담판을 통해 강동 6주 지역을 확보하였다. ✗

④ 1950년 북한군의 남침으로 발발한 6·25 전쟁 당시 국군과 유엔군은 인천 상륙 작전을 통해 전세를 역전시켰다. ✗

⑤ 한인 애국단의 윤봉길은 1932년 상하이 훙커우 공원에서 진행된 일왕의 생일과 상하이 사변 승전 자축 기념식 단상에 폭탄을 던지는 의거를 일으켰다. ✗ **답 ②**

32 봉오동 전투 파악

자료 분석 자료는 봉오동, 사령부장 홍범도 등의 표현을 통해 1920년의 봉오동 전투에 대한 것임을 알 수 있다.

선택지 분석

✓① 3·1 운동 이후 조직적인 무장 투쟁의 필요성이 높아지면서 만주 일대에는 수많은 독립군 부대가 활동하였다. ○

② 병자호란 이후 조선에서는 청에 당한 치욕을 씻고자 청을 정벌하자는 북벌론이 대두하였다. ✗

③ 삼별초는 13세기에 고려 정부가 몽골과 강화를 맺은 것에 반발해 강화도에서 봉기하여 진도와 제주도로 근거지를 옮겨 가며 대몽 항쟁을 전개하였다. ✗

④ 고려 초기 거란의 1차 침입 당시 서희가 외교 담판에 나서 강동 6주 지역을 확보하였다. ✗

⑤ 나당 연합군이 백제, 고구려를 차례로 멸망시키는 과정에서 당이 한반도 전체를 지배하려는 의도를 드러내자, 신라는 옛 백제와 고구려 유민과 함께 나당 전쟁을 벌여 당군을 원산만 이북 지역으로 몰아내고 삼국 통일을 완성하였다. ✗ **답 ①**

33 청산리 대첩의 시기 파악

자료 분석 홍범도 부대, 김좌진 부대, 백운평 전투, 청산리 일대 등을 통해 제시된 자료는 청산리 대첩과 관련된 내용임을 알 수 있다. 1920년 10월 홍범도가 이끄는 대한 독립군, 김좌진이 이끄는 북로 군정서 등은 백운평, 완루구, 어랑촌 등지에서 일본군과 싸워 승리하였다(청산리 대첩).

선택지 분석

① 청일 전쟁은 1894년 발발하였다. ✗

② 일제는 1904년 대한 제국과 한일 의정서를 체결하였다. ✗

③ 국권 피탈은 1910년에 해당한다. ✗

✓④ 3·1 운동은 1919년에 시작되었다. ○

⑤ 만주 사변은 1931년에 발발하였고, 8·15 광복은 1945년의 일이다. ✗ **답 ④**

34 만주 지역 항일 운동의 모습 파악

자료 분석 자료는 만주 지역 항일 운동의 주요 장소를 다루고 있다.

① 병인양요는 1866년 프랑스 군대가 병인박해를 구실로 강화도를 침략하면서 일어났다. ✗

✓② 1920년대 대한 독립군 등 만주 지역의 독립군 부대들은 일본군에 맞서 봉오동 전투와 청산리 대첩에서 승리하였다. ○

③ 을사늑약은 1905년 덕수궁 중명전에서 체결되었다. ✗

④ 윤봉길은 상하이 훙커우 공원에서 진행된 일왕의 생일과 상하이 사변 승전을 자축하는 기념식 단상에 폭탄을 던졌다. ✗

⑤ 대한민국 임시 정부는 외교 활동을 위해 미국에 구미 위원부를 설치하였다. ✗ **답** ②

35 1920년대 초 무장 독립 투쟁 파악

자료 분석 (가)는 1919년 3·1 운동, (나)는 1925년 미쓰야 협정 체결에 대한 내용이다.

선택지 분석

① 일본은 1895년 명성 황후를 시해한 을미사변을 일으켰다. ✗

② 미국은 제너럴 셔먼호 사건을 빌미로 1871년에 신미양요를 일으켰다. ✗

③ 신라는 선덕 여왕 때 주변 나라의 침략으로부터 나라를 지키겠다는 염원을 담아 황룡사 9층 목탑을 건립하였다. ✗

✓④ 3·1 운동 이후 조직적인 무장 투쟁의 필요성이 증대되는 가운데 1920년 북간도에서는 봉오동 전투와 청산리 전투에서 독립군이 일본군에 대승을 거두었다. 이후 조선 총독부는 만주에서의 독립운동을 탄압하기 위해 만주 군벌과 미쓰야 협정을 체결하였다. ○

⑤ 박정희 정부의 한일 국교 정상화 추진에 반발하여 1964년에 6·3 시위가 일어났다. ✗ **답** ④

36 의열단의 특징 파악

빈출 문항 자료 분석

밑줄 친 '이 단체'에 대한 설명으로 옳은 것은?

→ 의열단 소속의 독립운동가

이 우표는 김상옥 의사 순국 100주년을 기념하여 제작된 것입니다. 우표에는 그의 사진을 바탕으로 그린 초상화가 담겨 있습니다. 그는 이 단체의 단원으로 종로 경찰서에 폭탄을 투척하는 의거를 일으켰습니

→ 1923년 종로 경찰서 폭탄 투척 사건

해결 전략 자료에서 김상옥 의사, 종로 경찰서에 폭탄을 투척하는 의거 등의 내용을 통해 밑줄 친 '이 단체'가 의열단임을 알 수 있다. 일제 강점기 대표적인 의열 단체는 의열단과 한인 애국단이 있다. 두 단체의 소속 독립운동가와 활동을 구분해 정리해 두어야 한다.

선택지 분석

✓① 일제의 식민 통치 기관을 파괴하는 활동을 전개한 의열단은 1919년 만주에서 김원봉 등의 주도로 결성되었다. ○

② 1890년대 초반 동학교도들이 동학을 창시한 최제우의 억울함을 풀어 줄 것 등을 요구하는 교조 신원 운동을 전개하였다. ✗

③ 1979년 부산과 마산의 학생과 시민들은 박정희 정부의 유신 체제에 반대하며 부마 민주 항쟁을 전개하였다. ✗

④ 애국 계몽 운동 단체인 신민회는 민족 교육을 위해 오산 학교와 대성 학교를 설립하였다. ✗

⑤ 신한청년당은 1919년 파리 강화 회의에 김규식을 파견하였다. ✗ **답** ①

37 의열단의 활동 파악

자료 분석 자료에서 김익상이 폭탄을 던졌다는 점, 나석주가 식산 은행에 폭탄을 던지고 동양 척식 주식회사에 권총을 난사했다는 점 등을 통해 (가) 단체가 의열단임을 알 수 있다. 1919년 3·1 운동 이후 만주 지역에서 김원봉 등을 중심으로 결성된 의열단은 식민 통치 기관에 폭탄을 투척하는 등의 의열 투쟁을 전개하였다.

선택지 분석

① 1907년에 결성된 의병 연합 부대인 13도 창의군은 이인영을 총대장으로 추대하였다. ✗

② 신한청년당은 1919년 파리 강화 회의에 김규식을 대표로 파견하였다. ✗

③ 독립 의군부는 임병찬 등이 고종의 밀명을 받아 1912년에 조직하였다. ✗

④ 지청천이 이끄는 한국 독립군은 1932년 쌍성보에서 한중 연합 작전을 전개하여 일본군에 승리하였다. ✗

✓⑤ 1919년 만주에서 김원봉 등의 주도로 조직된 의열단은 신채호가 작성한 「조선 혁명 선언」을 활동 지침으로 삼았다. ○ **답** ⑤

38 의열단의 특징 이해

빈출 문항 자료 분석

(가) 단체에 대한 설명으로 옳은 것은?

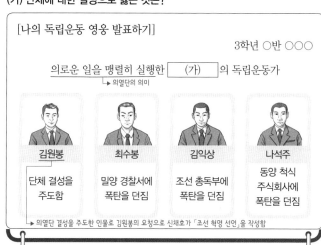

[나의 독립운동 영웅 발표하기]

3학년 ○반 ○○○

의로운 일을 맹렬히 실행한 (가) 의 독립운동가

→ 의열단의 의미

김원봉	최수봉	김익상	나석주
단체 결성을 주도함	밀양 경찰서에 폭탄을 던짐	조선 총독부에 폭탄을 던짐	동양 척식 주식회사에 폭탄을 던짐

→ 의열단 결성을 주도한 인물로 김원봉의 요청으로 신채호가 「조선 혁명 선언」을 작성함

해결 전략 자료의 인물을 통해 (가) 단체가 의열단임을 파악하고, 선택지 중에서 의열단에 해당하는 내용을 골라야 한다.

① 1911년 일제가 조작한 105인 사건으로 신민회가 와해되었다. ✗

② 1907년 대구에서 시작된 국채 보상 운동은 대한매일신보 등 언론 기관의 후원으로 확산되었다. ✗

③ 1894년 전주 화약 체결 이후 동학 농민군이 전라도 각지에 집강소를 설치하고 폐정 개혁에 나섰다. ✗

④ 1907년 일제가 헤이그 특사 사건을 구실로 고종을 강제 퇴위시키자 대한 자강회는 이를 규탄하며 반대 운동을 전개하였다. ✗

✓❺ 의열단은 김원봉의 요청으로 신채호가 1923년 작성한 「조선 혁명 선언」을 활동 지침으로 삼았다. O

답 ⑤

39 김구의 활동 파악

자료 분석 자료에서 한인 애국단 결성을 주도했다는 점, 도쿄에서 이봉창 군이 일왕 제거를 시도하였다는 점, 윤봉길 군을 홍커우 공원에 보냈다는 점 등의 내용을 통해 밑줄 친 '나'가 김구임을 알 수 있다.

선택지 분석

① 고려 숙종 때 윤관의 건의로 여진 정벌을 위한 특수 부대인 별무반이 편성되었다. ✗

② 개항 후 조선 정부는 외국어와 근대 학문을 교육하기 위해 육영 공원을 설립하였다. ✗

③ 고려 성종 때 최승로는 유교 이념을 담은 시무 28조를 건의하였다. ✗

④ 흥선 대원군은 신미양요 이후 서양과의 통상 수교 거부 의지를 널리 알리기 위해 전국 각지에 척화비를 건립하였다. ✗

✓❺ 김구는 대한민국 임시 정부의 침체를 극복하기 위해 1931년 한인 애국단을 조직하였고, 1940년에는 대한민국 임시 정부의 주석으로 선출되는 등 줄곧 대한민국 임시 정부에서 활동하였다. O

답 ⑤

40 윤봉길의 의거 이해

자료 분석 자료에서 일왕의 생일을 축하하기 위해 개최된 기념식에서 폭탄 투척 사건이 일어났다는 점, 상하이 홍커우 공원에서 일어났다는 점 등을 통해 밑줄 친 '한국인'이 윤봉길임을 알 수 있다.

선택지 분석

① 고려 후기에는 지눌이 수선사 결사를 주도하며 불교 개혁 운동을 전개하였다. ✗

② 1923년 신채호는 의열단이 활동 지침으로 삼았던 「조선 혁명 선언」을 작성하였다. ✗

✓❸ 윤봉길은 대한민국 임시 정부의 침체를 극복하기 위해 1931년에 김구 등이 조직한 한인 애국단의 단원으로 활약하였다. O

④ 고종은 을사늑약의 부당함을 알리기 위해 네덜란드 헤이그에서 열린 만국 평화 회의에 이상설, 이준, 이위종을 특사로 파견하였다. ✗

⑤ 1948년 김구, 김규식 등은 통일 정부 수립을 위한 남북 협상에 참여하였다. ✗

답 ③

41 한인 애국단의 활동 파악

자료 분석 자료의 인물은 일왕의 암살을 시도한 이봉창이다. 김구 등은

대한민국 임시 정부에 활기를 불어넣기 위해 1931년 한인 애국단을 조직하였다. 한인 애국단에는 이봉창, 윤봉길 등이 소속되었다.

선택지 분석

① 고종은 제2차 갑오개혁 당시 홍범 14조를 반포하였다. ✗

✓❷ 한인 애국단 소속인 이봉창은 일왕의 암살을 시도하였고, 윤봉길은 상하이 홍커우 공원 의거를 일으켰다. O

③ 흥선대원군은 경복궁 중건에 필요한 비용을 마련하기 위하여 원납전을 강제 징수하고 당백전을 발행하였다. ✗

④ 원은 고려의 내정을 감시하기 위해 일본 원정 시 설치한 정동행성을 유지하였다. ✗

⑤ 신민회는 실력 양성과 민족 교육을 위해 오산학교와 대성학교를 설립하였다. ✗

답 ②

42 한인 애국단의 활동 파악

자료 분석 상하이에서 열린 일왕 생일과 상하이 사변 전승 기념식 단상에 폭탄을 투척한 인물은 윤봉길이고, 도쿄에서 일왕의 마차 행렬에 폭탄을 투척한 인물은 이봉창이다.

선택지 분석

① 1948년 유엔 소총회의 결과 남한만의 단독 선거 움직임이 구체화되자 김구와 김규식 등은 남북 협상을 추진하였다. ✗

✓❷ 한인 애국단은 대한민국 임시 정부에 활기를 불어넣기 위해 1931년 상하이에서 김구가 조직한 단체로 윤봉길, 이봉창은 한인 애국단 소속이다. O

③ 조선은 1876년 강화도 조약을 체결한 이후 일본에 수신사라는 사절단을 파견하였다. ✗

④ 1890년대 초반 동학교도들이 교조 최제우의 억울한 누명을 풀어 줄 것과 포교의 자유를 요구하는 교조 신원 운동을 전개하였다. ✗

⑤ 한국광복군은 미국 전략 정보국[OSS]의 지원으로 국내 진공 작전을 계획하였다. ✗

답 ②

43 한인 애국단의 활동 파악

자료 분석 자료에서 김구가 단원을 보내 일왕에게 폭탄을 던졌다는 점을 통해 밑줄 친 '사건'이 이봉창의 의거 그리고 이 의거를 주도한 단체가 한인 애국단임을 알 수 있다.

선택지 분석

① 예송은 조선 현종 때 효종과 효종비의 국장과 관련해 자의 대비의 상복 문제로 서인과 남인이 대립한 사건이다. ✗

② 조선 정부가 설치한 박문국에서 한성순보를 발행하였다. ✗

③ 독립 협회의 주도로 1898년에 관민 공동회가 개최되었다. ✗

✓❹ 한인 애국단은 김구가 대한민국 임시 정부의 침체를 극복하기 위해 조직한 단체로, 단원이었던 윤봉길은 상하이 홍커우 공원에서 일왕의 생일과 상하이 사변 승전을 축하하는 기념식 단상에 폭탄을 던지는 의거를 일으켰다. O

⑤ 18세기 이후 일부 실학자를 중심으로 청의 선진 문물을 수용하자는 북학론이 제기되었다. ✗

답 ④

44 민립 대학 설립 운동 이해

빈출 문항 자료 분석

(가)에 들어갈 내용으로 옳은 것은?

수행 평가 보고서

3학년 ○반 이름 ○○○

1. 주제: 일제 강점기 실력 양성 운동의 전개
2. 활동: 주요 운동의 목적과 구호를 조사하여 정리함
3. 내용

주요 운동	목적	구호
물산 장려 운동	경제적 자립	내 살림 내 것으로!
(가)	고등 교육 실현	한민족 1천만이 한 사람이 1원씩! → 민립 대학 설립 운동의 구호
문자 보급 운동	문맹 퇴치	아는 것이 힘, 배워야 산다!

해결 전략 일제 강점기 실력 양성 운동의 구호를 알아 두어야 한다. 물산 장려 운동은 '내 살림 내 것으로!', 민립 대학 설립 운동은 '한민족 1천만이 한 사람이 1원씩!', 문자 보급 운동은 '아는 것이 힘, 배워야 산다!'라는 구호를 내세웠다.

선택지 분석

① 새마을 운동은 농촌 환경 개선과 소득 증대를 목표로 1970년부터 박정희 정부가 추진하였다. ✗
② 성리학과 성리학적 사회 질서를 지키고 성리학 이외의 사상을 배척한다는 위정척사 운동은 19세기 개항을 전후한 시기에 양반 유생층을 중심으로 전개되었다. ✗
③ 서경 천도 운동은 고려 시대에 묘청과 정지상 등 서경 세력이 풍수지리설을 근거로 전개하였다. ✗
④ 광복 이후 모스크바 3국 외상 회의의 결정 사항을 둘러싸고 좌우익의 대립이 격화되자, 여운형과 김규식 등 중도 세력이 좌우 합작 운동을 전개하였다. ✗
✓⑤ 민립 대학 설립 운동은 이상재, 이승훈 등을 중심으로 추진되었으나 일제의 방해로 실패로 끝났다. ○ 답 ⑤

45 물산 장려 운동의 내용 이해

자료 분석 자료에서 민족 경제상 이익을 위해 우리 상품을 애호하며 구매하여야 한다는 점, 평양, 조만식 등의 내용을 통해 제시된 자료가 물산 장려 운동과 관련 있음을 알 수 있다. 1920년대 일본과 한국 사이에 관세를 폐지한다는 소식이 전해지자 조만식 등은 평양에서 민족 기업 보호를 위해 물산 장려 운동을 전개하였다.

선택지 분석

① 통일 신라의 신문왕은 귀족 세력의 약화를 위해 녹읍을 폐지하고 관료전을 지급하였다. ✗

② 박정희 정부는 1970년부터 농촌 환경 개선과 소득 증대를 위해 새마을 운동을 전개하였다. ✗
③ 16세기 이후 방납의 폐단이 심해지자, 조선 광해군은 이를 개선하기 위해 경기도에 처음으로 대동법을 실시하였다. 대동법은 공물을 토지 결수에 따라 쌀, 무명, 베 등으로 징수하게 한 것이다. ✗
④ 조선 정부는 개화 정책을 추진하기 위해 1880년 통리기무아문을 설치하였다. ✗
✓⑤ 물산 장려 운동은 '내 살림 내 것으로' 등의 구호를 내세우고, 일본 상품 배척, 토산품 애용 등을 추진하며 전국으로 확산되었다. 그러나 일제의 방해 등으로 큰 성과를 거두지 못하였다. ○ 답 ⑤

46 물산 장려 운동 파악

자료 분석 '내 살림 내 것으로'라는 구호를 내걸었다는 점, 조만식 등이 평양에서 시작하였다는 점 등을 통해 밑줄 친 '이 운동'이 물산 장려 운동임을 알 수 있다.

선택지 분석

① 유엔 소총회의 결과 남한만의 단독 선거 움직임이 구체화되자 김구와 김규식 등이 통일 정부 수립을 위한 남북 협상에 나섰으나 큰 성과를 거두지 못하였다. ✗
② 흥선 대원군은 경복궁 중건에 필요한 재원을 마련하기 위해 고액 화폐인 당백전을 발행하였는데, 물가가 급등하는 문제점이 나타났다. ✗
✓③ 토산품 애용 운동인 물산 장려 운동은 1920년대에 평양과 서울에서 조직된 조선 물산 장려회가 주도하였다. ○
④ 조선 후기에 방납의 폐단을 시정하기 위해 대동법이 실시되면서 토지가 많은 양반 지주의 부담은 늘어났지만 가난한 농민의 부담은 크게 줄어들었다. ✗
⑤ 김영삼 정부 말기에 외환 위기가 발생하여 국제 통화 기금[IMF]에 긴급 자금 지원을 요청하였다. ✗ 답 ③

47 문맹 퇴치 운동 파악

자료 분석 자료에서 1930년에 조사한 통계 자료에 따르면 한국인의 문맹률이 매우 높게 나타나고 있다는 점, 한글 보급 등을 목표로 하고 있다는 점 등을 통해 (가)에는 1930년 이후 전개된 문맹 퇴치 운동에 대한 내용이 들어가야 함을 알 수 있다.

선택지 분석

① 고려 광종 때에 과거제가 도입되었다. ✗
② 조선 성종 때에 집현전을 계승한 홍문관이 설치되었다. ✗
③ 조선 정부는 개화 정책의 하나로 1883년 한성순보를 창간하였다. ✗
④ 고려 무신 정권 시기 지눌은 세속화된 불교를 개혁하기 위해 수선사 결사를 제창하였다. ✗
✓⑤ 1930년대 전반 동아일보사는 농촌 계몽 운동인 브나로드 운동을 전개하였다. ○ 답 ⑤

48 6·10 만세 운동의 영향 이해

자료 분석 자료에서 순종의 장례일에 맞춰 일어났다는 점, 천도교 계열

민족주의자들과 사회주의자들, 학생 단체가 함께 계획했다는 점 등을 통해 (가)에 들어갈 내용이 6·10 만세 운동과 관련된 것임을 알 수 있다.

선택지 분석

① 일제 강점기 최대 규모의 노동 쟁의인 원산 총파업(1929)이 일어났으나, 일제의 탄압으로 실패하였다. ✗

✓❷ 6·10 만세 운동은 민족주의 세력과 사회주의 세력이 연대하는 계기가 되어 민족 협동 전선 운동으로 이어졌다. ○

③ 연통제와 교통국 조직이 발각된 후 침체에 빠진 대한민국 임시 정부의 새로운 방향을 모색하기 위해 국민 대표 회의가 열렸다. ✗

④ 세도 정치 시기에 삼정의 문란이 극심하자 이에 반발하여 임술 농민 봉기가 일어났다. 조선 정부는 이를 해결하기 위해 삼정이정청을 설치하였다. ✗

⑤ 정전 협정의 체결 결과 군사 분계선(휴전선)이 확정되고 비무장 지대가 설정되었다. ✗   답 ②

49 신간회의 활동 파악

자료 분석 정우회 선언을 계기로 조직되었다는 점, 비타협적 민족주의자와 사회주의자가 연대하여 창립하였다는 점, 이상재가 초대 회장으로 추대되었다는 점 등을 통해 (가) 단체가 1927년 창립된 신간회임을 알 수 있다.

선택지 분석

① 조선어 학회가 한글 맞춤법 통일안을 제정하였다. ✗

✓❷ 신간회는 1929년 광주 학생 항일 운동이 일어나자 진상 조사단을 파견하였다. ○

③ 신민회가 민족 교육을 위해 오산 학교와 대성 학교를 설립하였다. ✗

④ 신한청년당이 파리 강화 회의에 김규식을 대표로 파견하였다. ✗

⑤ 한인 애국단이 윤봉길의 상하이 훙커우 공원 의거를 주도하였다. ✗   답 ②

50 신간회의 활동 파악

자료 분석 자료에서 1927년 비타협적 민족주의 진영과 사회주의 진영이 함께 민족 유일당 운동의 일환으로 조직하였다는 점, '기회주의를 일체 부인함.' 등의 강령을 제시하였다는 점 등을 통해 밑줄 친 '이 단체'가 신간회임을 알 수 있다.

선택지 분석

① 조선 후기 실학자인 박제가 등이 청의 문물을 배우자는 북학론을 제기하였다. ✗

② 천도교 소년회 활동을 주도한 방정환 등이 어린이날을 제정하였다. ✗

✓❸ 신간회는 1929년에 진상 조사단을 파견하는 등 광주 학생 항일 운동을 지원하였다. ○

④ 1976년에 재야인사 등이 명동 성당에 모여 유신 체제를 비판하는 3·1 민주 구국 선언을 발표하였다. ✗

⑤ 이만손 등이 영남 만인소를 올려 『조선책략』의 유포에 반발하였다. ✗   답 ③

도전 1등급 문항 분석   ▶▶ 정답률 25.9%

(가) 단체에 대한 설명으로 옳은 것은?

> (가) 의 제2회 중앙 집행 위원회가 지난달 23일 본부에서 개최되었다. 중앙 집행 위원장 허헌 씨가 개회를 선언하고 출석한 대의원을 순서대로 호명하였다. 대회장의 전면에는 "1. 우리는 정치적, 경제적 각성을 촉진함. 2. 우리는 단결을 공고히 함. 3. 우리는 기회주의를 일체 부인함."이라는 (가) 의 강령이 쓰인 비단 플래카드가 걸려 있었다.
> └ 자치 운동에 대한 비판
> └ 민족 단결을 강조

해결 전략 자료에 나타난 3개 강령의 내용을 통해 (가) 단체는 신간회임을 알 수 있다. 신간회는 자치 운동이 대두되면서 이에 대한 비판으로 성립된 단체이다. 이에 따라 강령에 민족 단결과 기회주의 배격의 내용이 강조되고 있음을 알아두어야 한다.

선택지 분석

① 독립 협회는 1898년 관민 공동회를 열고 헌의 6조를 결의하였다. ✗

② 1987년 6월 민주 항쟁에서 시민들은 대통령 직선제 개헌을 요구하였다. ✗

✓❸ 사회주의 계열에서 발표한 정우회 선언을 계기로 1927년에 사회주의 세력과 비타협적 민족주의 세력이 연대하여 신간회를 결성하였다. ○

④ 1919년에 조직된 의열단은 신채호가 작성한 「조선 혁명 선언」을 활동 지침으로 삼고, 일제 통치 기관을 파괴하고 일제 고관이나 친일파를 처단하는 의열 투쟁을 전개하였다. ✗

⑤ 일제의 황무지 개간권 요구에 반발하여 설립된 보안회는 이에 대한 반대 운동을 전개하여 일제의 황무지 개간권 요구를 철회시켰다. ✗   답 ③

52 6·10 만세 운동의 영향 이해

자료 분석 자료에서 순종의 국장 당일에 독립 시위를 전개한 내용을 통해 (가) 운동이 6·10 만세 운동임을 알 수 있다. 1926년 순종의 국장일에 맞춰 민족주의 계열인 천도교와 사회주의 계열, 학생들이 만세 시위를 계획하였으나 일제에게 사전 발각되었다. 이에 많은 이들이 체포되었으나 발각되지 않은 학생들이 예정대로 격문을 뿌리고 만세 시위를 전개하였다.

선택지 분석

① 신간회는 1929년 광주 학생 항일 운동에 진상 조사단을 파견하여 지원하였다. ✗

✓❷ 6·10 만세 운동의 영향으로 민족주의 세력과 사회주의 세력이 연대하게 되어 민족 협동 전선 운동이 전개되었다. 그 결과 1927년에 신간회가 결성되었다. ○

③ 1904년 결성된 보안회는 일본의 황무지 개간권 요구에 반대하여 이를 철회시켰다. ✗

④ 3·1 운동을 계기로 독립운동가들 사이에서 독립운동의 구심점이 필요하다는 공감대가 형성됨에 따라 대한민국 임시 정부가 수립되었다. ✗

⑤ 1920년대 초반 이상재 등이 조선 민립 대학 기성회를 조직하여 전국적

인 모금 운동을 벌여 민립 대학 설립 운동을 전개하였으나 일제의 방해로 실패하였다. ✗   답 ②

53 6·10 만세 운동과 광주 학생 항일 운동 시기 사이의 사실 파악

자료 분석 (가)는 순종의 서거를 계기로 만세 시위를 전개하였다는 사실을 통해 1926년에 일어난 6·10 만세 운동에 대한 것임을 알 수 있다. (나)는 1929년 한국인 학생과 일본인 학생의 충돌에서 비롯되었다는 점 등을 통해 광주 학생 항일 운동에 대한 것임을 알 수 있다.

선택지 분석

✓❶ 1926년 6·10 만세 운동은 민족주의 세력과 사회주의 세력이 연대하는 계기가 되어 민족 협동 전선 운동으로 이어졌으며, 그 결과 1927년에 신간회가 결성되었다. ○

② 자유시로 이동한 독립군 부대들이 큰 피해를 입었던 자유시 참변은 1921년에 일어났다. ✗

③ 1948년 유엔 소총회의 결의로 남한만의 단독 선거 움직임이 구체화되자 남북 협상이 본격적으로 추진되었다. ✗

④ 조선 정부는 양반 자제와 관리를 대상으로 근대 학문을 교육하고자 1886년에 육영 공원을 설립하였다. ✗

⑤ 1894년 일본군이 경복궁을 점령하고 개혁을 강요하면서 군국기무처가 설치되어 제1차 갑오개혁을 주도하였다. ✗   답 ①

54 신간회 활동 시기의 상황 파악

자료 분석 비타협적 민족주의 세력과 사회주의 세력이 연합하여 창립한 민족 협동 전선 단체라는 내용 등을 통해 (가) 단체가 1927년에 결성된 신간회임을 알 수 있다.

선택지 분석

① 1948년 제헌 국회에서 반민족 행위 처벌법을 제정하고 반민족 행위 특별 조사 위원회(반민 특위)를 설치하였다. ✗

② 애치슨 선언은 1950년 1월 미국 국무 장관인 애치슨이 발표한 것으로 북한이 6·25 전쟁을 일으키는 데 영향을 끼쳤다. ✗

③ 정미의병 때 의병 연합 부대인 13도 창의군이 결성되어 1908년에 서울 진공 작전을 추진하였다. ✗

④ 백두산정계비는 조선 숙종 때 조선과 청이 백두산 일대 국경을 확정하여 그 내용을 새긴 비석이다. ✗

✓❺ 신간회는 1929년 광주 학생 항일 운동이 일어났을 때 현지에 진상 조사단을 파견하였다. ○   답 ⑤

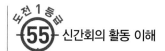

55 신간회의 활동 이해

도전 1등급 문항 분석 ▶▶ 정답률 39%

(가) 단체에 대한 설명으로 옳은 것은?   → 단순한 해체가 아니라 다른 운동 형태로 발전한다는 의미로 사용됨

> **한국사 신문**   □□□□년 □□월 □□일
>
> (가) **해소론이 제기되다**
>
> (가) ○○ 지회 정기 대회에서 한 회원이 해소론을 제기하여 파문이 예상된다. 그는 현재 (가) 의 집행부가 '기회주의를 일체 부인한다.' 등의 강령을 무시하고 타협론자와 협력하였다는 이유로 해소를 주장하였다. 이에 대해 본부의 관계자는 해소 주장이 조선의 현실을 무시하는 처사라고 반박하였다. 앞으로 해소를 둘러싼 격렬한 찬반 논쟁이 여러 지회를 중심으로 전개될 것으로 보여 귀추가 주목된다.   → 1927년 결성된 신간회의 강령 중 하나

해결 전략 사회주의자들은 신간회를 해소하고 계급 투쟁을 더욱 적극적으로 전개하자고 주장하였다. 한편 신간회는 정치적·경제적 각성, 공고한 단결, 기회주의 부인이라는 강령을 내걸었다. 신간회가 광주 학생 항일 운동을 지원하였다는 점이 자주 출제된다.

선택지 분석

① 비밀 결사로 결성된 신민회는 1911년 일제가 조작한 105인 사건으로 와해되었다. ✗

② 1890년대 초 동학교도들이 처형당한 교조 최제우의 억울함을 풀고 포교의 자유를 획득하기 위해 교조 신원 운동을 전개하였다. ✗

✓③ 신간회는 1929년 광주 학생 항일 운동 때 진상 조사단을 파견하고 대규모 민중 대회를 개최하려다 집행부 대부분이 구속되는 등 일제의 탄압으로 큰 타격을 입었다. ○

④ 조선 후기 박제가 등 실학자들이 청의 선진 문물을 수용할 것을 주장하였다. 이들을 북학파라고 한다. ✗

⑤ 1904년 일제가 황무지 개간권을 요구하며 토지를 약탈하려 하자 보안회가 반대 운동을 전개하여 이를 저지하였다. ✗   답 ③

56 신간회의 결성과 활동 파악

자료 분석 자료의 강령과 광주 학생 항일 운동 당시 진상 조사단을 파견하였다는 내용을 통해 (가) 단체가 신간회임을 알아야 한다. 또한 신간회가 민족 협동 전선으로 결성되었음을 파악하고 있어야 한다.

선택지 분석

① 일본에 진 빚을 갚아 국권을 회복하자는 국채 보상 운동은 1907년 대구에서 시작되어 대한매일신보 등 언론 기관의 지원 속에 전국으로 확산되었다. ✗

✓❷ 1926년 사회주의 계열에서 정우회 선언을 발표하여 비타협적 민족주의 세력과의 제휴를 주장하였고, 이는 1927년 신간회의 결성으로 이어졌다. ○

③ 1895년 을미사변 이후 성립된 김홍집 내각은 단발령 등의 개혁을 단행하였다. 이에 을미사변과 단발령에 반발하여 유인석, 이소응 등 유생들의 주도로 을미의병이 일어났다. ✗

④ 1945년 여운형은 조선 건국 동맹을 기반으로 조선 건국 준비 위원회를 결성하였다. ✗

⑤ 1898년 독립 협회는 만민 공동회를 개최하여 러시아의 절영도 조차 요구를 저지하는 등 이권 수호 운동을 전개하였다. ✗ 　답 ②

57 신간회의 활동 파악

[자료 | 분석] 정우회 선언을 계기로 조직되었다는 것과 제시된 강령을 통해 밑줄 친 '이 단체'가 신간회임을 알 수 있다. 신간회는 사회주의 세력과 비타협적 민족주의 세력이 연대하여 1927년 창립한 단체이다. 신간회는 농민·노동 운동을 지원하고, 광주 학생 항일 운동 당시에는 진상 조사단을 파견하기도 하였다.

[선택지 | 분석]

① 조선 후기에 북학파 실학자는 청과 교류하면서 선진 문물을 수용하자고 주장하였다. ✗

② 동학교도들은 교조 최제우의 억울한 누명을 벗겨 줄 것과 포교의 자유를 요구하는 교조 신원 운동을 전개하였다. ✗

③ 모스크바 3국 외상 회의의 신탁 통치 결정 사항이 국내에 알려지자, 김구와 이승만 등 우익 진영에서 신탁 통치 반대 운동을 전개하였다. ✗

✓❹ 사회주의 세력과 비타협적 민족주의 세력이 연대하여 결성된 신간회는 1929년에 광주 학생 항일 운동이 일어나자 진상 조사단을 파견하고 민중 대회를 계획하는 등 지원 활동을 전개하였다. ◯

⑤ 1987년 전두환 정부가 4·13 호헌 조치를 발표하자, 이에 반발한 시민들의 시위가 거세게 일어나 호헌 철폐를 요구하는 6월 민주 항쟁이 전개되었다. ✗ 　답 ④

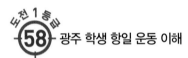
58 광주 학생 항일 운동 이해

도전 1등급 문항 분석 ▶▶ 정답률 48.0%

(가)에 대한 설명으로 옳은 것은?

자료로 보는 한국사

조선 학생 청년 대중이여 궐기하라!
제국주의적 침략에 저항하는 의지를 가지고 광주 학생을 성원하자!
… (중략) …
그들은 경찰을 총동원하여 광주 조선 학생 동지들에게 쇠고랑을 걸고 말았다.
그대들이여! 궐기하라!
조선 학생의 이익과 약소민족의 승리를 위한 항쟁에 공헌하라.
… (중략) …
구속된 광주 조선 학생을 즉시 탈환하자.
식민지 노예 교육에 반대하자.

[해설] 이 자료는 　(가)　이/가 전개되는 과정에서 서울에 유포된 격문으로, 일제에 맞서 궐기하자는 내용이 담겼다. 이 운동은 한국인 학생과 일본인 학생 간의 충돌을 계기로 광주에서 시작되었다. 일제는 진압에 나섰지만, 민족 차별 대우에 항거한 학생들의 시위는 전국 각지로 확산되었다. →경찰 등이 한국인 학생을 탄압하였음

→ 나주역에서 한국인 학생과 일본인 학생 사이에 벌어진 충돌

[해결 전략] 광주 학생을 성원, 구속된 광주 조선 학생을 즉시 탈환 등의 격문 내용과 한국인 학생과 일본인 학생 간의 충돌을 계기로 광주에서 시작되었다는 내용 등을 통해 (가) 운동이 1929년에 일어난 광주 학생 항일 운동임을 알 수 있다. 광주 학생 항일 운동 관련 문제는 사료와 함께 출제되므로, 기출문제에 수록된 사료들을 잘 기억해 두어야 한다.

[선택지 | 분석]

① 1919년 일본 도쿄에서 한국인 유학생들이 발표한 2·8 독립 선언 등이 3·1 운동에 영향을 주었다. ✗

② 6·10 만세 운동은 순종의 장례일에 일어났다(1926). ✗

③ 1960년 3·15 부정 선거를 규탄하는 시위가 이어지는 가운데 김주열의 시신이 발견되었다. 이를 계기로 시위가 크게 확산되어 4·19 혁명으로 이어졌다. ✗

④ 1884년 김옥균 등 급진 개화파의 주도로 갑신정변이 일어났다. ✗

✓❺ 광주 학생 항일 운동 당시 신간회가 진상 조사단을 파견해 지원하였다. ◯ 　답 ⑤

59 광주 학생 항일 운동 이해

[자료 | 분석] 자료에서 나주역에서 일본인 중학생이 한국인 여학생을 희롱한 사건이 발단이 되었다는 점, 11월 3일 광주 지역 학생들의 시위가 전개되었다는 점 등을 통해 (가) 민족 운동이 광주 학생 항일 운동(1929)임을 알 수 있다.

[선택지 | 분석]

① 김홍집이 일본에서 『조선책략』을 들여오자 이만손 등의 유생들이 이를 비판하는 영남 만인소를 올렸다. ✗

② 1907년 대구에서 시작된 경제적 구국 운동인 국채 보상 운동은 통감부의 방해와 탄압으로 실패하였다. ✗

③ 제너럴 셔먼호 사건을 구실로 1871년 미국이 강화도를 침략한 신미양요가 일어났다. ✗

④ 일제는 1910년대 헌병이 일반 경찰 업무 및 행정 업무에 관여하는 헌병 경찰제를 실시하였다. ✗

✓❺ 광주 학생 항일 운동이 일어나자 신간회는 진상 조사단을 파견하였다. ◯ 　답 ⑤

04 사회·문화의 변화와 사회 운동

60 ④	61 ④	62 ④	63 ③	64 ③	65 ④
66 ④	67 ③	68 ⑤	69 ⑤	70 ③	71 ④
72 ②	73 ①	74 ④			

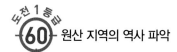

60 원산 지역의 역사 파악

`도전 1등급 문항 분석` ▶▶ 정답률 27.5%

(가)에 들어갈 내용으로 가장 적절한 것은?

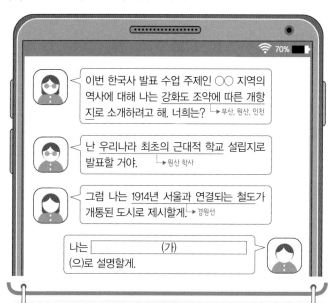

이번 한국사 발표 수업 주제인 ○○ 지역의 역사에 대해 나는 강화도 조약에 따른 개항지로 소개하려고 해. 너희는? →부산, 원산, 인천

난 우리나라 최초의 근대적 학교 설립지로 발표할 거야. →원산 학사

그럼 나는 1914년 서울과 연결되는 철도가 개통된 도시로 제시할게. →경원선

나는 (가) (으)로 설명할게.

`해결 전략` 강화도 조약에 따른 개항지, 우리나라 최초의 근대적 학교 설립지, 1914년 서울과 연결되는 철도가 개통된 도시는 원산임을 파악해야 한다.

`선택지 분석`

① 6·25 전쟁 당시 이승만 정부는 대전, 대구, 부산 등지로 거처를 옮겼다. ✗

② 조만식 등의 주도로 평양에서 물산 장려 운동이 시작되었다. ✗

③ 홍경래는 평안도 지역민에 대한 차별과 지배층의 수탈에 반발하여 봉기하였다. ✗

✓④ 1929년 한국인 노동자 구타 사건을 계기로 원산 지역에서 대규모 총파업이 전개되었다. O

⑤ 일본은 러일 전쟁 중 시마네현 고시를 통해 독도를 불법적으로 자국 영토에 편입하였다. ✗　　　　　　　　　　　　　　 답 ④

61 방정환의 활동 파악

`자료 분석` 자료는 어린이날 제정과 잡지 『어린이』 창간을 주도하였던 방정환에 대한 인물 카드이다. 방정환은 천도교 소년회를 이끌며 5월 1일을 어린이날로 제정하고 기념행사를 개최하는 등 소년 운동을 전개하였다.

`선택지 분석`

① 구식 군인들은 신식 군대인 별기군과의 차별 대우 등을 배경으로 1882

년 임오군란을 일으켰다. ✗

② 독립 협회는 독립문을 건립하고 강연회와 토론회를 개최하는 등 민중을 계몽하는 데 힘썼다. ✗

③ 독립 협회는 독립문 건립을 추진하여 독립문 건립에 필요한 자금을 내면 누구나 독립 협회의 회원이 될 수 있도록 하였다. ✗

✓④ 방정환은 천도교 소년회를 중심으로 소년 운동을 적극적으로 전개하였다. O

⑤ 1961년 5·16 군사 정변을 일으킨 주도 세력은 국회를 해산하고 국가 재건 최고 회의를 세워 군정을 실시하였다. ✗　　　　 답 ④

62 천도교 소년회의 활동 파악

`자료 분석` 자료에서 잡지 『어린이』의 간행, '어린이날'을 정하고 기념행사를 개최, 일제 강점기 소년 운동에 앞장 등의 내용을 통해 (가) 단체가 천도교 소년회임을 알 수 있다.

`선택지 분석`

① 조선 시대 서인은 광해군의 중립적인 외교 정책 등을 이유로 1623년 인조반정을 일으켰다. ✗

② 신민회는 1911년 일제가 조작한 105인 사건으로 탄압을 받아 와해되었다. ✗

③ 1979년에 박정희 정부의 유신 체제에 반대하며 부산과 마산의 학생과 시민들이 부마 민주 항쟁을 일으켰다. ✗

✓④ 1921년 조직된 천도교 소년회에서 방정환 등이 중심이 되어 소년 운동을 전개하였다. O

⑤ 의열단은 1923년 신채호가 작성한 「조선 혁명 선언」을 활동 지침으로 삼았다. ✗　　　　　　　　　　　　　　　　 답 ④

63 천도교 소년회의 활동 파악

`자료 분석` 자료에서 어린이날 제정, 천도교회의 소년들이 중심 등의 내용을 통해 (가) 단체가 천도교 소년회임을 알 수 있다.

`선택지 분석`

① 정우회 선언을 계기로 1927년 사회주의 세력과 비타협적 민족주의 세력이 연대한 신간회가 결성되었다. ✗

② 조선어 학회가 한글 맞춤법 통일안을 제정하였다. ✗

✓③ 방정환 등은 천도교 소년회를 중심으로 소년 운동을 전개하여 어린이날을 제정하고 잡지 『어린이』를 간행하였다. O

④ 신민회는 민족 교육을 실시하기 위해 오산 학교와 대성 학교를 설립하였다. ✗

⑤ 김좌진이 이끄는 북로 군정서 등 독립군 연합 부대가 1920년 청산리 전투에서 일본군을 격파하였다. ✗　　　　　　　　　 답 ③

64 방정환의 활동 파악

`자료 분석` 『어린이』 잡지를 창간하였다는 내용을 통해 밑줄 친 '선생님'이 방정환임을 알 수 있다. 방정환은 소년 운동을 전개하였다.

`선택지 분석`

① 『북학의』는 조선 후기 북학파 실학자인 박제가가 청의 풍속과 제도를

Ⅲ 일제 식민지 지배와 민족 운동의 전개

시찰하고 돌아와 저술한 책이다. ✗

② '아리랑'은 일제 강점기인 1926년 나운규가 제작한 영화이다. ✗

✓ ❸ 방정환이 이끌던 천도교 소년회는 5월 1일을 어린이날로 정하고, 잡지 『어린이』를 발간하였다. O

④ 1931년 설립된 조선어 학회는 「한글 맞춤법 통일안」을 발표하며 표준어를 제정하고 이를 기초로 『우리말 큰사전』 편찬을 추진하였다. ✗

⑤ 조선 건국 동맹은 1944년 여운형의 주도로 결성되었다. ✗   🈁 ③

65   형평 운동의 목적 이해

[자료|분석] 자료에서 형평사의 중심인물, 자료의 출처가 『개벽』인 점 등을 통해 (가) 운동은 형평 운동임을 알 수 있다. 형평 운동은 1920년대에 백정들이 전개한 사회적 차별 철폐 운동으로, 조선 형평사가 주도하였다.

[선택지|분석]

① 고려 무신 집권 초기에 공주 명학소를 중심으로 차별 대우에 대항한 농민과 천민이 반란을 일으켰다. ✗

② 동학 농민 운동의 전개 과정에서 전라도 일대에 수십 개의 집강소가 설치되었다. ✗

③ 신채호는 1923년 무력 투쟁에 의한 민중 직접 혁명을 강조하며 「조선 혁명 선언」을 작성하였다. ✗

✓ ❹ 1923년에 조직된 조선 형평사는 백정에 대한 사회적 차별 철폐를 목적으로 형평 운동을 전개하였다. O

⑤ 보수적인 양반 유생으로 대표되는 위정척사 세력은 성리학적 질서를 수호하며 개항과 개화 정책 추진에 반대하였다. ✗   🈁 ④

66   형평 운동의 이해

[자료|분석] 제시된 자료는 홍사용이 1925년에 발표한 「봉화가 켜질 때에」라는 소설의 일부이다. 귀영이가 백정의 딸이라서 고향 학생 친목회에서 쫓겨난 것 등을 통해 백정에 대한 차별과 억압 등이 지속되고 있음을 알 수 있다.

[선택지|분석]

① 도병마사는 고려 시대 중서문하성과 중추원의 고위 관리들이 참여하여 국방과 군사 문제를 논의하는 회의 기구이다. ✗

② 당백전은 흥선 대원군이 경복궁 중건에 필요한 재원을 마련하기 위해 발행한 고액 화폐였다. ✗

③ 새마을 운동은 농촌 환경 개선과 소득 증대를 목표로 1970년부터 박정희 정부가 추진하였다. ✗

✓ ❹ 갑오개혁으로 신분제는 폐지되었으나 백정에 대한 사회적 차별이 잔존하고 있는 상황에서 1923년 백정 등이 조선 형평사를 창립하고 형평 운동을 전개하였다. O

⑤ 5·18 민주화 운동은 1980년 신군부 세력이 비상계엄을 전국으로 확대 선포한 것에 반대하여 일어났다. ✗   🈁 ④

67   조선 형평사의 창립 배경 이해

[자료|분석] 호적에 도한(백정)이라고 쓰여 있고, 이럴 경우 아이들이 학교

에 입학하는 데 불이익이 있다는 내용을 통해 자료가 백정에 대한 사회적 차별에 대한 것임을 알 수 있다. 1894년 제1차 갑오개혁으로 신분제는 폐지되었으나, 백정에 대한 사회적 차별은 잔존하였다.

[선택지|분석]

① 19세기 후반 흥선 대원군은 경복궁 중건에 필요한 비용을 마련하기 위해 당백전을 발행하였다. 그 결과 물가가 크게 폭등하였다. ✗

② 교정도감은 고려 무신 정권 시기에 최충헌이 설치한 최고 권력 기구였다. ✗

✓ ❸ 1923년 진주에서 창립된 조선 형평사는 백정에 대한 사회적 차별을 없애기 위한 형평 운동을 전개하였다. O

④ 1882년 조미 수호 통상 조약 체결 이후 미국 공사가 조선에 부임하자 이에 대한 답례로 1883년 조선 정부는 미국에 보빙사를 파견하였다. ✗

⑤ 1946년 열린 제1차 미소 공동 위원회가 결렬되자 이승만이 정읍에서 남한만의 단독 정부 수립을 시사하였다. 1947년 제2차 미소 공동 위원회가 결렬되자 미국은 한반도 문제를 유엔에 상정하였다. ✗   🈁 ③

68   조선어 학회의 활동 파악

[자료|분석] 1942년 회원들이 경찰에 검거되었다는 점, 한글 맞춤법 통일안을 마련하고 표준어를 선정하였다는 점 등을 통해 (가) 단체가 조선어 학회임을 알 수 있다.

[선택지|분석]

① 1896년 창립된 독립 협회가 독립문 건립을 주도하였다. ✗

② 정우회 선언은 사회주의 세력이 비타협적 민족주의 세력과의 제휴를 주장한 것으로, 이를 계기로 1927년 신간회가 창립되었다. ✗

③ 신민회는 오산 학교와 대성 학교를 설립하여 민족 교육을 실시하였다. ✗

④ 헤이그 특사 파견을 구실로 1907년 고종이 강제 퇴위되자 대한 자강회 등은 고종 강제 퇴위 반대 운동을 전개하였다. ✗

✓ ❺ 조선어 학회는 우리말(조선말) 큰사전 편찬을 추진하였으나 일제가 조선어 학회 사건을 일으키면서 편찬 작업이 중단되었다. O   🈁 ⑤

69   조선어 학회의 활동 이해

[자료|분석] 우리말 큰사전을 편찬하려다가 1942년 일제에 의해 중단되었다는 내용을 통해 (가) 단체가 조선어 학회임을 알 수 있다. 일제는 1942년 조선어 학회 회원들을 독립운동 혐의로 대거 투옥하였다.

[선택지|분석]

① 1911년 일제가 조작한 105인 사건으로 신민회가 와해되었다. ✗

② 1890년대 초 동학교도들이 교조 최제우의 억울함을 풀고 포교의 자유를 얻기 위해 교조 신원 운동을 전개하였다. ✗

③ 1907년 대구에서 시작된 국채 보상 운동은 대한매일신보 등 언론 기관의 후원을 받아 전국으로 확산되었다. ✗

④ 1895년 을미사변이 일어나자 유인석 등 양반 유생들을 중심으로 을미의병이 일어났다. ✗

✓ ❺ 조선어 학회는 1933년 한글 맞춤법 통일안을 제정하여 한글의 표준화에 노력하였다. O   🈁 ⑤

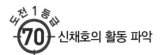

70 신채호의 활동 파악

도전 1등급 문항 분석 ▶▶ 정답률 28%

(가)에 들어갈 내용으로 가장 적절한 것은?

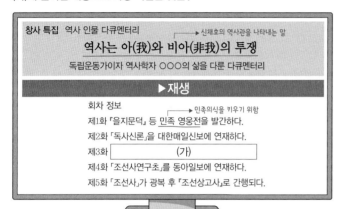

> 창사 특집 역사 인물 다큐멘터리 →신채호의 역사관을 나타내는 말
>
> ### 역사는 아(我)와 비아(非我)의 투쟁
> 독립운동가이자 역사학자 ○○○의 삶을 다룬 다큐멘터리
>
> ▶재생
>
> 회차 정보 →민족의식을 키우기 위함
> 제1화 「을지문덕」 등 민족 영웅전을 발간하다.
> 제2화 「독사신론」을 대한매일신보에 연재하다.
> 제3화　　　　　　(가)
> 제4화 「조선사연구초」를 동아일보에 연재하다.
> 제5화 「조선사」가 광복 후 「조선상고사」로 간행되다.

해결 전략 자료에서 역사는 아(我)와 비아(非我)의 투쟁, 「독사신론」을 대한매일신보에 연재, 「조선사연구초」 등의 내용을 통해 다큐멘터리의 주인공이 신채호임을 알 수 있다. 신채호는 대표적인 민족주의 사학자로 그의 저서를 알아 두면 쉽게 해결할 수 있는 문제이다. 신채호가 역사학자로서만이 아니라 독립운동가로서도 활동하였음을 기억해 두어야 한다.

선택지 분석
① 민족주의 사학자인 박은식이 「한국통사」를 저술하였다. ✗
② 고려 성종 때 최승로가 시무 28조를 건의하였다. ✗
✓③ 신채호는 1923년 「조선 혁명 선언」을 작성하여 무력 투쟁에 의한 민중의 직접 혁명을 강조하였다. ○
④ 사회 경제 사학자인 백남운이 「조선사회경제사」를 출간하였다. ✗
⑤ 조선어 학회가 우리말(조선말) 큰사전 편찬을 주도하였다. ✗　답 ③

71 신채호의 저술 파악

자료 분석 1900년대 초 대한매일신보에 「독사신론」을 연재하여 민족주의 사학의 토대를 마련한 신채호는 이후 고대사 연구에 주력하였다. 신채호는 국민 대표 회의에서 임시 정부를 해산하고 새로운 정부를 세우자고 주장하였다.

선택지 분석
① 조선 후기 실학을 집대성한 정약용이 「목민심서」를 저술하였다. ✗
② 방정환 등의 주도로 어린이날이 제정되었다. ✗
③ 조선 후기 김정호가 「대동여지도」를 제작하였다. ✗
✓④ 1923년 신채호는 김원봉의 요청으로 「조선 혁명 선언」을 집필하였다. 의열단은 이를 활동 지침으로 삼았다. ○
⑤ 1945년 광복 직후 여운형은 조선 건국 동맹을 기반으로 조선 건국 준비 위원회를 조직하였다. ✗　답 ④

72 민족주의 사학 이해

자료 분석 「한국통사」를 저술하였다는 점, 조상의 혼으로써 정신을 삼는

다는 점 등을 통해 자료가 박은식의 「한국통사」 서문의 일부임을 알 수 있다. 민족주의 사학자인 박은식은 「한국통사」를 저술하여 우리나라 근대사를 정리하고 일제의 침략 과정을 폭로하였으며, 그밖에 「유교 구신론」을 발표하고, 「한국독립운동지혈사」 등을 저술하였다.

선택지 분석
① 고구려 장수왕은 도읍을 국내성에서 평양으로 옮기고 적극적인 남진 정책을 추진하였다. ✗
✓② 박은식은 민족주의 사학자로서 일제 식민 사관의 역사 왜곡에 맞서 국혼을 강조하였다. ○
③ 좌우 합작 위원회는 좌우 합작 운동을 주도하며 민주주의 임시 정부 수립, 미소 공동 위원회의 속개 등의 내용을 담은 좌우 합작 7원칙을 발표하였다. ✗
④ 홍경래 등은 평안도 지역에 대한 차별과 세도 정치에 대한 반발로 1811년 봉기하였다. ✗
⑤ 1958년에 이승만 정부가 조봉암과 진보당 간부들을 간첩 혐의로 탄압하였다. ✗　답 ②

73 박은식의 활동 이해

자료 분석 자료의 가로 열쇠에서 ㉠에는 한성순보를 발간한 기관으로 박문국, ㉡에는 1893년 교조 신원을 요구하는 집회가 열린 충청도의 한 지역으로 보은이 들어가야 한다. 따라서 자료의 세로 열쇠인 ㉠의 (가)에는 박은식에 대한 설명이 들어가야 한다. 박은식은 민족주의 사학자로서 「유교 구신론」, 「한국독립운동지혈사」 등을 저술하였다. 또한 대한민국 임시 정부 제2대 대통령을 역임하였다.

선택지 분석
✓① 박은식은 「한국통사」를 저술하여 일제의 침략 과정을 폭로하였다. ○
② 안중근은 하얼빈역에서 이토 히로부미를 저격하였다. ✗
③ 김홍집은 제2차 수신사로 파견되었을 때 「조선책략」을 국내에 소개하였는데, 청의 외교관인 황준헌은 이 책에서 러시아에 대응하기 위해 조선이 미국, 일본, 중국과 우호 관계를 맺어야 한다고 주장하였다. ✗
④ 박상진은 1915년 결성된 비밀 결사인 대한 광복회의 총사령으로, 공화제 정부 수립을 목표로 군자금 모금과 만주 지역의 무관 학교 설립을 추진하였다. ✗
⑤ 김규식은 남한의 단독 정부 수립을 막기 위해 김구와 함께 평양으로 가서 남북 협상을 추진하였으나 성과를 거두지 못하였다. ✗　답 ①

74 박은식의 활동 파악

자료 분석 자료에서 「유교 구신론」 발표, 「한국독립운동지혈사」 저술, 대한민국 임시 정부 제2대 대통령 역임 등의 내용을 통해 박은식에 대한 인물 카드임을 알 수 있다.

선택지 분석
① 고려 왕건이 후삼국을 통일하였다. ✗
② 조선 전기에 안견이 「몽유도원도」를 그렸다. ✗
③ 고려 시대 무신이었던 정중부, 이의방 등이 무신 정변을 일으켜 정권을 장악하였다. ✗
✓④ 민족주의 사학자였던 박은식은 「한국통사」를 집필하여 우리나라 근대사를 정리하였다. ○
⑤ 조선 후기에 김정호가 「대동여지도」를 제작하였다. ✗　답 ④

05 전시 동원 체제와 광복을 위한 노력

75 ③	76 ⑤	77 ④	78 ⑤	79 ③	80 ③
81 ⑤	82 ⑤	83 ①	84 ③	85 ④	86 ④
87 ①	88 ④	89 ⑤	90 ④	91 ②	92 ②
91 ③	94 ⑤	95 ⑤	96 ④	97 ⑤	98 ⑤

75 국가 총동원법 시행 시기의 사실 파악

자료 분석 일제는 중일 전쟁을 일으킨 후 1938년 국가 총동원법을 제정하고, 전쟁에 필요한 인적·물적 자원을 수탈하기 위해 한국인을 징용, 징병 등의 방식으로 강제 동원하였다. 또한 물적 자원의 수탈을 위해 식량 배급제를 실시하고 미곡과 금속류 등을 강제 공출하였다.

선택지 분석

① 개항 이후 조선 정부가 개화 정책을 추진하면서 신식 군대인 별기군이 창설되었다. ✗

② 조선 중종 때 왜구와 여진의 침입에 대비한 임시 기구로 비변사가 설치되었다. ✗

✓❸ 일제는 민족 말살 통치를 본격화하여 신사 참배와 황국 신민 서사 암송 등을 강요하였다. ⭘

④ 일제는 1912년 한국인에게만 태형을 가할 수 있게 한 조선 태형령을 제정하였다. ✗

⑤ 1898년 독립 협회의 주도로 개최된 관민 공동회에서 헌의 6조가 결의되었다. ✗ 🈁 ③

76 중일 전쟁 시기 일제의 식민 통치 방식 이해

자료 분석 미곡 공출에 응하지 않은 집은 처벌한다는 점, 일본 도쿄의 공장에 징용으로 끌려갔다는 점, 일제가 중일 전쟁을 일으킨 후 실시했다는 점 등을 통해 밑줄 친 '당시'는 중일 전쟁이 전개되던 시기임을 알 수 있다.

선택지 분석

① 1970년부터 시작된 새마을 운동은 도시와 농촌 간의 격차를 해소하기 위해 추진된 지역 사회 개발 운동이다. ✗

② 조선 성종은 집현전을 계승하여 홍문관을 설치하고, 홍문관원이 경연관을 겸하도록 하였다. ✗

③ 1948년 5월 10일에 우리나라 역사상 최초의 민주적 보통 선거인 5·10 총선거가 실시되었다. ✗

④ 일제는 1910년 회사령을 제정하여 회사를 설립할 때 조선 총독의 허가를 받도록 하였다. ✗

✓❺ 중일 전쟁이 전개되던 시기에 일제는 궁성 요배, 황국 신민 서사 암송 등을 한국인에게 강요하였다. ⭘ 🈁 ⑤

77 전시 동원 체제 시기의 사실 파악

자료 분석 자료에서 중일 전쟁을 일으킨 일제가 전쟁에 필요한 자원을 효율적으로 조달하기 위해 공포하였다는 점 등을 통해 밑줄 친 '이 법령'이 1938년 제정된 국가 총동원법임을 알 수 있다.

선택지 분석

① 흥선 대원군은 군정의 문란을 시정하기 위해 양반에게도 군포를 부과

하는 호포제를 실시하였다. ✗

② 고려 말 공민왕은 쌍성총관부를 공격하여 원에 빼앗겼던 영토를 되찾았다. ✗

③ 제주 4·3 사건은 1947년 3월 1일을 기점으로 1948년 4월 3일 발생한 소요 사태 및 1954년 9월 21일까지 제주도에서 발생한 무력 충돌과 그 진압 과정에서 주민들이 희생당한 사건을 말한다. ✗

✓❹ 일제는 대륙 침략을 본격화하면서 한국인의 민족의식을 말살하여 전쟁에 동원하기 위해 황국 신민 서사를 암송하도록 강요하였다. ⭘

⑤ 반민족 행위 특별 조사 위원회는 1948년 친일파 처벌을 위해 제정된 반민족 행위 처벌법에 따라 설치되었다. ✗ 🈁 ④

78 전시 동원 체제 시기의 사실 파악

자료 분석 자료에서 금속류 공출식을 하는 모습, 일제가 중일 전쟁을 일으키고 침략 전쟁을 확대하던 시기, 쌀 공출과 놋그릇, 쇠붙이 수탈이 이루어지고 있는 점 등을 통해 밑줄 친 '이 시기'는 1937년 중일 전쟁을 일으킨 일제가 1938년 국가 총동원법을 제정하여 본격적으로 인력과 물자의 수탈에 나선 이후임을 알 수 있다.

선택지 분석

① 조선 영조는 백성의 군역 부담을 줄여 주기 위해 군포 부담을 1필로 줄이는 균역법을 시행하였다. ✗

② 통일 신라의 원성왕은 관리 선발에 활용하기 위해 독서삼품과를 시행하였다. ✗

③ 1882년 임오군란 이후 조선은 일본에 배상금 지불, 공사관 경비를 위한 일본 군대 주둔 허용 등의 내용을 담은 제물포 조약을 체결하였다. ✗

④ 1866년 제너럴 셔먼호가 평양에 와서 통상을 요구하며 횡포를 부리자, 분노한 평양 관민이 이를 불태운 제너럴 셔먼호 사건이 발생하였다. 이를 구실로 미국은 강화도를 침략하여 1871년 신미양요를 일으켰다. ✗

✓❺ 일제는 중일 전쟁 발발 이후 한국인의 민족의식을 말살하기 위해 황국 신민 서사를 암송하도록 강요하였다. ⭘ 🈁 ⑤

79 전시 동원 체제 시기의 모습 파악

빈출 문항 자료 분석

다음 판결이 내려진 시기에 볼 수 있는 모습으로 가장 적절한 것은?

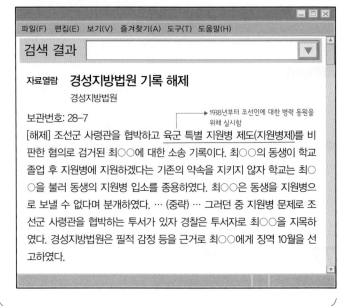

자료에서 조선군 사령관, 육군 특별 지원병 제도(지원병제) 등의 내용을 통해 자료의 판결이 내려진 시기가 1937년 일제가 중일 전쟁을 도발한 후 전시 동원 체제를 강화하던 시기임을 알 수 있다. 일제는 대륙 침략을 본격화하면서 민족 말살 통치를 실시하였다. 일제는 중일 전쟁 이후 침략 전쟁을 확대하며 조선을 전쟁에 동원하기 위한 정책들을 펼쳤다. 이를 위해 민족의식을 말살하는 황국 신민화 정책도 실시하였음을 알아 두자.

선택지 분석

① 갑신정변은 1884년 급진 개화파의 주도로 일어났다. X

② 경인선은 1899년 노량진에서 제물포까지의 구간이 개통되었다. X

✓❸ 일제는 한국인의 민족의식을 말살하여 전쟁에 동원하기 위해 황국 신민 서사를 암송하도록 강요하였다. O

④ 신식 군대인 별기군은 1881년에 조선 정부가 추진한 개화 정책에 따라 설치되었으나 1882년 임오군란을 계기로 흥선 대원군이 재집권하면서 폐지되었다. X

⑤ 1980년 광주의 학생과 시민들은 신군부 세력의 퇴진과 계엄령 철회를 요구하며 5·18 민주화 운동을 전개하였다. X 　　답 ③

80 중일 전쟁 시기 일제의 식민 통치 방식(민족 말살 통치) 이해

자료 분석 자료에서 히다카가 징집을 받았다는 점, 중국으로 떠났다는 점 등의 내용을 통해 밑줄 친 '전쟁'은 중일 전쟁임을 알 수 있다. 중일 전쟁 (1937~1945)을 일으킨 일제는 한국인을 전쟁에 동원하기 위해 황국 신민화 정책을 본격적으로 추진하였다.

선택지 분석

① 1898년에 개최된 관민 공동회는 일부 정부 대신과 학생, 시민이 함께 참석하였으며, 헌의 6조를 결의하였다. X

② 일제는 1912년 조선 태형령을 제정하여 한국인에게만 태형을 적용하였다. X

✓❸ 중일 전쟁 시기에 일제는 궁성 요배, 황국 신민 서사 암송 등을 우리 민족에게 강요하였다. O

④ 1881년 정부는 청의 근대적 무기 제조법과 군사 훈련법을 습득하기 위해 청에 영선사를 파견하였다. 영선사의 영향으로 1883년에 근대식 무기 제조 시설인 기기창이 설치되었다. X

⑤ 조선 후기 평안도 지역에 대한 차별과 지배층의 수탈에 반발하여 1811년 홍경래가 신흥 상공업 세력, 광산 노동자, 빈농 등을 모아 일으킨 봉기이다. X 　　답 ③

81 민족 말살 통치 시기의 모습 파악

자료 분석 자료의 대화 주제가 성과 이름을 일본식으로 바꾸는 문제라는 점을 통해 대화가 이루어진 시기가 민족 말살 통치 시기임을 알 수 있다.

선택지 분석

① 공명첩은 조선 정부가 부족한 재정 보충을 위해 발행한 명목상의 관리 임명장이다. X

② 별무반은 고려 숙종 때 윤관의 건의로 편성된 특수 부대이다. X

③ 만민 공동회는 1898년 독립 협회가 개최하였다. X

④ 경부 고속 국도(도로)는 박정희 정부 시기인 1970년에 개통되었다. X

✓❺ 일제는 1937년 중일 전쟁을 일으킨 후 한국인을 침략 전쟁에 동원하기 위해 민족 말살 통치를 본격적으로 추진하였다. 또한 일제는 지원병제, 학도 지원병제 등을 시행하여 한국인 청년을 침략 전쟁에 동원하였다. O 　　답 ⑤

82 민족 말살 통치 시기의 사실 파악

빈출 문항 자료 분석

밑줄 친 '이 시기'에 있었던 사실로 옳은 것은?　　　→일본어 사용을 강요함

　　이 시기에는 국민학생도 학교에서 조선말 사용이 철저히 금지되었다. 내가 국민학교를 다닐 때 월요일 아침 학급 조회 시간이면 담임 교사에게 '국어(일본어) 상용 카드'라는 것을 열 장인가 받았는데, 이후 일주일 동안 학교생활 중에 한마디라도 조선말을 하면 그것을 들은 학생에게 카드 한 장을 빼앗기는 교칙이 있었다. 토요일 종회 시간에는 담임 교사가 일주일 동안 누가 카드를 많이 빼앗고 빼앗겼는지를 조사했다.
　　→'황국 신민의 학교'를 줄인 말로, 1941년 소학교의 명칭을 국민학교로 개칭함

국민학생, 학교에서 조선말 사용이 철저히 금지 등의 내용을 통해 밑줄 친 '이 시기'가 소학교 명칭이 국민학교로 바뀐 1941년 이후임을 알 수 있다. 일제는 중일 전쟁 이후 민족 말살 통치를 본격화하여 황국 신민 서사 암송, 신사 참배, 일본식 성명 사용 등을 강요하였음을 알아 두어야 한다.

선택지 분석

① 조선 정부는 개화 정책을 추진하면서 1883년 박문국에서 한성순보를 발행하였다. X

② 신군부 세력은 1980년 사회 정화의 명목으로 삼청 교육대를 설치하였다. X

③ 고려 공민왕은 반원 자주 정책을 추진하면서 원의 내정 간섭 기구인 정동행성 이문소를 폐지하였다. X

④ 제헌 국회는 대한민국 정부 수립 이후 반민족 행위자 처벌을 위해 반민족 행위 처벌법을 제정하였다. X

✓❺ 일제는 중일 전쟁 이후 한국인의 민족의식을 말살하여 침략 전쟁에 동원할 목적으로 민족 말살 통치를 전개하였는데, 이 시기 한국인에게 황국 신민 서사 암송을 강요하였다. O 　　답 ⑤

83 민족 말살 통치 시기의 모습 파악

빈출 문항 자료 분석

밑줄 친 '정책'이 실시된 시기에 볼 수 있는 모습으로 가장 적절한 것은?
→일제는 민족 말살 통치 시기에 일본식 성명 사용을 강요함

　　배재 고등 보통학교를 중도에 그만두고 귀농한 지식 청년 김○○가 조선 사람의 성과 이름을 일본식 씨(氏)와 이름으로 바꾸는 정책을 비판하였다. 이에 지난 5월 6일 법원에서는 내선일체의 방침을 훼손하는 불온한 언사라고 하여, 그에게 체형(體刑) 1년의 판결을 내리고 투옥시켰다.
　　→일본과 한국이 한 몸과 같다는 의미

해결 전략 조선 사람의 성과 이름을 일본식 씨(氏)와 이름으로 바꾸는 정책, 내선일체의 방침 등의 내용을 통해 밑줄 친 '정책'이 황국 신민화 정책임을 알 수 있다. 일제는 한국인의 민족의식을 말살하여 전쟁에 동원하기 위해 내선일체와 일선 동조론을 강조하였고, 황국 신민 서사 암송, 신사 참배, 일본식 성명 사용 등을 강요하였다.

선택지 | 분석

✓❶ 일제는 침략 전쟁을 확대하면서 한국인의 민족의식을 말살하여 전쟁에 동원할 목적으로 황국 신민 서사 암송 등을 강요하는 황국 신민화 정책을 추진하였다. ○

② 조선 정부는 개화 정책을 추진하기 위해 1880년 통리기무아문을 설치하였다. ✗

③ 1960년 이승만 정부가 자행한 3·15 부정 선거에 대항하여 4·19 혁명이 일어났다. ✗

④ 고려 말 공민왕은 쌍성총관부를 공격하여 원에 빼앗겼던 영토를 되찾았다. ✗

⑤ 세도 정치의 폐단으로 삼정의 문란이 극심해져 1862년 임술 농민 봉기가 일어났다. ✗   답 ①

84 일제 강점기 일제의 수탈 이해

자료 | 분석 중일 전쟁 이후 일제가 자행한 수탈, 공출, 징병 등을 통해 제시된 자료는 민족 말살 통치 시기 일제가 자행한 수탈을 나타낸 것임을 알 수 있다.

선택지 | 분석

① 한미 상호 방위 조약은 6·25 전쟁의 정전 협정이 체결된 직후에 한국과 미국이 맺은 조약이다. ✗

② 근대식 인쇄 업무를 담당하던 박문국에서 1883년 한성순보를 발행하였다. ✗

✓③ 민족 말살 통치 시기 일제는 징용, 징병, 공출 등 인적·물적 수탈을 자행하였다. ○

④ 대한 제국은 광무개혁을 추진하면서 양전 사업을 실시하고 근대적 토지 소유 증명 문서인 지계를 발급하였다. ✗

⑤ 1920년대 시작된 물산 장려 운동은 '내 살림 내 것으로', '조선 사람 조선 것' 등의 구호를 내세워 민족 산업을 육성하고자 하였다. ✗   답 ③

85 민족 말살 통치 시기의 사실 파악

자료 | 분석 징용자 명부, 국가 총동원법 시행 등의 내용을 통해 밑줄 친 '이 시기'가 1938년 이후임을 알 수 있다. 1937년 중일 전쟁을 일으킨 일제는 1938년 국가 총동원법을 제정하여 우리 민족의 인적·물적 자원을 수탈하였다.

선택지 | 분석

① 1882년 조미 수호 통상 조약 체결 이후 미국 공사가 부임하자 조선 정부는 그에 대한 답례로 1883년 보빙사를 미국에 파견하였다. ✗

② 1863년 고종 즉위 후 실권을 장악한 흥선 대원군은 경복궁 중건에 필요한 비용 등을 마련하기 위해 당백전을 발행하였다. ✗

③ 조선 정부는 1880년에 개화 정책을 추진하기 위해 통리기무아문을 설치하였다. ✗

✓❹ 일제는 중일 전쟁 이후 한국인의 민족의식을 말살하기 위해 황국 신민화 정책을 추진하여 신사 참배, 일본식 성명 사용 등을 강요하였다. ○

⑤ 1945년 열린 모스크바 3국 외상 회의의 결정에 따라 1946년 제1차 미소 공동 위원회가 개최되었다. ✗   답 ④

86 국가 총동원법 적용 시기의 상황 파악

빈출 문항 자료 분석

다음 법령이 적용된 시기의 상황으로 옳은 것은?

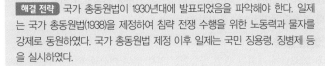

> 조선 총독부 관보 제○○○○호   1900년 ○월 ○○일
>
> → 침략 전쟁을 위해 인적·물적 자원 수탈하고자 제정(1938)
>
> **국가 총동원법**
>
> 제1조 국가 총동원이란 전시에 국방 목적을 달성하기 위해 국가의 전력을 가장 유효하게 발휘하도록 인적 및 물적 자원을 통제·운용하는 것을 말한다.
>
> (중략)
>
> 제4조 정부는 전시에 국가 총동원상 필요할 때는 칙령이 정하는 바에 따라 제국 신민을 징용하여 총동원 업무에 종사하게 할 수 있다.
> → 강제 인력 수탈

해결 전략 국가 총동원법이 1930년대에 발표되었음을 파악해야 한다. 일제는 국가 총동원법(1938)을 제정하여 침략 전쟁 수행을 위한 노동력과 물자를 강제로 동원하였다. 국가 총동원법 제정 이후 일제는 국민 징용령, 징병제 등을 실시하였다.

선택지 | 분석

① 흥선 대원군은 왕실의 권위를 높이기 위해 경복궁 중건을 추진하면서 부족한 재원을 충당하기 위해 고액 화폐인 당백전을 발행하였다. ✗

② 도병마사는 고려 시대에 중서문하성의 재신과 중추원의 추밀이 참여한 회의 기구로 국방과 군사 문제 등을 논의하였다. ✗

③ 박정희 정부는 북한과의 비밀 회담을 통해 1972년 통일의 3대 원칙과 남북 조절 위원회 설치 등의 내용을 담은 7·4 남북 공동 성명을 발표하였다. ✗

✓❹ 1937년 중일 전쟁 이후 일제는 한국인을 침략 전쟁에 동원하기 위해 민족 말살 정책을 본격적으로 추진하여 황국 신민 서사 암송과 신사 참배 등을 강요하였다. ○

⑤ 1882년 임오군란을 계기로 조선과 청이 조청 상민 수륙 무역 장정을 체결하였다. ✗   답 ④

87 일제의 전시 동원 체제 파악

자료 | 분석 징병제가 실시되었다는 내용과 내선일체, 황국 건군 등의 용어를 통해 자료가 중일 전쟁(1937) 이후 일제의 식민 정책에 대한 것임을 알 수 있다. 중일 전쟁 이후 일제는 침략 전쟁을 확대하면서 징병제, 공출제 등을 통해 인력과 물자를 수탈하였다.

선택지 | 분석

✓❶ 일제는 중일 전쟁 이후 황국 신민화 정책을 추진하여 황국 신민 서사

암송, 신사 참배 등을 강요하였다. O

② 사사오입 개헌은 1954년 이승만 정부가 장기 집권을 위해 실시한 개헌이다. X

③ 좌우 합작 7원칙은 김규식과 여운형 등 중도 세력이 주도하여 설립된 좌우 합작 위원회에서 1946년에 발표되었다. X

④ 육영 공원은 개항 이후 1886년에 조선 정부가 외국어와 근대 학문을 교육하기 위해 설립한 학교이다. X

⑤ 회사령은 회사 설립 시 조선 총독의 허가를 받도록 한 법으로, 1910년에 제정되어 1920년에 폐지되었다. X **탑** ①

88 일제의 전시 동원 체제 파악

자료 분석 자료에서 국가 총동원법을 시행하여 인력과 물자를 수탈하였다는 점 등을 통해 밑줄 친 '시기'가 1938년 국가 총동원법 제정 이후임을 알 수 있다.

선택지 분석

① 조선 정부가 개화 정책을 추진하면서 1881년에 신식 군대인 별기군을 창설하였다. X

② 고려 시대에 관리에게 수조권을 지급하는 전시과 제도를 운영하였다. X

③ 군국기무처는 제1차 갑오개혁 당시 일본의 강요로 설치되어 개혁을 주도하였다. X

✓④ 일본은 중일 전쟁을 일으킨 후 국가 총동원법을 제정하였고 미곡 공출제 등을 시행하였다. O

⑤ 교육입국 조서는 제2차 갑오개혁 시기에 반포되었다. X **탑** ④

도전 1등급 ⑧⑨ 한국 독립군의 활동 파악

(가) 군사 조직에 대한 설명으로 옳은 것은?

한국사 인물 카드

- 이름: ○○○
- 생몰년: 1888년 ~ 1957년
- 주요 활동
  - 일본 육군 사관 학교를 졸업하고 만주로 넘어가 독립 운동에 투신함 → 한국 독립군
  - 만주에서 한국 독립당의 군대인 (가) 을/를 이끌며 만주 사변 이후 대전자령 전투를 비롯한 무장 투쟁을 전개함 → 한국 독립군은 쌍성보·대전자령 전투 등에서 승리함
  - 한국광복군의 총사령관으로 활동함

← 지청천
← 1931년 발발

해결 전략 한국 독립당의 군대, 대전자령 전투 등의 내용을 통해 (가) 군사 조직이 지청천이 이끈 한국 독립군임을 알 수 있다. 북만주에서 지청천이 이끈 한국 독립군은 중국군과 연합하여 쌍성보·대전자령 전투 등에서 승리하였다. 양세봉이 이끈 조선 혁명군도 한국 독립군과 비교해서 알아 두어야 한다.

선택지 분석

① 거란의 3차 침입 당시 강감찬이 이끄는 고려군은 귀주에서 거란군을 물리쳤다(귀주 대첩). X

② 정미의병 당시 의병 연합 부대인 13도 창의군이 1908년 서울 진공 작전을 전개하였다. X

③ 동학 농민군은 1894년 황토현 전투에서 관군을 격퇴하였다. X

④ 북로 군정서 등의 독립군 연합 부대는 1920년 청산리 전투에서 일본군에 큰 승리를 거두었다(청산리 대첩). X

✓⑤ 1930년대 북만주에서 활동한 한국 독립군은 한중 연합 작전을 전개하여 쌍성보·사도하자·대전자령 전투 등에서 승리하였다. O **탑** ⑤

도전 1등급 ⑨⓪ 조선 혁명군의 활동 파악

(가) 단체에 대한 설명으로 옳은 것은?
← 참의부, 정의부, 신민부   한국 독립당, 한국 독립군 결성 →

3부는 항일 무장 투쟁을 효율적으로 전개할 목적으로 1920년대 후반부터 통합 운동을 전개하였다. 그 결과, 남만주의 국민부와 북만주의 혁신 의회로 통합되었다. 국민부는 조선 혁명당을 조직하고 그 산하에 무장 부대인 (가) 을/를 결성하여 무장 투쟁을 전개하였다. → 양세봉이 이끄는 조선 혁명군

해결 전략 국민부가 조선 혁명당을 조직한 후 산하에 둔 부대라는 점에서 (가) 단체는 조선 혁명군임을 알 수 있다. 1930년대 한중 연합 작전을 전개한 무장 독립운동 단체로는 한국 독립군과 조선 혁명군이 있다. 이 둘의 활동을 구분해서 기억해 둘 필요가 있다. 지청천이 이끄는 북만주의 한국 독립군은 한중 연합 작전을 전개하여 쌍성보·사도하자·대전자령 전투 등에서 승리를 거두었다. 양세봉은 남만주에서 조선 혁명군을 이끌고 중국군과 연합하여 영릉가·흥경성 전투에서 승리하였다. 1930년대 중반 일본군의 공격이 거세지고 한중 양국 군대의 갈등 등으로 일부 독립군 부대가 중국 관내로 이동하여 한중 연합 작전이 쇠퇴하였다.

선택지 분석

① 정미의병 당시 13도 창의군이 서울 진공 작전을 전개하였다. X

② 신채호는 의열단을 조직한 김원봉의 요청으로 「조선 혁명 선언」을 작성하였다. X

③ 1911년의 105인 사건을 계기로 신민회가 와해되었다. X

✓④ 양세봉이 이끄는 조선 혁명군은 1931년 만주 사변 직후 항일 중국군과 연합 작전을 전개하여 영릉가·흥경성 전투에서 일본군을 격퇴하였다. O

⑤ 한국광복군은 연합군의 일원으로 대일전에 참전하여 영국군과 연합 작전을 전개하였다. X **탑** ④

91 한국광복군의 활동 파악

자료 분석 대한민국 임시 정부가 영국군의 요구로 대원 일부를 인도에 파견하였다는 점, 공작대 대원들이 일본군을 상대로 심리전, 일본군 문서 번역, 포로 심문 등을 하면서 영국군과 함께 작전하였다는 점 등을 통해 (가) 군사 조직이 한국광복군임을 알 수 있다.

① 홍범도가 이끄는 대한 독립군 등의 독립군 연합 부대가 봉오동 전투에서 일본군을 격퇴하였다. X

✓ ❷ 한국광복군은 중국에서 활동하고 있던 미국 전략 정보국[OSS]과 연합하여 국내 진공 작전을 계획하였다. O

③ 양세봉이 이끈 조선 혁명군이 중국 항일 무장 세력과 연합 작전을 전개하였다. X

④ 임병찬 등이 고종의 밀명을 받아 독립 의군부를 조직하였다. X

⑤ 자유시로 이동한 만주 지역의 독립군 부대들은 자유시 참변(1921)으로 피해를 입었다. X   답 ②

92 한국광복군의 활동 이해

빈출 문항 자료 분석

(가) 군사 조직에 대한 설명으로 옳은 것은?

→ 한국광복군 창설 당시 총사령관은 지청천, 참모장은 이범석이었음.

선생님은 항일 운동을 하시다가, 지청천 총사령이 이끄는 (가) 에 입대하셨는데 어떤 역할을 하셨나요?

(가) 이/가 미국 전략 정보국[OSS]과 협력하여 계획한 국내 진공 작전 수행을 위해 통신병으로 훈련을 받았습니다.

대한민국 임시 정부는 미국 전략 정보국[OSS]의 지원으로 특수 부대의 훈련을 마치고 국내 침투 준비를 끝냈으나, 일제의 갑작스러운 항복으로 작전이 실행되지 못하였다.

해결 전략 지청천이 총사령이라는 점, 미국 전략 정보국[OSS]과 협력하여 국내 진공 작전을 계획하였다는 점 등을 통해 (가) 군사 조직이 한국광복군임을 알 수 있다. 한국광복군은 1940년 대한민국 임시 정부 산하 부대로 지청천을 총사령관으로 하였다. 한국광복군의 활동은 영국군과의 연합 작전과 국내 진공 작전은 특히 자주 출제되는 내용으로 구체적으로 기억해 두어야 한다.

① 김좌진이 이끄는 북로 군정서 등 독립군 연합 부대가 청산리 일대에서 일본군을 격파하였다(청산리 대첩). X

✓ ❷ 한국광복군은 영국군의 요청으로 일부 병력이 인도·미얀마 전선에 파견되기도 하였다. O

③ 임병찬 등이 고종의 밀명을 받아 독립 의군부를 조직하였다. X

④ 조선 세종 때 이종무가 대마도(쓰시마섬)를 정벌하였다. X

⑤ 양세봉이 이끄는 조선 혁명군이 중국 의용군 등과 연합하여 영릉가 전투에서 일본군에 승리하였다. X   답 ②

93 한국광복군의 활동 파악

자료 분석 자료의 (가) 군사 조직은 한국광복군이다. 대한민국 임시 정부 산하에 조직된 한국광복군은 영국군의 요청으로 인도·미얀마 전선에 일

① 동학 농민 운동이 전개되던 1894년에 동학 농민군이 황토현에서 관군과 싸워 승리하였다. X

② 1950년 북한군의 침입으로 6·25 전쟁이 일어났다. 초반에는 국군이 불리하였으나 국군과 유엔군은 인천 상륙 작전으로 전세를 역전하였다. X

✓ ❸ 한국광복군은 미국 전략 정보국[OSS]과 협력하여 국내 진공 작전을 추진하였다. O

④ 1871년 미국이 조선을 침략하는 신미양요가 일어나 어재연이 이끄는 조선군이 광성보에서 항전하였다. x

⑤ 한인 애국단 단원인 윤봉길은 상하이 훙커우 공원에서 의거를 일으켰다. X   답 ③

94 한국광복군의 활동 이해

자료 분석 미국 전략 정보국[OSS]과 협력하여 합동 훈련을 했다는 점 등을 통해 (가) 군사 조직은 한국광복군임을 알 수 있다. 한국광복군은 1940년 충칭에서 대한민국 임시 정부 산하에 창설되었으며, 지청천을 총사령관으로 하였다.

① 12세기 초 여진이 부족을 통일하고 고려의 국경을 침범하자, 윤관은 별무반을 이끌고 여진을 정벌하였고 동북 지방 일대에 9성을 쌓았다. X

② 북로 군정서와 대한 독립군은 청산리의 일대에서 일본군과 전투를 벌였고, 이들을 격파하였다. X

③ 1636년 청 태종이 조선을 침략하여 병자호란이 일어나자, 인조는 남한산성으로 피신하여 저항하였으나 결국 청에 항복하였다. X

④ 일제는 순종을 즉위시키고 한일 신협약을 체결하여 대한 제국의 군대를 해산하였다. X

✓ ❺ 한국광복군은 영국군의 요청에 따라 병력의 일부를 인도·미얀마 전선에 파견하여 영국군과 연합 작전을 전개하였다. O   답 ⑤

95 한국광복군의 활동 파악

자료 분석 자료에서 미국 전략 정보국(OSS)과 합작하여 국내 진공 계획을 수립하였다는 점 등을 통해 (가) 군대가 한국광복군임을 알 수 있다. 지청천을 총사령관으로 하는 한국광복군은 1940년 충칭에서 대한민국 임시 정부의 산하 부대로 창설되었다.

① 1930년대 북만주에서 지청천이 이끄는 한국 독립군은 한중 연합 작전을 전개하여 쌍성보 전투에서 승리하였다. X

② 1950년에 일어난 6·25 전쟁 당시 국군과 유엔군이 인천 상륙 작전에 성공하여 전세를 역전시켰다. X

③ 1912년 고종의 밀명을 받아 임병찬 등이 독립 의군부를 조직하였다. X

④ 1920년 김좌진이 이끄는 북로 군정서 등 독립군 연합 부대가 청산리 전투에서 일본군에 대승을 거두었다. X

✓ ❺ 1943년 한국광복군은 영국군의 요청에 따라 병력의 일부가 인도·미얀마 전선에 투입되었다. O   답 ⑤

96 한국광복군의 활동 이해

자료 분석 자료에서 수신이 중국 국민당 정부인 점, 김원봉이 부사령관인 점, 조선 의용대가 편입된 점, 대한민국 임시 정부가 발신한 점 등의 내용을 통해 (가) 군사 조직은 한국광복군임을 알 수 있다. 한국광복군은 대한민국 임시 정부가 1940년에 중국 국민당 정부의 지원을 받아 창설한 군대이며, 지청천이 총사령관이었다. 이후 1942년 김원봉이 이끄는 조선 의용대의 일부가 한국광복군에 합류하며 전력이 강화되었다.

선택지 분석
① 고려는 윤관의 건의에 따라 여진의 침입에 대응하고자 별무반을 편성하였다. ✗
② 고구려는 645년에 안시성에서 당의 침략을 물리쳤다. ✗
③ 독립 의군부는 1912년 임병찬 등이 고종의 밀명을 받아 조직한 비밀 결사이다. 독립 의군부는 전국적인 의병 전쟁을 통해 독립하여, 고종을 복위시키는 것을 목표로 삼았다. ✗
✓④ 한국광복군은 영국군의 요청으로 인도·미얀마 전선에 파견되었다. ○
⑤ 자유시 참변은 1921년에 일어났다. 간도 참변 이후 북만주로 이동한 독립군 부대는 러시아 혁명군의 지원을 기대하고 자유시로 이동하였으나 독립군 내부의 주도권 분쟁, 러시아 혁명군에 의한 무장 해제 과정에서 희생되었다. ✗
달 ④

97 한국광복군의 활동 파악

자료 분석 대한민국 임시 정부 산하의 군사 조직으로 1940년에 창설되었으며, 미국 전략 정보국[OSS]과 연계하여 국내 진공 작전을 추진하였다는 내용을 통해 (가)가 한국광복군임을 알 수 있다. 한국광복군은 1942년 김원봉 등 조선 의용대 일부를 흡수하였다.

선택지 분석
① 1388년 이성계는 위화도 회군을 단행하여 권력을 장악하였고, 급진 개혁파 사대부들과 연합하여 1392년 조선을 건국하였다. ✗
② 1950년 북한군의 침입으로 6·25 전쟁이 일어났다. 초반에는 국군이 불리하였으나 국군과 유엔군은 인천 상륙 작전으로 전세를 역전하였다. ✗
③ 고려 말과 조선 초 왜구의 근거지로 지목된 대마도(쓰시마섬)에 대한 정벌이 이루어졌다. ✗
④ 1894년 동학 농민군은 제1차 봉기 당시 황토현, 황룡촌 등지에서 관군을 격파하였다. ✗
✓⑤ 대한민국 임시 정부는 1941년 대일 선전 포고를 발표하고 연합군의 일원으로 참전하였다. 한국광복군은 1943년 영국군의 요청에 따라 병력 일부를 인도·미얀마 전선에 투입하여 영국군과 합동 작전을 전개하였다. ○
달 ⑤

98 한국광복군의 활동 이해

자료 분석 충칭에서 창설되었고, 국내 진공 작전을 위해 훈련하였다는 내용을 통해 (가) 부대가 한국광복군임을 알 수 있다. 1940년 충칭에 도착한 대한민국 임시 정부는 한국광복군을 창설하였다. 1942년 김원봉 등 조선 의용대의 일부가 한국광복군에 합류하였다.

선택지 분석
① 1882년 신식 군대와의 차별 대우와 개화 정책에 반발한 구식 군인들이 난을 일으켰다. 이를 임오군란이라고 한다. ✗
② 12세기 초 윤관이 별무반을 이끌고 여진을 몰아낸 후 동북 9성을 쌓았다. ✗
③ 1920년 독립군 연합 부대가 청산리 일대에서 일본군을 격파하였다. 이를 청산리 전투라고 한다. ✗
④ 1921년 스보보드니(자유시)로 이동한 독립군 부대는 내부 지휘권 분쟁과 러시아 혁명군(적군)에 의한 무장 해제 과정에서 큰 피해를 입었다. 이를 자유시 참변이라고 한다. ✗
✓⑤ 대한민국 임시 정부는 1941년 대일 선전 포고를 하고 연합국의 일원으로 참전하였다. 한국광복군은 영국의 요청으로 미얀마·인도 전선에 대원을 파견하였다. ○
달 ⑤

본문 104~109쪽

01 대한민국 정부 수립과 6·25 전쟁

01 ②	02 ②	03 ②	04 ④	05 ⑤	06 ⑤
07 ③	08 ④	09 ②	10 ②	11 ⑤	12 ③
13 ②	14 ⑤	15 ④	16 ①	17 ③	18 ④
19 ②	20 ③	21 ②	22 ④	23 ②	

01 대한민국 정부 수립 과정 파악

자료 분석 자료에서 모스크바 3국 외상 회의는 1945년 12월에 개최되었고, 제헌 헌법은 1948년 7월에 공포되었다.

선택지 분석
✓ ㄱ. 모스크바 3국 외상 회의의 결정에 따라 1946년 제1차 미소 공동 위원회가 개최되었다. ○
ㄴ. 발췌 개헌안은 이승만 정부 시기인 1952년에 국회에서 통과되었다. ✗
✓ ㄷ. 1948년 2월 유엔 소총회의 결의에 따라 남한만의 단독 선거인 5·10 총선거가 치러져 제헌 국회가 구성되었다. ○
ㄹ. 1950년에 일어난 6·25 전쟁 당시 국군과 유엔군은 인천 상륙 작전에 성공하여 전세를 역전시켰다. ✗ **답 ②**

02 남북 협상 시기 파악

자료 분석 자료에서 김규식이 출발에 앞서 이번 북행에 대한 소견을 피력하였다는 점, 김구 선생과 남북 협상을 제안하였다는 점 등을 통해 자료의 상황은 김구와 김규식 등이 남북 협상을 위해 평양을 방문하기 직전 상황임을 알 수 있다. 김구와 김규식 등은 남한만의 단독 선거를 막기 위해 1948년 4월 평양을 방문하여 남북 협상을 추진하였다.

선택지 분석
① 조선 건국 동맹은 1944년에 여운형의 주도로 결성되었다. ✗
✓ ② 8·15 광복은 1945년의 사실이고, 제헌 국회 출범은 1948년 5·10 총선거 직후의 사실이다. ○
③ 정전(휴전) 협정은 1953년에 체결되었다. ✗
④ 5·16 군사 정변은 1961년에 일어났다. ✗
⑤ 3선 개헌은 1969년에 이루어졌다. ✗ **답 ②**

03 남북 협상 시기 파악

자료 분석 미소 공동 위원회가 성과를 남기지 못하였다는 내용과 독립 문제를 완성하기 위해 38선을 넘어 평양에 왔다는 내용을 통해 자료의 성명이 1948년 남북 협상과 관련된 것임을 알 수 있다. 1948년 2월 유엔 소총회에서 남쪽만의 단독 선거 움직임이 구체화되자, 1948년 4월 김구 등은 평양을 방문하여 통일 정부 수립을 위한 남북 협상을 전개하였다.

선택지 분석
① 만주 사변은 1931년에 발발하였다. ✗
✓ ② 8·15 광복은 1945년 8월의 일이다. ○
③ 대한민국 정부 수립은 1948년 8월에 있었던 사실이다. ✗
④ 발췌 개헌은 이승만 정부 시기인 1952년의 일이다. ✗
⑤ 4·19 혁명은 이승만 정부 시기인 1960년, 유신 헌법 제정은 박정희 정부 시기인 1972년의 일이다. ✗ **답 ②**

04 모스크바 3국 외상 회의 이해

자료 분석 자료에서 미국, 영국, 소련의 외무 장관들이 한반도 문제를 논의했다는 내용을 통해 (가) 회의는 모스크바 3국 외상 회의임을 알 수 있다. 1945년 12월에 미국, 영국, 소련의 외무 장관이 모스크바에 모여 한반도 문제 등을 논의하였다. 그러나 모스크바 3국 외상 회의에서 신탁 통치 협약이 결정되었다는 소식이 알려지면서 국내에서는 신탁 통치 반대 운동이 전개되기도 하였다.

선택지 분석
① 1898년 독립 협회의 주도로 개최된 관민 공동회에서 헌의 6조가 결의되었다. ✗
② 김홍집, 박정양 등이 참여한 군국기무처는 1894년 제1차 갑오개혁을 주도하였다. ✗
③ 좌우 합작 7원칙은 김규식과 여운형 등 중도 세력이 주도하여 설립된 좌우 합작 위원회에서 1946년에 발표되었다. ✗
✓ ④ 모스크바 3국 외상 회의는 한반도에 민주주의 임시 정부 수립과 미소 공동 위원회 설치, 최고 5년 기한의 4개국에 의한 신탁 통치에 관한 협약 작성을 결정하였다. ○
⑤ 1923년 대한민국 임시 정부의 새로운 노선과 활로를 모색하기 위해 개최된 국민 대표 회의는 창조파와 개조파의 대립으로 결렬되었다. ✗ **답 ④**

05 모스크바 3국 외상 회의의 결정 내용 파악

자료 분석 자료에서 모스크바에서 회의가 열린 점, 미국, 영국, 소련의 외무장관이 참석한 점 등의 내용을 통해 밑줄 친 '이 회의'는 모스크바 3국 외상 회의임을 알 수 있다. 1945년 모스크바 3국 외상 회의의 결정 사항이 국내에 전해지면서 김구, 이승만 등 우익 세력을 중심으로 신탁 통치 반대 운동이 전개되었다.

선택지 분석
① 신라는 화백 회의에서 상대등을 중심으로 국가의 중대사에 대한 논의를 진행하였다. ✗
② 비변사는 본래 조선의 국방 문제를 위한 임시 회의 기구였다. 그러나 임진왜란 이후 국정을 총괄하면서 기능이 강화되어 조선 후기에는 세도 가문의 권력 기반으로 변질되었다. 이에 흥선 대원군은 비변사를 사실상 폐지하였다. ✗
③ 대한민국 임시 정부의 새로운 진로를 모색하기 위해 1923년 중국 상하이에서 국민 대표 회의가 열렸다. 그러나 새로운 정부를 수립하자는 창조파와 현재 임시 정부를 개선하자는 개조파의 대립으로 회의가 결렬되어 성과를 거두지 못하였다. ✗
④ 5·16 군사 정변으로 정권을 장악한 박정희 정부는 국가 재건 최고 회의를 통해 군정을 주도하였다. ✗

✓⑤ 모스크바 3국 외상 회의에서 한반도에 민주주의 임시 정부 수립, 미소 공동 위원회 설치, 신탁 통치에 대한 협약 등을 결의하였다. ○   目 ⑤

06 모스크바 3국 외상 회의의 결정 파악

[자료] [분석] 1945년 미국, 영국, 소련의 외무 장관이 모스크바에 모여 한반도 문제 등을 논의하였다. 여기서 한반도에 민주주의 임시 정부 수립, 미소 공동 위원회의 설치, 한반도 신탁 통치 실시에 대한 협약 등이 결정되었다.

[선택지] [분석]
① 1894년 설치된 군국기무처는 제1차 갑오개혁을 주도하였다. 여기에서 과거제와 신분제 폐지 등이 결정되었다. ✗
② 박정희 정부 시기인 1965년 한일 협정이 체결되어 일본과의 국교가 정상화되었다. ✗
③ 고려 후기 공민왕이 정동행성 이문소를 폐지하고 기철 등 친원 세력을 제거하는 등 반원 자주 정책을 추진하였다. ✗
④ 1953년 정전 협정 체결 이후 6·25 전쟁 전후 처리가 진행되었다. 이 시기 한국은 미국의 원조 물자를 가공하는 삼백 산업이 발전하였다. ✗
✓⑤ 한반도에 민주주의 임시 정부를 수립하기 위한 미소 공동 위원회가 두 차례 열렸으나 미국과 소련의 갈등으로 결렬되었다. ○   目 ⑤

07 모스크바 3국 외상 회의의 이해

빈출 문항 자료 분석

(가) 회의에 대한 설명으로 옳은 것은?

> **당신의 의무와 권리! 지금 말씀하십시오.**
>   모스크바 3국 외상 회의의 결정에 따라 개최됨←
> [(가)]의 결정 사항에 따라 설치된 미소 공동 위원회에서 질문서를 준비하였습니다. 이 질문서에 대한 대답은 장차 수립될 민주주의 임시 정부의 성격 등을 결정하는 데 중요합니다. 지금 소속 정당이나 사회단체의 본부를 통하여 당신이 어떠한 정부를 원하는지 말씀하십시오.

→ 모스크바 3국 외상 회의에서는 미소 공동 위원회를 통해 민주주의 임시 정부 수립의 절차를 정할 것을 결정함

[해결 전략] 자료에서 미소 공동 위원회의 설치를 결정하였다는 점을 통해 (가) 회의가 모스크바 3국 외상 회의임을 알 수 있다. 모스크바 3국 외상 회의에서는 미소 공동 위원회 설치, 민주주의 임시 정부 수립, 최고 5년 기한의 4개국에 의한 한반도 신탁 통치에 관한 협약 작성 등이 결정되었다.

[선택지] [분석]
① 독립 협회 주도로 1898년에 개최된 관민 공동회에서 헌의 6조가 채택되었다. ✗
② 6·15 남북 공동 선언 이후 남북 교류 협력의 하나로 개성 공단 건설이 추진되었다. ✗
✓③ 1945년 12월에 개최된 모스크바 3국 외상 회의에서는 한국에 민주주의 임시 정부 수립, 미소 공동 위원회 설치, 최고 5년 기한의 4개국에 의한 신탁 통치 협약 등이 결정되었다. ○
④ 고종은 을사늑약의 부당함을 국제 사회에 알리기 위해 1907년 네덜란

드 헤이그에서 열리는 만국 평화 회의에 이상설, 이준, 이위종을 특사로 파견하였다. ✗
⑤ 1923년 대한민국 임시 정부의 새로운 노선과 활로를 모색하기 위해 개최된 국민 대표 회의는 창조파와 개조파의 대립으로 결렬되었다. ✗ 目③

08 여운형의 활동 파악

[자료] [분석] 광복 전후 조선 건국 동맹 및 조선 건국 준비 위원회를 결성하였다는 점 등을 통해 (가) 인물이 여운형임을 알 수 있다.

[선택지] [분석]
① 고려 충렬왕 때 승려 일연이 『삼국유사』를 저술하였다. ✗
② 1388년 요동 정벌에 나선 이성계가 위화도 회군을 단행하였다. ✗
③ 고려 후기에 승려 지눌이 수선사 결사를 제창하였다. ✗
✓④ 여운형은 모스크바 3국 외상 회의의 결정 사항을 둘러싸고 좌우익의 대립이 격화되는 상황에서 김규식 등과 함께 좌우 합작 위원회를 조직하고 좌우 합작 운동을 전개하였다. ○
⑤ 제1차 미소 공동 위원회가 무기 휴회된 상황에서 이승만이 정읍 발언을 통해 남한만의 단독 정부 수립을 주장하였다. ✗   目④

09 제헌 국회의 활동 파악

[자료] [분석] 유엔 한국 임시 위원단이 선거 과정을 감독했다는 점, 제헌 헌법을 제정했다는 점 등을 통해 밑줄 친 '국회'가 1948년 5·10 총선거를 통해 선출된 국회 의원으로 구성된 제헌 국회임을 알 수 있다

[선택지] [분석]
① 고종은 을사늑약이 무효임을 국제 사회에 알리기 위해 1907년 이상설 등을 헤이그에 특사로 파견하였다. ✗
✓② 제헌 국회는 대한민국 정부 수립 직후인 1948년 반민족 행위자 처벌을 위하여 반민족 행위 처벌법을 제정하였다. ○
③ 박정희 정부는 1964년부터 베트남 전쟁에 국군을 파병하였다. ✗
④ 1898년 열린 관민 공동회에서 헌의 6조를 채택하였다. ✗
⑤ 조선 성종은 집현전의 기능을 계승한 홍문관을 설치하였다. ✗   目②

10 5·10 총선거의 결과 파악

[자료] [분석] 유엔 소총회의 결의에 따라 5월에 실시가 예정된 선거라는 내용을 통해 밑줄 친 '이 선거'는 1948년 5·10 총선거임을 알 수 있다. 5·10 총선거는 우리 역사상 최초로 실시된 민주적 선거였다.

[선택지] [분석]
① 독립 협회는 1898년 관민 공동회를 열고 헌의 6조를 채택하였다. ✗
✓② 5·10 총선거를 통해 선출된 국회 의원들이 제헌 국회를 구성하고 제헌 헌법을 제정하였다. ○
③ 1987년 6월 민주 항쟁으로 6·29 민주화 선언이 발표되었고 이에 따라 대통령 직선제 개헌이 단행되었다. ✗
④ 통일 주체 국민 회의는 박정희 정부 시기에 제정된 유신 헌법에 따라 설치되었다. ✗
⑤ 모스크바 3국 외상 회의는 1945년 12월에 개최되었다. ✗   目②

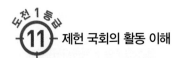

11 제헌 국회의 활동 이해

밑줄 친 '국회'에 대한 설명으로 옳은 것은?

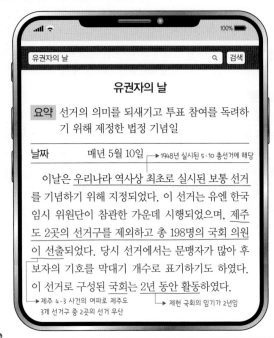

유권자의 날

요약 선거의 의미를 되새기고 투표 참여를 독려하기 위해 제정한 법정 기념일

날짜 매년 5월 10일 → 1948년 실시된 5·10 총선거에 해당

이날은 <u>우리나라 역사상 최초로 실시된 보통 선거</u>를 기념하기 위해 지정되었다. 이 선거는 유엔 한국 임시 위원단이 참관한 가운데 시행되었으며, <u>제주도 2곳의 선거구를 제외하고 총 198명의 국회 의원</u>이 선출되었다. 당시 선거에서는 문맹자가 많아 후보자의 기호를 막대기 개수로 표기하기도 하였다. 이 선거로 구성된 국회는 <u>2년 동안 활동</u>하였다.

→ 제주 4·3 사건의 여파로 제주도 3개 선거구 중 2곳의 선거 무산
→ 제헌 국회의 임기가 2년임

해결 전략 유엔 소총회의 결의에 따라 유엔 한국 임시 위원단의 감시 아래 1948년 5·10 총선거가 실시되었다. 5·10 총선거는 만 21세 이상 모든 남녀에게 선거권을 부여한 우리 역사상 최초의 보통 선거였다. 5·10 총선거 결과 제헌 국회가 구성되었다.

선택지 분석

① 3·1 운동 이후인 1920년 일제는 회사령을 폐지하여 회사 설립을 신고제로 전환하였다. ✗

② 1898년 독립 협회가 개최한 관민 공동회에서 헌의 6조가 채택되었다. ✗

③ 1899년 고종이 대한국 국제를 반포하였다. 이를 통해 고종은 대한 제국이 전제 군주정임을 밝혔다. ✗

④ 일제는 1938년 국가 총동원법을 공포하여 인적·물적 자원을 수탈하였다. ✗

✓❺ 5·10 총선거에 따라 구성된 제헌 국회에서 반민족 행위 처벌법과 농지 개혁법이 제정되었다. ○ 　　답 ⑤

12 대한민국 정부의 수립 과정 파악

자료 분석 자료는 1945년 광복 이후부터 1948년 대한민국 정부 수립까지 3년간 있었던 주요 사건을 다룬 다큐멘터리 제작 기획안이다.

선택지 분석

① 신미양요의 원인이 된 제너럴 셔먼호 사건은 1866년에 일어났다. ✗

② 서울 올림픽 대회는 노태우 정부 시기인 1988년에 개최되었다. ✗

✓❸ 1948년 유엔 소총회의 결의에 따라 남한만의 단독 선거 움직임이 구체화되자 통일 정부 수립을 위한 남북 협상이 본격적으로 추진되었다. 하지만 남북 협상은 별다른 성과를 거두지 못하였고 5·10 총선거가 실시되어

제헌 국회 의원이 선출되고 대한민국 정부가 수립되었다. ○

④ 홍범 14조는 제2차 갑오개혁 때 반포되었다. ✗

⑤ 1882년 차별 대우 등에 반발한 구식 군인들이 임오군란을 일으켰다. ✗ 　　답 ③

13 반민족 행위 특별 조사 위원회 이해

다음 내용의 보고서를 작성한 위원회에 대한 설명으로 옳은 것은?

조사 보고서

· 피의자: ○○○

· 피의자는 반민족 행위의 죄가 현저하므로 반민족 행위 처벌법에 의거하여 아래와 같이 조사서를 작성 보고함.
　→ 일제 강점기 당시 일본에 협력한 친일파를 반민족 행위로 규정하고 처벌하기 위하여 제정한 법률

· 범죄 개요
　– 일본의 전쟁 승리를 위한 항공 전력 확대를 목적으로 조선비행기공업 주식회사를 설립함.
　– 일본의 국가 정책을 추진할 목적으로 설립된 각 단체의 핵심 간부로서 지도적 행동을 함.
　– 사회 문화 부문에 있어서 민족정신과 신념과 배반하고, 일본 침략주의와 그 시책을 수행하는 데 협력 지도함.

1949년 1월

해결 전략 자료에서 반민족 행위 처벌법에 의거하여 조사서를 작성하고 있다는 점, 범죄 개요의 내용이 일제에 협력한 반민족 행위라는 점 등을 통해 조사 보고서를 작성한 위원회가 반민족 행위 특별 조사 위원회(반민 특위)임을 알 수 있다. 반민특위의 활동은 정부의 방해로 인해 별 성과없이 끝났다는 점도 기억해 두자. 아울러 제헌 헌법에 의해 실시된 농지 개혁도 함께 정리해 두는 것이 좋다.

선택지 분석

① 전두환 등 신군부 세력은 1980년부터 1981년까지 사회 정화를 명목으로 삼청 교육대를 운영하였다. ✗

✓❷ 1948년 5·10 총선거로 구성된 제헌 국회는 대한민국 정부 수립 직후 반민족 행위 처벌법을 제정하고, 반민족 행위 특별 조사 위원회를 조직하였다. ○

③ 1926년 사회주의 계열에서 정우회 선언을 발표하여 비타협적 민족주의 세력과의 제휴를 주장하였고, 이를 배경으로 1927년 신간회가 창립되었다. ✗

④ 3·1 운동 이후 일제가 우리 민족의 대학 설립 요구를 받아들이지 않자, 조선 민립 대학 기성회가 조직되어 민립 대학 설립 운동을 추진하였다. ✗

⑤ 1945년 광복 직후 결성된 조선 건국 준비 위원회는 미군이 한반도에 진주하는 것에 대비하여 조선 인민 공화국 수립을 선포하였다. ✗ 　　답 ②

14 반민족 행위 특별 조사 위원회의 활동 이해

자료 분석 일본 경찰과 헌병의 앞잡이로 독립투사와 동포를 박해하던 자의 죄상, 일제에 협력했던 자들을 검거, 이들에 대한 공판 등을 통해 (가) 위원회는 반민족 행위 특별 조사 위원회(반민 특위)임을 알 수 있다.

선택지 분석

① 1898년 독립 협회가 개최한 관민 공동회에서 헌의 6조를 결의하였다. ✗

---

② 좌우 합작 위원회는 1946년 민주주의 임시 정부 수립, 미소 공동 위원회의 속개 등을 규정한 좌우 합작 7원칙을 발표하였다. ✗

③ 김원봉 등의 주도로 조직된 의열단은 「조선 혁명 선언」을 활동 지침으로 삼았다. ✗

④ 대한민국 임시 정부는 외교 활동을 위해 미국에 구미 위원부를 설치하였다. ✗

✓❺ 반민족 행위 특별 조사 위원회는 제헌 국회가 제정한 반민족 행위 처벌법에 따라 조직되어 친일 혐의자를 체포·조사하였다. O　　답 ⑤

15 6·25 전쟁 중에 있었던 8.사실 파악

자료 분석 자료에서 휴전선(군사 분계선)을 경계로 남북한이 대치하는 상황, 북한의 남침으로 발발, 정전 협정에 따라 설정 등의 내용을 통해 (가) 전쟁이 1950년 발발한 6·25 전쟁임을 알 수 있다. 1950년 6월 25일에 북한군이 남침하여 6·25 전쟁이 시작되었다. 전쟁 초반 북한군은 서울을 점령하고 남하하였으나, 유엔군 참전으로 전세가 역전되었고 국군과 유엔군은 서울을 탈환한 뒤 압록강 유역까지 진격하였다. 그러나 중국군의 개입으로 서울이 재함락되었고(1·4 후퇴) 서울 재수복 이후로 38도선 부근에서 전선이 교착되는 가운데, 1953년에 정전 협정이 조인되었다.

선택지 분석

① 홍경래의 난은 1811년 평안도 지방에 대한 차별과 세도 정치의 폐단에 반발하여 일어났다. ✗

② 미쓰야 협정은 1925년 일제와 만주 군벌 사이에 체결되었다. ✗

③ 자유시 참변은 약소 민족의 독립운동을 지원하겠다는 러시아 혁명군의 약속을 믿고 자유시로 이동한 독립군이 내부의 주도권 분쟁과 러시아 혁명군에 의한 무장 해제 과정에서 희생된 사건이다(1921). ✗

✓❹ 6·25 전쟁 당시 국군과 유엔군이 인천 상륙 작전에 성공하여 초반에 불리하던 전세를 역전시켰다. O

⑤ 통일 주체 국민 회의는 1972년에 제정된 유신 헌법에 근거하여 설치되었다. ✗　　답 ④

16 이승만 정부 시기의 사실 파악

도전 1등급 문항 분석　　▶▶ 정답률 **31.7%**

밑줄 친 '당시 정부' 시기에 있었던 사실로 옳은 것은?

→가구당 농지 소유 면적의 상한을 3정보로 제한함

위 자료는 농지 개혁법에 따라 발급된 상환 증서이다. 이 증서에는 농지를 분배받은 농민의 이름과 분배 농지의 면적, 상환액, 상환 기간 등이 기입되어 있다. 당시 정부는 3정보를 초과한 농지를 소유한 지주에게서 초과분의 농지를 유상 매입하는 한편, 농민에게는 상환 증서를 발급하고 유상으로 농지를 분배하였다.

→대부분의 농민이 자기 소유의 농지를 갖게 되었음

해결 전략 자료에서 농지 개혁법에 따라 발급된 상환 증서, 3정보를 초과한 농지를 소유한 지주에게서 초과분의 농지를 유상으로 매입 등의 내용을 통해 밑줄 친 '당시 정부'가 농지 개혁법을 제정하고 농지 개혁에 나선 이승만 정부임을 알 수 있다. 이승만 정부 시기의 사실, 6·25 전쟁 중에 있었던 사실은 자주 출제되는 내용으로 알아 두어야 한다.

선택지 분석

✓❶ 이승만 정부 시기인 1950년 북한군의 전면 남침으로 6·25 전쟁이 발발하였다. O

② 만민 공동회는 1898년 독립 협회의 주도로 개최되었다. ✗

③ 조선 형평사는 1923년에 백정 등이 진주에서 조직하였다. ✗

④ 일본의 경제적 예속에서 벗어나기 위해 전개된 국채 보상 운동은 1907년 대구에서 시작되어 전국으로 확산되었다. ✗

⑤ 러시아를 견제한다는 구실로 영국이 조선의 거문도를 불법 점령하였다(1885~1887). ✗　　답 ①

17 6·25 전쟁의 전개 과정 파악

자료 분석 자료에서 미국과 맥아더 장군이 군인과 군수 물자를 보내고 있다는 점 등을 통해 자료의 상황이 6·25 전쟁 상황임을 알 수 있다. 자료의 담화는 6·25 전쟁 발발 직후 이승만 대통령이 발표한 것이다.

선택지 분석

① 1945년 8월 15일 일본이 연합국에 무조건 항복을 선언하면서 우리나라는 광복을 맞이하였다. ✗

② 모스크바 3국 외상 회의 결과에 따라 1946년에 1차 미소 공동 위원회가 개최되었다. ✗

✓❸ 애치슨 선언은 1950년 1월에 발표되었고 그해 6월 25일 북한군의 남침으로 전쟁이 발발하여 서울이 곧 함락되었다. 이후 국군과 유엔군은 인천 상륙 작전을 성공시켜 전세를 역전시켰으나 중국군의 대대적인 공세로 1951년 서울이 재함락되었다(1·4 후퇴). O

④ 1·4 후퇴 이후 국군과 유엔군의 총공세로 서울을 재수복한 후 38도선 부근에서 공방전을 벌이다가 1953년 7월에 정전 협정이 체결되었다. ✗

⑤ 1958년에 이승만 정부가 조봉암과 진보당 간부들을 간첩 혐의로 탄압하였다. ✗　　답 ③

18 6·25 전쟁의 전개 과정 파악

자료 분석 자료에 나타난 미 10군단, 중국의 전쟁 개입과 미군의 후퇴, 흥남 철수 작전 등의 내용을 통해 밑줄 친 '이 전쟁'은 6·25 전쟁임을 알 수 있다. 6·25 전쟁은 북한군의 남침으로 1950년에 발발하였다. 전쟁 초반에는 불리하였던 국군과 유엔군은 인천 상륙 작전으로 서울을 수복한 후 압록강 유역까지 진격하였다. 그러나 중국군의 개입으로 흥남 철수가 이루어졌고 서울이 재함락되는 1·4 후퇴로 이어졌다. 이후 국군과 유엔군의 총공세로 서울을 재수복한 후 38도선 부근에서 공방전을 벌이다가 1953년 7월에 정전 협정이 체결되었다.

선택지 분석

① 을미사변 이후 신변의 위협을 느낀 고종이 러시아 공사관으로 피신하는 아관 파천을 단행하였다. ✗

② 1910년대 국내에서는 일본의 무단 통치와 수탈에 대한 반발이 심화되고, 국외에서는 윌슨의 민족 자결주의가 대두한 분위기를 배경으로 3·1 운동이 발생하였다. ✗

③ 일본이 1875년 운요호 사건을 구실로 조선에 개항을 요구하여 1876년 강화도 조약을 체결하였다. ✗

✓④ 6·25 전쟁 중 국군과 유엔군은 전쟁 초기에 낙동강 전선까지 물러났던 불리한 상황이었으나, 인천 상륙 작전을 통해 전세를 역전시켰다. O

⑤ 1948년 구성된 제헌 국회에서 반민족 행위 처벌법이 제정됨에 따라 반민족 행위 특별 조사 위원회가 설치되어 친일파 청산을 시도하였으나, 이 승만 정부의 비협조로 성과를 거두지 못하였다. ✗ 답 ④

도전 1등급
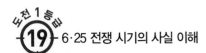
19 6·25 전쟁 시기의 사실 이해

도전 1등급 문항 분석   ▶▶ 정답률 21.0%

(가) 전쟁 중에 있었던 사실로 옳은 것은?

6·25 전쟁의 전세를 역전시킨 작전 →

자료는 ___(가)___ 에서 국군과 유엔군의 인천 상륙 작전이 성공했음을 알리고 인민군에게 투항을 권유하는 전단이다. 전단의 뒷면에는 인민군의 보급선이 단절되었고 후퇴할 길도 막혔으니 죽음과 항복 가운데 하나를 선택하라는 내용이 담겨 있다.

→ 북한군

해결 전략 (가) 전쟁은 6·25 전쟁이다. 6·25 전쟁은 1950년 북한의 남침으로 시작되었고, 1953년 정전 협정이 체결되었다. 따라서 1950~1953년 사이에 있었던 사실을 골라야 한다.

선택지 분석
① 모스크바 3국 외상 회의는 1945년 12월에 열렸다. 여기서 한반도에 민주주의 임시 정부 수립, 미소 공동 위원회 개최, 신탁 통치 협약이 결정되었다. ✗

✓② 6·25 전쟁 중이던 1952년 이승만 정부는 임시 수도 부산에서 국회를 위협하여 발췌 개헌안을 통과시켰다. 발췌 개헌은 대통령 직선제를 골자로 하였다. O

③ 1948년 유엔 소총회의 결의에 따라 5·10 총선거가 실시되었다. 그 결과 제헌 국회가 구성되었다. ✗

④ 1907년 고종은 이상설, 이준, 이위종을 네덜란드 헤이그에서 열린 만국 평화 회의에 특사로 파견하였다. 일제는 이를 구실로 고종을 강제 퇴위시켰다. ✗

⑤ 비변사는 조선 중종 때 국방 문제 논의를 위해 설치된 임시 기구였으나 임진왜란을 거치면서 기능이 강화되었다가 흥선 대원군 집권 시기에 사실상 폐지되었다. ✗ 답 ②

20 6·25 전쟁의 발발 시기 파악

자료 분석 북한군이 38도선을 넘어 침략하였고, 유엔 안전 보장 이사회에서 북한군의 철수를 요구하였다는 내용을 통해 밑줄 친 '전쟁'이 1950년에

일어난 6·25 전쟁임을 알 수 있다.

선택지 분석
① 신미양요는 1871년에 일어났다. ✗

② 청산리 전투는 1920년에 일어났다. ✗

✓③ 우리나라는 1945년 8·15 광복을 맞이하였다. O

④ 4·19 혁명은 1960년에 일어났다. ✗

⑤ 부마 민주 항쟁은 1979년 유신 체제에 맞서 전개되었다. 노태우 정부 시기인 1991년 남북 고위급 회담의 결과 남북 기본 합의서가 채택되었다. ✗ 답 ③

21 6·25 전쟁 시기의 사실 이해

자료 분석 유엔군과 국군이 서울을 탈환하였다는 내용을 통해 밑줄 친 '이 전쟁'이 6·25 전쟁임을 알 수 있다. 6·25 전쟁을 일으킨 북한은 서울을 점령하고 남하하였다. 하지만 유엔군 참전 이후 전세가 역전되었고 국군과 유엔군이 서울을 탈환하였다.

선택지 분석
① 자유시 참변은 1921년에 일어났다. 스보보드니(자유시)로 이동한 독립군 부대의 내부 주도권 분쟁과 러시아 혁명군에 의한 무장 해제 등으로 많은 독립군이 피해를 입었다. ✗

✓② 6·25 전쟁 초기에는 북한군이 우세하였으나 국군과 유엔군이 인천 상륙 작전을 통해 전세를 역전시켰다. O

③ 제너럴 셔먼호 사건은 1866년에 일어났다. 미국은 이를 구실로 1871년 신미양요를 일으켰다. ✗

④ 박정희 정부 시기인 1972년 7·4 남북 공동 성명이 발표되었다. ✗

⑤ 모스크바 3국 외상 회의는 1945년 12월에 개최되었다. 모스크바 3국 외상 회의에서 신탁 통치 협약이 결정되었다는 소식이 알려지자 국내에서는 신탁 통치 반대 운동이 전개되었다. ✗ 답 ②

22 6·25 전쟁의 전개 과정 파악

자료 분석 자료에서 낙동강 전투, 1·4 후퇴 등의 내용을 통해 밑줄 친 '전쟁'은 6·25 전쟁임을 알 수 있다. 6·25 전쟁은 북한군의 남침으로 1950년에 발발하였다.

선택지 분석
① 별기군은 1881년에 만들어진 신식 군대이다. ✗

② 봉오동 전투는 홍범도가 이끄는 대한 독립군 등이 봉오동 일대에서 일본군을 격파한 전투이다(1920). ✗

③ 1948년에 있었던 5·10 총선거를 통해 제헌 국회가 수립되었다. ✗

✓④ 전쟁 초반 낙동강 방어선까지 후퇴하였던 국군은 유엔군과 함께 인천 상륙 작전을 전개하여 전세를 역전시켰다. 그러나 중국군의 개입으로 흥남 철수가 이루어졌고 1·4 후퇴로 이어졌다. 이후 국군과 유엔군의 반격으로 38도선 부근에서 공방전이 벌어지다 1953년 7월 27일에 정전 협정이 체결되었다. O

⑤ 1866년 발생한 제너럴 셔먼호 사건을 빌미로 1871년 신미양요가 일어났다. ✗ 답 ④

23 6·25 전쟁 중의 사실 파악

자료 분석 군사 분계선과 비무장 지대를 설정한 점, 1953년에 작성되었다

는 점 등의 내용을 통해 제시된 자료가 6·25 전쟁 당시 체결된 정전 협정임을 알 수 있다.

선택지 분석

① 국군과 유엔군이 압록강 유역까지 진출하자 중국군이 참전하였다. ✗

✓ ❷ 조선 건국 동맹은 1944년에 여운형의 주도로 결성되었다. ○

③ 북한군의 기습 남침으로 시작된 6·25 전쟁 초반 국군과 유엔군은 낙동강 방어선까지 후퇴하였으나 인천 상륙 작전으로 전세를 역전시켰다. ✗

④ 이승만 정부는 6·25 전쟁 중인 1952년에 대통령 직선제 등을 주요 내용으로 하는 발췌 개헌안을 국회에서 통과시켰다. ✗

⑤ 인천 상륙 작전에 성공한 국군과 유엔군은 38도선을 돌파하여 압록강 유역까지 진출하였다. ✗ 　　　　　　　　　　　　　　　　　🔒 ②

02 민주화를 위한 노력과 경제 성장

24 ②	25 ②	26 ④	27 ⑤	28 ③	29 ⑤
30 ⑤	31 ③	32 ②	33 ⑤	34 ③	35 ④
36 ③	37 ③	38 ⑤	39 ④	40 ①	41 ③
42 ③	43 ①	44 ④	45 ③	46 ④	47 ⑤
48 ④	49 ④				

24 4·19 혁명의 결과 파악

빈출 문항 자료 분석

(가) 민주화 운동의 결과로 가장 적절한 것은?

▶ 마산에서 시위 중 실종된 김주열 학생 시신 발견, 고려대학교 학생 피습 등의 사건이 있었음

史 한국사 다큐멘터리　조회수 1,983

4월 25일 오후 대학 교수들은 "학생의 피에 보답하라."라고 적힌 플래카드를 앞세우고 거리로 나섰다. 이들은 시국 선언문을 통해 "[(가)]은/는 우리나라의 정치적 위기를 극복하기 위한 계기이다."라고 외쳤다. 또한 [(가)]의 배경이 된 3·15 부정 선거에 주목하고 그 주모자에 대한 무거운 처벌 및 정·부통령 선거의 재실시 등을 요구하였다.

▶ 부통령에 이기붕을 당선시키기 위해 부정 선거를 단행함

해결 전략 교수들이 거리로 나섰다는 점, 3·15 부정 선거에 주목하고 그 주모자에 대한 처벌과 정·부통령 선거의 재실시 등을 요구하였다는 점 등을 통해 (가) 민주화 운동이 1960년에 일어난 4·19 혁명임을 알 수 있다. 1960년 3월 15일에 있었던 정·부통령 선거에서 이승만 정부는 부정 선거를 자행하였다. 이에 마산에서 부정 선거를 규탄하는 시위가 일어났고, 경찰이 시위대에 발포하여 수십 명의 사상자가 발생하였다. 이후 4월에 마산 앞바다에서 김주열 학생의 시신이 발견되자 시위가 재확산되는 가운데 3·15 부정 선거에 대한 규탄시위는 4월 19일을 전후로 전국적으로 전개되었다.

선택지 분석

① 제헌 국회는 1949년에 유상 매입·유상 분배 원칙에 기초한 농지 개혁법을 제정하였다. ✗

✓ ❷ 4·19 혁명으로 이승만이 대통령직을 사임하였고 내각 책임제 개헌이 이루어졌다. ○

③ 1945년 12월 한반도 문제 등을 논의하기 위해 모스크바 3국 외상 회의가 개최되었다. ✗

④ 재야인사 등은 1976년 명동 성당에 모여 유신 체제를 비판하는 3·1 민주 구국 선언을 발표하였다. ✗

⑤ 백정 출신 등이 1923년 사회적 차별을 없애기 위해 조선 형평사를 조직하였다. ✗ 圓 ②

25 4·19 혁명의 결과 이해

[자료] 분석 마산 시위에 참여하였다는 점, 자유당 선거 운동원들이 선거 조작을 위해 모의하였다는 점 등을 통해 (가) 민주화 운동은 4·19 혁명임을 알 수 있다. 1960년에 3·15 부정 선거가 벌어지자 전국에서 학생과 시민들이 이에 항의하는 시위를 전개하였다.

[선택지] 분석

① 1894년 전주성을 점령하였던 동학 농민군이 조선 정부와 전주 화약을 맺고 전라도 각지에 집강소를 설치하였다. ✗

✓② 1960년 3·15 부정 선거를 배경으로 일어난 4·19 혁명의 결과 이승만 대통령이 사임하였다. ○

③ 1987년 6월 민주 항쟁의 결과 여당의 대통령 후보였던 노태우가 대통령 직선제 개헌 등 국민의 민주화 요구를 수용한다는 6·29 민주화 선언을 발표하였다. ✗

④ 1953년 정전 협정 직후 한미 상호 방위 조약이 체결되었다. ✗

⑤ 1948년 5·10 총선거 결과 구성된 제헌 국회는 일제 강점기 반민족 행위자를 처벌하기 위한 반민족 행위 처벌법을 제정하고 반민족 행위 특별 조사 위원회를 구성하였다. ✗ 圓 ②

26 4·19 혁명의 의의 이해

[자료] 분석 3월 15일에 마산 시위가 발생했다는 점, 4월 19일에 학생과 시민이 대규모 시위를 전개했다는 점 등을 통해 (가) 민주화 운동은 4·19 혁명임을 알 수 있다. 1960년 정·부통령 선거에서 부정 선거가 자행되자 이에 항의하여 학생과 시민들이 전국 각지에서 시위를 전개하였다.

[선택지] 분석

① 박정희 정부는 유신 헌법에서 대통령에게 긴급 조치권을 부여하였다. ✗

② 1964년 박정희 정부의 한일 협정 체결 움직임에 반발하여 6·3 시위가 전개되었다. ✗

③ 1987년에 전두환 대통령은 직선제 개헌 등 국민들의 민주화 요구를 거부하고 4·13 호헌 조치를 발표하였다. ✗

✓④ 1960년에 3·15 부정 선거 등을 계기로 4·19 혁명이 일어나 전국적으로 시위가 확산되었고, 이승만이 대통령직을 사임하였다. ○

⑤ 1945년 12월에 열린 모스크바 3국 외상 회의에서 한반도에 대한 신탁 통치 등이 논의되자 국내에서 신탁 통치 반대 운동이 전개되었다. ✗ 圓 ④

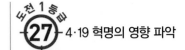

27 4·19 혁명의 영향 파악

도전 1등급 문항 분석   ▶▶ 정답률 32.3%

밑줄 친 '시위'에 대한 설명으로 옳은 것은?

1960년 4월 19일에 4·19 혁명 시작 →

절망적인 위기에 봉착했던 우리나라의 민주주의를 구하고자 4월 19일 청소년 학도들은 총궐기했습니다. 이날 민권 수호 운동의 주동이 되어 시위한 서울의 대학생들은 3·15 부정 선거를 비롯해서 12년에 걸친 독재 정부의 반민주적인 행위를 규탄했습니다.
→ 이승만 정부가 부통령의 재선이 어려워지자, 정권 연장을 위해 부정 선거를 단행함

대한뉴스

해결 전략 자료에서 4월 19일 청소년 학도들은 총궐기, 3·15 부정 선거를 비롯해서 12년에 걸친 독재 정부의 반민주적인 행위를 규탄 등의 내용을 통해 밑줄 친 '시위'가 1960년에 일어난 4·19 혁명임을 알 수 있다. 4·19 혁명은 자주 출제되는 주제이다. 혁명의 발생 배경과 전개 과정, 그 결과를 숙지해 놓아야 한다.

[선택지] 분석

① 1976년 재야인사 등이 유신 체제를 비판하는 3·1 민주 구국 선언을 발표하였다. ✗

② 1987년 6월 민주 항쟁 당시 4·13 호헌 조치 철폐 등을 주장하였다. ✗

③ 신군부 세력의 권력 장악에 저항하여 1980년 5·18 민주화 운동이 일어났다. ✗

④ 1926년 순종의 장례일을 기해 6·10 만세 운동이 일어났다. ✗

✓⑤ 4·19 혁명으로 이승만 정부가 붕괴된 후 내각 책임제를 골자로 하는 개헌이 단행되었다. ○ 圓 ⑤

28 4·19 혁명의 이해

[자료] 분석 3·15 부정 선거에 청년들이 저항하다가 총탄에 쓰러졌다는 점, 자유당과 정부는 대통령 4선을 위하여 불법을 자행했다는 점, 대통령은 3·15 부정 선거와 12년 동안의 실정에 책임을 지고 물러나야 한다는 점 등을 통해 제시된 자료가 4·19 혁명과 관련된 것임을 알 수 있다.

[선택지] 분석

① 1882년 임오군란의 결과 청의 내정 간섭이 강화되어 조청 상민 수륙 무역 장정이 체결되었고, 조선 정부의 개화 정책이 후퇴하였다. ✗

② 1926년 순종의 장례일에 6·10 만세 운동이 전개되었는데, 향후 신간회 결성에 영향을 미쳤다. ✗

✓③ 1960년에 치러진 정·부통령 선거에서 이승만과 이기붕을 당선시키기

위해 자행된 3·15 부정 선거 등이 원인이 되어 4·19 혁명이 일어났다. ◯

④ 제주 4·3 사건은 1947년에 일어난 제주도민에 대한 경찰의 발포와 이에 반발하는 시위에 대한 미군정의 탄압, 1948년 유엔 소총회의 남한만의 단독 선거 결정에 반발하여 일어났다. ✕

⑤ 모스크바 3국 외상 회의에서 한반도에 민주주의 임시 정부 수립, 미소 공동 위원회의 개최, 최고 5년 기한 4개국에 의한 한반도 신탁 통치에 관한 협약 작성 등이 결정되었다. ✕ **目 ③**

29 4·19 혁명 이해

도전 1등급 문항 분석 ▶▶ 정답률 37.7%

(가) 민주화 운동에 대한 설명으로 옳은 것은?

> 정·부통령에 이승만과 이기붕을 당선시키기 위해 3·15 부정 선거가 자행되자 이를 규탄하는 시위가 발생(4·19 혁명)

이 동상은 3·15 부정 선거를 규탄하는 시위에서 희생된 김주열을 기리기 위해 건립되었습니다. 시위 도중 실종된 김주열은 동상이 세워진 이곳 바다에서 27일 만에 시신으로 발견되었습니다. 이를 계기로 ＿(가)＿ 은/는 전국으로 확산되었습니다.

해결 전략 자료에서 3·15 부정 선거를 규탄하는 시위, 김주열 등의 내용을 통해 (가) 민주화 운동이 1960년에 일어난 4·19 혁명임을 알 수 있다. 4·19 혁명 전개 과정에서 이승만의 하야를 요구하는 주장이 제기되었고, 그 결과 이승만은 대통령직에서 물러났다. 이후 허정 과도 정부가 수립되어 내각 책임제와 양원제 국회 구성을 골자로 하는 개헌이 이루어졌음을 알아 두어야 한다.

선택지 분석

① 제1차 미소 공동 위원회가 무기 휴회되고, 이승만의 정읍 발언 등 단독 정부 수립론이 대두되는 상황에서 여운형과 김규식 등의 주도로 결성된 좌우 합작 위원회가 좌우 합작 운동을 주도하였다. ✕

② 모스크바 3국 외상 회의에서 최고 5년 기한 4개국에 의한 한반도 신탁 통치 협약 작성이 결의되었다는 내용이 국내에 알려진 이후 신탁 통치 반대 운동이 전개되었다. ✕

③ 1980년의 5·18 민주화 운동 등에 해당한다. ✕

④ 1987년 6월 민주 항쟁으로 6·29 민주화 선언이 발표되었고, 이에 따라 대통령 직선제 개헌이 이루어졌다. ✕

✓⑤ 4·19 혁명으로 이승만 정부가 붕괴된 후 내각 책임제를 골자로 하는 헌법 개정이 이루어졌다. ◯ **目 ⑤**

30 4·19 혁명의 원인 파악

자료 분석 이승만 대통령의 사임을 이끌어 냈다는 내용을 통해 (가) 민주화 운동은 4·19 혁명임을 알 수 있다. 4·19 혁명은 이승만 정부가 자행한

3·15 부정 선거에 대항하여 일어났다.

선택지 분석

① 박정희 정부는 1969년 대통령 3회 연임을 허용하는 개헌안을 편법으로 통과시켰다. ✕

② 유신 헌법은 박정희 대통령이 장기 집권을 위해 1972년에 마련한 헌법이다. ✕

③ 1945년 모스크바 3국 외상 회의의 결정 내용이 국내에 전해지자 신탁 통치 반대 운동이 전개되었다. ✕

④ 1987년 박종철 고문치사 사건과 4·13 호헌 조치를 계기로 대통령 직선제 개헌을 요구하는 6월 민주 항쟁이 전개되었다. ✕

✓⑤ 1960년 정·부통령 선거에서 부정 선거가 자행되자 이에 항의하여 학생과 시민들이 전국 각지에서 시위를 전개하였고, 그 결과 이승만 대통령이 사임하였다. ◯ **目 ⑤**

31 4·19 혁명의 결과 이해

자료 분석 3·15 부정 선거에 대한 분노, 대학교수단의 시위 등의 내용을 통해 (가) 민주화 운동이 1960년에 일어난 4·19 혁명임을 알 수 있다.

선택지 분석

① 1898년 독립 협회는 관민 공동회를 개최하고, 관민이 협력하여 국정을 운영하자는 헌의 6조를 채택하였다. ✕

② 1948년 유엔 소총회에서 남한만의 단독 선거가 결정되자 김구와 김규식이 평양을 방문하여 남북 협상을 전개하였으며, 제주도에서는 좌익 세력 등이 봉기하였다. ✕

✓③ 이승만 정부는 1960년 정·부통령 선거에서 이승만과 이기붕을 당선시키기 위해 3·15 부정 선거를 자행하였다. 이를 계기로 4·19 혁명이 일어났고, 그 결과 이승만 대통령이 하야하여 이승만 정부가 붕괴되었다. ◯

④ 신군부 세력이 비상계엄을 전국으로 확대하자 이에 대항하여 1980년 5·18 민주화 운동이 전개되었다. ✕

⑤ 1987년에 일어난 6월 민주 항쟁의 결과 6·29 민주화 선언이 발표되었다. ✕ **目 ③**

32 4·19 혁명 이해

자료 분석 자료에서 올해(2020년)에 60주년을 맞았다는 점, 김주열의 시신이 발견된 후 시위가 격화되었다는 점, 이승만 대통령이 사임하였다는 점 등을 통해 (가)가 1960년에 일어난 4·19 혁명임을 알 수 있다.

선택지 분석

① 1923년 진주에서 조직된 조선 형평사의 주도로 백정에 대한 사회적 차별 폐지를 요구하는 형평 운동이 전개되었다. ✕

✓② 1960년에 치러진 정·부통령 선거에서 이승만과 이기붕을 당선시키기 위해 자행된 3·15 부정 선거에 저항하여 4·19 혁명이 일어났다. ◯

③ 일제의 식민지 우민화 교육 정책의 영향으로 한국인 대부분이 고등 교육의 기회를 제공받지 못하게 되자, 한국인의 고등 교육 실현을 위해 이상재 등이 1920년대에 민립 대학 설립 운동을 전개하였다. ✕

④ 1970년에 일어난 전태일 분신 사건을 계기로 노동 운동이 본격화되었다. ✕

⑤ 제헌 국회에서 제정된 반민족 행위 처벌법에 따라 반민족 행위 특별 조사 위원회가 설치되어 친일파 청산에 나섰으나 이승만 정부의 소극적 태도와 비협조로 큰 성과를 거두지 못하였다. ✕ **目 ②**

33 4·19 혁명 파악

자료 분석 자료에서 대학교수단의 시위, 이승만 대통령의 퇴진 요구 등을 통해 (가) 민주화 운동이 1960년의 4·19 혁명임을 알 수 있다.

선택지 분석

① 1884년 김옥균, 홍영식, 박영효 등의 급진 개화파가 주도하여 우정총국 개국 축하연을 기회로 갑신정변을 일으켰다. ✗

② 1920년대에 백정들은 백정에 대한 사회적 차별 철폐를 요구하며 형평 운동을 일으켰다. ✗

③ 1987년 4·13 호헌 조치가 발표되자 대통령 직선제 개헌을 요구하며 6월 민주 항쟁이 전개되었다. 그 결과 5년 단임의 대통령을 직선제로 선출하는 것을 주요 내용으로 하는 개헌이 이루어졌다. ✗

④ 1980년 광주의 학생과 시민들이 신군부의 퇴진과 계엄령 철회를 요구하며 시위를 전개하였다(5·18 민주화 운동). ✗

✓❺ 4·19 혁명은 1960년 이승만 정부에서 자행된 3·15 부정 선거에 반발하여 일어났다. ○ 답 ⑤

34 3선 개헌 시기 파악

도전 1등급 문항 분석 ▶▶ 정답률 33.6%

밑줄 친 '공포'가 이루어진 시기를 연표에서 옳게 고른 것은?

국회의 의결을 거쳐 국민투표에서 국회의원 선거권자 과반수 투표와 투표자 과반수 찬성으로 확정된 헌법 개정의 건을 국무회의의 심의를 거쳐 이에 공포한다.
→ 학생과 야당, 시민의 반대를 억누르고 여당계 의원들만 따로 모아 헌법을 개정하였음
대통령 ○○○
헌법 개정

제36조 제2항 "국회의원의 수는 150인 이상 200인 이하의 범위 안에서 법률로 정한다."를 "국회의원의 수는 150인 이상 250인 이하의 범위 안에서 법률로 정한다."로 한다.
…(중략)… → 개정된 헌법에 따라 치러진 대통령 선거에서 박정희가 당선되었음

제69조 제3항 "대통령은 1차에 한(限)하여 중임할 수 있다."를 "대통령의 계속 재임은 3기에 한한다."로 한다.

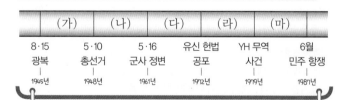

(가)	(나)	(다)	(라)	(마)
8·15 광복	5·10 총선거	5·16 군사 정변	유신 헌법 공포	YH 무역 사건	6월 민주 항쟁
1945년	1948년	1961년	1972년	1979년	1981년

해결 전략 제69조 제3항에서 "대통령은 1차에 한(限)하여 중임할 수 있다."를 "대통령의 계속 재임은 3기에 한한다."로 개정하고 있는 점 등을 통해 자료의 헌법 개정이 박정희 정부 시기의 3선 개헌에 대한 것이며 밑줄 친 '공포'가 1969년에 이루어졌음을 알 수 있다. 박정희 정부 시기의 사실과 유신 체제 시기의 사실은 자주 출제되는 내용으로 기억해 두어야 한다.

선택지 분석

① 1945년 8월 15일 일본이 연합국에 무조건 항복을 선언하면서 우리나라는 광복을 맞이하였다. ✗

② 1948년에 우리나라 역사상 최초의 민주적 보통 선거인 5·10 총선거가

실시되었다. ✗

✓❸ 5·16 군사 정변은 1961년, 유신 헌법 공포는 1972년의 사실이다. ○

④ YH 무역 사건은 1979년 YH 무역 회사의 폐업 조치에 항의하던 여성 노동자가 경찰에 의해 강제 해산되는 과정에서 사망한 사건이다. ✗

⑤ 1987년 6월 민주 항쟁에서 시민들이 대통령 직선제 개헌을 요구한 결과, 6·29 민주화 선언이 발표되었고 5년 단임의 대통령 직선제 개헌이 이루어졌다. ✗ 답 ③

---

35 박정희 정부 시기의 사실 이해

빈출 문항 자료 분석

밑줄 친 '이 정부' 시기에 있었던 사실로 옳은 것은?

자료는 미국에 거주하는 한인들이 추진한 개헌 반대 운동의 서명부로, 이 정부에서 국가 안보 강화와 지속적인 경제 개발을 내세우며 대통령의 3선을 허용하는 개헌을 추진하자 이에 반대한 것이다. 이 개헌안은 야당과 국내외의 저항에도 불구하고 통과되었다.
→ 대통령의 계속 재임을 3번까지 할 수 있도록 개헌안을 편법으로 통과시켰음

해결 전략 밑줄 친 '이 정부'는 박정희 정부이다. 박정희 정부는 장기 집권을 위해 1969년 북한의 도발에 대한 대응과 지속적 경제 성장 추진 등을 내세워 대통령의 3회 연임을 허용하는 3선 개헌을 단행하였다. 그 결과 개정된 헌법에 따라 치러진 대통령 선거에서 박정희가 대통령으로 당선되었다(1971년). 5·16 군사 정변과 박정희 정부 시기의 사실은 자주 출제되는 내용으로 시기순으로 정리하여 세부적인 내용까지 기억해야 한다.

선택지 분석

① 흥선 대원군은 군정의 문란을 시정하기 위해 양반에게도 군포를 부과하는 호포제를 실시하였다. ✗

② 1899년에 고종은 황제의 무한한 군주권을 규정한 대한국 국제를 반포하였다. ✗

③ 일제는 1938년 국가 총동원법을 공포하여 인적·물적 자원을 수탈하였다. ✗

✓❹ 박정희 정부 시기에 7·4 남북 공동 성명이 발표되었다. ○

⑤ 제1차 남북 정상 회담은 김대중 정부 시기인 2000년에 개최되었다. ✗ 답 ④

---

36 박정희 정부 시기의 사실 파악

자료 분석 자료에서 경제 개발 5개년 계획 실시, 베트남 파병 특수로 경제 성장, 수출 100억 달러 달성, 전태일 분신 사건 등의 내용을 통해 (가) 정부가 박정희 정부임을 알 수 있다.

선택지 분석

① 대한 제국은 광무개혁을 추진하면서 근대적 토지 소유 증명 문서인 지계를 발급하였다. ✗

② 5·10 총선거로 구성된 제헌 국회에서 제헌 헌법을 제정하였다. ✗

✓❸ 박정희 정부는 공업 위주의 경제 성장 정책으로 도시와 농촌 간의 격차가 커지자 1970년부터 농촌 환경 개선과 소득 증대를 목표로 새마을 운동을 전개하였다. ○

④ 김영삼 정부는 투명한 금융 거래와 불법 정치 자금 근절을 위해 금융 실명제를 전면 실시하였다. ✗

⑤ 일제는 대한 제국에 대한 경제 침략을 강화하기 위해 1908년 동양 척식 주식회사를 설립하였다. ✗ 　📘③

37 3선 개헌 시기 파악

자료 분석 개헌안의 주요 내용이 대통령의 탄핵을 어렵게 만들고 대통령의 3선을 허용하는 것이었다는 점 등을 통해 밑줄 친 '개헌'이 3선 개헌임을 알 수 있다. 박정희 정부는 장기 집권을 위해 1969년 북한의 도발에 대한 대응과 지속적 경제 성장 추진 등을 구실로 대통령의 3회 연임을 허용하는 3선 개헌을 단행하였다.

선택지 분석

① 8·15 광복은 1945년의 일이다. ✗

② 6·25 전쟁은 1950년에 발발하였다. ✗

✓③ 5·16 군사 정변은 1961년에 일어났다. ○

④ 부마 민주 항쟁은 1979년에 일어났다. ✗

⑤ 6·29 민주화 선언은 1987년에 발표되었고, 제1차 남북 정상 회담은 2000년에 개최되었다. ✗ 　📘③

도전 1등급 38 유신 체제의 특징 이해

도전 1등급 문항 분석　　▶▶ 정답률 32.4%

(가) 체제 시기에 있었던 사실로 옳은 것은?

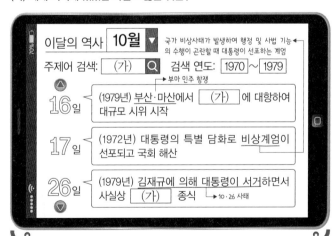

해결 전략 1979년에 부산과 마산에서 대규모 시위가 시작되었다는 점, 대통령의 특별 담화로 비상계엄이 선포되고 국회가 해산되었다는 점, 김재규에 의해 대통령이 서거하였다는 점 등을 통해 (가) 체제는 유신 체제임을 알 수 있다. 유신 체제 성립~붕괴 과정, 유신 체제에 대한 저항과 탄압 사례를 알아 두어야 한다.

선택지 분석

① 이승만 정부는 6·25 전쟁 중이던 1952년에 임시 수도 부산에서 대통령 직선제를 골자로 하는 발췌 개헌을 통과시켰다. ✗

② 1899년에 대한 제국이 자주독립 국가이며 황제가 전제 정치를 실시한다는 사실을 명문화하는 대한국 국제가 반포되었다. ✗

③ 좌우 합작 위원회는 좌우 합작 운동을 주도하며 민주주의 임시 정부 수립, 미소 공동 위원회 속개 등의 내용을 담은 좌우 합작 7원칙을 발표하였다. ✗

④ 2000년에 제1차 남북 정상 회담이 개최되었고, 6·15 남북 공동 선언이 발표되었다. ✗

✓⑤ 1972년 유신 헌법 제정으로 성립된 유신 체제 시기에 통일 주체 국민 회의에서 대통령을 선출하였다. ○ 　📘⑤

도전 1등급 39 유신 체제 시기 파악

도전 1등급 문항 분석　　▶▶ 정답률 47.0%

밑줄 친 '긴급 조치'가 발표된 시기를 연표에서 옳게 고른 것은?

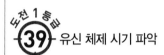
1972년 개헌된 대한민국의 유신 헌법에 규정되어 있던 조치로, 대통령이 국민의 기본권을 제한할 수 있었음

1972년 제정

오늘 대법원은 유신 헌법을 근거로 발령된 긴급 조치 1호가 위헌이라고 판결하였습니다. 대법원은 긴급 조치 1호가 민주주의의 본질인 표현과 신체의 자유를 심각하게 훼손하였으며, 국가의 중대한 위기가 아닌 상황에서 발령되었기 때문에 위헌이라고 밝혔습니다.

"긴급 조치 1호 위헌"

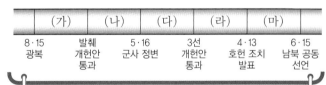

(가)	(나)	(다)	(라)	(마)
8·15 광복	발췌 개헌안 통과	5·16 군사 정변	3선 개헌안 통과	4·13 호헌 조치 발표	6·15 남북 공동 선언

해결 전략 자료에서 유신 헌법, 표현과 신체의 자유를 심각하게 훼손한다는 점 등을 통해 밑줄 친 '긴급 조치'는 유신 체제 시기에 박정희 정부가 발표한 것임을 알 수 있다. 1972년 제정된 유신 헌법은 대통령에게 긴급 조치권을 부여하였다. 박정희 정부는 이를 이용해 헌법 개정 청원을 금지하는 등 유신 체제 반대 운동을 탄압하였다. 유신 헌법이 박정희 정부 때의 사실이라는 것을 알고 있어도 구체적인 시기를 모른다면 틀릴 수 있는 문제이다. 3선 개헌안 통과 이후라는 사실을 꼭 기억해 두자.

선택지 분석

① 1945년 8·15 광복이 이루어졌다. ✗

② 1952년 이승만 정부는 대통령 직선제를 골자로 하는 발췌 개헌안을 통과시켰다. ✗

③ 1961년 5·16 군사 정변을 일으켜 박정희 등 일부 군인들이 정권을 장악하였다. ✗

✓❹ 1969년 3선 개헌안(대통령의 3회 연임을 허용함)이 통과되었다. ⭕

⑤ 4·13 호헌 조치는 전두환 정부 시기인 1987년의 사실이다. 6·15 남북 공동 선언은 2000년의 사실이다. ✗   답 ④

40 박정희 정부의 정책 파악

[자료 분석] 한일 기본 조약을 가조인했다는 내용을 통해 밑줄 친 '정부'는 박정희 정부임을 알 수 있다. 박정희 정부는 국교 정상화를 위한 한일 회담을 진행하였다.

[선택지 분석]

✓❶ 박정희 정부는 대통령의 3회 연임을 허용하는 3선 개헌을 단행하여 장기 집권의 토대를 마련하였다. ⭕

② 헌병 경찰제는 일제 강점기인 1910년대 일제가 실시한 식민지 통치 정책이다.

③ 삼청 교육대는 전두환 정부 시기 운영되었다. ✗

④ 구미 위원부는 대한민국 임시 정부가 미국에 설치한 외교 기관이다. ✗

⑤ 개성 공단 건설은 김대중 정부 때 남북 간의 합의를 바탕으로 노무현 정부 때 실현되었다. ✗   답 ①

41 유신 헌법의 내용 이해

[자료 분석] 자료에서 대통령을 통일 주체 국민 회의에서 무기명 투표로 선출한다는 점(간접 선거), 대통령에게 긴급 조치권을 부여한다는 점 등의 내용을 통해 유신 헌법임을 알 수 있다. 이외에도 유신 헌법은 대통령 임기는 6년으로 하고 중임 제한 조항을 삭제함으로써 영구 집권의 기반을 마련하여 당시 대통령의 장기 집권과 독재 체제를 뒷받침하였다. 이에 대학생들이 유신 철폐 시위를 벌이고, 재야인사들이 3·1 민주 구국 선언(1976)을 발표하는 등 저항하는 움직임이 이어졌다.

[선택지 분석]

① 1990년 노태우 정부 시기에 여소야대 정국을 극복하기 위해 당시 여당이었던 민주 정의당, 야당인 통일 민주당, 신민주 공화당과 합당하여 민주 자유당을 창당하였다. ✗

② 조선 선조 때 사림이 동인과 서인으로 나뉘면서 붕당 정치가 시작되었다. 숙종 때 여러 차례 환국이 일어나면서 붕당 정치가 변질되어 일당 전제화의 경향이 강화되었다. ✗

✓❸ 유신 체제는 박정희 대통령이 장기 집권을 위해 1972년에 만든 유신 헌법에 따라 성립되었다. ⭕

④ 조선 후기에 사회 개혁론으로 실학이 제기된 가운데 박제가, 홍대용 등 북학파 실학자들은 청의 선진 문물 수용을 주장하였다. ✗

⑤ 좌우 합작 위원회는 민주주의 임시 정부 수립, 미소 공동 위원회의 속개 등을 규정한 좌우 합작 7원칙을 발표하였으나, 성과를 거두지 못하였다. ✗   답 ③

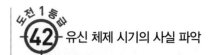

42 유신 체제 시기의 사실 파악

도전 1등급 문항 분석   ▶▶ 정답률 17.5%

밑줄 친 '헌법'이 적용된 시기에 있었던 사실로 옳은 것은?

→ 대통령 선출 기구

자료는 제1대 통일 주체 국민 회의 대의원 선거 투표를 안내하기 위해 발행된 것이다. 이 선거로 전국 1,630개 선거구에서 2,359명의 대의원이 선출되었고, 헌법에 따라 이들 대의원은 제8대 대통령을 선출하였다.
→ 박정희

[해결 전략] 자료에서 통일 주체 국민 회의 대의원 선거, 이들 대의원이 제8대 대통령을 선출 등의 내용을 통해 밑줄 친 '헌법'이 1972년에 제정된 유신 헌법임을 알 수 있다. 유신 헌법은 통일 주체 국민 회의에서 대통령을 선출하도록 하였다.

[선택지 분석]

① 김영삼 정부 시기인 1996년에 우리나라는 경제 협력 개발 기구[OECD]에 가입하였다. ✗

② 1948년 제헌 국회는 반민족 행위자를 처벌하기 위해 반민족 행위 처벌법을 제정하였다. ✗

✓❸ 유신 헌법은 박정희 대통령이 장기 집권을 위해 마련한 것으로, 1980년 제8차 개헌이 단행될 때까지 적용되었다. 이에 1976년에는 재야인사 등이 유신 체제를 비판하는 3·1 민주 구국 선언을 발표하였다. ⭕

④ 김영삼 정부는 1993년 투명한 금융 거래 정착과 부당한 정치 자금 근절을 위해 금융 실명제를 전면 실시하였다. ✗

⑤ 제주 4·3 사건은 1947년에 일어난 제주도민에 대한 경찰의 발포와 이에 반발하는 시위에 대한 미군정의 탄압, 1948년에 이루어진 남한만의 단독 선거 결정 등을 배경으로 발생하였다. ✗   답 ③

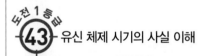

43 유신 체제 시기의 사실 이해

도전 1등급 문항 분석   ▶▶ 정답률 30.0%

다음 헌법이 시행된 시기에 있었던 사실로 옳은 것은?

제39조
① 대통령은 통일 주체 국민 회의에서 토론 없이 무기명 투표로 선거한다.
→ 유신 헌법에 따라 구성된 대통령 선출 기구

(중략)

제40조
① 통일 주체 국민 회의는 국회 의원 정수의 3분의 1에 해당하는 수의 국회 의원을 선거한다.
→ 통일 주체 국민 회의에서 국회 의원 선출
② 제1항의 국회 의원의 후보자는 대통령이 일괄 추천하며, 후보자 전체에 대한 찬반을 투표에 부쳐 재적 대의원 과반수의 출석과 출석 대의원 과반수의 찬성으로 당선을 결정한다.

박정희 정부는 1972년 10월 유신을 선포하고 유신 헌법을 제정하였다. 이에 따라 대통령의 임기는 6년으로 늘어났고, 중임 제한이 사라졌다. 또한 대통령 선출 방식은 국민이 대통령을 직접 뽑는 직선제가 아니라 통일 주체 국민 회의를 통한 간선제로 바뀌었다. 유신 헌법은 1980년 전두환 대통령 선출 이후 폐지되었다.

선택지 분석

✓❶ 유신 헌법에 따라 대통령에게는 국민의 기본권을 제한할 수 있는 긴급 조치권이 부여되었다. 박정희 정부는 이를 이용하여 민주화 운동을 탄압하였다. O

② 남북 정상 회담은 2000년 김대중 정부 시기에 분단 이후 처음 열렸다. X

③ 김영삼 정부 시기에 금융 실명제가 전면 시행되었다. X

④ 서울 올림픽 대회는 노태우 정부 시기인 1988년에 개최되었다. X

⑤ 1948년에 구성된 제헌 국회에서 반민족 행위 처벌법을 제정하였다. 이에 따라 반민족 행위 특별 조사 위원회가 구성되었다. X 답 ①

44 5·18 민주화 운동의 내용 이해

자료 분석 광주에서 일어난 사건이라는 점, 공수 특전단들이 선량한 시민들과 지성인들을 무자비하게 진압하고 있다는 점, 계엄 사령부가 학생, 교수, 시민을 폭도로 몰고 있다는 점 등을 통해 자료가 1980년에 일어난 5·18 민주화 운동과 관련된 것임을 알 수 있다.

선택지 분석

① 임오군란 이후 청의 내정 간섭이 심화되었고, 조청 상민 수륙 무역 장정이 체결되어 청 상인의 조선 내륙 진출이 가능해졌다. X

② 물산 장려 운동은 1920년대에 회사령이 폐지되고 일본 상품의 관세가 철폐되는 움직임에 따라 조선의 자본을 지키기 위해 벌어진 운동이다. X

③ 모스크바 3국 외상 회의 결과 미소 공동 위원회의 설치, 민주주의 임시 정부 수립, 최고 5년 기한의 4개국에 의한 한반도 신탁 통치에 대한 협약 등이 결정되었다. X

✓④ 광주의 학생과 시민들은 신군부의 퇴진과 계엄령 철회를 요구하며 5·18 민주화 운동을 전개하였는데, 전두환 등 신군부 세력은 계엄군을 동원하여 무력으로 이를 진압하였다. O

⑤ 선진 자본주의 국가들이 전면적 시장 개방에 합의하는 분위기가 조성되고 신자유주의 정책이 확산하면서 1996년 한국은 경제 협력 개발 기구[OECD]에 가입하였다. X 답 ④

45 5·18 민주화 운동 이해

자료 분석 광주의 시민과 학생들이 계엄군의 무력 진압에 맞서 시민군을 결성하였다는 내용 등을 통해 (가) 민주화 운동이 1980년 5·18 민주화 운동임을 알 수 있다.

선택지 분석

① 1960년 4·19 혁명의 결과 내각제 개헌이 이루어져 내각 책임제 정부인 장면 정부가 수립되었다. X

② 1925년 일제는 만주 군벌과 독립군의 활동을 탄압하는 미쓰야 협정을 체결하였다. X

✓❸ 전두환을 중심으로 한 신군부 세력이 정권 장악을 위해 비상계엄을 전

국으로 확대하자, 이에 저항하여 5·18 민주화 운동이 전개되었다. O

④ 1979년 부마 민주 항쟁이 일어나자 시위 진압 대책을 두고 정권 내부에서 대립이 일어났고, 결국 박정희 대통령이 피살당하는 10·26 사태가 발생하였다. X

⑤ 1945년 모스크바 3국 외상 회의에서 한반도의 신탁 통치에 관한 협약 작성이 결정되었다는 내용이 국내에 알려지자 신탁 통치 반대 운동이 전개되었다. X 답 ③

46 5·18 민주화 운동의 배경 이해

자료 분석 18일에 광주에 공수 부대 투입, 시민들을 무자비하게 진압, 시민군에 가담 등의 내용을 통해 (가) 민주화 운동이 5·18 민주화 운동임을 알 수 있다. 1980년 5·18 민주화 운동 당시 신군부 세력이 광주에 투입한 계엄군이 무력으로 시위 진압에 나서자 학생과 시민들이 시민군을 조직하여 이에 대항하였다.

선택지 분석

① 이승만 정부는 정권 연장을 위해 개헌 당시 대통령에 한해 중임 제한을 적용하지 않는다는 내용을 담은 개헌안을 사사오입의 논리를 내세워 통과시켰다. X

② 이승만 정부는 1960년 치러진 정·부통령 선거에서 대대적인 부정 선거를 자행하였다. 3·15 부정 선거에 대항하여 4·19 혁명이 일어났다. X

③ 1945년 12월 개최된 모스크바 3국 외상 회의에서 한반도에 민주주의 임시 정부 수립, 미소 공동 위원회 개최, 최고 5년 기한 4개국에 의한 한반도 신탁 통치 협약 작성 등이 결정되었다. X

✓④ 신군부 세력이 비상계엄을 전국으로 확대하자 이에 대항하여 1980년 5·18 민주화 운동이 전개되었다. 당시 광주의 학생과 시민들은 신군부 세력의 퇴진과 계엄령 철회를 요구하며 시위를 전개하였다. O

⑤ 1997년 대통령 선거에서 정부 수립 50년 만에 처음으로 선거를 통한 평화적인 여야 정권 교체가 이루어졌다. X 답 ④

47 5·18 민주화 운동 이해

자료 분석 광주 시민이 군부 독재에 맞서 투쟁하고 있다는 점, 계엄군의 총칼에 많은 사람이 희생되었다는 점, 시민들이 스스로를 지키기 위해 무장하였다는 점 등을 통해 자료가 1980년 광주에서 일어난 5·18 민주화 운동에 대한 것임을 알 수 있다.

선택지 분석

① 1948년 대한민국 정부 수립이 선포되었다. X

② 1950년 북한의 남침으로 6·25 전쟁이 발발하였다. X

③ 1960년 이승만 정부가 3·15 부정 선거를 저지르자 선거 무효를 주장하며 4·19 혁명이 일어났다. 4·19 혁명으로 이승만이 대통령직에서 물러났다. X

④ 박정희 정부는 장기 집권을 위해 1969년 대통령직 3선 연임을 허용하는 3선 개헌을 단행하였다. X

✓❺ 12·12 사태로 군사권을 장악한 전두환 등 신군부 세력이 비상계엄을 전국으로 확대 선포하자, 광주의 학생과 시민들이 신군부 퇴진과 계엄령 해제 등을 요구하는 5·18 민주화 운동을 일으켰다. 12·12 사태는 1979년, 6월 민주 항쟁은 1987년의 사실이다. O 답 ⑤

Ⅳ
대한민국의 발전

48 5·18 민주화 운동 이해

자료 분석 자료에서 학생과 시민들이 계엄군에 학살당하였다는 내용과 광주 시민들이 이에 맞서고 있다는 내용을 통해 제시된 민주화 운동은 5·18 민주화 운동임을 알 수 있다.

선택지 분석

① 훈요 10조는 고려를 세운 태조가 후대 왕들에게 남긴 유훈이다. ✕
② 회사령은 1910년 일제가 회사 설립 시 허가를 받도록 한 조치이다. ✕
③ 을미사변은 1895년 일제에 의해 명성 황후가 시해된 사건이다. ✕
✓ ④ 1979년 신군부 세력은 12·12 사태를 일으켜 군사권을 장악하였다. 1980년 5·18 민주화 운동에서는 광주의 학생과 시민들이 신군부 세력의 퇴진과 계엄령 철회를 요구하였다. ◯
⑤ 을사늑약의 부당성을 세계에 알리기 위해 고종은 헤이그 만국 평화 회의에 특사를 파견하였다. ✕ **답 ④**

49 전태일의 활동 파악

자료 분석 자료의 인물은 전태일이다. 1960년대 정부의 수출 위주 성장 정책으로 노동자들의 수가 크게 증가하였으나 노동자들은 저임금과 열악한 노동 환경 속에서 어려움을 겪었다. 이러한 상황에서 전태일은 근로 기준법에 명시된 노동자의 권리를 요구하며 1970년에 분신하였다.

선택지 분석

① 1923년 조직된 조선 형평사는 백정에 대한 사회적 차별 철폐를 주장하는 형평 운동을 전개하였다. ✕
② 화폐 정리 사업은 제1차 한일 협약에 따라 대한 제국의 재정 고문으로 파견된 메가타의 주도로 시행되었다. ✕
③ 1987년 전두환 정부가 4·13 호헌 조치를 발표하자 이에 반발하여 호헌 철폐와 독재 타도를 외치며 1987년 6월 민주 항쟁이 전개되었다. ✕
✓ ④ 평화 시장의 재단사였던 전태일은 열악한 노동 조건 개선과 근로 기준법 준수 등을 요구하며 분신하였다. ◯
⑤ 경제 개발 계획은 장면 정부 때 마련되었고, 박정희 정부 시기에 추진되었다. ✕ **답 ④**

03 민주주의 발전과 남북 화해

50 ④	51 ⑤	52 ④	53 ①	54 ⑤	55 ⑤
56 ③	57 ②	58 ①	59 ③	60 ④	61 ①
62 ③	63 ③	64 ③	65 ③	66 ⑤	67 ③
68 ⑤	69 ⑤	70 ③	71 ②	72 ⑤	73 ⑤
74 ⑤	75 ①	76 ④	77 ①	78 ③	79 ⑤
80 ⑤	81 ⑤	82 ④	83 ⑤	84 ④	85 ④

50 6월 민주 항쟁의 결과 파악

빈출 문항 자료 분석

다음 자료에 나타난 민주화 운동의 결과로 옳은 것은?

▶1987년 1월 박종철 학생이 경찰 조사를 받던 중 고문으로 인해 사망함

행동하는 국민 속에 박종철은 부활한다!

국민 여러분!
▶박종철 고문치사 사건의 진상을 은폐하고 대통령 직선제 개헌을 주장하는 국민의 요구를 거부한 채 1987년 4월 13일 개헌 논의를 중단한 조치
4·13 호헌 조치는 우리 국민들의 민주화 열망의 죽음이었습니다. … (중략) … 호헌으로 돌아서는 자들이 군림하고 있는 한, 박종철 군의 영혼은 편안히 잠들지 못할 것입니다. 오로지 스스로 자신의 민주 권리를 쟁취하고자 하는 국민 여러분의 행동 속에서 박 군은 되살아날 것입니다. 민주화 없이 올림픽 없습니다. 나아갑시다. 민주 헌법 쟁취를 위해, 이 땅의 민주화를 위해 함께 행동합시다.

해결 전략 4·13 호헌 조치, 박종철 등의 내용을 통해 자료에 나타난 민주화 운동이 1987년 6월 민주 항쟁임을 알 수 있다. 전두환 정부의 강압적 통치가 이어지는 가운데 박종철 고문치사 사건, 4·13 호헌 조치 발표, 이한열 학생이 최루탄에 맞아 의식 불명에 빠진 사건 등이 벌어졌다. 이에 국민은 호헌 철폐를 요구하며 6·10 국민 대회를 개최하는 등 항쟁을 이어갔다. 6월 민주 항쟁은 자주 출제되는 내용으로 배경, 과정, 결과로 나누어 정리해 두어야 한다.

자료 분석 4·13 호헌 조치, 박종철, 민주 헌법 쟁취 등의 내용을 통해 자료에 나타난 민주화 운동이 1987년 6월 민주 항쟁임을 알 수 있다. 전두환 정부의 강압적 통치가 이어지는 가운데 박종철 고문치사 사건, 4·13 호헌 조치 발표, 이한열 학생이 최루탄에 맞아 의식 불명에 빠진 사건 등이 연이어 벌어졌다. 이에 국민들은 호헌 철폐를 요구하며 6·10 국민 대회를 개최하는 등 항쟁을 이어갔다.

선택지 분석

① 1894년에 일본군이 경복궁을 점령하고 개혁을 강요하면서 군국기무처가 설치되었다. 군국기무처는 제1차 갑오개혁을 주도하였다. ✕
② 일제는 1925년 국가 체제나 사유 재산 제도를 부정하는 자를 단속하기 위해 치안 유지법을 제정하였다. ✕
③ 4·19 혁명 이후 개정된 헌법에 따라 내각 책임제 정부인 장면 정부가 출범하였다. ✕
✓ ④ 6월 민주 항쟁으로 6·29 민주화 선언이 발표되었고, 이에 따라 대통령 직선제 개헌이 이루어졌다. ◯
⑤ 박정희 정부에 의해 1972년에 제정된 유신 헌법에 따라 통일 주체 국민 회의가 설치되었다. ✕ **답 ④**

51 6월 민주 항쟁의 결과 파악

자료 분석 6·10 국민 대회, 박종철 군을 고문으로 죽이고 그 범인마저 은폐·조작, 4·13 호헌 조치 등의 내용을 통해 자료의 민주화 운동이 1987년 6월 민주 항쟁임을 알 수 있다. 전두환 정부는 1987년 대통령 직선제 개헌 등을 포함한 국민의 민주화 요구를 거부하고 개헌 논의를 중단하는 4·13 호헌 조치를 단행하였다. 이에 따라 호헌 철폐, 독재 타도, 직선제 개헌을 요구하는 6월 민주 항쟁이 전개되었다.

선택지 분석

① 1979년 박정희 대통령이 피살당한 10·26 사태로 유신 체제가 사실상 붕괴되었다. ✗

② 제주 4·3 사건은 1947년 3월 1일을 기점으로 1948년 4월 3일 발생한 소요 사태 및 1954년 9월 21일까지 제주도에서 발생한 무력 충돌과 그 진압 과정에서 주민들이 희생당한 사건을 말한다. ✗

③ 5·16 군사 정변은 1961년에 박정희를 비롯한 군부 세력이 정변을 일으켜 권력을 장악한 사건이다. ✗

④ 4·19 혁명 이후 내각 책임제와 양원제 국회 구성을 주요 내용으로 하는 헌법 개정이 이루어졌고, 개정된 헌법에 따라 치러진 총선에서 민주당이 승리하면서 장면 정부가 출범하였다. ✗

✓⑤ 6월 민주 항쟁으로 6·29 민주화 선언이 발표되었고, 이에 따라 대통령 직선제 개헌이 이루어졌다. ○ **답 ⑤**

52 5·18 민주화 운동 이해

자료 분석 계엄군, 광주 시민 등의 내용을 통해 자료가 5·18 민주화 운동과 관련된 것임을 알 수 있다. 신군부 세력이 비상계엄을 전국으로 확대하자 이에 대항하여 1980년 5·18 민주화 운동이 전개되었다.

선택지 분석

① 정전 회담은 1950~1953년 전개된 6·25 전쟁 시기에 열렸다. ✗

② 치안 유지법은 1925년 일제가 사회주의의 확산을 막기 위해 제정한 법으로, 독립운동을 탄압하는 대표적인 수단이 되었다. ✗

③ 전두환 정부는 1987년 대통령 직선제 개헌 등 국민들의 민주화 요구를 거부하고 일체의 개헌 논의를 막는 4·13 호헌 조치를 단행하였다. 이에 따라 호헌 철폐, 독재 타도, 직선제 개헌을 요구하는 6월 민주화 항쟁이 전개되었다. ✗

✓④ 5·18 민주화 운동 당시 광주의 학생들과 시민들은 신군부 세력의 퇴진과 계엄령 해제 등을 요구하며 시위를 전개하였다. ○

⑤ 3·15 부정 선거에 반발하여 일어난 4·19 혁명에서 국민들은 정·부통령 재선거를 요구하였다. ✗ **답 ④**

53 6월 민주 항쟁의 의의 이해

자료 분석 대통령 직선제 개헌을 하고 새 헌법에 의한 대통령 선거를 하겠다는 점, 제안이 관철되지 않을 경우 민주 정의당 대통령 후보와 당 대표 위원직을 포함한 모든 공직에서 사퇴할 것임을 약속한 점 등의 내용을 통해 자료가 6·29 민주화 선언임을 알 수 있다. 전두환 정부가 간접 선거를 통해 대통령을 선출하겠다는 4·13 호헌 조치를 발표하자, 호헌 철폐를 요구하는 시위가 전국적으로 확산하였다. 그러자 당시 여당의 대통령 후보였던 노태우가 대통령 직선제 개헌 요구를 수용하는 6·29 민주화 선언을 발표하였다.

선택지 분석

✓① 1987년 6월 민주 항쟁으로 6·29 민주화 선언이 발표되었고, 5년 단임의 대통령 직선제 개헌이 이루어졌다. ○

② 김영삼 정부는 부당한 정치 자금 거래를 막고, 투명한 금융 거래를 정착시키기 위해 금융 실명제를 전면 실시하였다. ✗

③ 노태우 정부 시기인 1991년 남한과 북한이 유엔에 동시 가입하였다. ✗

④ 1995년 옛 조선 총독부 건물이 철거되었다. ✗

⑤ 2012년 한국과 미국 간의 교역 시 관세 철폐 등의 내용을 담은 한미 자유 무역 협정이 체결되었다. ✗ **답 ①**

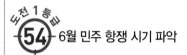

54 6월 민주 항쟁 시기 파악

도전 1등급 문항 분석 ▶▶ 정답률 **19.0%**

다음 뉴스가 보도된 시기를 연표에서 옳게 고른 것은? ▸1987년 전두환 정부의 4·13 호헌 조치 철폐 등을 요구하며 6월 10일 개최된 국민 대회

지난달 9일 6·10 국민 대회를 하루 앞두고 벌어진 시위에서 부상을 입고 치료를 받던 ○○대 학생 이한열 군이 오늘 새벽 사망하였습니다. 검은색 대형 추모 만장이 걸린 모교 학생회관 빈소에는 숙연한 분위기 속에서 조문객들이 줄을 잇고 있습니다. 장지는 모교 내부와 광주 망월동 묘지 등이 거론되고 있습니다.

이한열 군 오늘 새벽 사망

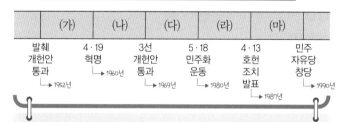

	(가)		(나)		(다)		(라)		(마)	
발췌 개헌안 통과		4·19 혁명		3선 개헌안 통과		5·18 민주화 운동		4·13 호헌 조치 발표		민주 자유당 창당
→ 1952년		→ 1960년		→ 1969년		→ 1980년		→ 1987년		→ 1990년

해결 전략 6·10 국민 대회, 이한열 군 사망 등의 내용을 통해 자료는 1987년 일어난 6월 민주 항쟁과 관련된 뉴스임을 알 수 있다. 전두환 정부는 1987년 대통령 직선제 개헌 등 국민들의 민주화 요구를 거부하고 개헌 논의를 중단시키는 4·13 호헌 조치를 발표하였다. 이에 4·13 호헌 철폐와 대통령 직선제 개헌을 요구하는 6월 민주 항쟁이 전개되었음을 알아 두어야 한다.

선택지 분석

① 1952년 이승만 정부는 기존의 대통령 간선제 조항을 대통령 직선제로 바꾸는 발췌 개헌안을 통과시켰다. ✗

② 1960년 이승만 정부의 3·15 부정 선거에 반발하여 4·19 혁명이 일어났다. ✗

③ 1969년 박정희 정부는 대통령의 3선을 허용하는 내용을 담은 3선 개헌안을 통과시켰다. ✗

IV 대한민국의 발전

④ 1980년 신군부 세력이 비상계엄을 전국으로 확대하자 이에 대항하여 5·18 민주화 운동이 일어났다. ✗

✓❺ 1987년 4월 전두환 정부가 국민들의 대통령 직선제 개헌 요구를 거부하고 간선제로 대통령을 선출하겠다고 발표하자(4·13 호헌 조치), 이에 반발하여 6월 민주 항쟁이 일어났다. 3당 합당으로 탄생한 민주 자유당 창당은 1990년의 사실이다. ⭘   답 ⑤

55 6월 민주 항쟁의 영향 이해

자료 분석 박종철 고문치사 사건의 진상이 알려지면서 격화되었고, 4·13 호헌 조치에 항의하는 내용이 담겨 있다는 것을 통해 밑줄 친 '이 운동'이 1987년의 6월 민주 항쟁임을 알 수 있다.

선택지 분석
① 1894년 전주성을 점령하였던 동학 농민군이 조선 정부와 전주 화약을 맺고 전라도 각지에 집강소를 설치하였다. ✗
② 1960년에 일어난 4·19 혁명의 결과 이승만 정부가 무너졌고, 내각 책임제 개헌이 이루어졌다. 이어 치러진 총선에서 민주당이 승리하였고 이에 따라 장면 내각이 출범하였다. ✗
③ 1945년에 열린 모스크바 3국 외상 회의의 결정에 따라 1946년 제1차 미소 공동 위원회가 개최되었다. ✗
④ 1972년 남과 북은 자주, 평화, 민족 대단결이라는 통일의 3대 원칙에 합의하고 7·4 남북 공동 성명을 발표하였다. ✗
✓❺ 6월 민주 항쟁의 결과 여당의 대통령 후보였던 노태우가 대통령 직선제 개헌 등 국민의 민주화 요구를 수용한다는 6·29 민주화 선언을 발표하였고 이후 대통령 직선제 개헌이 이루어졌다. ⭘   답 ⑤

56 6월 민주 항쟁의 결과 이해

자료 분석 이한열이 최루탄에 피격되었고, 박종철 고문치사 조작·은폐를 규탄하였으며, 6·29 민주화 선언이 발표되었다는 내용을 통해 (가) 민주화 운동이 1987년에 전개된 6월 민주 항쟁임을 알 수 있다.

선택지 분석
① 1960년 이승만 정부가 자행한 3·15 부정 선거를 규탄하면서 마산에서 시위가 일어났다. 이후 실종되었던 김주열의 시신이 발견되면서 시위가 확산되었는데, 이를 4·19 혁명이라고 한다. ✗
② 1929년에 일어난 광주 학생 항일 운동에 해당한다. 광주 학생 항일 운동이 일어나자 신간회는 진상 조사단을 광주에 파견하는 등 이를 지원하였다. ✗
✓❸ 6·29 민주화 선언에는 대통령 직선제 개헌이 명시되었고, 이후 여야 합의로 대통령 직선제 개헌이 이루어졌다. ⭘
④ 1894년 김홍집, 박정양 등이 참여하여 조직된 군국기무처는 제1차 갑오개혁을 주도하였다. ✗
⑤ 박정희 정부는 일본과의 국교 정상화를 추진하였다. 이 과정에서 회담 내용이 알려지자 시민과 학생들이 이를 굴욕적인 대일 회담이라고 비판하면서 1964년 시위를 전개하였다. 이를 6·3 시위라고 한다. ✗   답 ③

57 6월 민주 항쟁의 결과 파악

자료 분석 자료에서 이한열 기념관, 박종철 고문치사 사건, 4·13 호헌 조치, 6·29 민주화 선언 등의 내용을 통해 (가) 민주화 운동이 1987년에 일어난 6월 민주 항쟁임을 알 수 있다. 전두환 정부가 간접 선거를 통해 대통령을 선출하겠다는 4·13 호헌 조치를 발표하자, 호헌 철폐를 요구하며 6·10 국민 대회가 개최되고 시위가 확산되었다. 이에 당시 여당의 대통령 후보였던 노태우가 대통령 직선제 개헌 추진과 민주화 조치를 취하겠다는 6·29 민주화 선언을 발표하였다.

선택지 분석
① 1945년 12월에 개최된 모스크바 3국 외상 회의에서 한반도의 신탁 통치 협의를 결정하였다는 소식이 전해지자, 김구와 이승만을 비롯한 우익 인사들은 신탁 통치 반대 운동을 전개하였다. ✗
✓❷ 6월 민주 항쟁의 결과 5년 단임의 대통령을 직선제로 선출하는 것을 주요 내용으로 하는 개헌이 이루어졌다. ⭘
③ 1862년 농민 봉기가 전국으로 확산되자(임술 농민 봉기), 조선 정부는 농민 봉기의 주된 원인이었던 삼정의 문란을 바로잡기 위해 삼정이정청을 설치하였다. ✗
④ 1929년에 한·일 학생 간의 충돌을 계기로 광주 학생 항일 운동이 일어났다. ✗
⑤ 대한민국 정부 수립 직후 국회는 반민족 행위 처벌법을 제정하고 반민족 행위 특별 조사 위원회를 조직하여 친일파 청산에 나섰다. ✗   답 ②

58 1990년대 후반 외환 위기 이해

자료 분석 고국이 경제 위기에 처했다는 점, '아이엠에프' 한파로 경제가 꽁꽁 얼어붙었다는 점, 1998년 1월에 작성되었다는 점, 고국의 경제 위기에 도움이 되기를 바라며 달러를 보내왔다는 점 등을 통해 제시된 자료가 1990년대 외환 위기와 관련된 것임을 알 수 있다.

선택지 분석
✓❶ 1997년 외환 위기가 발생하여 국제 통화 기금[IMF]에 구제 금융 요청이 이루어졌다. 이후 금 모으기 운동 등 국민들의 자발적인 노력과 정부의 강도 높은 구조 조정을 통해 외환 위기를 극복하였다. ⭘
② 암태도 소작 쟁의는 일제 강점기인 1923년에 전라남도 암태도의 농민들이 높은 소작료 등에 저항하여 일으켰다. ✗
③ 제1차 한일 협약(1904)으로 파견된 재정 고문 메가타의 주도로 백동화 등을 일본 제일 은행권으로 교환하도록 한 화폐 정리 사업이 시행되었다. ✗
④ 일제는 대한 제국에 대한 경제적 침략을 강화하기 위해 1908년 동양 척식 주식회사를 설립하였다. ✗
⑤ 5·16 군사 정변 이후 박정희 등 군부 세력은 정변의 정당성을 확보하기 위해 경제 개발을 전면에 내세웠다. 이를 위해 장면 내각의 경제 개발 계획을 보완하여 제1차 경제 개발 5개년 계획을 추진하였다. ✗   답 ①

59 3저 호황과 외환 위기 극복 시기 사이의 사실 파악

자료 분석 (가)는 미 달러화 가치, 국제 금리, 원유가 등이 큰 폭으로 하락한 이른바 3저 현상 등의 내용을 통해 1980년대의 상황임을 알 수 있다.

(나)는 IMF[국제 통화 기금] 시대의 충격 속에서도 여·야 간 평화적 정권 교체의 위업을 이룩하였다는 점 등을 통해 1990년대 후반의 상황임을 알 수 있다.

선택지 분석
① 대한 제국 시기에 황국 중앙 총상회가 상권 수호 운동을 전개하였다. ✗
② 1904년 제1차 한일 협약에 따라 대한 제국의 재정 고문으로 파견된 메가타가 화폐 정리 사업을 실시하였다. ✗
✓❸ 김영삼 정부는 1996년에 경제 협력 개발 기구[OECD]에 가입하였으나 1997년 외환 위기가 발생하여 국제 통화 기금에 구제 금융을 요청하였다. ○
④ 제1차 경제 개발 5개년 계획은 1962년~1966년에 추진되었다. ✗
⑤ 삼백 산업은 6·25 전쟁 정전 협정 체결 이후 미국으로부터 받은 원조 물자를 바탕으로 발달하였다. ✗   답 ③

60 김영삼 정부의 경제 정책 파악

자료 분석 금융 실명제 단행, 지방 자치제의 완전한 실시 등의 내용을 통해 자료의 연설이 행해진 정부가 김영삼 정부임을 알 수 있다.

선택지 분석
① 대한 제국은 광무개혁을 추진하면서 양전 사업을 실시하고 근대적 토지 소유 증명 문서인 지계를 발급하였다. ✗
② 박정희 정부는 1970년 경부 고속 국도(도로)를 개통하였다. ✗
③ 조선은 임오군란 직후인 1882년 청과 조청 상민 수륙 무역 장정을 체결하였다. ✗
✓❹ 김영삼 정부 시기인 1996년에 경제 협력 개발 기구[OECD]에 가입하였다. ○
⑤ 이승만 정부 시기인 1949년에 3정보 초과 농지에 대한 유상 매입·유상 분배를 원칙으로 하는 농지 개혁법이 제정되었다. ✗   답 ④

61 김영삼 정부 시기의 사실 파악

자료 분석 금융 실명 거래 및 비밀 보장에 관한 긴급 재정 경제 명령을 발표했다는 점, 금융 거래는 실명으로만 이루어진다는 점 등의 내용을 통해 밑줄 친 '대통령'이 금융 실명제를 전면적으로 실시한 김영삼 대통령임을 알 수 있다.

선택지 분석
✓❶ 김영삼 정부는 지방 자치 단체장 선거를 실시하는 등 지방 자치제를 전면 시행하였다. ○
② 4·19 혁명 이후 허정 과도 정부는 양원제 국회와 내각 책임제 실시를 주요 내용으로 하는 개헌을 단행하였다. ✗
③ 고율의 소작료를 징수하는 지주의 횡포에 맞서 1923년 암태도 소작 쟁의가 일어났다. ✗
④ 전두환 등 신군부 세력은 1979년 12·12 군사 반란을 일으켜 군사권을 장악하였다. ✗
⑤ 1881년 조선은 청의 근대적 무기 제조법과 군사 훈련법을 습득하기 위해 청에 영선사를 파견하였다. ✗   답 ①

62 박정희 정부의 통일 정책 파악

자료 분석 작년에 제2차 경제 개발 5개년 계획이 끝났다는 점 등을 통해 자료의 담화를 발표한 정부가 박정희 정부임을 알 수 있다. 제2차 경제 개발 5개년 계획은 박정희 정부 시기인 1967년부터 1971년까지 추진되었다.

선택지 분석
① 노태우 정부는 남북 고위급 회담을 통해 1991년 남북 기본 합의서를 체결하였다. ✗
② 노태우 정부 시기인 1991년 남한과 북한이 유엔에 동시 가입하였다. ✗
✓❸ 박정희 정부는 냉전 체제가 완화되는 분위기 속에서 북한과 비밀 회담을 하고 1972년 통일 3대 원칙을 담은 7·4 남북 공동 성명을 발표하였다. ○
④ 노무현 정부는 2007년 제2차 남북 정상 회담을 개최하고 10·4 남북 공동 선언에 합의하였다. ✗
⑤ 김대중 정부는 2000년 평양에서 분단 이후 최초로 남북 정상 회담을 개최하였다. ✗   답 ③

도전 1등급 ❻❸ 박정희 정부의 대북 정책 이해

도전 1등급 문항 분석   ▶▶ 정답률 37.0%

(가), (나) 연설이 행해진 시기 사이에 있었던 사실로 옳은 것은?

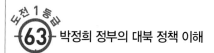

(가) → 1960년에 수립된 장면 내각의 장면 국무총리
친애하는 국회 의원 동지 여러분!
본인은 내각 책임제하의 행정 수반으로서 …(중략)… 3·15 부정 선거 관련자 처단과 부정 축재자 처리에 있어서는 혁명 정신에 입각하여 현행법을 적정히 활용하여 왔습니다.
→ 1960년에 일어난 4·19 혁명

(나) → 1972년 개헌, 발표된 헌법
친애하는 대의원 여러분!
유신 헌법에 따라 최초로 탄생된 제도의 하나가 지금 개막한 통일 주체 국민 회의입니다. …(중략)… 여러분은 대통령을 선출하고 국회 의원의 일부를 선출하게 되는 것입니다.
→ 유신 헌법에 따라 설치된 대통령 선출 기구

해결 전략 (가)는 1960년 4·19 혁명의 결과 수립된 장면 내각에 대한 것이다. (나)는 1972년에 제정된 유신 헌법에 따라 설치된 통일 주체 국민 회의에 대한 것이다. 따라서 1960~1972년 사이에 있었던 사실을 골라야 한다.

선택지 분석
① 남북 기본 합의서는 노태우 정부 시기인 1991년에 채택되었다. 주요 내용으로는 남북한 상호 체제의 인정과 존중, 무력 침략 금지 등이 규정되었다. ✗
② 노태우 정부 시기인 1991년 남과 북이 유엔에 동시 가입하였다. ✗
✓❸ 1972년 7·4 남북 공동 성명이 발표되었다. 이를 통해 남과 북은 자주, 평화, 민족적 대단결이라는 통일 원칙에 합의하였다. ○
④ 노무현 정부 시기인 2007년 제2차 남북 정상 회담이 개최되었고, 그 결과 10·4 남북 공동 선언이 발표되었다. ✗
⑤ 김대중 정부 시기인 2000년 제1차 남북 정상 회담의 결과 6·15 남북 공동 선언이 발표되었다. 이후 남북 교류와 경제 협력이 확대되면서 개성 공단 조성 사업이 시작되었다. ✗   답 ③

도전 1등급 문항 분석   ▸▸ 정답률 16.0%

밑줄 친 '이 성명'이 발표된 시기를 연표에서 옳게 고른 것은?

> ┌─ 7·4 남북 공동 성명에서 발표한 통일의 원칙
> │   이후 남북 기본 합의서에서 재확인됨
> 남과 북 사이에 대화의 길이 트이기 시작했습니다. 우리나라의 자주적인
> 평화 통일을 추구하는 이 성명이 서울과 평양에서 동시에 발표됐습니다.
> 중앙정보부장은 자주·평화·민족 대단결의 통일 원칙과 남북 조절 위원회
> 구성 등 7개 항에 합의했다고 밝혔습니다. ─ 7·4 남북 공동 성명의 결과로 설치됨

> ▸ 5·16 군사 정변 이후
>   설치된 기구

해결 전략 자료에서 서울과 평양에서 동시에 발표, 중앙정보부장, 자주·평화·민족 대단결의 통일 원칙, 남북 조절 위원회 구성 등의 내용을 통해 밑줄친 '이 성명'이 1972년에 발표된 7·4 남북 공동 성명임을 알 수 있다. 7·4 남북 공동 성명은 남과 북이 통일 원칙에 합의하였다는 데에 큰 의의가 있다. 7·4 남북 공동 성명 발표 이후 같은 해 유신 헌법이 제정되었다는 점을 기억해 두자.

선택지 분석

① 1945년 8월 15일 일제가 항복을 선언하면서 우리 민족도 광복을 맞이하였다. ✗

② 1960년 6월 25일 북한의 기습 남침으로 6·25 전쟁이 시작되었다. ✗

✓❸ 5·16 군사 정변은 1961년에 일어났고, 유신 헌법은 1972년에 단행된 10월 유신에 따라 제정되었다. O

④ 노태우 정부 시기인 1991년 남과 북이 유엔에 동시 가입하였다. ✗

⑤ 2000년 제1차 남북 정상 회담의 결과 6·15 남북 공동 선언이 발표되었다. ✗   답 ③

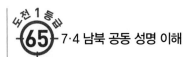

도전 1등급 문항 분석   ▸▸ 정답률 11.8%

밑줄 친 '이 성명'이 발표된 시기를 연표에서 옳게 고른 것은?

> ┌─ 최초로 남북한의 합의를 통한 성명
> 이 성명은 남북한이 처음으로 통일의 원칙에 합의한 것이다. 쌍방
> 이 발표한 조국 통일의 3대 원칙은 다음과 같다.
> 첫째, 통일은 외세에 의존하거나 외세의 간섭을 받음이 없이 자주적
>   으로 해결하여야 한다. ─ 자주
> 둘째, 통일은 서로 상대방을 반대하는 무력행사에 의거하지 않고 평화 ─ 평화
>   적 방법으로 실현하여야 한다.
> 셋째, 사상과 이념, 제도의 차이를 초월하여 우선 하나의 민족으로서
>   민족적 대단결을 도모하여야 한다. ─ 통일의 3대 원칙

해결 전략 1972년 발표된 7·4 남북 공동 성명은 남북이 최초로 합의한 성명이며, 자주·평화·민족적 대단결의 3대 원칙을 표방하였다는 내용을 파악해야 한다. 통일의 3대 원칙은 남북 기본 합의서에서 재확인되었다.

선택지 분석

① 1945년 일본이 연합국에 무조건 항복을 선언하면서 우리나라는 8·15 광복을 맞이하였다. ✗

② 1948년 5월 10일 총선거가 실시되어 제헌 국회가 구성된 후 제헌 헌법이 제정되었고 대통령이 선출되었다. 이후 1948년 8월 15일 대한민국 정부 수립이 선포되었다. ✗

✓❸ 1961년 박정희를 중심으로 일부 군인들이 5·16 군사 정변을 일으켜 정권을 장악하였다. O

④ 박정희 정부는 1972년 10월 유신을 선포하고 12월에 유신 헌법을 공포하였다. ✗

⑤ 남북 기본 합의서는 노태우 정부 시기인 1991년 남북 고위급 회담을 통해 발표되었다. 6·15 남북 공동 선언은 김대중 정부 때의 일이다. ✗   답 ③

66 7·4 남북 공동 성명의 내용 파악

(가)에 들어갈 내용으로 옳은 것은?

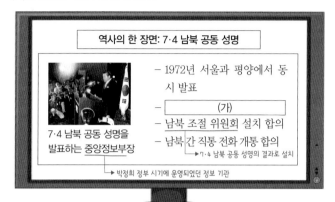

역사의 한 장면: 7·4 남북 공동 성명

– 1972년 서울과 평양에서 동시 발표
– _____(가)_____
– 남북 조절 위원회 설치 합의
– 남북 간 직통 전화 개통 합의
↳ 7·4 남북 공동 성명의 결과로 설치

7·4 남북 공동 성명을 발표하는 중앙정보부장
↳ 박정희 정부 시기에 운영되었던 정보 기관

해결 전략 박정희 정부 시기인 1972년 7·4 남북 공동 성명이 발표되었다. 이후 남북에서 모두 독재 체제가 강화되었다. 특히 남한에서는 유신 헌법이 통과되었다는 사실을 알아 두어야 한다.

선택지 분석

① 2000년 열린 제1차 남북 정상 회담 이후 남과 북의 합의로 개성 공단이 조성되기 시작하였다. **X**

② 1991년 노태우 정부 시기에 남북 고위급 회담의 결과 남북 기본 합의서가 채택되었다. **X**

③ 1945년에 열린 모스크바 3국 외상 회의에 따라 한반도에 민주주의 임시 정부 수립, 미소 공동 위원회의 개최, 신탁 통치 협의가 결정되었다. **X**

④ 제2차 남북 정상 회담은 노무현 정부 시기인 2007년에 개최되었다. **X**

✓❺ 7·4 남북 공동 성명에서 남과 북은 자주, 평화, 민족적 대단결의 통일 원칙에 합의하였다. **O** **답 ⑤**

67 노태우 정부 시기의 사실 파악

다음 사건이 일어난 정부 시기에 있었던 사실로 옳은 것은?

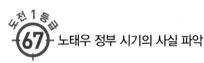

【 한국사 속 오늘 】

1월 22일

3당 합당 발표

↳ 1990
현재 정권을 잡고 있지 아니한 정당 | 현재 정권을 잡고 있는 정당

19△△년 1월 22일은 '3당 합당'이 발표된 날이다. 제13대 국회 의원 선거에서 야당의 의석수가 집권 여당보다 많은 이른바 '여소야대' 국면이 조성되었다. 하지만 국정의 주도권을 쥐려는 여당인 민주 정의당이 통일 민주당, 신민주 공화당 등 두 야당과 통합하여 과반수 이상의 의석을 차지하는 민주 자유당을 창당하였다 .
↳ 1990년 창당

해결 전략 제13대 국회 의원 선거에서 '여소야대' 국면이 조성되었다는 점, 여당인 민주 정의당이 통일 민주당, 신민주 공화당 등 두 야당과 통합하여 과반수 이상의 의석을 차지하는 민주 자유당을 창당하였다는 점(3당 합당) 등을 통해 자료의 사건이 일어난 정부가 노태우 정부임을 알 수 있다. 노태우 정부 시기의 사실과 이 시기의 남북 관계는 자주 출제되는 내용으로 자세히 알아 두어야 한다.

선택지 분석

① 조선 고종 때인 1875년 운요호 사건이 일어났고, 그 결과 1876년 강화도 조약이 체결되었다. **X**

② 1946년 여운형, 김규식 등 중도 세력을 중심으로 좌우 합작 위원회가 결성되었다. **X**

✓③ 노태우 정부는 남북 고위급 회담을 통해 1991년 남북 기본 합의서를 채택하였다. **O**

④ 1961년 5·16 군사 정변을 일으킨 박정희 등 군부 세력은 국가 재건 최고 회의를 조직하여 군정을 실시하였다. **X**

⑤ 김대중 정부는 2000년에 제1차 남북 정상 회담을 개최하였고, 그 결과 6·15 남북 공동 선언이 발표되었다. **X** **답 ③**

68 노태우 정부 시기의 사실 파악

자료 분석 자료에서 서울 올림픽 대회를 개최, 남북 기본 합의서 채택, 북방 외교 추진 등의 내용을 통해 (가)에는 노태우 정부 시기의 사실이 들어가야 함을 알 수 있다. 노태우 정부 시기인 1991년에는 제5차 남북 고위급 회담이 이루어지면서 남북 기본 합의서(남북 사이의 화해와 불가침 및 교류·협력에 관한 합의서)가 체결되었다.

선택지 분석

① 군국기무처는 1894년에 설치되어 제1차 갑오개혁을 주도하였다. **X**

② 일제는 1925년 국가 체제나 사유 재산 제도를 부정하고 저항하는 활동을 단속하기 위해 치안 유지법을 제정하였다. **X**

③ 일제는 침략 전쟁을 확대하면서 한국에서 전쟁에 필요한 물자를 생산하게 하는 병참 기지화 정책을 추진하였다. **X**

④ 박정희 정부는 미국의 요청으로 베트남에 국군을 파병하였다. **X**

✓⑤ 노태우 정부 시기인 1991년 남북한이 유엔에 동시 가입하였다. **O** **답 ⑤**

69 남북 기본 합의서의 채택 시기 파악

자료 분석 자료에서 제5차 남북 고위급 회담에서 서명되었다는 점, 석 달 전 남북한이 유엔에 동시 가입하였다는 점 등을 통해 밑줄 친 '합의서'가 노태우 정부 시기인 1991년에 체결된 남북 기본 합의서(남북 사이의 화해와 불가침 및 교류·협력에 관한 합의서)임을 알 수 있다.

선택지 분석

① 8·15 광복은 1945년의 사실이다. **X**

② 4·19 혁명은 1960년의 사실이다. **X**

③ 7·4 남북 공동 성명은 1972년의 사실이다. **X**

④ 10·26 사태는 1979년의 사실이다. **X**

✓⑤ 6·29 민주화 선언은 1987년, 6·15 남북 공동 선언은 2000년에 있었던 사실이다. **O** **답 ⑤**

IV

대한민국의 발전

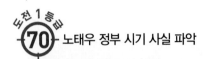

70 노태우 정부 시기 사실 파악

밑줄 친 '합당'이 있었던 정부 시기의 사실로 옳은 것은?

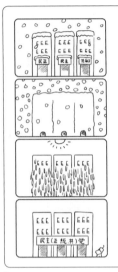

[시사만화로 보는 한국 현대사]

> 여당인 민주 정의당과 야당인 김영삼의 통일 민주당, 김종필의 신민주 공화당이 연합함

이 만화는 『○○일보』에 게재된 것으로, 폭설이 내려 민주 정의당, 통일 민주당, 신민주 공화당 당사가 눈으로 덮인 뒤, 날이 풀리자 당 간판이 하나로 합쳐진 모습을 묘사하고 있다. 제13대 국회 의원 선거로 여소야대 국회가 만들어지자, 여당의 주도로 3당 합당이 이루어졌다. 그 결과 거대 여당인 민주 자유당이 창당되었다.

> 제13대 대통령 선거에서 노태우가 대통령에 당선되었으나 이듬해 치러진 국회 의원 선거에서 야당이 의석의 과반수를 확보함으로서 여소야대 국회가 성립됨

해결 전략 민주 정의당, 통일 민주당, 신민주 공화당이 통합되었다는 내용을 통해 밑줄 친 '합당'이 있었던 정부는 노태우 정부임을 알 수 있다. 노태우 정부 시기에 여소야대 정국을 타개하기 위한 3당 합당이 단행되었다. 노태우 정부는 개헌 이후 대통령 직선제로 치러진 투표로 성립된 최초의 정부로, 당시 야당의 세력이 강해 여당에서 이를 타개하기 위한 방책으로 3당 합당을 추진하였음을 알아 두자.

선택지 분석

① 진보당 사건은 1958년 이승만 정부가 독재 체제를 강화하기 위해 진보당의 조봉암을 제거하려고 일으킨 사건이다. ✗

② 제주 4·3 사건은 남한만의 단독 선거 결의에 반대하며 일어난 사건으로, 대한민국 정부 성립 전인 1947년의 일이다. ✗

✓ ❸ 노태우 정부 시기인 1991년 남북 고위급 회담에서 남북 기본 합의서가 채택되었다. ⃝

④ 7·4 남북 공동 성명은 박정희 정부 시기인 1972년에 발표된 것으로, 이를 통해 남과 북은 자주, 평화, 민족 대단결이라는 통일의 3대 원칙에 합의하였다. ✗

⑤ 제1차 남북 정상 회담은 김대중 정부 시기인 2000년에 개최되었다. 회담의 결과 6·15 남북 공동 선언이 발표되었다. ✗   답 ③

---

71 노태우 정부 시기의 사실 파악

다음 뉴스가 보도된 정부 시기에 있었던 사실로 옳은 것은?

> 1991년에 가입

방금 전 뉴욕에서 열린 제46차 유엔 총회에서 159개 전 회원국이 만장일치로 남북한의 유엔 동시 가입을 승인하였습니다. 남북한의 수락 연설에는, 남과 북이 별개 국가로 유엔에 가입했지만 단합된 협력과 노력으로 평화 통일을 이루자는 내용이 공통적으로 들어 있었습니다.

뉴스 속보
드디어 남북한 유엔 가입

해결 전략 유엔 총회에서 남북한의 유엔 동시 가입을 승인하였다는 점 등을 통해 자료의 뉴스가 보도된 것은 노태우 정부 시기임을 파악해야 한다. 노태우 정부 시기에는 남북한이 유엔에 동시 가입하였고 남북 기본 합의서가 채택되었음을 알아 두어야 한다. 남북 기본 합의서의 주요 내용으로는 남북한 상호 체제의 인정과 존중, 무력 침략 금지, 이산가족 왕래 실현 등이 있다.

선택지 분석

① 일제는 중일 전쟁을 도발한 이후 전쟁 수행에 필요한 인력과 물자를 동원하기 위해 1938년 국가 총동원법을 제정하였다. ✗

✓ ❷ 노태우 정부 시기인 1991년에 남북한 유엔 동시 가입이 이루어졌으며, 남북 고위급 회담을 통해 남북 기본 합의서가 채택되었다. ⃝

③ 박정희 정부는 북한과 비밀 회담을 갖고 1972년에 7·4 남북 공동 성명을 발표하였다. ✗

④ 5·16 군사 정변 이후 군사 정부는 장면 정부 때 수립된 경제 개발 계획을 수정·보완하여 1962년부터 제1차 경제 개발 5개년 계획을 추진하였다. ✗

⑤ 김영삼 정부 시기인 1996년에 우리나라는 경제 협력 개발 기구[OECD]에 가입하였다. ✗   답 ②

72 노태우 정부 시기의 남북 관계 파악

빈출 문항 자료 분석

(가), (나) 시기 사이에 있었던 사실로 옳은 것은?

(가) 샌프란시스코에서 열린 한국과 소련의 정상 회담에서 두 정상은 정식 외교 관계를 맺기로 했다. 소련 대통령은 아직도 북한을 의식하는 듯한 태도를 보였지만, 2년 전 서울 올림픽 때 소련 대표단에게 보여 준 한국 국민들의 환대에 감사한다는 말을 잊지 않았다.
→ 2000년 김대중 정부 시기에 이루어진 제1차 남북 정상 회담 → 서울 올림픽은 1988년에 개최됨. 따라서 자료는 1990년의 상황임

(나) 분단 이후 처음으로 개최된 남북 정상 회담의 결과, 남과 북은 전 세계가 지켜보는 가운데 6·15 남북 공동 선언을 공식 발표하였다. 정부는 남북 정상 간의 합의 사항을 이행하기 위해 조속한 시일 안에 남북 당국 간 회담을 열고 북측과의 협의를 개시할 방침이라고 밝혔다.

해결 전략 (가)는 1990년에 이루어진 한국과 소련의 수교, (나)는 2000년 김대중 대통령이 평양을 방문하여 이루어진 제1차 남북 정상 회담에 대한 것이다. 따라서 (가), (나) 시기 사이는 노태우, 김영삼, 김대중 정부에 해당한다. 노태우 정부 시기의 사실, 통일 정책은 자주 출제되는 내용으로 꼭 기억해 두어야 한다.

선택지 분석

① 1972년에 제정된 유신 헌법에 따라 대통령을 선출하는 기구인 통일 주체 국민 회의가 구성되었다. 통일 주체 국민 회의는 1980년에 폐지되었다. ✗

② 1972년 남과 북이 자주, 평화, 민족 대단결이라는 통일 원칙에 합의한 7·4 남북 공동 성명이 발표되었다. 이후 유신 헌법이 제정되었다. ✗

✓③ 노태우 정부 시기인 1991년 남북 유엔 동시 가입, 남북 기본 합의서 채택 등이 이루어졌다. 노태우 정부는 적극적인 북방 외교를 추진하여 소련, 중국과 수교하였고 북한과의 관계 개선에 나섰다. ○

④ 1953년 판문점에서 정전 협정이 체결되었다. ✗

⑤ 5·16 군사 정변 이후 한일 국교 정상화를 위한 한일 회담이 개최되었다. 그 내용이 공개되자 1964년 학생과 시민들은 이를 굴욕적 대일 외교로 규정하며 6·3 시위를 벌였다. 박정희 정부는 이를 무력으로 탄압하고 1965년 한일 협정을 체결하였다. ✗   **답** ③

73 남북 기본 합의서의 채택 시기 파악

자료 분석 유엔 총회에서 남북한이 동시에 유엔에 가입하였고, 남북 고위급 회담의 결과 남북 기본 합의서가 채택되었다는 내용을 통해 자료가 1991년의 상황임을 알 수 있다. 노태우 정부 시기 남북한 유엔 동시 가입, 남북 기본 합의서 채택 등이 이루어졌다.

선택지 분석

① 대한민국 정부는 1948년에 수립되었다. ✗

② 4·19 혁명은 1960년에 일어났다. ✗

③ 3선 개헌은 1969년에 이루어졌다. ✗

④ 1979년 전두환 등 신군부 세력은 군대를 동원하여 군사권을 장악하였다. 이를 12·12 사태라고 한다. ✗

✓⑤ 6월 민주 항쟁은 1987년에 전개되었다. 6월 민주 항쟁 이후 대통령 직선제 개헌이 이루어졌고, 이어 치러진 대통령 선거에서 노태우가 당선되었다. 개성 공단은 2000년 제1차 남북 정상 회담 이후 착공되었다. ○

답 ⑤

74 노태우 정부의 통일 정책 파악

자료 분석 남북한이 유엔에 동시 가입한 이듬해에 합의하였다는 점, 한반도의 비핵화를 언급하고 있다는 점 등을 통해 자료가 노태우 정부에서 행해진 연설임을 알 수 있다.

선택지 분석

① 당백전은 흥선 대원군 집권기에 경복궁 중건에 필요한 재원을 마련하기 위해 발행되었다. ✗

② 도병마사는 고려 전기에 국방과 군사 문제 등을 논의하던 회의 기구이다. ✗

③ 고려 광종은 호족과 공신의 군사적·경제적 기반을 약화시키기 위해 노비안검법을 시행하였다. ✗

④ 조선 세종 때 이종무 등이 왜구의 소굴인 대마도(쓰시마섬)를 정벌한 것이 대표적이다. ✗

✓⑤ 노태우 정부는 냉전 체제가 해체되는 국제 정세에 부응하여 북방 외교를 추진하는 한편, 남북 대화에도 적극적으로 나섰다. 그 결과 1991년에 남북한 유엔 동시 가입, 남북 기본 합의서 채택 등의 성과를 거두었다. ○

답 ⑤

75 김영삼 정부의 정책 파악

자료 분석 정부가 국제 통화 기금[IMF]에 긴급 구제 요청을 했다는 점 등을 통해 밑줄 친 '정부'는 김영삼 정부임을 알 수 있다. 1997년에 외환 위기가 발생하자, 김영삼 정부는 국제 통화 기금[IMF]에 구제 금융을 요청하였다.

선택지 분석

✓① 김영삼 정부는 1993년 투명한 금융 거래를 정착시키고 부당한 정치 자금 거래를 막기 위해 금융 실명제를 단행하였다. ○

② 1949년 제헌 국회에서는 농지 개혁법을 제정하였다. ✗

③ 화폐 정리 사업은 1904년에 체결된 제1차 한일 협약에 따라 대한 제국에 파견된 메가타가 주도한 것으로, 백동화를 포함한 구화폐를 일본 제일 은행권으로 교환하는 등 일제의 경제 침탈의 일환으로 시행되었다. ✗

④ 일제는 1920년대에 산미 증식 계획을 실시하여 한국에서 수탈한 쌀을 통해 자국의 쌀 부족 문제를 해결하고자 하였다. ✗

⑤ 제1차 경제 개발 5개년 계획은 박정희 정부 시기인 1962년부터 시행되었다. ✗   **답** ①

밑줄 친 '정부'에 대한 설명으로 옳은 것은?

○○○○○이/가 출발합니다. 경제 정의가 실현됩니다.

– 국민 여러분의 문의 사항을 답변해 드리기 위해 안내 센터를 설치했습니다. –

○○○○○은/는 문자 그대로 은행이나 증권 회사 등 금융 기관과의 거래 시에 가명이 아닌 실명으로만 거래할 수 있는 제도입니다. 정부는 전격적인 ○○○ ○○ 실시에 따른 국민들의 불편을 최소화하고, 일상 경제 활동에 지장을 주지 않도록 주민등록증 제시만으로 명의를 확인받을 수 있도록 하였습니다.
▶ 1993년 금융 실명제 실시 ▶ 김영삼 정부

재무부 · 공보처

해결 전략 경제 정의 실현, 금융 기관과의 거래 시에 가명이 아닌 실명으로만 거래할 수 있는 제도 등의 내용을 통해 자료가 금융 실명제 실시와 관련된 것임을 알 수 있다. 따라서 밑줄 친 '정부'는 금융 실명제를 실시한 김영삼 정부임을 알 수 있다. 김영삼 정부는 1993년 투명한 금융 거래를 정착시키고 부당한 정치 자금 거래를 막기 위해 금융 실명제를 전면적으로 실시하였다. 김영삼 정부 시기의 사실 중 금융 실명제는 가장 빈출되는 주제이므로 꼭 기억해 두어야 한다. 아울러 역사 바로 세우기, OECD 가입, 외환 위기 등도 김영삼 정부 시기의 일임을 알아 두자.

선택지 분석
① 대한 제국은 광무개혁을 추진하면서 근대적 토지 소유 증명 문서인 지계를 발급하였다. ✗
② 이명박 정부는 2010년 서울에서 G20 정상 회의를 개최하였다. ✗
③ 제1차 경제 개발 5개년 계획은 군정 시기인 1962년부터 박정희 정부 시기인 1966년까지 추진되었다. ✗
✓④ 김영삼 정부는 1996년 경제 협력 개발 기구[OECD]에 가입하였다. O
⑤ 제헌 국회에서 제정된 농지 개혁법에 따라 이승만 정부가 농지 개혁을 시행하였다. ✗
답 ④

77 김대중 정부 시기의 사실 이해

자료 분석 자료에서 외환 위기 속에서 출범하였다는 점 등의 내용을 통해 (가) 정부는 김대중 정부임을 알 수 있다. 외환 위기 속에서 출범한 김대중 정부는 국제 통화 기금[IMF]의 지원금을 조기에 상환하며 외환 위기를 극복하였다.

선택지 분석
✓❶ 김대중 정부 시기에 금 모으기 운동이 전개되었다. O
② 조선 의용대의 일부 대원들은 적극적인 항일 투쟁을 위해 화북 지역으로 이동하였다. ✗
③ 이승만 정부는 개헌 당시 대통령에 한해 중임 제한을 적용하지 않는다는 내용을 담은 개헌을 추진하였다. 그러나 국회에서의 투표 결과 개헌 찬성 의원 수가 재적 의원의 3분의 2를 넘지 못하자 사사오입의 논리를 내세워 개헌안 통과를 선포하였다. ✗
④ 5·10 총선거에 따라 구성된 제헌 국회에서 반민족 행위 처벌법과 농지 개혁법이 제정되었다. ✗
⑤ 일본인 재정 고문 메가타의 주도로 화폐 정리 사업이 시행되어, 당시

사용되던 상평통보, 백동화 등을 일본 제일 은행권으로 교환하도록 하였다. ✗
답 ①

78 김대중 정부의 활동 파악

자료 분석 자료에서 국제 통화 기금[IMF] 지원 자금 상환을 완료했다는 내용을 통해 밑줄 친 '대통령'은 김대중임을 알 수 있다. 1997년 김영삼 정부 말기에 외환 위기가 발생하여 국제 통화 기금[IMF]에 긴급 자금 지원을 요청하였다. 이에 국민은 자발적으로 금 모으기 운동을 벌이는 등 외환 위기 극복을 위해 노력하였다. 마침내 김대중 정부 시기에 국제 통화 기금의 지원 자금을 조기 상환하였다.

선택지 분석
① 조선 영조는 균역법을 통해 군역의 폐단을 시정하고자 하였다. 균역법은 농민에게 군포 1필을 징수하고 줄어든 군포 수입은 선무군관포와 결작 징수 등으로 보충하게 한 제도이다. ✗
② 흥선 대원군은 신미양요 이후 서양과 통상 수교를 하지 않겠다는 내용이 담긴 척화비를 전국 곳곳에 세웠다. ✗
③ 박정희 정부가 한일 국교 정상화를 추진하면서 일본의 식민지 지배에 대한 사과 및 배상 문제 등이 빠졌다는 사실이 알려졌다. 이에 학생들을 비롯한 시민들은 '굴욕적 대일 외교 반대' 등을 주장하며 6·3 시위를 전개하였다(1964). ✗
④ 1960년 이승만 정부는 정·부통령 선거에서 이승만과 이기붕을 각각 대통령과 부통령으로 당선시키기 위해 대대적인 부정 선거를 자행하였다. 이에 반발하여 4·19 혁명이 일어나 결국 이승만 대통령은 하야하였다. ✗
✓❺ 김대중 정부는 2000년 최초로 남북 정상 회담을 성사시켰다. 이후 남북 교류 사업의 일환으로 개성 공단 건설이 추진되었다. O
답 ⑤

79 김대중 정부 시기의 사실 파악

다음 연설을 발표한 대통령의 재임 기간에 있었던 사실로 옳은 것은?

▶ 제1차 남북 정상 회담(2000)
두 달 전 우리는 분단 55년 만에 최초로 남북 정상 회담을 성사시켰습니다. 남과 북의 정상이 만나서 머리를 맞대고 민족의 화해와 협력, 그리고 평화적 통일을 위해 노력해 나갈 것을 7천만 민족과 세계 앞에 선포했습니다. 우리 민족 스스로 민족의 운명을 개척해 나가는 선언이야말로 오늘의 광복절에 대한 최대의 선물이 될 것이라고 저는 확신하는 바입니다. 남과 북은 지금 두 정상의 합의에 따라 이산가족 상봉과 장관급 회담 등 후속 조치들을 착실히 진행시키고 있습니다. 이러한 진전은 앞으로 더욱 가속화될 것입니다.
▶ 남측의 김대중 대통령과 북측의 김정일 국방 위원장

해결 전략 자료에서 분단 55년 만에 최초로 남북 정상 회담을 성사했다는 점 등을 통해 자료의 연설을 발표한 대통령이 김대중 대통령(재임 1998~2003년)임을 알 수 있다. 김대중 정부 시기에 있었던 남북 화해·협력을 위한 노력과 외환 위기 극복 사례는 자주 출제되는 내용이므로 꼭 기억해 두어야 한다.

① 미소 공동 위원회는 1946년과 1947년 두 차례 개최되었다. ✗
② 남북 기본 합의서는 노태우 정부 시기인 1991년에 조인되었다. ✗
③ 남북한이 유엔에 동시 가입한 것은 노태우 정부 시기인 1991년이다. ✗
④ 7·4 남북 공동 성명은 박정희 정부 시기인 1972년에 채택되었다. ✗
✓❺ 김대중 정부 시기인 2000년 평양에서 개최된 제1차 남북 정상 회담의
결과 6·15 남북 공동 선언이 발표되었다. ◯　　　　　답 ⑤

80 6·15 남북 공동 선언의 시기 파악

자료 분석 자료에서 15일 역사적인 합의, 분단 후 첫 정상 회담 등의 내용을 통해 밑줄 친 '합의'가 6·15 남북 공동 선언임을 알 수 있다. 김대중 정부 시기인 2000년에 제1차 남북 정상 회담이 개최되었고, 여기서 6·15 남북 공동 선언이 발표되었다.

선택지 분석
① 1948년 유엔 소총회의 결과 남한만의 단독 선거 움직임이 구체화되자 김구, 김규식 등은 통일 정부 수립을 위한 남북 협상에 참여하였다. ✗
② 1950년 6·25 전쟁이 발발하였다. ✗
③ 5·16 군사 정변은 1961년 박정희를 중심으로 한 군부 세력이 권력 장악을 위해 일으킨 사건이다. ✗
④ 1972년 박정희 정부는 7·4 남북 공동 성명을 발표하였다. ✗
✓❺ 남북한 유엔 동시 가입은 노태우 정부 시기인 1991년의 사실이고, 10·4 남북 공동 선언 채택은 노무현 정부 시기인 2007년 평양에서 열린 제2차 남북 정상 회담에서 이루어졌다. ◯　　　　　답 ⑤

81 제1차 남북 정상 회담의 결과 이해

자료 분석 남북 정상 회담 이후 추진된 경의선 철도 복구 사업 등의 내용을 통해 밑줄 친 '남북 정상 회담'은 2000년에 열린 제1차 남북 정상 회담임을 알 수 있다.

선택지 분석
① 정전 협정은 이승만 정부 시기인 1953년에 체결되었다. ✗
② 서울 올림픽 대회는 노태우 정부 시기인 1988년에 개최되었다. ✗
③ 노태우 정부 시기인 1991년 남북한이 유엔에 동시 가입하였다. ✗
④ 모스크바 3국 외상 회의는 1945년 12월에 개최되었다. ✗
✓❺ 김대중 대통령은 2000년 6월 평양을 방문하여 김정일 국방 위원장과 남북 정상 회담을 하였고 6·15 남북 공동 선언을 발표하였다. 이를 계기로 경의선 철도 복구 사업 등이 추진되었다. ◯　　　　　답 ⑤

82 김대중 정부 시기의 사실 파악

자료 분석 분단 이후 최초로 개최된 남북 정상 회담, 이산가족 상봉, 6·15 남북 공동 선언 등을 통해 제시된 자료는 김대중 정부 시기에 있었던 제1차 남북 정상 회담과 관련된 내용임을 알 수 있다.

선택지 분석
① 이승만 정부 시기인 1953년에 정전 협정이 체결되었다. ✗
② 박정희 정부가 한일 국교 정상화를 위한 회담을 추진하자 학생과 시민들은 이를 굴욕적인 대일 외교라고 비판하면서 1964년 6·3 시위를 벌였다. ✗

③ 이승만 정부는 1952년 대통령 직선제 등을 주요 내용으로 하는 발췌 개헌안을 국회에서 통과시켰다. ✗
✓④ 김대중 정부 시기인 1998년부터 금강산 관광이 시작되었다. ◯
⑤ 노태우 정부 시기인 1991년에 남북한이 유엔에 동시 가입하였다. ✗
　　　　　답 ④

83 6·15 남북 공동 선언의 이해

자료 분석 자료에서 2000년에 분단 이후 최초로 남과 북의 정상이 만났다는 점, 3일간 평양에서 회담을 진행하였고 5개 항의 합의를 이끌어 냈다는 점 등을 통해 (가) 회담은 제1차 남북 정상 회담임을 알 수 있다.

선택지 분석
① 1972년에 박정희 정부가 유신 헌법을 제정·공포하였다. ✗
② 백두산정계비는 1712년에 조선과 청의 대표가 백두산 일대를 답사하고 국경을 확정해 세운 것이다. ✗
③ 통리기무아문은 1880년에 개화 정책을 총괄하기 위해 설치되었다. ✗
④ 의정부 서사제는 의정부의 재상들이 6조의 업무를 먼저 심의한 후 국왕에게 보고하는 국정 운영 방식으로, 조선 세종 등에 의해 실시되었다. ✗
✓❺ 김대중 대통령은 2000년에 평양을 방문하여 김정일 국방 위원장과 정상 회담을 하고 6·15 남북 공동 선언을 발표하였다. ◯　　　　　답 ⑤

84 김대중 정부의 대북 정책 이해

빈출 문항 자료 분석

밑줄 친 ㉠에 해당하는 내용으로 적절한 것은?

> ┌─→2000년에 있었던 분단 이후 최초의 남북 정상 회담
> 존경하는 각국 정상, 유엔 의장, 유엔 사무총장 그리고 귀빈 여러분!
> …(중략)… 여러분께서는 지난 6월 15일에 있었던 제1차 남북 정상 회담과 8월 15일에 있었던 이산가족 상봉의 장면을 보셨을 것입니다. 저는 2년 반 전 대통령에 취임할 당시부터 ㉠남북 간의 평화와 화해 협력을 추구하는 햇볕 정책을 추진해 왔습니다. …(중략)… 민족이 자주적으로 통일을 추구하되 당장의 과제로는 남북한이 평화 정착과 경제, 사회·문화에서의 교류 협력을 증진시키는 데 노력을 집중하기로 했습니다.
> └─→김대중 대통령을 의미

해결 전략 자료는 김대중 대통령의 담화문이다. 김대중 정부는 출범 이후 금강산 관광 등 대북 화해 협력 정책을 적극적으로 추진하였다. 또한 2000년에는 제1차 남북 정상 회담을 갖고 6·15 남북 공동 선언을 발표하였다.

선택지 분석
① 신간회는 1927년에 사회주의 세력과 비타협적 민족주의 세력이 연대하여 결성한 단체로, 광주 학생 항일 운동을 지원하였다. ✗
② 1949년 제헌 국회에서 농지 개혁법을 제정하였다. 이듬해 유상 매수, 유상 분배의 원칙으로 농지 개혁이 추진되었다. ✗
③ 1899년 대한 제국에서 대한국 국제를 반포하였다. 대한국 국제는 대한 제국의 정치 형태를 전제 군주정으로 규정하였다. ✗
✓④ 김대중 정부는 6·15 남북 공동 선언을 발표하였고, 개성 공단 조성과 경의선 복구 사업 등을 추진하였다. ◯

⑤ 1919년 3·1 운동의 결과 수립된 대한민국 임시 정부는 국내와 연락, 정보 수집, 자금 조달 등을 목적으로 연통제와 교통국을 조직하였다. ✗

답 ④

85 6·15 남북 공동 선언의 시기 파악

[자료 | 분석] 자료는 평화 통일을 위한 남북 간의 노력을 시간순으로 정리한 것이다. 남북 기본 합의서 채택은 노태우 정부 때인 1991년의 사실이고, 제2차 남북 정상 회담 개최는 노무현 정부 때인 2007년의 사실이다.

[선택지 | 분석]

① 조선 왕조의 기본 법전인 『경국대전』은 조선 성종 때 완성되어 반포되었다. ✗

② 1943년에 개최된 카이로 회담에서 한국의 독립이 처음 약속되었다. ✗

③ 모스크바 3국 외상 회의의 결정에 따라 한반도에 민주주의 임시 정부를 수립하기 위해 1946년과 1947년 두 차례에 걸쳐 미소 공동 위원회가 개최되었으나, 미국과 소련의 의견 대립으로 결렬되었다. ✗

✓❹ 김대중 정부 때인 2000년에는 제1차 남북 정상 회담을 개최하고 6·15 남북 공동 선언을 발표하였다. ○

⑤ 조선 건국 준비 위원회는 1945년에 여운형을 중심으로 좌우익이 참여하여 결성되었다. ✗

답 ④

MEMO

MEMO

한눈에 보는 정답

I 전근대 한국사의 이해

01 고대 국가의 지배 체제와 문화   본문 8~18쪽

01 ⑤	02 ③	03 ⑤	04 ①	05 ②	06 ①
07 ①	08 ②	09 ①	10 ⑤	11 ②	12 ③
13 ①	14 ⑤	15 ④	16 ③	17 ④	18 ③
19 ②	20 ③	21 ③	22 ①	23 ②	24 ③
25 ①	26 ③	27 ③	28 ⑤	29 ①	30 ⑤
31 ③	32 ②	33 ④	34 ⑤	35 ③	36 ①
37 ③	38 ②	39 ⑤	40 ①	41 ③	

02 고려의 정치·사회와 문화   본문 19~29쪽

42 ①	43 ①	44 ⑤	45 ②	46 ③	47 ④
48 ④	49 ②	50 ⑤	51 ③	52 ⑤	53 ②
54 ⑤	55 ⑤	56 ⑤	57 ③	58 ④	59 ②
60 ④	61 ④	62 ③	63 ④	64 ③	65 ③
66 ②	67 ④	68 ②	69 ⑤	70 ④	71 ④
72 ④	73 ④	74 ⑤	75 ①	76 ⑤	77 ④
78 ①	79 ②	80 ①	81 ②	82 ⑤	83 ②

03 조선 시대 정치 운영과 세계관의 변화   본문 29~35쪽

84 ②	85 ③	86 ③	87 ①	88 ①	89 ③
90 ①	91 ③	92 ④	93 ③	94 ③	95 ②
96 ①	97 ②	98 ③	99 ②	100 ③	101 ②
102 ③	103 ④	104 ②	105 ④	106 ③	

04 양반 신분제 사회와 상품 화폐 경제   본문 35~39쪽

107 ①	108 ①	109 ②	110 ④	111 ③	112 ②
113 ④	114 ③	115 ⑤	116 ④	117 ④	118 ④
119 ⑤	120 ④	121 ⑤	122 ②	123 ②	

II 근대 국민 국가 수립 운동

01 서구 열강의 접근과 조선의 대응   본문 44~46쪽

01 ④	02 ②	03 ①	04 ④	05 ③	06 ③
07 ④	08 ①	09 ④	10 ③	11 ⑤	

02 동아시아의 변화와 근대적 개혁의 추진   본문 47~52쪽

12 ①	13 ②	14 ③	15 ①	16 ②	17 ①
18 ⑤	19 ⑤	20 ②	21 ⑤	22 ①	23 ①
24 ③	25 ④	26 ④	27 ④	28 ②	29 ①
30 ②	31 ③	32 ④	33 ⑤	34 ④	

03 근대 국민 국가 수립을 위한 노력   본문 52~59쪽

35 ②	36 ④	37 ①	38 ③	39 ①	40 ③
41 ⑤	42 ③	43 ③	44 ④	45 ④	46 ⑤
47 ①	48 ①	49 ③	50 ①	51 ①	52 ④
53 ①	54 ②	55 ②	56 ②	57 ③	58 ⑤
59 ②	60 ①	61 ①	62 ③		

04 일본의 침략 확대와 국권 수호 운동   본문 59~64쪽

63 ②	64 ③	65 ②	66 ③	67 ④	68 ②
69 ③	70 ①	71 ②	72 ④	73 ①	74 ③
75 ①	76 ④	77 ①	78 ①	79 ①	80 ③
81 ①	82 ②				

05 개항 이후 경제와 사회·문화의 변화   본문 64~69쪽

83 ⑤	84 ④	85 ⑤	86 ⑥	87 ③	88 ③
89 ⑤	90 ④	91 ⑤	92 ④	93 ④	94 ④
95 ④	96 ①	97 ②	98 ④	99 ⑤	100 ④
101 ④	102 ⑤	103 ④	104 ①		

Ⅲ 일제 식민지 지배와 민족 운동의 전개

01 1910년대~1920년대 일제의 식민지 지배 정책 본문 74~76쪽

01 ③	02 ④	03 ③	04 ①	05 ③	06 ④
07 ③	08 ③	09 ⑤			

02 3·1 운동과 대한민국 임시 정부 본문 77~81쪽

10 ①	11 ①	12 ②	13 ③	14 ④	15 ⑤
16 ①	17 ②	18 ⑤	19 ④	20 ⑤	21 ⑤
22 ⑤	23 ⑤	24 ⑤	25 ⑤	26 ②	27 ⑤
28 ⑤					

03 다양한 민족 운동의 전개 본문 82~89쪽

29 ③	30 ⑤	31 ②	32 ①	33 ④	34 ②
35 ④	36 ①	37 ⑤	38 ⑤	39 ⑤	40 ③
41 ②	42 ②	43 ④	44 ⑤	45 ⑤	46 ③
47 ⑤	48 ⑤	49 ②	50 ③	51 ③	52 ②
53 ①	54 ⑤	55 ③	56 ②	57 ④	58 ⑤
59 ⑤					

04 사회·문화의 변화와 사회 운동 본문 90~93쪽

60 ④	61 ④	62 ④	63 ③	64 ③	65 ④
66 ④	67 ③	68 ⑤	69 ⑤	70 ③	71 ④
72 ②	73 ①	74 ④			

05 전시 동원 체제와 광복을 위한 노력 본문 94~99쪽

75 ③	76 ⑤	77 ④	78 ⑤	79 ③	80 ③
81 ⑤	82 ⑤	83 ①	84 ③	85 ④	86 ④
87 ①	88 ④	89 ⑤	90 ④	91 ②	92 ②
91 ③	94 ⑤	95 ④	96 ④	97 ④	98 ⑤

Ⅳ 대한민국의 발전

01 대한민국 정부 수립과 6·25 전쟁 본문 104~109쪽

01 ②	02 ②	03 ②	04 ④	05 ⑤	06 ⑤
07 ③	08 ④	09 ②	10 ②	11 ⑤	12 ③
13 ②	14 ⑤	15 ④	16 ①	17 ③	18 ④
19 ②	20 ③	21 ②	22 ②	23 ②	

02 민주화를 위한 노력과 경제 성장 본문 110~116쪽

24 ②	25 ②	26 ④	27 ⑤	28 ③	29 ⑤
30 ⑤	31 ③	32 ②	33 ⑤	34 ④	35 ④
36 ③	37 ③	38 ⑤	39 ④	40 ①	41 ③
42 ③	43 ①	44 ④	45 ③	46 ④	47 ⑤
48 ④	49 ④				

03 민주주의 발전과 남북 화해 본문 117~125쪽

50 ④	51 ⑤	52 ④	53 ①	54 ⑤	55 ⑤
56 ③	57 ②	58 ①	59 ③	60 ④	61 ①
62 ③	63 ③	64 ③	65 ⑤	66 ⑤	67 ③
68 ⑤	69 ⑤	70 ③	71 ②	72 ③	73 ⑤
74 ⑤	75 ①	76 ④	77 ①	78 ⑤	79 ⑤
80 ⑤	81 ⑤	82 ④	83 ⑤	84 ④	85 ④